交通版 高等学校土木工程专业规划教材
JIAOTONGBAN GAODENG XUEXIAO TUMU GONGCHENG ZHUANYE GUIHUA JIAOCAI

道路工程检测技术

Daolu Gongcheng Jiance Jishu

马芹永 张新天 主编
黄晓明 主审

人民交通出版社
China Communications Press

内 容 提 要

本书为高等院校土木工程专业道路与桥梁工程方向的专业课教材。全书共16章，内容包括：概述、试验检测数据的处理、道路工程检测技术原理、道路路基土试验检测方法、集料及无机结合料试验检测方法、水泥混凝土试验方法、路基路面几何尺寸及路面厚度检测、路基路面压实度与平整度检测、特殊路基处理与检测、路面抗滑性能检测、路面外观检测与沥青路面渗水系数测定、路基路面强度与弯沉检测、沥青混合料试验方法、沥青混合料施工检测、道路工程附属结构物检测技术、交通工程设施检测技术。本书是根据我国新颁布的《公路路基路面现场测试规程》(JTG E60—2008)而编写的，为突出应用，本书有详细的检测步骤以及相当数量的思考题。

本书可作为高等院校土木工程专业的教材，也可供从事道路工程检测、施工、科研及相关管理人员阅读。

图书在版编目（CIP）数据

道路工程检测技术/马芹永，张新天主编．—北京：人民交通出版社，2009.9
ISBN 978-7-114-07880-4

Ⅰ.道... Ⅱ.①马…②张… Ⅲ.道路工程-工程质量-质量检验-高等学校-教材 Ⅳ.U415.12

中国版本图书馆 CIP 数据核字（2009）第122528号

交通版高等学校土木工程专业规划教材

书　　名：道路工程检测技术
著 作 者：马芹永　张新天
责任编辑：张征宇　赵瑞琴
出版发行：人民交通出版社
地　　址：（100011）北京市朝阳区安定门外外馆斜街3号
网　　址：http://www.ccpress.com.cn
销售电话：(010) 59757969，59757973
总 经 销：北京中交盛世书刊有限公司
经　　销：各地新华书店
印　　刷：北京鑫正大印刷有限公司
开　　本：787×1092　1/16
印　　张：21.5
字　　数：528千
版　　次：2009年9月　第1版
印　　次：2009年9月　第1次印刷
书　　号：ISBN 978-7-114-07880-4
定　　价：38.00元
（如有印刷、装订质量问题的图书由本社负责调换）

序

XU

随着科学技术的迅猛发展、全球经济一体化趋势的进一步加强以及国力竞争的日趋激烈。作为实施"科教兴国"战略重要战线的高等学校，面临着新的机遇与挑战。高等教育战线按照"巩固、深化、提高、发展"的方针，着力提高高等教育的水平和质量，取得了举世瞩目的成就，实现了改革和发展的历史性跨越。

在这个前所未有的发展时期，高等学校的土木类教材建设也取得了很大成绩，出版了许多优秀教材，但在满足不同层次的院校和不同层次的学生需求方面，还存在较大的差距，部分教材尚未能反映最新颁布的规范内容。为了配合高等学校的教学改革和教材建设，体现高等学校在教材建设上的特色和优势，满足高校与社会对土木类专业教材的多层次要求，适应我国国民经济建设的最新形势，人民交通出版社组织了全国二十余所高等学校编写"交通版高等学校土木工程专业规划教材"，并于 2004 年 9 月在重庆召开了第一次编写工作会议，确定了教材编写的总体思路，于 2004 年 11 月在北京召开了第二次编写工作会议，全面审定了各门教材的编写大纲。在编者和出版社的共同努力下，目前这套规划教材已陆续出版。

这套教材包括"土木工程概论"、"建筑工程施工"等 31 门课程，涵盖了土木工程专业的专业基础课和专业课的主要系列课程。这套教材的编写原则是"厚基础、重能力、求创新，以培养应用型人才为主"，强调结合新规范、增大例题、图解等内容的比例并适当反映本学科领域的新发展，力求通俗易懂、图文并茂；其中对专业基础课要求理论体系完整、严密、适度，兼顾各专业方向，应达到教育部和专业教学指导委员会的规定要求；对专业课要体现出"重应用"及"加强创新能力和工程素质培养"的特色，保证知识体系的完整性、准确性、正确性和适应性，专业课教材原则上按课群组划分不同专业方向分别考虑，不在一本教材中体现多专业内容。

反映土木工程领域的最新技术发展、符合我国国情、与现有教材相比具有明显特色是这套教材所力求达到的，在各相关院校及所有编审人员的共同努力下，交通版高等学校土木工程专业规划教材必将对我国高等学校土木工程专业建设起到重要的促进作用。

交通版高等学校土木工程专业规划教材编审委员会

人民交通出版社

前言

近年来，随着国民经济实力的不断提高，我国公路建设，尤其是高速公路建设发展迅猛。截至2008年底，全国公路总里程达到373.02万公里，其中，国道15.53万公里，省道26.32万公里，县道51.23万公里，乡道101.11万公里，专用公路6.72万公里，村道172.10万公里。全国高速公路通车总里程达到6.03万公里，居世界第二位。随着公路里程的不断增加，一些新的路面结构类型、新材料和新工艺得到了较成功的应用。道路工程检测技术在工程建设中起到了极其重要的作用，并得到了充分的重视。道路工程检测不仅为工程设计提供参数，同时还为工程施工的质量控制、竣工验收评定及公路养护管理、新材料和新技术的推广等提供科学的依据。

本书分16章，内容包括：概述、试验检测数据的处理、道路工程检测技术原理、道路路基土试验检测方法、集料及无机结合料试验检测方法、水泥混凝土试验方法、路基路面几何尺寸及路面厚度检测、路基路面压实度与平整度检测、特殊路基处理与检测、路面抗滑性能检测、路面外观检测与沥青路面渗水系数测定、路基路面强度与弯沉检测、沥青混合料试验方法、沥青混合料施工检测、道路工程附属结构物检测技术、交通工程设施检测技术。本书是根据我国新颁布的《公路路基路面现场测试规程》(JTG E60—2008)而编写的，内容符合高等学校土木工程专业指导委员会编写的高等学校土木工程专业本科教育培养目标和培养方案的基本要求，为突出应用，本书有详细的检测步骤以及相当数量的思考题。

本书由马芹永教授、张新天副教授主编，卢小雨、吴金荣、高金岐、王长柏任副主编。具体分工为马芹永编写第1、7、10、11章，张新天编写第4、12、15章，高金岐编写第2、5、6章，卢小雨编写第3、6、9、16章，王长柏编写第8章，吴金荣编写第13、14章。全书由马芹永、张新天、吴金荣、卢小雨统稿。东南大学黄晓明教授审阅了书稿并提出了宝贵意见，在此表示衷心感谢。

编写过程中参考和引用了国内近年来出版的有关道路工程试验与检测的规范、教材等，本书的出版得到了人民交通出版社的大力支持，在此一并表示感谢。由于编者水平所限，书中错误及不足之处在所难免，敬请专家同行和广大读者批评指正。

编者

2009年7月

目录 MULU

第一章 概述

DIYIZHANG

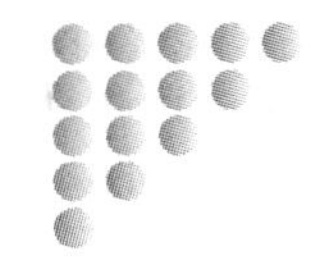

第一节　道路工程检测技术现状与发展趋势

近年来，随着国民经济实力的不断提高，我国公路建设，尤其是高速公路建设发展迅猛。截至2008年底，全国公路总里程达到373.02万公里，其中，国道15.53万公里，省道26.32万公里，县道51.23万公里，乡道101.11万公里，专用公路6.72万公里，村道172.10万公里。全国高速公路通车总里程达到6.03万公里，居世界第二位。按照我国2005年公布的高速公路网发展规划，我国正在全力以赴地加快国家高速公路网主骨架建设。至2020年，基本建成国家高速公路网，届时，我国高速公路通车总里程将达到20万公里。新路网由7条首都放射线、9条南北纵向线和18条东西横向线组成，简称9718网。随着公路里程的不断增加，一些新的路面结构类型、新材料和新工艺得到了较成功的应用。道路工程检测技术在工程建设中起到了极其重要的作用，并得到了充分的重视。道路工程检测不仅为工程设计提供参数，同时还为工程施工的质量控制、竣工验收评定及公路养护管理、新材料和新技术的推广等提供科学的依据。

道路工程检测技术是一门正在发展的新学科。目前，较发达的国家和地区，如美国、日本，道路工程检测技术发展很快，在路基路面压实度、承载力、平整度、弯沉等方面均研制了相应的自动化检测设备。美国劳雷公司生产的SIR—10H公路雷达检测车已在美国广泛应用。

我国道路检测技术从“七五”计划开始，已陆续开展了路面检测技术的研究和产品的研发，特别是20世纪80年代中后期从国外引进的各种工程检测仪器的应用，为公路工程检测新技术的研究开发与推广应用奠定了基础。经过二十多年对进口设备技术的消化吸收，我国已生产出同类型的国产设备，如自动弯沉仪、平整度测试仪、路面雷达探测系统、摩擦系数测定车、激光构造深度仪等。随着我国道路建设的不断发展和相应标准、规范体系的不断完善，道路工程检测技术也在不断地向前发展，特别是计算机、激光、GPS卫星定位及雷达等高科技的推广应用，有力地推动了道路工程检测技术的发展。但在工程实际中，由于受各种条件限制，影响了这些新技术的推广和应用。例如：在路面检测方面，贝克曼梁、三米直尺、摆式摩擦仪等仍是主要的检测工具；路基和路面压实度、厚度的测定，仍然采用有一定破坏的取芯法和灌砂法。所以，系统地开展道路工程检测技术研究，进一步完善我国路基路面检测技术的规范和行业标准，为促进我国路基路面检测技术的发展及应用，全面提高我国道路的施工管理水平都具有重要的意义。

近 20 年来，国际上道路工程的检测技术发展十分迅速，总体的发展趋势是：由一般技术向高新技术发展，由人工检测技术向自动化检测技术发展，由破损类检测向无破损检测技术发展。比如，弯沉检测采用了高精度传感器和机电一体化技术，路基路面厚度和压实度检测采用了雷达技术，路面病害观测采用了模式识别与图像处理技术等。落锤式弯沉仪由承载板、荷载发生装置、弯沉检测装置、运算控制系统与车辆牵引系统等组成，其中记录系统由不少于 7 个位移传感器和 1 台微机组成。落锤式弯沉仪自动化程度高，测量时间短，是未来路面弯沉测量仪器的发展方向。采用路面探地雷达连续探测路面各结构层厚度及路面各结构层的密实性、均匀性，其特点是快速、无损、连续检测，并以实时成像方式显示地下结构剖面，使探测结果一目了然，分析、判读直观方便。因探测精度高、样点密、工作效率高而备受关注，目前，国内已有部分道路检测开始应用该项技术，取得了较好的效果。

随着多种尖端技术的发展和应用，为更好地满足现代高等级道路检测技术的要求，今后开发研制各类路基路面检测设备时将追求实现更高目标。

1. 高精度

随着新产品的研发，不断提高各类检测仪器的分辨率和测试精度以及工作稳定性。在野外各种严酷环境中进行检测作业，使各种电子产品能够抵御诸如温度、湿度、振动及空中干扰波的影响。

2. 实时检测

开发和应用以无线通信技术为手段的数据采集系统；开发能适用于交通荷载、风荷载及定点测试荷载的传感器最优布设技术；能更方便、快速、准确地采集需要的数据。对现场采集的大量数据进行实时的分析和统计计算，提高检测评价的时效性。利用宽带网实现测试数据的远程传送，实现室内工作站与测试现场保持同步监控。

3. 智能化

检测技术的发展经历了以行业专家的感官和专业经验为基础的经验检测技术的第一阶段，这一阶段仅对检测信息作简单的数据处理；第二阶段是以传感器技术和动态测试技术为手段，以信号处理和建模处理为基础的现代检测技术；第三阶段是以知识处理为核心，数据处理、信号处理与知识处理相融合的智能检测技术。利用高性能计算机并编制完善的智能处理软件，使操作人员能够更为轻松灵活地运用自动化测试仪器进行工作。

4. 多功能

应用各类小型化、微型化和集成化的自动控制技术，将各种检测功能汇集在同一个系统中，提高测试效率。例如澳大利亚的道路交通技术研究咨询和服务公司最新推出的 Hawkeye 2000 路网检测车具有高速收集公路的信息资料，包括实时位置、路面平整度、纹理、车辙、错台、几何尺寸、道路景观和路面状况的图像等，可进行计算机即时处理并根据建立的数据库可直接与现有的路面管理系统相连接，为道路的养护及管理提供科学的决策依据。

第二节　道路工程检测的作用

现代交通事业的发展，极大地促进了道路基本建设的发展，同时也使道路工程检测技术得到了越来越多的重视。道路建设工程属于线性工程，其特点是线长，工程量和投资量大，影响因素复杂等。在道路工程施工过程中,任何一个环节出现问题都有会给工程质量带来严重的危害,甚至会造成巨大的损失,因此实行严格的质量控制,其意义十分重大。我国在道路建设质量保证体系中推行"政府监督、社会监理、企业自检"的质量保障体系。这个体系的运作离不开道路工程检测技术,因此,道路工程检测技术是道路建设和管理中不可缺少的、重要的技术,是施工质量控制的"感觉器官"。无论是政府监督部门,还是监理单位,或是施工企业,都必须各自建立独立的、满足工程建设要求的试验室,以确保监督、监理、自检工作的顺利实施。

道路工程检测是公路工程施工技术管理中的重要组成部分,同时也是道路工程施工质量控制和交、竣工验收评定工作中不可缺少的重要环节。通过试验检测能定量地评定各种材料和构件的质量,科学地评定道路结构的施工质量。因此,正确地进行原材料和道路工程的质量检测,对提高工程质量具有重要的意义。

为使道路结构满足使用要求,延长其使用寿命,必须在精心设计的基础上,严格按照设计文件和施工技术规范的要求认真组织施工。在整个施工期间,作为施工技术人员和工程试验检测人员或质量控制人员,应在掌握施工技术规范和试验检测规程的前提下,严格控制路用材料质量、施工参数,通过施工过程质量控制和分部分项工程质量验收,真正将道路工程施工质量控制落到实处。

道路工程检测技术集试验检测基本理论和测试操作技能以及道路工程相关学科基础知识于一体,是工程设计参数选取、施工质量控制、施工验收评定、养护管理决策确定的主要依据。通过试验检测,能充分地利用当地原材料,能迅速推广应用新材料、新技术和新工艺,能合理地控制和科学地评定工程质量。工程实践的经验证明:不重视施工过程检测和施工质量过程控制而依靠经验控制,是造成施工质量隐患的主要原因。因此,道路工程试验检测工作的作用和意义在于:提高工程质量、加快工程进度、降低工程造价,推动道路工程施工技术进一步的发展。

第三节　道路工程检测技术管理

道路工程检测技术管理包括设备管理、试验工作管理和文献资料管理等方面。

一、设 备 管 理

1. 建立账、卡、物管理制度

设备账一般按购置时间顺序登记,包括设备名称、编号、规格型号、生产厂家、制造年份、价格等。卡除了包括账上登记的内容外,还包括设备性能、用途、随机附件、外形尺寸、设备购置费、运输费、安装费、维修费、报废年月等。账、卡和物应分离管理,即管物的不能管账、卡,管账、卡的不能管物,起到互相监督、制约的作用。

2. 建立岗位责任制度

设备应分室由专人管理和使用。岗位责任人对设备的保养、维修、使用及安全负责。岗位责任人必须熟悉所管仪器设备的性能、操作规程,并能熟练进行试验操作,能排除常见的小故障,定期对设备进行必要的保养,如擦洗、涂油、通电运行等,使设备处于正常的使用状态。非岗位责任人使用仪器设备必须经过岗位责任人的同意,并在岗位责任人指导下或按其要求进行操作。

3. 建立设备检定制度

为了确保试验设备处于正常的使用状态，确保试验结果准确无误，新启用的设备应进行计量检定。使用中的试验设备必须进行定期或不定期的计量检定。凡是衡器、测力装置应由计量部门进行计量检定，并出具检定报告；使用频率比较高的设备一般一年检定一次。设备在使用过程中如试验结果有异常应根据需要随时进行必要的检定。

4. 建立使用维修登记制度

试验设备应建立使用登记制度，内容包括使用日期和时段、试验内容、设备状况、故障情况等。使用登记由使用人填写，非岗位责任人在使用完设备后应经岗位责任人验收检查，并在登记册上签字认可。设备维修情况也应在使用登记册上进行登记，内容包括维修时间、项目、所更换的零部件、费用、维修人等。

二、试验工作管理

1. 试样管理

试样管理是试验工作中关键的一环。试样的采集，不同材料有不同的要求，应按相关试验规程的规定进行。在取样时应按既定的编号方式对试样进行编号，书写在容器或袋子上，并书写同样标签放入容器或袋子中，以便复核对证。同时填写取样单，内容包括试样编号、品种、规格、取样地点、里程桩号、拟作用途、取样日期、取样人等。对可以保存一定时间的试样，取样时应一式两份，一份供目前试验用，一份作为样本保存，供试验结果有争议时仲裁用。

2. 试验管理

试验工作也应实行在设备管理岗位责任制框架下的岗位责任制。将试验人员按设备管理的岗位分为几个试验小组，如土工、水泥及水泥混凝土、沥青及沥青混合料、力学等小组。小组负责人对其小组所承担的试验工作负责，负责取样、试验、提出报告。

3. 严格执行试验规程及技术标准

试验规程及技术标准是试验工作的重要依据。每一个试验项目，从取样、试验到提出报告，都必须严格执行试验规程和技术标准的规定。要求每一个岗位责任人熟悉自己所分管项目的相关试验规程，熟悉每一个试验的操作步骤、试验条件、影响因素、注意事项，并能熟练地操作试验设备，能分析试验过程中出现的各种异常情况，并作出正确的判断，采取必要的处理措施，确保试验结果准确无误。

4. 健全原始记录填写及保存制度

原始记录是试验过程的真实记载，是分析试验结果、提出试验报告的重要依据，必须认真填写。原始记录一般直接在制成的表格上填写，内容包括试验项目名称、产品的规格型号、试样的编号、产地或生产厂家、拟作用途、采用试验标准、试验条件、试验环境温度及湿度、试验日期等。原始记录应书写齐全，字迹工整，不得随意涂改；确实因笔误或其他原因需要更改数据时，应在原数据上划一水平线，将正确的数据书写在其上方。原始记录试验人、计算人、复核人签名要齐全，并按规定保存。

三、文件资料管理

试验检测技术资料必须做到准确、齐全、及时、规范。

准确是指凡由试验室提供的试验结果必须真实可信，必须是通过试验得出的结果，经得起验证和推敲，对控制工程质量具有指导作用，使工程所用材料和工程质量达到设计和使用要求。

齐全是指由试验室提供的试验资料，内容必须完整。

及时是指按时提供工程建设需要的有关试验资料或数据。及时是建立在准确、齐全的基础上的。

规范是指由试验室提供的资料语言精练通顺，用词恰当妥帖，签字印章清晰齐全，打印装订整齐，格式符合要求。

文件资料管理还应遵循：收发登记制度、收阅和签发制度、分类归档保存制度。

第四节　公路路基路面现场测试的基本术语和符号

一、术　语

1. 路基宽度 (subgrade width)

为行车道与路肩宽度之和，以 m 计。当设有中间带、变速车道、爬坡车道、紧急停车带时，尚应包括这些部分的宽度。

2. 路面宽度(pavement width)

包括行车道、路缘带、变速车道、爬坡车道、硬路肩和紧急停车带的宽度，以 m 计。

3. 路基横坡(subgrade cross slope)

路槽中心线与路槽边缘两点高程差与水平距离的比值，以百分率表示。

4. 路面横坡(pavement cross slope)

对无中央分隔带的道路是指路拱表面直线部分的坡度，对有中央分隔带的道路是指路面与中央分隔带交界处及路面边缘与路肩交界处两点的高程差与水平距离的比值，以百分率表示。

5. 路面中线偏位(deviation of pavement center-line)

路面实际中心线偏离设计中心线的距离，以 mm 计。

6. 压实度(degree of compaction)

筑路材料压实后的干密度与标准最大干密度之比，以百分率表示。

7. 平整度 (roughness)

路面表面相对于理想平面的竖向偏差。

8. 弹性模量(elastic modulus)

材料在弹性极限内应力与应变的比值。

9. 水泥混凝土强度(strength of cement concrete)

水泥混凝土标准试件在规定条件下养生后的抗压强度。

10. 弯沉(deflection)

在规定的荷载作用下，路基或路面表面产生的总垂直变形值(总弯沉)或垂直回弹变形值(回弹弯沉)，以 0.01 mm 为单位表示。

11. 固结(consolidation)

饱和土体在外荷载作用下，土体孔隙中水分逐渐排出，使土体体积减小、密度增长的过程。

12. 构造深度(texture depth)

路表面开口空隙的平均深度，即宏观构造深度 TD，以 mm 计。

13. 横向力系数(sideway force coefficient)

与行车方向成 20°偏角的测定轮以一定速度行驶时，专用轮胎与潮湿路面之间的测试轮轴向摩擦阻力与垂直荷载的比值，简称 SFC，无量纲。

14. 渗水系数(water permeability coefficient)

在规定的初始水头压力下，单位时间内渗入路面规定面积的水的体积，以 mL/min 计。

15. 路面错台(faulted joint slabs)

不同构造物或相邻水泥混凝土板块接缝间出现的高程突变，以 mm 计。

16. 车辙 (rut)

路面经汽车反复行驶产生流动变形、磨损、沉陷后，在车行道行车轨迹上产生的纵向带状辙槽，车辙深度以 mm 计。

17. 土基的现场 CBR 值(field CBR of soil subgrade)

在公路土基现场条件下按规定方法进行贯入试验，得到荷载压强-贯入量曲线，读取规定贯入量的荷载压强与标准压强的比值，以百分数表示。

18. 石料磨光值 (polished stone value)

按规定试验方法测得的石料抵抗轮胎磨光作用的能力，即石料被磨光后用摆式仪测得的摩擦系数。

19. 摆值(british pendulum number)

用摆式摩擦系数测定仪测定路面在潮湿条件下的摩擦系数表征值，为摩擦系数的 100 倍，即 BPN。

20. 机制砂 (crushed sand)

由碎石及砾石经制砂机反复破碎加工至粒径小于 2.36mm 的人工砂，亦称破碎砂。

21. 填料 (filler)

在沥青混合料中起填作用的粒径小于 0.075mm 的矿物质粉末。通常是石灰岩等碱性石料经加工磨细得到的矿粉，水泥、消石灰、粉煤灰等矿物质有时也可作为填料使用。

22. 有机质土 (organic soil)

土中有机质含量多于或等于总质量的 5%且少于总质量的 10%的土。

二、符　　号

δ_m——平整度(最大间隙)；

Δ_{CL}——路面中线偏位；

R_U——路面车辙深度；

PSV——粗集料的磨光值；

TD——构造深度；

BPN——摆值；

SFC——横向力系数；

C_w——渗水系数；

E_0——土基回弹模量；

E_1——路面材料回弹模量；

CBR——土基加州承载比；

μ——路面材料泊松比；

VBI——颠簸累积仪位移累积值；

IRI——国际平整度指数；

OWP——车道外侧轮迹带位置；

IWP——车道内侧轮迹带位置。

第二章 试验检测数据的处理

DIERZHANG

第一节　数字修约规则

一、有 效 数 字

在试验工作中，由于试验结果总会有误差，因此表示试验结果的位数，容易使人误认为位数越多试验精度越高，位数越少试验精度越低。

试验过程中，一方面由于受到一系列不可控制和不可避免的主观和客观因素的影响，所获得的试验值必定含有误差，即获得的试验值仅仅是被试验的近似值(实测值)。另一方面，在数据处理过程中常常引入诸如 π、$\sqrt{5}$等一些常量，在大多数情况下，这些常量是以无穷小数形式的无理数来表示的，这就需要确定一项原则，将测得的或计算的数值截取到所需的位数。通常我们认为在一个数值中小数点后面的位数愈多，这个数值就愈准确；或者在计算中，保留的位数愈多，这个数值就愈准确的想法都是错误的。因为：其一，小数点的位置不是决定准确与否的标准，而仅与所用计量单位的大小有关，如长度为 32.2mm 与 0.0322m，其准确程度完全相同；其二，由于仪器和人们的感觉只能做到一定的准确程度，这个准确程度一方面决定于所用仪器刻度的精细程度，另一方面也与所用方法有关。因此在计算结果中，无论取多少位数都不可能把准确程度增加到超过试验误差所容许的范围。反之，表示一个数值时，如果小数点后面的位数过少，即数值所取的有效位数少于实际所能达到的精度，不能把已经达到的精度表示出来，也是错误的。

例如，在不考虑测量误差，单从有效数字来考虑的情况下，在数学上 32 和 32.00 这两个数是相等的。而作为测量结果的数值，两者的误差是不同的，前者表示的测量结果，其误差可能为±0.5；而后者表示的测量结果，其误差可能为±0.005。

因此，在对试验数据的处理中，掌握有效数字的有关知识是十分必要的。要了解有效数字，首先要了解“末”的概念。

所谓“末”，就是指任何一个数最末一位数字所对应的单位量值。例如：用分度值为 1mm 的钢卷尺测量某物体的长度，测量结果为 19.8，最末一位的量值 0.8mm，即为最末一位数字 8

与其所对应的单位量值 0.1mm 的乘积，故 19.8 的“末”为 0.1mm。

日常生活中，人们接触到的数有准确数和近似数。对于任何数，包括无限不循环小数和循环小数，截取一定位数后所得的即是近似数。同样，根据误差公理，测量总是存在误差，测量结果只能是一个接近于真值的估计值，其数字也是近似数。

有效数字的概念可表述为：由数字组成的一个数，除最后一位数字是不确切值或可疑值外，其他数字皆为可靠值或确切值，则组成该数的所有数字包括末位数字称为有效数字，除有效数字外其余数字为多余数字。

对于 0 在数中的位置不同，可能是有效数字，也可能是多余数字。对没有小数位且以若干个零结尾的数值，从非零数字最左一位向右数，得到的位数减去无效零(即仅为定位用的零)的个数；对其他十进位数，从非零数字最左一位向右数而得到的位数，就是有效位数。

对于数后面位置的“0”是否算有效数字可分三种情况：

(1)数后面的“0”，若把多余数字的“0”用 10 的乘幂来表示，使其与有效数字分开，这样在 10 的乘幂前面所有数字包括“0”皆为有效数字；

(2)作为试验结果并注明误差值的数值，其表示的数值等于或大于误差值的所有数字，包括“0”皆为有效数字；

(3)上面两种情况外的数后面的“0”则很难判断是有效数字还是多余数字，因此，应避免采用这种不确切的表示方法。

一个数的有效数字占有的位数，即有效数字的个数，为该数的有效位数。

为掌握有效数字的概念，举例如下：0.052 3，0.052 5，5.23，5.23×10^2，这四个数的有效位数均为 3。再如，测量某一试件面积，得其有效面积 $A=0.041\ 050\ 2\text{m}^2$，测量的极限误差$\delta_{\text{lim}}=0.000\ 004\text{m}^2$，则测量结果应当表示为 $A=(0.041\ 050\pm0.000\ 004)\text{m}^2$。误差的有效数字为 1 位，即“4”；而有效面积的有效数字应为 5 个，即“41 050”，因“2”小于误差的数量级，故为多余数字。

若给出的数值为 45 200，则为不确切的表示方法，它可能是 452×10^2，也可能是 4.520×10^4，即有效数字可能是 3 个、4 个或 5 个。若无其他说明，则很难判定其有效数字究竟是几个。

在测量或计算过程中，对所得数据有效数字的取舍，可根据下述准则判定：

(1)对不需要标明误差的数据，其有效位数应取到最末一位数字为可疑数字(也称不确切或参考数字)；

(2)对需要标明误差的数据，其有效位数应取到与误差同一数量级。

二、修 约 间 隔

修约间隔是指确定修约保留位数的一种方式，修约间隔的数值一经确定，修约值即应为该数值的整数倍。

例如：修约间隔为 0.1，即修约后数值的尾数应是 1、2、…、8、9、0。

修约间隔为指定数位的 0.5 单位，即修约后数值的尾数应是 5、0。

修约间隔为指定数位的 0.2 单位，即修约后数值的尾数应是 2、4、6、8、0。

最基本的修约间隔是 10^n(n 为整数)，它等同于确定修约到某位数。

三、数值修约进舍规则(奇升偶舍法)

(1)拟舍弃数字的最左一位数字小于 5 时，则舍去，即保留的各位数字不变。

例如:将 13.145 修约到一位小数,得 13.1;

将 123.545 03 修约到小数点后 1 位,拟舍弃的数字是“4 503”,“4”小于 5, 舍去后得 123.5。

(2)拟舍弃数字的最左一位数字大于或等于 5,而且后面数字不全部是 0 时,则进 1。

例如:将 12.68 修约到个位数,得 13;

将 10.502 修约到个位数,得 11。

(3)拟舍弃数字的最左一位数字为 5,后面无数字或皆为 0 时,若所保留的末位数字为奇数(1、3、5、7、9)则进 1,为偶数(2、4、6、8、0)则舍弃。

例如:将 0.350 修约到一位小数,得 0.4;

将 0.032 5 修约成两位有效数字,得 0.032。

(4)负数修约时,先将它按前三条规定进行修约,然后在修约值前面加上负号。

例如:将−36.5 修约成两位有效数字,得−36;

将−235 修约到“10”数位,得−24×10。

(5)0.5 单位修约和 0.2 单位修约。

①0.5 单位修约是将拟修约数值乘以 2,按指定位数依进舍原则修约,所得数值再除以 2(修约后的最后一位数是 5 或是 0)。

例如:将下列数字修约到个数位的 0.5 单位。

拟修约数值	乘(×2)	修约值	修约值
60.25	120.50	120	60.0
60.38	120.76	121	60.5
−60.75	−121.50	−122	−61.0

②0.2 单位修约是将拟修约数值乘以 5,按指定数位依进舍规则修约,所得数值再除以 5。

例如:将下列数字修约到百数位的 0.2 单位。

拟修约数值	乘(×5)	修约值	修约值
532	2 660	2 700	540
542	2 710	2 700	540
−630	−3 150	−3 200	−640

上述数值修约规则(称之为“奇升偶舍法”)与常用的“四舍五入”的方法区别在于:用“四舍五入”法对数值进行修约,从很多修约后的数值中得到的均值偏大;而用上述的修约规则,进舍的状况具有平衡性,进舍误差也具有平衡性,若干数值经过这种修约后,修约值之和变大的可能性与变小的可能性是一样的。

四、数值修约注意事项

实际工作中常有这种情况,有的部门先将原始数据按修约要求多一位至几位报出,而后另一个部门按此报出值再按规定位数修约和判定,这样就有连续修约的错误。为了防止因连续修约而导致错误的结果,在进行数值修约时,首先应明确修约间隔和确定修约位数,然后一次性完成数值修约。

(1)拟修约数字应在确定修约后一次修约获得结果,而不得多次按进舍规则连续修约。

例如：修约 10.474 7，修约间隔为 1，正确的做法：10.474 7→10；不正确的做法：10.474 7→10.475→10.48→10.5→11。

(2)在具体实施中，有时测量与计算部门先将获得数值按指定的修约数位多一位或几位报出，而后由其他部门判定。为避免产生连续修约的错误，应按下列步骤进行。

①报出数值最右的非 0 数字为 5 时，应在数值后面加“(＋)”号或“(－)”号或不加符号，以分别表明已进行过舍、进或未舍未进。

例如：10.50(＋)表示实际值大于 10.50，经修约舍弃成为 10.50；10.50(－)表示实际值小于 10.50，经修约进 1 成为 10.50。

②如果判定报出值需要进行修约，当拟舍弃数字的最左一位数字为 5 而后面无数字或全部为 0 时，数值后面有(＋)号者进 1，数值后面有(－)号者舍去，其他仍按进舍规则进行。

例如：将下列数字修约到个数位进行判定(报出值多留一位到一位小数)。

实测值	报出值	修约值
10.473 2	10.5(－)	10
10.541 7	10.5(＋)	11
11.500 0	11.5	11
－9.451 2	－9.5(－)	－9

五、计 算 法 则

1.加法运算

应以各数中有效数字末位数最高者为准(小数即以小数部分位数最少者为准)，其余数均比该数向右多保留一位有效数字。

例如有 4 个凑整后的数字相加：

$$\begin{array}{r} 41.3x \\ 3.012x \\ 0.322x \\ +0.0578x \\ \hline 44.691 \end{array}$$

其中“x”表示该数带有若干凑整误差。该数最多能正确到小数后第一位，小数后第二位及以后各位已不可靠，运算时保留小数第二位的目的，是为了不因凑整而严重影响结果的精度，所多保留的一位数常称为安全数字。

于是，上例应取为：

$$\begin{array}{r} 41.3 \\ 3.01 \\ 0.32 \\ +0.06 \\ \hline 44.69 \end{array}$$

2. 乘除运算

应以各数中有效数字位数最少者为准，其余数均多取一位有效数字，所得积或商也多取一位有效数字。

例如：在 $0.235\times30.14\times2.00467$ 中，因第一个数 0.235 的有效数字位数最少(3 位)，因此，第二、第三个数的有效数字位数取 4 位，所得积也取 4 个有效数字，由此得：$0.235\times30.14\times2.005=14.20$。

3. 平方或开方运算

其结果可比原数多保留一位有效数字。

例如：$322^2=1.037\times10^5$；$\sqrt{3684}=60.696$。

4. 对数运算

所取对数位数应与真数有效数字位数相等。

5. 查角度的三角函数

所用函数值的位数通常随角度误差的减小而增多，一般三角函数表选择如下：

角度误差	表的位数
10″	5
1″	6
0.1″	7
0.01″	8

注：在所有计算式中，如常数 π、e 的数值有效数字位数，可认为无限制，需要几位就取几位。表示精度时，一般取一位有效数字，最多取两位有效数字。

第二节　数据的统计与分布

一、总体与样本

在工程质量检验或评价中，均以取得的试验资料为基础。对无限总体中的个体，逐一考察其质量特征显然是不可能的；对有限总体，虽然所含个体数量不大，但考察方法往往具有很大的破坏性，同样是不可取的。从统计的概念和方法来说，最重要的是通过抽取总体中的一小部分个体加以检测、分析以了解总体的情况，发现工程生产中的问题，进而达到改进设计、施工工艺，提高工程质量的目的。对试验资料进行整理和分析多应用数理统计的方法。

要将一个总体的性质了解得十分清楚，最理想的办法是对每个个体逐个进行观察，但实际上这样做往往是不现实的。例如，要检测一条旧路的路面承载能力，由于路线往往长达数公里或数十公里，逐一检测每一块板的强度需要花费大量的人力、物力和时间，这样显然是很不实际的。我们可以随机地抽选几块板进行质量检测，并分析其结果，然后根据这些资料来推断整条路(总体)的强度状况。

在数理统计中，研究对象是某项质量指标。我们将研究对象全体称为总体，又称母体，是统计分析中所研究对象的全体。总体的每个元素，称为个体。从总体中抽取一部分个体就是样本。

二、数据的统计

1. 算术平均值

它是反映产品平均水平的一个量，表示一组数据中位置最有用的统计特征量，经常用样本的算术平均值来代表总体的平均水平。可用公式(2-1)来计算：

$$\overline{x}=\frac{1}{n}\sum_{i=1}^{n}x_i \tag{2-1}$$

2. 中位数

在一组数据中，按其大小次序排序，以排在正中间的一个数表示总体的平均水平，称为中位数，或称中值，用 $\tilde{x}$ 表示。n 为奇数时，正中间的数只有一个；n 为偶数时，正中间的数有两个，则取这两个数的平均值作为中位数，即：

$$\tilde{x}=\begin{cases}x_{\frac{n+1}{2}} & n\text{ 为奇数}\\(x_{\frac{n}{2}}+x_{\frac{n}{2}+1})/2 & n\text{ 为偶数}\end{cases} \tag{2-2}$$

3. 极差

在一组数据中最大值与最小值之差称为极差，用 R 表示。

$$R=x_{max}-x_{min} \tag{2-3}$$

4. 标准偏差

标准偏差有时也称标准离差、标准差或均方差，它是衡量样本数据波动性(离散程度)的指标。在质量检验中，总体的标准偏差 σ 一般不易求得。样本的标准偏差 S 按下式计算：

$$S=\sqrt{\frac{\sum_{i=1}^{n}(x_i-\overline{x})^2}{n-1}}=\sqrt{\frac{\sum_{i=1}^{n}x_i^2-n\overline{x}^2}{n-1}} \tag{2-4}$$

5. 变异系数

标准偏差是反映样本数据的绝对波动状况，当测量较大的量值时，绝对误差一般较大；而测量较小的量值时，绝对误差一般较小。因此用相对波动的大小，即变异系数更能反映样本数据的波动性。变异系数 C_v 按下式计算：

$$C_v=\frac{S}{\overline{x}}\times 100\% \tag{2-5}$$

【例 1】 某路测得弯沉值(单位：0.01mm)分别为 100、101、102、110、95、98、93、96、103、104，计算其算术平均值、中位数、极差、标准差和变异系数。

解：算术平均值：$\overline{x}=\frac{1}{n}\sum_{i=1}^{n}x_i=100.2(0.01\text{mm})$

中位数：按其大小次序排序 93，95，96，98，100，101，102，103，104、110。一共有 10 个数值，是偶数，中位数为$(100+101)\times\frac{1}{2}=100.5(0.01\text{mm})$

极差：$x_{max}=110$，$x_{min}=93$，$110-93=17(0.01\text{mm})$

标准差用公式(2-4)计算：

$$S=\sqrt{\frac{\sum_{i=1}^{n}(x_i-\overline{x})^2}{n-1}}=\sqrt{\frac{\sum_{i=1}^{n}x_i^2-n\overline{x}^2}{n-1}}=4.98(0.01\text{mm})$$

三、直　方　图

直方图即质量分布图，是把收集到的工序质量数据，用相等的组距进行分组，按要求进行频数（每组中出现数据的个数）统计，再在直角坐标系中以组界为顺序、组距为宽度在横坐标上描点，以各组的频数为高度在纵坐标上描点，然后画成长方形（柱状）连接图。绘制直方图的方法与步骤：

1. 收集数据

一般应不少于50～100个数据。

2. 数据分析与整理

找出计算数据的 x_{max}、x_{min}，并计算 R（极差）。

3. 确定组数与组距

通常先定组数，后定组距，组数根据数据的数量来确定。组数与组距关系表见表2-1。

组数与组距关系表　　表2-1

数 据 数 量	小于50	50～100	100～250	大于250
组数 B	5～7	6～10	7～12	10～20

组距的计算公式为：

$$h = \frac{R}{B-1} \tag{2-6}$$

4. 确定组界值

组界值要比原数据的精度高一位，以避免数据恰好在组界上。

$$第一组的下界值 = x_{min} - (h/2) \tag{2-7}$$

$$第一组的上界值 = x_{min} + (h/2) \tag{2-8}$$

5. 统计频数

组界值确定后按组号统计频数、频率（相对频数）。

6. 绘制直方图

【例2】 某沥青混凝土拌和过程中，油石比的抽检结果列于表2-2中，试绘制该检测结果的直方图。

油石比检测数据　　表2-2

顺　序	数					据					最大	最小	极差
1	6.1	6.3	5.8	5.9	5.9	6.1	6.0	6.0	5.8	5.8	6.3	5.8	0.5
2	5.8	6.2	5.9	5.8	5.9	5.8	6.0	6.2	6.2	5.9	6.2	5.8	0.4
3	5.7	5.6	5.9	5.7	5.8	5.9	5.9	5.8	5.7	6.0	6.0	5.6	0.4
4	6.0	6.0	6.1	6.0	5.9	5.7	6.1	5.8	5.8	5.9	6.1	5.7	0.4
5	5.9	5.9	5.6	6.0	6.1	6.1	6.3	5.7	6.2	5.7	6.3	5.6	0.7
6	5.6	5.7	5.8	5.6	6.0	6.1	6.0	5.9	6.0	6.1	6.1	5.6	0.5
7	6.1	5.8	6.3	5.5	6.2	6.0	6.0	5.9	6.1	6.0	6.3	5.5	0.8
8	5.9	5.9	6.0	5.9	6.0	5.8	6.0	6.0	6.1	5.8	6.1	5.8	0.3
9	5.9	6.4	5.9	5.9	5.9	6.0	6.0	6.2	6.1	6.1	6.4	5.9	0.5
10	6.1	5.8	6.0	5.5	6.3	6.2	6.2	6.3	6.1	6.0	6.3	5.5	0.8

解:(1)数据分析与整理

计算数据的 $x_{max}=6.4$,$x_{min}=5.5$;

R(极值)$=x_{max}-x_{min}=6.4-5.5=0.9$

根据数据的数量确定组数:$B=6\sim10$;

确定组距 $h=R/(B-1)=0.9/(10-1)=0.1$

确定组界值:

第一组的下界值$=x_{min}-(h/2)=5.5-(0.1/2)=5.45$

第一组的上界值$=x_{min}+(h/2)=5.5+(0.1/2)=5.55$

第一组的界值为:5.45~5.55;

第一组的上界值就是第二组的下界值,第二组的下界值加上组距 h 即为第二组的上界值,其余依次类推。

(2)统计频数

组界值确定后按组号统计分组区间内数据出现的频数(个数)、频率(相对频数),结果列于表 2-3 中。

频 率 表 表 2-3

序号	分组区间	频数	相对频数	序号	分组区间	频数	相对频数
1	5.45~5.55	2	0.02	7	6.05~6.15	15	0.15
2	5.55~5.65	4	0.04	8	6.15~6.25	8	0.08
3	5.65~5.75	8	0.08	9	6.25~6.35	5	0.05
4	5.75~5.85	14	0.14	10	6.35~6.45	1	0.01
5	5.85~5.95	21	0.21	合计		100	1.00
6	5.95~6.05	22	0.22				

(3)绘制直方图

以横坐标为质量特征,纵坐标为频数(或频率)绘制直方图(图 2-1)。

由图 2-1 可知,如果收集的检测数据量愈来愈多,分组愈来愈细,直方图就转化为一条光滑的曲线。这条曲线称为概率分布曲线。概率分布曲线的形式很多,在公路工程质量检验与评价中,常用到正态分布和 t 分布。

绘制直方图的目的,是通过观察图的形状来判断质量是否稳定,质量分布状态是否正常。

四、正 态 分 布

正态分布是应用最广泛的一种函数曲线,从工程检验中随机误差的分布规律可以发现:其出现的频率与误差的正负、大小有密切的关系,绝对值小的出现频率大,绝对值大的出现频率小。

以纵坐标表示误差出现的频率,以横坐标表示误差的大小,按直角坐标描点并将各点连成曲线,见图 2-2。

从图 2-2 中可以明显地看出:随机误差的基本特点遵循正态分布。正态分布又叫高斯分布,是最常见的一种连续型分布。其正态分布曲线方程为:

$$y=f(\delta)=\frac{1}{\sigma\sqrt{2\pi}}e^{-\frac{\delta^2}{2\sigma^2}} \tag{2-9}$$

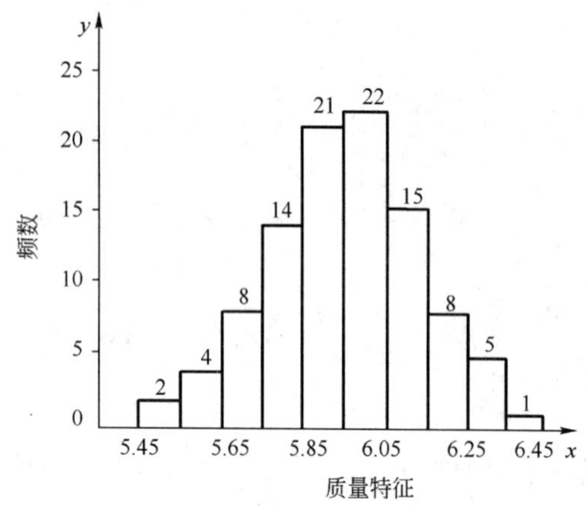

图 2-1　直方图

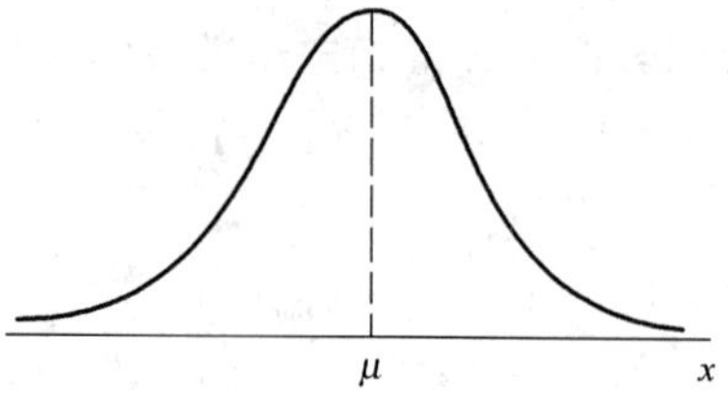

图 2-2　正态分布曲线

式中：e——自然对数的底；

π——圆周率；

δ——$\delta=x-\mu$；

x——随机变量；

μ——正态分布的平均值；

σ——均方差(标准差)。

由式(2-9)可知，当均方差 σ 不同时，曲线的陡度也不相同，图 2-3 表示三种不同 $\sigma(\sigma_1<\sigma_2<\sigma_3)$ 的随机误差正态分布曲线。其中均方差为 σ_1 的曲线最陡，可靠性最大；而均方差为 σ_3 的曲线最平，随机误差的极限范围最大，可靠性最小。可见均方差越大，测量的误差也越大。因此，它代表了随机误差的分散程度。

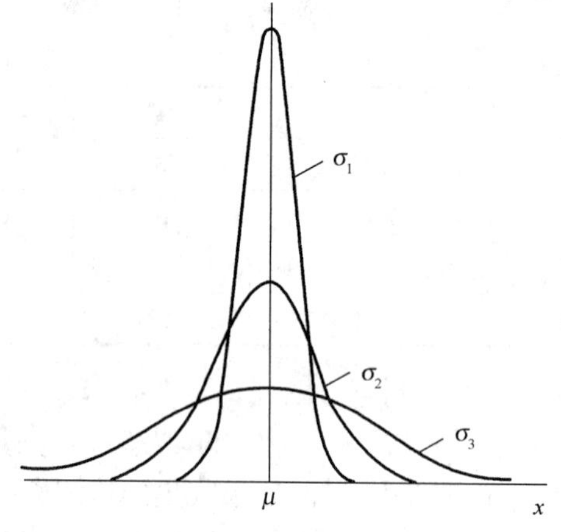

图 2-3　σ 不同取值的正态分布

随机误差正态分布曲线，还表示误差出现的概率。根据曲线的条件，曲线下的全部面积相当于全部误差出现的概率，即：

$$\int_{-\infty}^{+\infty} y\mathrm{d}\delta = 1 \tag{2-10}$$

$x=0$、$\delta=1$ 时的正态分布称作标准正态分布。如果以新的变量 $z=\delta/\sigma$ 代入上式，则：

$$\int_{-\infty}^{+\infty} \frac{1}{\sqrt{2\pi}}\,\mathrm{e}^{-\frac{z^2}{2}}\mathrm{d}z = 1 \tag{2-11}$$

求 $z>z_\alpha$ 的面积：

$$f(z>z_\alpha)=\frac{1}{\sqrt{2\pi}}\int_{-\infty}^{+\infty} \mathrm{e}^{-\frac{z^2}{2}}\mathrm{d}z=\frac{a}{2} \tag{2-12}$$

从图 2-4 看，$a/2$ 为阴影部分，$a/2$ 的大小可以通过查表 2-4 的方法得到。

正态分布表$\left(1-\frac{a}{2}\right)$ 表 2-4

z_a	0.00	0.01	0.02	0.03	0.04	0.05	0.06	0.07	0.08	0.09
0.0	0.500 0	0.504 0	0.508 0	0.512 0	0.516 0	0.519 9	0.523 9	0.527 9	0.531 9	0.535 9
0.1	0.539 8	0.543 8	0.547 8	0.551 7	0.555 7	0.559 6	0.563 6	0.567 5	0.571 4	0.575 3
0.2	0.579 3	0.583 2	0.587 1	0.591 0	0.594 8	0.598 7	0.602 6	0.606 4	0.610 3	0.614 1
0.3	0.617 9	0.621 7	0.625 5	0.629 3	0.633 1	0.636 8	0.640 6	0.644 3	0.648 0	0.651 7
0.4	0.655 4	0.659 1	0.662 8	0.666 4	0.670 0	0.673 6	0.677 2	0.680 8	0.684 4	0.687 9
0.5	0.691 5	0.695 0	0.698 5	0.701 9	0.705 4	0.708 8	0.712 3	0.715 7	0.719 0	0.722 4
0.6	0.725 7	0.729 1	0.732 4	0.735 7	0.738 9	0.742 2	0.745 4	0.748 6	0.751 7	0.754 9
0.7	0.758 0	0.761 1	0.764 2	0.767 3	0.770 3	0.773 4	0.776 4	0.779 4	0.782 3	0.785 2
0.8	0.788 1	0.791 0	0.793 9	0.796 7	0.799 5	0.802 3	0.805 1	0.807 8	0.810 6	0.813 3
0.9	0.815 9	0.818 6	0.821 2	0.823 8	0.826 4	0.828 9	0.831 5	0.834 0	0.836 5	0.838 9
1.0	0.841 3	0.843 8	0.846 1	0.848 5	0.850 8	0.853 1	0.855 4	0.857 7	0.859 9	0.862 1
1.1	0.864 3	0.866 5	0.868 6	0.870 8	0.872 9	0.874 9	0.877 0	0.879 0	0.881 0	0.883 0
1.2	0.884 9	0.886 9	0.888 8	0.890 7	0.892 5	0.894 4	0.896 2	0.898 0	0.899 7	0.901 5
1.3	0.903 2	0.904 9	0.906 6	0.908 2	0.909 9	0.911 5	0.913 1	0.914 7	0.916 2	0.917 7
1.4	0.919 2	0.920 7	0.922 2	0.923 6	0.925 1	0.926 5	0.927 8	0.929 2	0.930 6	0.931 9
1.5	0.933 2	0.934 5	0.935 7	0.937 0	0.938 2	0.939 4	0.940 6	0.941 8	0.942 9	0.944 1
1.6	0.945 2	0.946 3	0.947 4	0.948 4	0.949 5	0.950 5	0.951 5	0.952 5	0.953 5	0.954 5
1.7	0.955 4	0.956 4	0.957 3	0.958 2	0.959 1	0.959 9	0.960 8	0.961 6	0.962 5	0.963 3
1.8	0.964 1	0.964 9	0.965 6	0.966 4	0.967 1	0.967 8	0.968 6	0.969 3	0.969 9	0.970 6
1.9	0.971 3	0.971 9	0.972 6	0.973 2	0.973 8	0.974 4	0.975 0	0.975 6	0.976 1	0.976 7
2.0	0.977 2	0.977 8	0.978 3	0.978 8	0.979 3	0.979 8	0.980 3	0.980 8	0.981 2	0.981 7
2.1	0.982 1	0.982 6	0.983 0	0.983 4	0.983 8	0.984 2	0.984 6	0.985 0	0.985 4	0.985 7
2.2	0.986 1	0.986 4	0.986 8	0.987 1	0.987 5	0.987 8	0.988 1	0.988 4	0.988 7	0.989 0
2.3	0.989 3	0.989 6	0.989 8	0.990 1	0.990 4	0.990 6	0.990 9	0.991 1	0.991 3	0.991 6
2.4	0.991 8	0.992 0	0.992 2	0.992 5	0.992 7	0.992 9	0.993 1	0.993 2	0.993 4	0.993 6
2.5	0.993 8	0.994 0	0.994 1	0.994 3	0.994 5	0.994 6	0.994 8	0.994 9	0.995 1	0.995 2
2.6	0.995 3	0.995 5	0.995 6	0.995 7	0.995 9	0.996 0	0.996 1	0.996 2	0.996 3	0.996 4
2.7	0.996 5	0.996 6	0.996 7	0.996 8	0.996 9	0.997 0	0.997 1	0.997 2	0.997 3	0.997 4
2.8	0.997 4	0.997 5	0.997 6	0.997 7	0.997 7	0.997 8	0.997 9	0.997 9	0.998 0	0.998 1
2.9	0.998 1	0.998 2	0.998 2	0.998 3	0.998 4	0.998 4	0.998 5	0.998 5	0.998 6	0.998 6
3.0	0.998 7	0.998 7	0.998 7	0.998 8	0.998 8	0.998 9	0.998 9	0.998 9	0.999 0	0.999 0
3.1	0.999 0	0.999 1	0.999 1	0.999 1	0.999 2	0.999 2	0.999 2	0.999 2	0.999 3	0.999 3
3.2	0.999 3	0.999 3	0.999 4	0.999 4	0.999 4	0.999 4	0.999 4	0.999 5	0.999 5	0.999 5

五、波动范围及某一误差出现的概率

1. 波动范围

当随机变量 x 的某一总体属于正态分布，且已知其平均值和均方差 σ 时，可以计算某一误差或某一观测值出现的概率。

1)双边波动范围

通过正态分布表可以计算得到常用的双边波动范围，如表 2-5 所示。

常用的双边波动范围 表 2-5

x 取值范围	观测值出现的概率	x 取值范围	观测值出现的概率
$(\overline{x}-\sigma)\sim(\overline{x}+\sigma)$	68.26%	$(\overline{x}-3\sigma)\sim(\overline{x}+3\sigma)$	99.73%
$(\overline{x}-2\sigma)\sim(\overline{x}+2\sigma)$	95.44%		

将以上三个区间用图 2-4 表示。

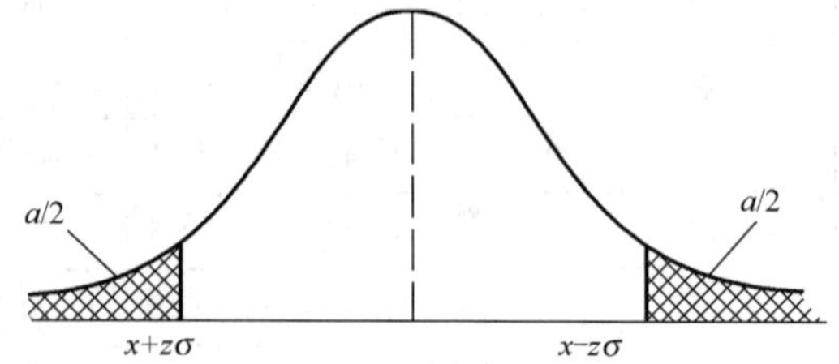

图 2-4 常用的双边波动区间图

以上所说的随机误差包括正值和负值，也就是说既包括个别观测值与平均值的偏差为正值，也包括个别观测值与平均值的偏差为负值。某一随机误差所构成的区间既有上限，也有下限。

在这个区间，我们可以称之为在某一概率情况下的观测值的双边波动范围。对于这种双边波动的情况，可以统一用式(2-13)表示：

$$1-a=\text{合格率}(\%) \tag{2-13}$$

【例 3】 试求观测值 x 的具有 95%概率的双边波动范围。

解：由于双边波动范围的概率是 95%(即在正态分布曲线图中界限值所包含的面积是 95%)，因此，$a=1-0.95=0.05$。

为了方便查表计算，$1-\dfrac{a}{2}=0.975$。

查表 2-4 得：$z=1.96$，即 $z_{\alpha}=1.96$。

观测值 x 的具有 95%概率的双边波动范围为：$(\overline{x}-1.96\sigma)\sim(\overline{x}+1.96\sigma)$。

以上区间都是关于平均值纵坐标对称的。在此区间外的面积常用 a 表示，因此，左侧和右侧区间外的面积各为 $a/2$。这种区间，可以称之为在某一概率$(1-a)$情况下的观测值的双边波动范围。

对于这种双边波动的情况，可以统一用下式表示(对称情况)：

$$(\overline{x}-z_{1-\frac{a}{2}}\sigma)\sim(\overline{x}+z_{1-\frac{a}{2}}\sigma) \tag{2-14}$$

在这里，我们可称$(\overline{x}-z_{1-\frac{a}{2}}\sigma)$为观测值的波动下限，$(\overline{x}+z_{1-\frac{a}{2}}\sigma)$为观测值的波动上限。

如是单边波动情况，则表示观测值在某一界限以下或在某一界限以上的区间的概率。

2)单边波动范围

在实际工作中，经常遇到只要考虑单边的情况，即只需考虑观测值与平均值的偏差为正或为负值的情况。

在这种单边情况下，计算 σ 任意倍数的随机误差出现的概率时，只需计算双边对称情况下 σ 任意倍数的随机误差出现的概率的一半即可。

观测值出现的概率：$1-\frac{a}{2}$ = 保证率(可靠性)(%)

例如：当 $z=1.28$ 时，大于平均值一侧的随机误差出现的概率为 0.100 3，也就是说，单个观测值落在 $-\infty \sim (\bar{x}+1.28\sigma)$ 构成的区间内的概率为 0.899 7，实际概率为 90%。因此，在实际中当取 $(\bar{x}+1.28\sigma)$ 的值作为界限值时，常称此值具有 90%的可靠性或保证率。

在相反的情况下，当 $z=1.28$ 时，小于平均值一侧的随机误差出现的概率也是 0.100 3。

单个观测值落在 $(\bar{x}-1.28\sigma) \sim +\infty$ 构成的区间内。

观测值在下列波动范围的概率：

$(x \leqslant \bar{x}+\sigma)$ 或 $(x \geqslant \bar{x}-\sigma)$ 84.13%

$(x \leqslant \bar{x}+2\sigma)$ 或 $(x \geqslant \bar{x}-2\sigma)$ 97.72%

$(x \leqslant \bar{x}+3\sigma)$ 或 $(x \geqslant \bar{x}-3\sigma)$ 99.87%

对于这种单边波动情况，可统一用式(2-15)表示：

$$(\bar{x}-z_{1-\frac{a}{2}}\sigma) \sim +\infty \quad \text{或} \quad -\infty \sim (\bar{x}+z_{1-\frac{a}{2}}\sigma) \tag{2-15}$$

式中，$1-\frac{a}{2}$ 称为保证率。在这里，我们称 $(\bar{x}+z_{1-\frac{a}{2}}\sigma)$ 为观测值的单边上波动界限，$(\bar{x}-z_{1-\frac{a}{2}}\sigma)$ 为观测值的单边下波动界限。

由上述可以看到，单边波动范围所包括的面积为：

$$(\bar{x}-z_{1-\frac{a}{2}}\sigma) \sim +\infty \quad \text{或} \quad -\infty \sim (\bar{x}+z_{1-\frac{a}{2}}\sigma)$$

因此，单边波动范围以外的面积(误差出现的概率)正好与双边波动范围一边以外的面积(误差出现的概率)相等时，它的界限值的绝对值是相同的。

在同一概率的情况下，双边波动范围以外的面积(误差出现的概率)与单边波动范围以外的面积(误差出现的概率)相等，也就是双边波动范围一边以外的面积是单边波动范围以外面积的一半。

【例 4】 试求观测值 x 的具有 95%概率的单边波动界限值。

解：由于求概率为 95%的单边波动界限，因此 $a/2=0.05$，$1-a/2=0.95$。

查正态分布表 2-4，对 $1-a/2=0.95$ 时，$z=1.645$。

因此，观测值 x 具有 95%概率的单边上波动界限为：

$$(\bar{x}+1.645\sigma) \sim +\infty \quad \text{或} \quad -\infty \sim (\bar{x}-1.645\sigma)$$

单边上波动界限值为 $(\bar{x}+1.645\sigma)$，单边下波动界限值为 $(\bar{x}-1.645\sigma)$。

由例 3、例 4 可以看到，正态分布表的表中值为单边波动范围的面积。同时也可看到，同样是 95%的概率，单边波动范围和双边波动范围所用的 z 值是不相等的。

在双边波动范围的情况下，概率 95%实际上超过每边界限值的概率各自只有 2.5%。

在单边波动范围的情况下，概率 95%表示在这边界限外的值的概率是 5%。

2. 某一误差出现的概率

由标准正态分布的假设可知：观测值与平均值的偏差 $\delta=z\sigma$，这样可以根据 z 值 $(z=\delta/\sigma)$，通过正态分布表查得 $\delta>z\sigma$ 误差出现的概率。

如考虑双边对称情况时，$|\delta|>z\sigma$ 误差出现的概率为 a，用百分数表示。在考虑单边情况时，$|\delta|>z\sigma$ 误差出现的概率为 $a/2$，用百分数表示。

【例 5】 已知 $\sigma=10\text{mm}$，计算 $\delta>15$ 时误差出现的概率。

解:由假设知 $z=\dfrac{\delta}{\sigma}=15/10=1.5$

查表 2-4,$z=1.5$ 时,$1-\dfrac{a}{2}=0.933\,2$

单边情况误差出现的概率为 $\dfrac{a}{2}=0.066\,8=6.68\%$,双边情况误差出现的概率为 $a=0.133\,6=13.36\%$。

六、最大误差和特异值

1.最大误差

在误差理论中,不只是把均方差看作估计观测或试验结果精度的标准。在某一条件下,已知观测或试验结果的均方差 σ 后,并不意味着在这种条件下进行的观测或试验,其随机误差或单个观测值(或试验结果)与平均值的偏差将位于 $\pm\sigma$ 范围内。

实际上所得的或可能发生的随机误差将比 σ 大得多,甚至大 2~3 倍。但是,误差愈大,它出现的机会或概率也将愈小。

例如:已知某一观测或试验结果组属于正态分布,并已知其均方差 σ,则根据概率论可利用正态分布表给出的系数 z_α 值,求出 σ 的任意倍数随机误差出现的概率。从正态分布表可以看到,随机误差愈大,它所出现的概率愈小。当随机误差等于 3σ 时,它构成的范围 $(\overline{x}-3\sigma)\sim(\overline{x}+3\sigma)$,将包括 99.7%可能的观测值,或单个观测值将有 99.7%的概率位于此区间内。

换句话说,随机误差或单个观测值与平均值的偏差大于 3σ 的概率等于 0.003,也即在 1 000 个观测值中只能出现 3 个这样大的误差。在正常情况下,出现这样大的误差实际上是不可能的。因此,通常把等于 3 倍均方差的随机误差看作是最大误差。

2.特异值

具有离散性的特大值或特小值统称为特异值。任何观测试验结果都带有误差,都具有离散性,而且有时会出现一些特大值或特小值,特异值出现的概率极小。在前面已经谈到,通常把等于 3 倍均方差的随机误差看作是最大误差。因此,我们可以把随机误差大于 3 倍均方差的个别观测值看作特异值。如果将这些特异值与其他观测值放在一起进行统计分析,就会降低平均值的可靠性,增大均方差,使计算得到的波动范围、统计容许区间等过大。

例如,在对旧路的弯沉测量中,由于多种不均匀性,测得的弯沉值可能分散性大,而且会出现一些特大值,偶尔也会有特小值。如将这些特异值与其他值放在一起进行统计分析,则会增大平均值和均方差,从而增大代表弯沉值,其结果将会导致由于极少数特异值的存在而使设计出的路面在大部分面积上过厚。

为了妥善地处理这些问题,可以利用误差理论或数理统计原理来舍弃特异值。在某些情况下(例如特大的弯沉值),对舍弃的特异值需另作处理。就弯沉测量而言,特异值舍弃后,弯沉值的平均值和均方差都降低了,代表弯沉值也就降低了。

下面介绍两种决定特异值取舍的方法。

1)乔维纳特法

在误差理论中,乔维纳特提出鉴别特异值的标准为:在 n 个观测值中,任一观测值与平均值的偏差 ε 大到其出现概率小于 $1/(2n)$ 时,则此观测值为特异值。

例如,当 $n=10$,均方差为 σ 时,如 ε 出现的概率小于 $\dfrac{1}{2n}=\dfrac{1}{20}=0.05$,则此观测值为特异

值。由于 ε 出现概率既可以是正值(由特大值得出)，也可以是负值(由特小值得出)，它属于双边的情况。

由以上分析可知：

$$a=0.05,\frac{a}{2}=0.025\ ,1-\frac{a}{2}=0.975$$

从正态分布表中查得：

$$z=1.96=\frac{\varepsilon}{\sigma}=\frac{\delta}{\sigma}=1.96$$

鉴别：当 x_i 满足 $|x_i-\overline{x}|\geqslant 1.96\sigma$ 时，x_i 为特异值。

又如，当 $n=200$ 时，如 ε 出现的概率小于 1/400，则此观测值为特异值。

$$a=0.0025,\frac{a}{2}=0.00125,1-\frac{a}{2}=0.99875$$

从正态分布表中查得：

$$z=3.025\approx 3.0=\frac{\varepsilon}{\sigma}=\frac{\delta}{\sigma}=3.0$$

乔维纳特法鉴别特异值，考虑了观测值的均方差 σ 和观测值的个数 n。

用乔维纳特法鉴别特异值的步骤：

(1)计算全部观测值的算术平均值和均方差 σ，以及 $1/(2n)$，由正态分布表得出界限值 z；

(2)计算可疑值与平均值的偏差 ε 以及 ε/σ 的比值；

(3)将计算得到的 ε/σ 值与界限值 z 相比较。如前者大于后者，则舍弃这一观测值。

2)2σ 或 3σ 法

当观测值数量较多或总体均方差已知时，可简单地采用 2σ(当样本个数较少时)或 3σ(当样本个数较多时)作为鉴别特异值的界限值。

就弯沉的测量值而言，舍弃特异值的标准低，舍弃的特异值就多，最后的代表弯沉值就小，需要加强的路面层就薄。如舍弃的是特大值，则该测点所在路段的路面强度就不足，因此，需要对特大值所在的路段进行处理。首先，要在特大值点的前后路段上补加弯沉测点，找出需要处理的路段界限。处理方法以增加旧路面强度为宜。

【例 6】 在某一路段上共测得 27 个弯沉值：60，52，104，90，110，156，224，70，140，130，70，100，210，104，170，80，86，74，54，60，104，70，218，100，110，50，40。单位为 10^{-2}mm，现检验其中是否有特异值。

解：计算得平均值 $\overline{L}=105$，$\sigma=51.6$，$C_v=4.91\%$，

具有 95%概率的代表值 $R=190(10^{-2}\text{mm})$，$n=27$。

按照乔维纳特的舍弃标准，$n=27$ 时，$\varepsilon/\sigma=2.35$。因此，只有当特大值 $\geqslant(\overline{L}+2.35\sigma)=226$ 时，才为特异值，现观测值中没有。

如采用标准为 2.00σ，则凡大于 $\overline{L}+2.00\sigma=208$ 的观测值均为特异值。现观测值中有三个特异值：224，210，218。

重新计算其余 24 个观测值，得 $\overline{L}=91$，$\sigma=34$，$C_v=37.4\%$，

具有 95%概率的代表值 $R=147(10^{-2}\text{mm})$，$n=24$。

如继续按标准 2.00σ 舍弃特异值，还可以舍弃一个观测值：170。

最后 23 个观测值的平均值 $\overline{L}=88$，$\sigma=30$，$C_v=34.1\%$，$R=137(10^{-2}\text{mm})$。

按 $R=147(10^{-2}\text{mm})$ 计算加强层的厚度，要比按 $R=190(10^{-2}\text{mm})$ 计算的加强层厚度薄得多。但按 $R=147(10^{-2}\text{mm})$ 计算时，需要对弯沉值 224、210 和 218 所在的 3 个路段进行特

殊处理。如按 $R=137(10^{-2}\text{mm})$ 计算加强层，则其厚度更薄，但需要对 4 个点所在的路段进行特殊处理。

第三节　代表值计算

实际工作中 z 值取决于使用者要求的概率或保证率。确定之后，就可以从正态分布表 2-4 查得 z 值。

上述的单边波动范围，习惯上已较广泛地用于工程实践。例如，国内外都用路面弯沉观测值的上波动界限(单边)作为某路段的代表弯沉值；用试件强度观测值下波动界限作为确定的强度标准(即确定强度的代表值)。控制最大值用单边上波动界限(如变形)；控制最小值用单边下波动界限(如强度、路面回弹模量)。

【例 7】　在长 300m 的某路段上，共测得弯沉值 80 个，其平均值 $\bar{L}=25\times10^{-2}\text{mm}$，标准差(均方差)$\sigma=5\times10^{-2}\text{mm}$。试计算该路段的代表弯沉值。

解：所谓代表弯沉值就是在一定概率(或保证率)下能代表该路段承载能力的弯沉值。由前述知道，如以平均弯沉值代表该路段的承载能力，则只有 50%的概率或保证率。也就是说，该路段上将有一半面积的弯沉值大于平均值，也将有一半面积的弯沉值小于平均值。由于弯沉值大表示路段承载能力小，弯沉值小表示路段的承载能力大，因此，用平均弯沉值作为代表弯沉值时，凡弯沉值小的那一半面积是安全的，而弯沉值大的那一半面积是不安全的。在确定路段的代表弯沉值时，需要从安全着眼，考虑较高的保证率或概率。也就是说，路段上可能出现大于代表弯沉值的弯沉值的面积将只是极少数，因此，在确定代表弯沉值时，应该采用观测值的单边上波动界限。即：

$$R = L + z_\alpha\sigma \tag{2-16}$$

式中：R——代表弯沉值；

z_α——正态分布表中的系数。

z_α 的取值应随公路等级而定，例如取 $z_\alpha=2.0$，即 R 具有 97.7%的保证率。

$$R=25+2.0\times5= 35(10^{-2}\text{mm})$$

【例 8】　在室内对石灰粉煤灰矿渣混合料试件进行三个月龄期的浸水劈裂强度试验后，得到试件的间接抗拉强度的平均值 $\bar{R}=0.61\text{MPa}$，均方差 $\sigma=0.085\text{MPa}$。试计算该混合料间接抗拉强度的代表值。

解：作为某种材料强度的代表值来讲，此值应能代表绝大多数试件的强度，只允许少数试件的强度超过代表值。因此，在确定材料强度的代表值时，应该采用观测值的单边下波动界限。即：

$$R = \bar{R} - z_\alpha\sigma \tag{2-17}$$

式中：R ——间接抗拉强度的代表值。

因此，混合料试件间接抗拉强度的代表值为：

$$R = 0.61 - z_\alpha \times 0.085$$

在确定材料强度的代表值时，一般根据此材料的重要程度和规范的要求确定。本题取 $z_\alpha= 1.281$，即所定强度具有 84.15%或 90%的保证率(可靠性)。

材料强度的代表值：

$$R = 0.61-1.281\times0.085=0.50(\text{MPa})$$

第四节　数据的误差

一、误差的概念

通过试验，可得到一系列数据，在大多数情况下，这些未经处理的试验数据，很难用来说明问题。因此，应根据测试方法和试验对象的性质对其进行分析与处理，使其能最大限度地发挥作用，这在整个试验工作中是十分重要的。在试验中，由于人们认识能力的局限，科学技术水平的限制，测试方法、测试仪表、周围环境、测试人员的熟练程度以及感官条件等因素的影响，使被测量的测定值与其客观的真实值之间总会有一定的差异存在，这种差异即称为误差。随着科学技术的发展，人们认识水平的提高和实践经验的增加，这种差异可以被控制到很小的范围。

1.绝对误差

绝对误差是量测的数值与真实值的差值，由下式计算：

绝对误差＝量测值－真实值

它可能为正，也可能为负。但是，大多情况下，真实值是无法得知的，从而绝对误差也无法得到。所以，一般用精密的量具或仪器进行量测，以所得到的数值来代替真实值进行计算，这个数值称为实际值。此时计算式可以写成：

绝对误差＝量测值－实际值

为此，绝对误差具有下列性质：

(1)它是有单位的，与量测时采用的单位相同；

(2)它能表示量测数值的偏离程度；

(3)它不能表示量测所达到的精确程度。

2.相对误差

它是绝对误差与实际值的比值，以百分数表示：

相对误差＝(绝对误差/实际值)×100％

它不仅能表示量测的绝对误差的大小，而且还能反映出量测时所达到的精度。

例如，量测 100m 距离时，量测的数值为 100.10m；

量测 1 000m 距离时，量测的数值为 1 000.10m。

计算：绝对误差＝0.10m；

相对误差＝0.10％、0.01％。

从这两次量测的绝对误差来看他们的误差是相同的(绝对误差＝0.10m)。如果引入相对误差的概念，经过计算可以很明显地看出，后者的精度高于前者。

因此相对误差具有下列性质：

(1)它是无单位的量，通常以百分数表示；

(2)能表示误差的大小和方向；

(3)能表示量测的精确度。当量测所得的绝对误差相同时，则量测的值越大，精度越高。

3.均方差

它是表示一系列量测值相对误差的大小，均方差又可称为标准差，它的定义式为：

$$\sigma_n=\lim_{n\to\infty}\sqrt{\frac{\sum(x_i-a)^2}{n}} \tag{2-18}$$

式中：a——真值；

x_i——量测值；

n——量测值的个数。

实际上，真值 a 是无法知道的，故以系列的算术平均值来代替 a。均方差的计算式为：

$$\sigma_n=\sqrt{\frac{\sum(x_i-\overline{x})^2}{n}} \tag{2-19}$$

$$\sigma_{n-1}=\sqrt{\frac{\sum(x_i-\overline{x})^2}{n-1}}\ (n\leqslant30) \tag{2-20}$$

从计算式中我们可以看出：

(1)当统计一系列量测值间的误差时，其正负误差之间没有相互抵消，对于误差的统计比较全面；

(2)均方差的单位与计算时所用单位相同。

4. 变异系数

也可称为相对标准差，它用均方差与平均值比值的百分数来表示。

$$C_v=\frac{\sigma}{\overline{x}}\ (\%) \tag{2-21}$$

式中：σ——均方差；

$\overline{x}$——平均值。

它的特点是消除了单位对误差统计结果的影响，可全面反应量测所达到的精确度。

二、误差的分类

按误差本身的性质，可分为系统误差、随机(偶然)误差和过失误差(粗差)三类。

1. 系统误差

试验或量测过程中容易产生一系列误差，若这些误差是随某种或几种因素变化而呈有规律的变化，则称这种误差为系统误差。这种误差可分为：

1)常数系统误差(重复误差)

这种误差可分为正常数系统误差和负常数系统误差。这种误差一般与量测所采用(仪器)装置的特性有一定关系，如仪表的标定零位不准、仪器的标定条件与使用条件不同等。每次量测均能引入一个常数系统误差。

例如：压力机的初读数误定为 10kN，则以后读数的结果就在每个实测值的基础上增加了 10kN。

2)外界系统误差

在量测过程中，由于外界因素的影响，使量测所得的结果产生误差，且该误差随着被量测的量的不同而改变，但又缺乏确定的规律性。例如，在道路工程野外试验时，行车的振动、风对仪器的干扰等，都可能使其结果含有误差。

3)规律系统误差

假若系统误差 ε 按某种规律变化，即误差 ε 可以表示为某种或几种因素的函数，则称为规律系统误差。例如：

$$\varepsilon = f(t, T, P\cdots)$$

式中，t、T、P 等分别表示时间、温度及气压等因素。由于这些因素的影响，使得产生的系统误差呈确定的规律性。

系统误差的来源可能是仪器误差、试验人员的心理误差、环境误差（例如温度变化引起的误差）或理论不妥当引起的误差等。由于系统误差是偏离真值的一侧，故即使多次试验也不能消除。

由此可知系统误差具有下述基本性质：

（1）系统误差可能是一个常数，或是某种因素的函数；

（2）多次重复量测，系统误差可重复出现，并且正负号不变；

（3）量测所得结果经过修正，可接近实际值（真值）。

2. 随机误差（又称偶然误差）

当量测同一量时，在尽力修正系统误差之后仍产生不规则的或正或负的误差，则称这种误差为随机误差。只进行一次量测是无法估计随机误差的大小及正负号的，但经过多次量测，这种随机误差的平均值由于正负抵消而趋近于零。

1）引起随机误差的因素

（1）判断误差；

（2）环境条件变化；

（3）各种干扰。

2）随机误差的特点

（1）它的出现并无确定的规律性，并且是预先无法知道的，大多具有偶然性；

（2）随着量测次数的增多，随机误差的平均值趋近于零；

（3）符号相反、绝对值相等的随机误差出现的频率大致相等；

（4）绝对值小的随机误差比绝对值大的随机误差出现的频率要大些。

3）随机误差的来源

产生这种误差的大多数因素与引起系统误差的因素相同，但随机误差是多种因素微小波动共同作用的结果。同时可以理解为，由于影响的因素太多或各种因素影响太微弱，以致无法掌握其真实规律，因而产生的误差具有偶然性。

由此可以得知，随机误差只能在同一条件下，对同一量进行多次重复量测才能发现。

3. 过失误差（粗差）

由于人为的因素致使量测的结果明显地而且较大范围地偏离真值，则称这种误差为粗差，即差错或错误。例如，野外测量中对错标志，读错、记错数据，或违反测量规程，导致所得结果不符合要求。发现这种情况时，所测得的数据应予以剔除。

由此可知过失误差具有下述基本性质：

（1）没有一定的规律；

（2）有明显的与实际不符之处。

三、产生误差的原因

1. 工具误差

仪器、工具结构上不完善或零部件制造时存在缺陷与偏差。

2. 调整误差

主要是仪器设备使用前未能安装在正确的位置或调整零位不准。

3. 习惯误差

与试验人员反应的灵敏程度、心情、身体状况有关。

4. 条件误差

标定条件与试验条件不符或试验中环境条件发生变化，如温度变化、有无阳光等。

5. 方法误差

由于试验不当而产生的误差。

四、对误差的处理原则

1. 系统误差

通过试验或分析的方法查明其产生原因、变化规律(如对仪器的标定等)，修正其结果，而不能通过增加试验次数的方法减少误差。

2. 粗差

提高工作人员的技术水平和工作责任感，试验者要做到在工作中少出差错，甚至不出差错，并且要在记录和数据整理中及时发现粗差，并剔除或修正。

3. 随机误差

虽然它具有很大的偶然性，并没有很好的方法防止它的产生，但可以根据它产生的规律，用增加试验次数的方法加以控制。

思 考 题

1. 什么是误差、绝对误差与相对误差？

2. 某试验实测值分别为：12.00、12、45.60、40.01。其有效数字有几位？

3. 某段实测压实度分别为：97.4、98.4、89.5、95.2、93.1、94.3、93.1、95.5、95.8(单位：%)，计算具有95%概率的代表值。

4. 实测弯沉值分别为：108、98、96、95、102、110、95、98、93、96、103、99(单位：0.01mm)，计算弯沉值的算术平均值、中位数、极差、标准偏差和变异系数以及具有95%概率的代表值。

5. 石灰粉煤灰稳定碎石试件的抗压强度分别为：6.32、7.65、7.50、6.81、8.45、7.84、6.98、7.36、8.35、7.59、6.87、7.19、6.63(单位：MPa)，用乔维纳特法鉴别其是否有特异值，并计算标准偏差和变异系数以及具有95%概率的代表值。

6. 将145.125、105.050、21.005 0、12.5各数进行个位数的0.5和0.2单位修约。

7. 将1.230、1.150、1.250、21.350、23.051、24.151 3各数修约到一位小数。

8. 误差的分类及其产生的原因？

第三章 道路工程检测技术原理

DISANZHANG

第一节　机械检测技术

与其他路基路面检测技术相比，机械类检测技术的基本原理比较简单，它是通过机械或人工操作而获得路基路面的技术参数或计量信息的一种技术手段。它是将路基路面的几何量（或物理量），通过机械类杠杆或杆系的传动，使与它连接的机械类记数器或者绘图笔（也称画线器）发生动作，从而在记数器里得到数据，或者在绘图纸上得到图形。

机械类检测技术相对比较落后，但因它具有结构简单、易于制作、使用寿命长、故障率低以及价格便宜等优点，在某些特定场合仍有一定的实用价值，比如短途竣工验收、桥面平整性能测量等。但由于其自身存在的测量精度低、测量时劳动强度大、效率低等缺点，因而需要对其进行技术革新，使之满足现代路基路面测量的需要。

第二节　机电检测技术

机电检测技术是将机械、人工以及电子测试采集相结合而获得路面的技术参数和计量信息的一种技术手段，是目前应用比较广泛的一种测量技术。路基路面机电检测技术的基本原理是将路基路面中的物理量或几何量，通过与其接触的机械杆件的动作，传递给磁电记数器或磁电绘图仪，最后由这些记数器给出数据或绘图仪给出图形，并通过这些数据或图形得出路基路面的实际质量状况。由于机电检测装置具有仪器可靠、使用寿命长、价格低廉、使用方便等优点，因此，在土木工程中得到了广泛应用。

另外，在机电类检测技术中，还有一类是将机械动作直接传递给函数型计算器，通过它即能获得路基路面的技术参数。这种函数型计算器可以借助它内部的运算功能得到实现，只要在机械动作与函数型计算器的按钮接线间插入一个中间转换器，即能将机械信号变成电信号，再由电信号变成数字信号。当然，它要比磁电记数器复杂一些，因为磁电记数器没有运算功能，只能记录累积数据，而函数型计算器则可输出一个统计型指标，例如 CASIO 型与 SHARP 型以及我国开发研制的函数型计算器都具有这种运算功能。

第三节　超声波检测技术

超声波检测技术是近年来发展非常迅速的一项无损检测新技术，其基本原理就是用人工的方法在工程材料和结构中激发一定频率的弹性波。这种弹性波以各种波型在材料和结构内部传播并由接收仪器接收，通过分析、研究这些波动信号，可以了解材料和结构的力学特性或内部的缺陷。实验表明：在介质内部传播的弹性波的波速、振幅、频率和波型等波动特征参数与介质的弹性模量、动泊松比、动剪切模量等力学参数有着密切关系。此外，波动特征参数还与物体内部的缺陷有关，如断裂面，孔洞的大小、形状及分布等。通过对波速的测试，还可以判定材料的抗压强度等极限状态力学参数。由于超声波具有激发容易、检测简单、操作方便、费用经济等优点，因此在道路检测中，尤其是在高等级公路路基路面检测中的应用有着较广泛的前景。

声波是质点振动在弹性介质内部传播的形式，它是一种能在气体、液体和固体中传播的弹性波。人的耳朵能听到的声波频率范围在 20～20 000Hz 之间，频率超过 20 000Hz 称为超声波；低于 20Hz 称为次声波。波速与声波波长、频率之间的关系可以表示如下：

$$C=\lambda \cdot f \tag{3-1}$$

式中：C——声波在某一介质中的传播速度，m/s；

λ——声波波长，m；

f——声波频率，Hz。

1. 声波的波型和传播速度

根据质点振动在介质内部的传播方式，声波可以分为纵波、横波和表面波。

(1)纵波。质点振动方向和声波传播方向一致的波称为纵波，它在无限均匀介质中的传播速度为：

$$C_L=\sqrt{\frac{\lambda+2G}{\rho}}=\sqrt{\frac{E(1-\mu)}{\rho(1+\mu)(1-2\mu)}} \tag{3-2}$$

式中：E——弹性模量，Pa；

ρ——介质的密度，kg/m^3；

μ——泊松比，无量纲。

(2)横波。质点振动方向垂直于声波传播方向的波称为横波，它只能在固体中传播。在无限均匀的介质中横波的传播速度为：

$$C_t=\sqrt{\frac{G}{\rho}}=\sqrt{\frac{E}{2\rho(1+\mu)}} \tag{3-3}$$

式中：G——剪切弹性模量，Pa。

(3)表面波。沿介质表面传递，波动振幅随深度增加而迅速衰减的波称为表面波。表面波质点振动的轨迹是椭圆形，长轴垂直于传播方向，短轴平行于传播方向。表面波在介质中的传播速度为：

$$C_R=C_t\frac{0.87+1.12\mu}{1+\mu}\sqrt{\frac{E}{\rho}\cdot\frac{1}{2(1+\mu)}} \tag{3-4}$$

超声波纵波波速 C_L、横波波速 C_t 与表面波波速 C_R 三者之间关系如下：

$$C_t=C_L\sqrt{\frac{1-2\mu}{2(1-\mu)}} \tag{3-5}$$

$$C_R = C_t \frac{0.87 + 1.12\mu}{1 + \mu} \tag{3-6}$$

2. 声波的折射与反射

当声波从一种介质传播到另一种介质时，在介质的分界面上会产生折射和反射，如图 3-1 所示，声波透过界面传播到第二种介质内部的波称为折射波；在界面上被反射回第一种介质内的波称为反射波。

1)折射定律

入射角 α 的正弦与折射角 β 的正弦之比等于入射介质波速 C_1 和折射介质波速 C_2 之比。入射线、折射线和分界面的法线均在同一平面内。

2)反射定律

入射角 α 与反射角 α' 的正弦之比等于入射波和反射波的波速之比。当入射波和反射波的波型相同(未产生波型转换)时，波速相同，入射角即等于反射角。入射线、反射线和分界面的法线均在同一平面内。

3. 声波的波型转换

当纵波以某一角度入射到第二种介质(固体)的界面上时，除有反射和折射(图 3-1)的纵波以外，还伴随着波型的转换，即产生横波的反射和折射(图 3-2)，在某些情况下还可产生表面波。各种波型都符合反射和折射定律。在使用横波检测时，为避免波型判断的困难，不希望有纵波存在。由于纵波折射角(或波速)大于横波折射角(或波速)，只要选择适当的入射角，使纵波的折射角大于或等于直角，此时折射波中只有横波存在，称为纵波的全反射。

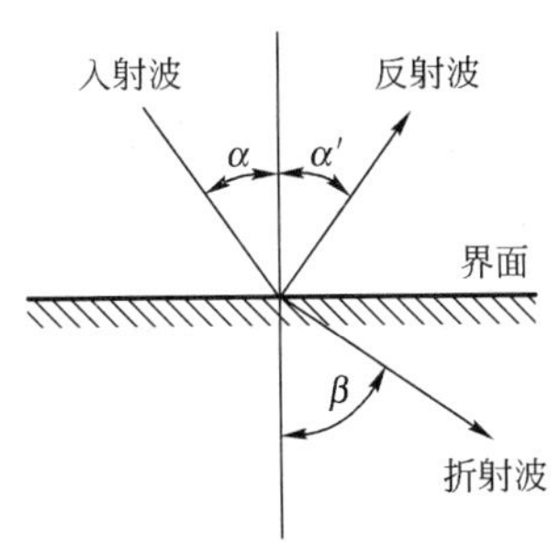

图 3-1　声波的折射与反射

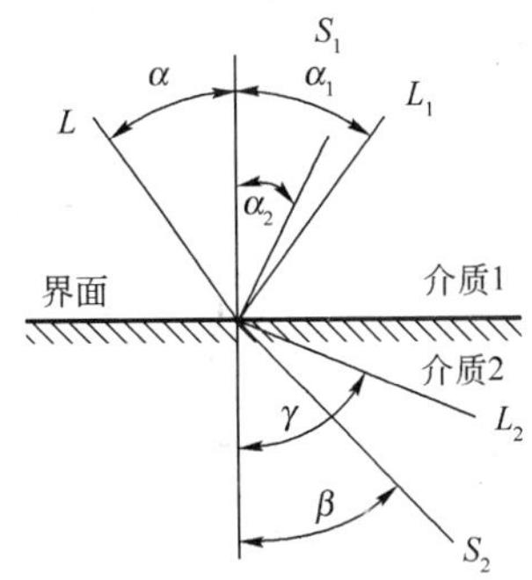

图 3-2　波型的转换

4. 声波的衰减特性

声波在介质中传播时，能量会逐渐衰减，传播距离越大，能量的衰减也越多。能量衰减主要是由于声波在介质中扩散、散射及介质对声能的吸收作用所引起的。在理想的均匀介质中，声波衰减是由于扩散的缘故。所谓扩散，就是指声波随传播距离的增加，单位面积内声能分布的减弱。混凝土是内部不均匀的材料，在粗、细集料的界面处，或混凝土质量不佳的结构松散处，声波会产生不均匀的反射，称为散射。由于散射的存在，使声波的能量也受到很大的衰减。此外，不同的材料或内部结构不同的单一材料都会对声波能量产生不同的吸收作用。特别是内部结构松散的材料，由于存在内摩擦，对声波有相当大的吸收作用。因而通过声波在相同材料中传播时衰减大小的对比，可以大致判断材料内部结构的紧密程度，从而确定其质量的好坏。

5. 声波检测方法

在建筑结构和材料的声波检测中，需要根据被测结构的具体情况，选择探头的类型和探头在结构上安放的位置。根据探头安放的不同位置,声波探测方法可分为 3 种:穿透法、反射法和沿面法。

1)穿透法

穿透法是将声波发射、接收探头放置在结构相对的两个表面上,根据声波穿透构件后波速和能量的变化情况来判断构件的质量(图 3-3)。这种方法可以用于厚度比较大、并且两个表面都易于安放探头的部件,如混凝土梁、板、桥墩和立柱等。穿透法的灵敏度高,是一种使用较为广泛的方法。但是该方法对发射、接收探头安装位置的相对准确性有一定要求。

2)反射法

反射法是探头向构件发射声波,声波沿发射方向传播到构件的底面后,被反射回来再由探头接收(图 3-4),根据反射波传播的时间和显示的波形来判断构件内部的缺陷和材料性质的方法。在非金属材料的声波检测中,发射波波形多采用脉冲超声波,发射和接收可以共用一个探头。这种方法适用于结构的另一面无法安装探头的情况,如路面、混凝土基础等。当构件厚度很大、声波衰减较大、反射波十分微弱、接收较为困难时,可以用槌击等冲击的方法产生较大的发射能量。

3)沿面法

这种方法是发射探头发射的纵波通过一定角度入射到结构中,并被转换成表面波(图 3-5),通过对表面波传播特性的测定来判断结构的缺陷和材料的性能。表面波的能量只在结构表面传播,它的能量随着深度的增加很快衰减。在结构内部约一个波长的深度内,表面波能量已经很小,不能进行检测。这种方法适用于只有一个表面可以安装探头的板形混凝土结构,如桥面板等。

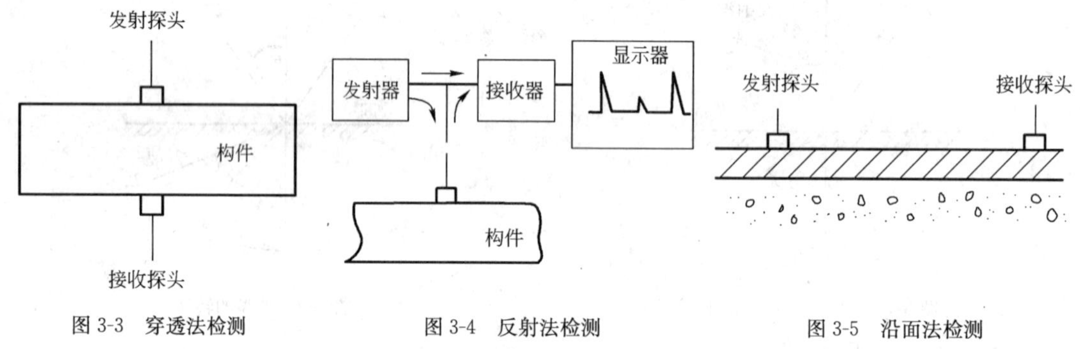

图 3-3　穿透法检测　　图 3-4　反射法检测　　图 3-5　沿面法检测

第四节　激光检测技术

激光是 20 世纪 60 年代发展起来的一门尖端技术,由于激光具有其独特的技术特点,如特高的亮度、极高的方向性、很好的相干性与衍射性、很高的光强、良好的测微精度、高时间分辨率和全息反映能力,因此激光在很多领域有着广泛的应用。用激光进行路基路面检测,目前主要有激光纹理测定、弯沉测定与平整度测定,其基本原理分为激光衍射原理、光电转化原理和光时差原理。

(1)激光衍射原理

激光在衍射时,屏幕上出现亮暗相间的条纹,而亮暗相间条纹又与狭缝宽窄有关,当狭缝变宽时,亮条或暗条相应增加;狭缝变窄时,亮条或暗条相应减少。因此,可根据亮条或暗条的数目来确定缝的宽窄，即可得到实际弯沉位移变形的大小。

(2)光电转化原理

激光光强愈强，则光能愈大，而光能愈大，则说明光电流愈强。如果用一个光电转化器，将光能转化成电能(例如硅光电池)，则当激光光强发生变化时，光电流也随之发生变化。当事先作好光电流-位移变形标定曲线后，即可根据光电流的变化反算弯沉位移的变化量。

(3)光时差原理

激光能用反射时间差来记录所测量的极短长度。由于激光能反映极短的时间差，例如1mm与1cm的时间差为1/10，如以mm为基准，则时间差为10时，即长度读数为10mm或1cm，同理，时间为5时，所反映的长度读数即为5mm，依次类推。因此，可利用激光所走路程的时间差来反求实际长度，这个方法可用来测量路面结构纹理的短小深度以及平整度。

第五节　雷达检测技术

雷达是一种穿透能力很强的宽带、高频电磁波，一般频幅为100～1 000MHz。当由振源自激产生脉冲电磁波，并由天线定向成一定角度向路基路面发射时，波的一部分在第一界面(路面与空气界面)反射，另一部分向下穿透。由于空气的介电常数为1，而路基路面的材料介质介电常数均大于1，有的大得较多，因而，穿透波的大部分能量被该种材料吸收，同时，波在其中产生折射，折射角小于波的入射角。当折射波碰到第二界面(面层与基层界面)时，波的一部分在界面反射，穿过面层到空气，完成波的一次小循环；另一部分继续向下，穿透界面到基层，一部分能量损耗于该层，同时，产生折射，折射角大小与否，主要取决于基层的介电常数，当基层的介电常数大于面层的介电常数时，折射角小于面层至基层的入射角，但当介电常数小于面层的介电常数时，则折射角大于面层的入射角。

电磁波折射后，又碰到第三界面(基层与路基界面)，同样，波一部分向上反射，并穿透面层到空气，成为波的一次中循环；同理，波的另一部分继续向下，穿透界面到达基层，折射角的大小，理论上与上述相同。当路基均质无限、无异常物时，从理论上说，穿透折射波的剩余能量完全损耗于无限体内，没有向上反射。但情况并非如此，路基中由于种种原因，包括分层压实形成的人为界面、路基中的软层甚至异常体等，形成的异常界面，使这些区域的介电常数发生变异，因而，入射的电磁波就在这些区域的界面处向上反射，穿透路面面层到达空气，形成入射波的第一次大循环。

由此可知，雷达波与其他波一样，具有相同的传播特点与规律。雷达波碰到界面就要反射是其一个最突出的特点，上面所叙述的波第一次循环，大、中、小三种循环状态，就体现了波的这种性质。也正是由于波的这三种状态的循环，给路基路面的物理力学参数的检测提供了条件，雷达检测技术正是利用了电磁波的这一传播特性，雷达波(脉冲电磁波)从入射到第一次小循环的传播时间 t_1 完全由仪器的时窗信号记录到，第一次中循环的传播时间 t_2、大循环的传播时间 t_3 也可同样得到。对于波所行走的距离完全与波的传播时间对应，可以根据射入与射出的 S_1、S_2、S_3 与折射角 β、γ、θ 以及材料的介电常数 ε 等重要特征参数确定。时间与距离确定后，电磁波所行进的速度也随之可以得出。

如采用仪器天线探测器进行扫描时，还可得到第二、第三次等多次循环记录。由于路基路面的物理力学指标以及它们的几何尺寸都与电磁波传播时间、行程以及速度有密切关系，因而，测得了电磁波的传播时间、行程与行速后就能很快地算得路基路面各项指标的具体参数，以及各种异常体的位置，例如，材料的厚度、弹性模量、含水率以及密实松软状况和异常物（土洞等）实际位置等。

第六节　其他检测技术

一、振动类检测技术

振动类检测技术是指利用机械振动以及由于机械振动引起的波（应力波）在结构中的振动特性及在介质中的传播特性获得道路技术参数和计量信息的一种技术手段。基于振动和冲击原理的振动类检测技术，已成为近年来道路桥梁无损检测的一个热点。目前，SAWA 表面波检测、FWD 落锤式弯沉检测等技术都是属于此类的典型检测技术。

二、射线类检测技术

射线是同位素或核子散发的一种无形能束。同位素中的某些元素所散发出的能束，与土壤的密度与水分有着十分密切的关系，而且具有十分明显的规律性。射线检测技术就是利用某些同位素的这种特性来进行工程检测的技术。射线检测技术具有快速、无损（或有损）、测法简单的独特优点，因而，国内外许多专家较早地设计了核子检测仪器，用于土壤密实度与土壤含水率的测定。国外从 20 世纪 50 年代末到 60 年代开始采用核子方法测量土壤密实度，美国、日本、英国、法国与德国等国家相继开发了仪器，并在土木工程中广泛应用。目前，这种技术在我国公路中也已得到了较好的应用。

由于射线属于放射性物质，对人体的健康会产生影响，甚至是严重影响。因此，在利用射线原理检测路基路面的物理指标时，其检测装置或设计的检测仪器，一定要对射线源进行有效的防护，使射线在工作过程中，对人体的影响能被控制在最低的程度。这是核子仪在设计时所必须考虑的关键问题。

三、摄像类检测技术

我国传统的路面病害检测均用眼睛观察计数，以作为养护修补的基本依据，但测记效率与准确度较低。20 世纪 80 年代以来，随着我国高等级公路的修建，在引进外国技术的基础上，发展了我国高等级路面养护评价系统，对路面（主要对高等级公路的沥青混凝土路面）的状况定期做出快速评价，以便做出合理、科学的养护投资安排。因此，我国开始重视公路路面（主要是沥青混凝土路面）的病害摄像检测，并进行了路面摄像检测仪器科技研发和实际应用。我国江苏省宁沪高速公路股份有限公司、南京理工大学和南京路达基础工程新技术研究所，在 2003 年共同研制出一种新型路面状况智能检测车，为国内公路建设与养护提供了智能化的高技术检测设备。该检测车（图 3-6）是利用安装在检测车辆上的高速、高精度图像采集与处理设备，在测量车以正常速度行驶的同时，进行路面图像采

图 3-6　摄像类检测车

集与存储。在获得路面全部图像后，利用图像处理与分析软件，对获得的全部图像进行处理与分析，从中提取出路面破损、平整度等方面的精确测量数据。路况智能检测车工作时以70km/h的速度在高速公路上行驶，不仅可提供包括公路平整度、路面裂缝、破损等情况的系列数据，还能在计算机显示的图像上观测到细至1mm的裂缝，并标明裂缝所在的位置，大大提高了检测效率，过去需要几个月才能完成的工作该车两天就能完成。该系统对3～5mm裂缝的正确识别率达到90%以上，同时路面平整度检测精度可达到0.1mm，车辙检测精度达到1mm。

四、红外类测温技术

红外线是一种电磁波，具有与无线电波及可见光一样的本质。它在电磁波连续频谱中的位置是处于无线电波与可见光之间的区域。红外线辐射是自然界存在的一种最为广泛的电磁辐射。红外线的波长为0.75～1 000μm，按波长的范围可分为近红外、中红外、远红外、极远红外四类。任何物体在常规环境下都会产生自身的分子和原子无规则的运动，并不停地辐射出热红外能量，分子和原子的运动愈剧烈，辐射的能量愈大，反之，辐射的能量愈小。通过红外探测器将物体辐射的功率信号转换成电信号后，成像装置的输出信号就可以完全一一对应地模拟扫描物体表面温度的空间分布，经过电子系统处理后传至显示屏上，得到与物体表面热分析相应的热像图。运用此方法，便能实现对目标进行远距离热状态图像成像和测温并进行分析判断。红外热成像仪如图3-7所示。

图3-7　红外热成像仪

使用红外热成像仪进行探测，具有轻便、快速、直观、非接触、大面积、远距离探测等优点。只要被测目标与周围环境表现出不同的热力学特征，就可能用该方法测到，并通过分析红外热像图，对被检测对象进行判断。因此，红外类检测技术具有极为广泛的应用前景。可以预见，随着分析理论和应用的进一步深入，该类技术可望在工程检测领域解决诸多难题。

五、集成检测技术

集成检测技术是指将单项测量技术按一定要求组装在同一辆车上的一种检测技术。许多国家对道路桥梁的物理力学指标都是实行单项测量，该种测量的效率不高并且增加了每次测量的投资费用。高速公路的迅速发展使许多国家更注重于检测效率与质量，如法国、加拿大、澳大利亚等国已率先开发了集成检测技术。我国近年来也开展了此方面的研发工作，于是就出现了代表集成检测技术的多功能道路检测仪、高智能路面检测车、模块化路面测试系统等。这些集成类检测设备往往集多项功能于一身，如多功能路面测试车可以同时进行路况摄像、路况检测分析、裂缝探测、路面纹理测试、车辙及横断面测试、路标反光检测、摩擦系数测定等多种功能，大大提高了检测效率。图3-8为多功能检测车。

图 3-8　多功能检测车

思考题

1. 简述机械检测的基本原理。
2. 何谓机电检测技术?
3. 声波有哪几种类型及检测方法?
4. 简述激光衍射原理、光电转化原理和光时差原理。
5. 简述雷达检测技术的基本原理。
6. 何谓集成检测技术?

第四章 道路路基土试验检测方法

DISIZHANG

第一节　路用土石材料

土石材料是建筑道路的基本材料，不同的土类具有不同的工程性质，将直接影响到道路的强度与稳定性，因此有必要按土石材料的性质加以区分。

不同的土类含有不同粒径的土颗粒，砂粒成分多的土，强度构成以内摩擦力为主，强度高，受水的影响小，但施工时不易压实。较细的砂，在渗流情况下，容易流动，形成流砂。黏粒成分多的土，强度形成以黏聚力为主，其强度随密实程度的不同变化较大，并随湿度的增大而降低。粉土类土毛细现象强烈，路基路面的强度和承载力随着毛细水上升、湿度增大而下降。在负温度坡差作用下，水分通过毛细作用移动并积聚，使局部土层湿度大幅度增加，造成路基冻胀，最后导致路基翻浆、路面结构层断裂等各种破坏。

一、路用土石材料的工程分类

世界各国道路用土的分类方法虽然不尽相同，但是分类的依据却大致相近。我国对道路用土石材料的分类方法，借鉴了国际惯用的统一土分类原则，依据土颗粒的粒径组成、土颗粒的矿物成分、土的塑性指标以及有机质含量等，形成路用土石材料分类体系。表 4-1 为按土的粒径大小划分不同粒组情况。

按土石颗粒粒径大小划分不同粒组情况　　表 4-1

200	60	20	5	2	0.5	0.25	0.075	0.002(mm)	
巨粒组		粗粒组						细粒组	
漂石（块石）	卵石（小块石）	砾（角砾）			砂			粉粒	黏粒
		粗	中	细	粗	中	细		

路用土分类的总体系如图 4-1 所示。其中,巨粒土、砾粒土、砂粒土、细粒土等进一步分类情况如图 4-2～图 4-5 所示。

细粒土按塑性图(图 4-6)分类。采用下列液限分区,低液限:$w_L<50\%$;高液限:$w_L\geq 50\%$。

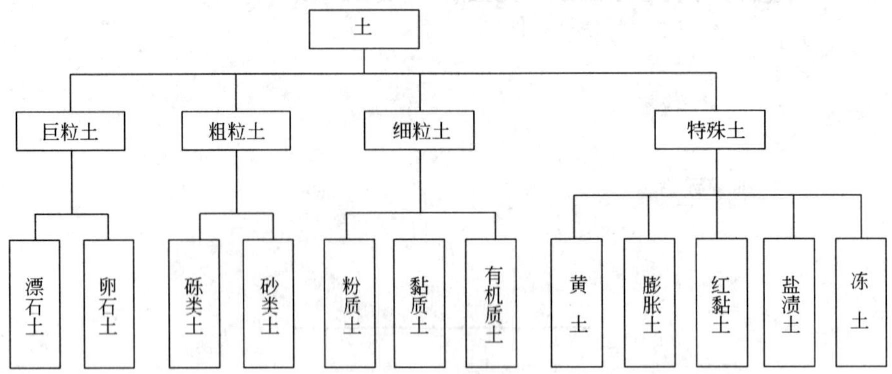

图 4-1　土分类总体系

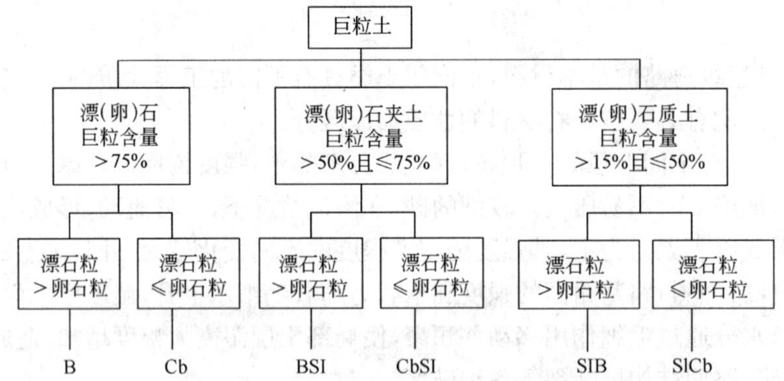

注:1.巨粒土分类体系中的漂石换成块石,B换成B_a,即构成相应的块石分类体系。

2.巨粒土分类体系中的卵石换成小块石,Cb换成Cb_a,即构成相应的小块石分类体系。

图 4-2　巨粒土分类体系

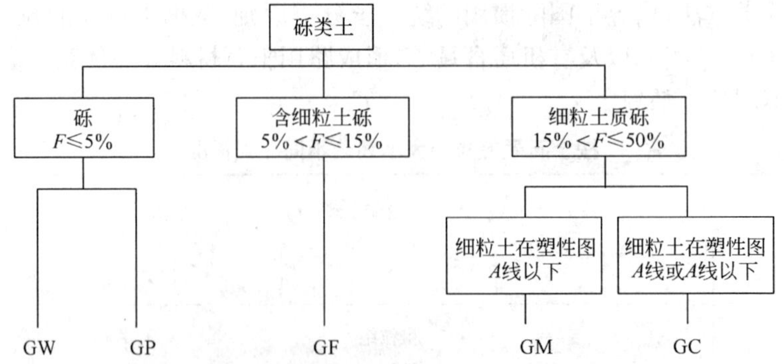

注:砾类土分类体系中的砾石换成角砾,G换成G_a,即构成相应的角砾土分类体系。

图 4-3　砾类土分类体系

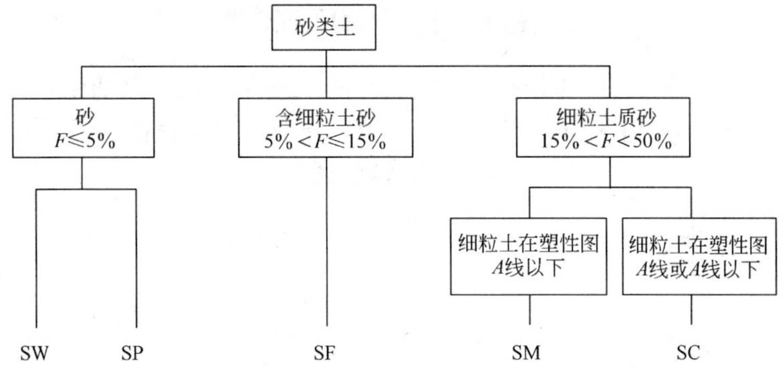

注：需要时，砂可进一步细分为粗砂、中砂和细砂。

粗砂——粒径大于0.5mm颗粒多于总质量50%。

中砂——粒径大于0.25mm颗粒多于总质量50%。

细砂——粒径大于0.075mm颗粒多于总质量75%。

图 4-4 砂类土分类体系

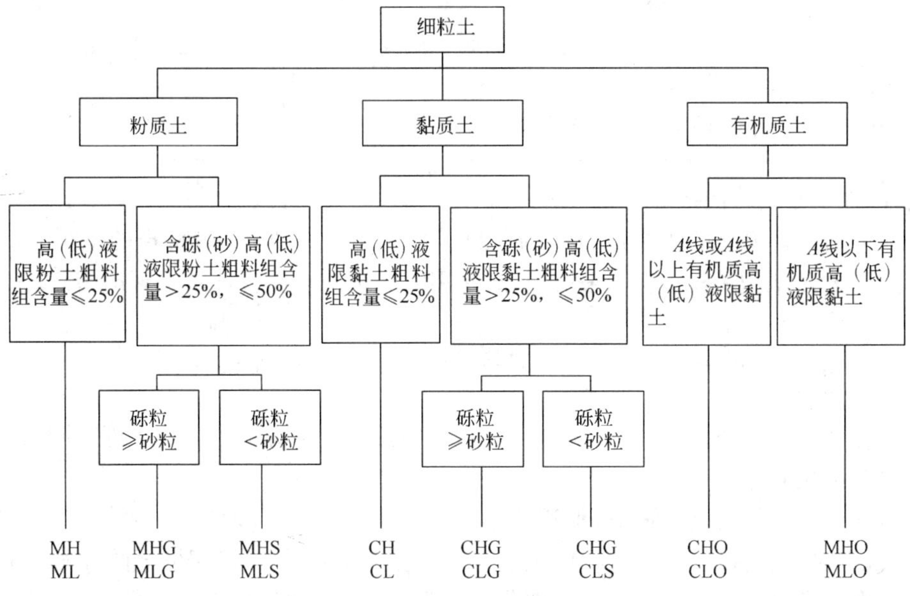

图 4-5 细粒土分类体系

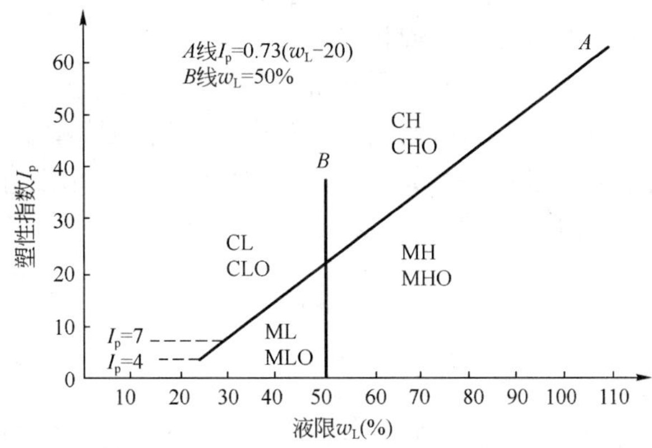

图 4-6 塑性图

二、路用土石材料的工程性质

路用的各类土石材料具有不同的工程性质，在修筑道路路基或路面垫层时需要据此进行材料选择，以便采取相应的工程技术处理措施。路用土石材料工程性质情况见表4-2。

路用土石材料的工程性质　　表4-2

土类	巨粒土（级配良好的碎砾石土）	砂土	砂性土	粉性土	黏性土	重黏土
工程性质	塑性小，透水，毛细上升高度小，摩阻力明显	无塑性，干时易松散，透水，毛细上升高度小，有一定的摩阻力	含有一定量的粗、细颗粒，兼有黏性和摩阻力，透水，毛细上升小	含较多粉土粒，干时稍有黏性，易松散扬尘，毛细上升大，遇水呈流态，易冻胀翻浆	细颗粒含量多，黏性土，不透水，摩阻力小，干时坚硬，浸水软化	与黏性土相似，塑性更大，矿物成分不同则性质差异
应用效果	强度与稳定性较好	黏性土，易松散，压实困难	稳定性好，雨天不泥泞，晴天不扬尘，性质松散，易压实成型	稳定性极差	在不良气候与水文条件下产生损坏	应用效果较差，施工困难
工程措施	应保证其级配良好	可掺加黏性土以增加稳定性	良好的筑路材料	不良的筑路材料，应换土处理或采取其他措施	应充分压实并使排水良好	应避免使用或予以处理

总之，砂性土是筑路的最好材料，黏性土次之，粉性土是不良筑路材料，易引起各类道路病害，重黏土、特别是蒙脱土的矿物成分也为不良筑路材料。此外，一些特殊的土类，如有机质土、黄土、膨胀土、盐渍土等，不宜用来筑路，或使用时必须采取相应技术处理措施。

第二节　土的物理性质试验检测方法

土是土粒、空气和水所组成的三相体，三相成分的比例不同，所运用的环境不同，其物理和力学特性也各不相同。

工程概念上的土是由固体颗粒、水和气体三部分所组成的三相体系。固体部分一般由矿物质所组成，有时含有有机质，由它构成土的骨架。土骨架间布满相互贯通的孔隙，这些孔隙有时完全被水充满，称为饱和土；有时一部分被水占据，另一部分被气体占据，称为非饱和土；有时也可能完全充满气体，称为干土。这三种组成部分本身的性质以及它们之间的比例关系和相互作用决定土的物理力学性质及工程状态。

常用的指标包括土粒比重、天然密度、饱和密度、干密度、湿密度、含水率、孔隙比、孔隙率、饱和度、液限含水率、塑限含水率、塑性指数、液性指数、相对密度等。这些指标中，土粒比重、天然密度、含水率是实测指标，其他是换算指标。实测指标的测试结果直接影响其他指标的计算，其中以天然密度和含水率的测试尤为重要。

一、含水率试验方法

（一）概述

土的工程性质之所以复杂，其主要原因是含水率在土的三相物质中形成不确定的因素，含水率的变化使土的一系列物理力学性质随之发生变化。含水率的不同，可使土成为坚硬的、可塑的或流动的土；反映在土的力学性质方面，能使土的结构强度、孔隙压力、有效应力及稳定性发生变化。因此，土的含水率测试是研究土的物理力学性质的重要方面。

土中的水分划分为强结合水、弱结合水及自由水。含水率是土中水的质量与土颗粒质量的比值，以百分率表示。

$$w=\frac{m-m_s}{m_s}\times 100 \tag{4-1}$$

式中：w——含水率，%；

m——湿土质量，g；

m_s——干土质量，g。

(二)烘干法测定含水率

烘干法是测定含水率的标准方法，精度高，应用广，适用于黏质土、粉质土、砂类土和有机质土类。

1. 仪器设备

(1)烘箱：可采用电热烘箱或温度能保持在105～110℃的其他能源烘箱。

(2)天平：称量200g，感量0.01g。

(3)干燥器、称量盒等。

2. 试验步骤

(1)取具有代表性的试样，细粒土15～30g，砂类土、有机质土为50g，砂砾石为1～2kg，放入称量盒内，立即盖好盒盖，以天平称湿土和盒的质量，准确至0.01g。

(2)揭开盒盖，将试样和盒一起放入烘箱内，在105～110℃恒温下烘干。烘干时间对细粒土不得少于8h，对砂类土不得少于6h。对含有机质超过5%的土或含石膏的土，应将温度控制在60～70℃的恒温下，干燥12～15h。

(3)将烘干后的试样和盒取出，放入干燥器内冷却0.5～1h。冷却后盖好盒盖，称干土和盒质量，准确至0.01g。

3. 精密度和允许差

本试验须进行两次平行测定，取其算术平均值，允许平行差值应符合规定：含水率为5%以下、40%以下和40%以上，允许平行差值分别不大于0.3%、1%、2%。

对于粗粒土，称量盒可采用铝制饭盒、瓷盘等，相应的土样也应多些。

含水率测定记录如表4-3所示。

含水率试验记录(烘干法) 表4-3

盒　　号						
盒质量	g	①				
盒+湿土质量	g	②				
盒+干土质量	g	③				
水分质量	g	④=②-③				
干土质量	g	⑤=③-①				
含水率	%	⑥=④/⑤				
平均含水率	%	⑦				

(三)酒精燃烧法测定含水率

在土样中加入酒精，利用酒精能在土上燃烧，使土中水分蒸发，将土样烘干。一般应烧3次，这是快速测定法中较准确的一种，适用于快速测定细粒土的含水率。

1. 仪器设备

(1)称量盒。

(2)天平：感量0.01g。

(3)酒精：纯度95%。

(4)滴管、火柴、调土刀等。

2. 试验步骤

(1)取代表性试样称湿土和盒质量。

(2)用滴管将酒精注入放有试样的称量盒中，直至盒中出现自由液面为止。为使酒精在试样中充分混合均匀，可将盒底在桌面上轻轻敲击。

(3)点燃盒中酒精，燃至火焰熄灭。

(4)将试样冷却数分钟，按步骤(2)、(3)的方法重新燃烧2次。

(5)待第3次火焰熄灭后，盖好盒盖，立即称干土和盒质量，准确至0.01g。

其余同烘干法。

二、密度试验方法

(一)概述

密度是土的基本物理性质指标之一，无论在室内试验或野外勘查以及施工质量控制中均需测定密度。测定密度常用的方法有环刀法、蜡封法、灌砂法、灌水法等。环刀法操作简便而准确，在室内和野外普遍采用；不能用环刀切削的坚硬、易碎、含有粗粒、形状不规则的土，可用蜡封法；灌砂法一般在现场应用，灌水法一般在现场应用。

土的密度定义为单位体积土的质量，按式(4-2)进行计算。

$$\rho=\frac{m}{V} \tag{4-2}$$

式中：m——土的天然质量，g；

V——与m相应的土体积，cm^3。

在密度测试中，m较易获得，而V值的检测操作受人为因素影响很大。

(二)环刀法

环刀法采用一定体积的环刀切削土样，使土按环刀形状充满其中，测环刀中土质量，根据已知环刀的体积就可按定义计算土的密度。施工现场检查填土密度时，因每层土压实程度上下不均，环刀容积过小，取土深度稍有变化，所测密度误差较大，为此可选用大容积环刀提高测试精度。

1. 仪器设备

(1)环刀：内径6～8cm，高2～5.4cm，壁厚1.5～2.2mm。

(2)天平：感量0.1g。

(3)修土刀、钢丝锯、凡士林等。

2. 试验步骤

(1)按工程需要取原状土或制备所需状态的扰动土样，整平两端，环刀内壁涂一薄层凡士林，刀口向下放在土样上。

(2)用修土刀或钢丝锯将土样上部削成略大于环刀直径的土桩，然后将环刀垂直下压，边压边削至土样伸出环刀上部为止。

(3)用修土刀或钢丝锯削去环刀两端余土，直尺检查使之与环刀口面齐平。

(4)擦净环刀外壁，称“环刀＋土”质量 m_1，准确至 0.1g。利用剩余的土样测定含水率。

3. 结果整理

$$\rho = \frac{m_1 - m_2}{V} \tag{4-3}$$

$$\rho_d = \frac{\rho}{1 + 0.01w} \tag{4-4}$$

式中：ρ——湿密度，g/cm^3；

m_1——“环刀＋土”的质量，g；

m_2——环刀质量，g；

V——环刀体积，cm^3；

ρ_d——干密度，g/cm^3；

w——含水率，%。

密度测定记录如表 4-4 所示。

密度试验记录(环刀法)　　表 4-4

土 样 编 号							
环刀号							
环刀容积	cm^3	①					
环刀质量	g	②					
“环刀＋土”质量	g	③					
土样质量	g	④	③－②				
湿密度	g / cm^3	⑤	④/①				
含水率	%	⑥					
干密度	g / cm^3	⑦	⑤/(1+0.01⑥)				
平均干密度	g / cm^3	⑧					

4. 精密度和允许差

本试验须进行两次平行测定，取其算术平均值，其平行差值不得大于 0.03g/cm^3。

(三)蜡封法

1. 仪器设备

(1)天平：感量 0.01g。

(2)烧杯、细线、石蜡、针、削土刀等。

2. 试验步骤

(1)用削土刀切取体积大于 30cm^3 试件，削除试件表面的松、浮土以及尖锐棱角，在天平上称量，准确至 0.01g。取代表性土样进行含水率测定。

(2)将石蜡加热至刚过熔点，用细线系住试件浸入石蜡中，使试件表面覆盖一薄层严密的石蜡。若试件蜡膜上有气泡，需用热针刺破气泡，再用石蜡填充针孔，涂平孔口。

(3)待冷却后，将蜡封试件在天平上称量，准确至 0.01g。

(4)用细线将蜡封试件置于天平一端，使其浸浮在盛有蒸馏水的烧杯中，注意试件不要接触烧杯壁，称蜡封试件的水下质量，准确至 0.01g，并测量蒸馏水的温度。

(5)将蜡封试件从水中取出，擦干石蜡表面水分，在空气中称其质量，将其与步骤(3)中所称质量相比，若质量增加，表示水分进入试件中；若浸入水分质量超过 0.03g，应重做。

3. 结果整理

按式(4-5)计算湿密度：

$$\rho = \frac{m}{\dfrac{m_1 - m_2}{\rho_{wt}} - \dfrac{m_1 - m}{\rho_n}} \tag{4-5}$$

式中：ρ——土的湿密度，g/cm³；

m——试件质量，g；

m_1——蜡封试件质量，g；

m_2——蜡封试件水中质量，g；

ρ_{wt}——蒸馏水在 t℃时密度，g/cm³，准确至 0.001 g/cm³；

ρ_n——石蜡密度，g/cm³(应事先实测，准确至 0.01 g/cm³，一般可采用 0.92g/cm³)。

其余同环刀法。

三、界限含水率试验方法

(一)概述

细粒土随着土中含水率的不同，分别处于各种不同的状态。土的界限含水率和土的机械组成、土粒的矿物成分、比表面积、表面电荷强度等一系列因素有关，是这些因素的综合反映。塑性高表示土中胶体黏粒含量大，同时也表示黏土中可能含有蒙脱石或其他高活性的胶体黏粒较多。因此，界限含水率尤其是液限，能较好地反映出土的某些物理力学特性，如压缩性、胀缩性等。

(二)液限、塑限联合测定法

1. 仪器设备

(1)圆锥仪(图 4-7)：锥质量为 100g 或 76g，锥角为 30°，读数显示形式宜采用光电式、数码式、游标式或百分表式。

(2)盛土杯：直径 50mm，深度 40～50mm。

(3)天平：称量 200g，感量 0.01g。

(4)孔径 0.5mm 的筛、调土刀、调土皿、称量盒、研钵、干燥器、吸管、凡士林等。

2. 试验步骤

(1)取有代表性的天然含水率或风干土样进行试验。如土中含有大于 0.5mm 的土粒或杂物时，应将风干土样研碎或用木棒在橡皮板上压碎，过 0.5mm 的筛。取代表性土

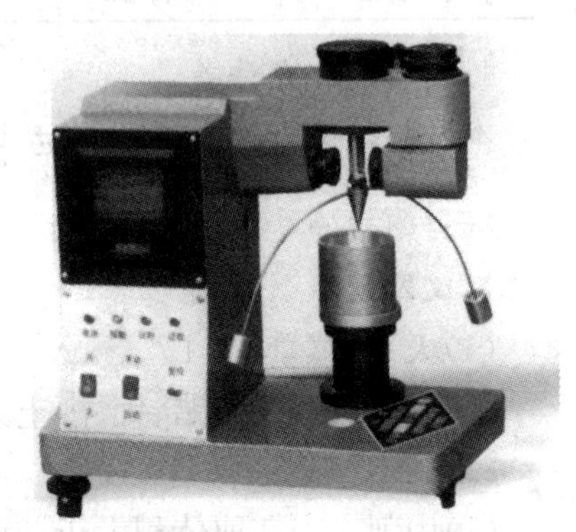

图 4-7　液塑限联合测定仪

样 200g，分开放入 3 个盛土皿中，加不同数量的蒸馏水，使土样的含水率分别控制在液限（a 点）、略大于塑限（c 点）和二者的中间状态（b 点）附近（点 a、b、c 见图 4-8）。用调土刀调匀，密封放置 18h 以上。

（2）将制备好的土样充分搅拌均匀，分层装入盛土杯中，试杯装满后，刮成与杯边齐平。

（3）给圆锥仪锥尖涂少许凡士林，将装好土样的试杯放在联合测定仪上，使锥尖与土样表面刚好接触，然后按动落锥开关，测记经过 5s 锥的入土深度 h。

（4）去掉锥尖入土处的凡士林，测盛土杯中土的含水率 w。

重复以上步骤对已制备的其他两个含水率的土样进行测试。

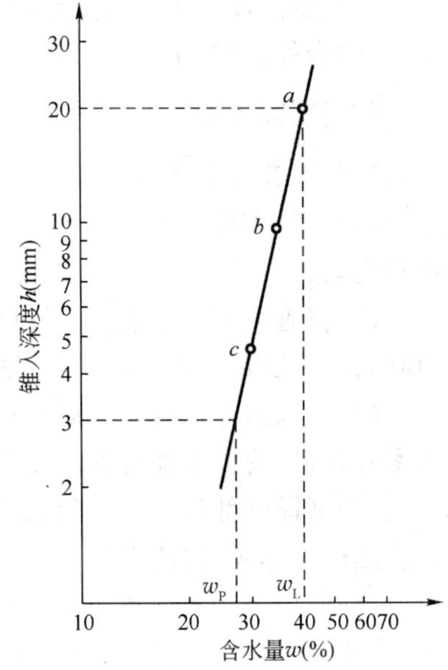

图 4-8　锥入深度与含水率（h—w）关系

3. 结果整理

在双对数坐标纸上，以含水率 w 为横坐标，锥入深度 h 为纵坐标，点绘 a、b、c 三点含水率的 h—w 图，连此三点，应呈一条直线，如图 4-8 所示。

在 h—w 图上，查得纵坐标入土深度 $h=20$mm（锥质量 100g）或 $h=17$mm（锥质量 76g），所对应的含水率 w 即为该土样的液限含水率 w_L。

对于细粒土，用式（4-6）计算塑限入土深度 h_p：

$$h_p = \frac{w_L}{0.524w_L - 7.606} \tag{4-6}$$

对于砂类土，用式（4-7）计算塑限入土深度 h_p：

$$h_p = 29.6 - 1.22w_L + 0.017w_L^2 - 0.0000744w_L^3 \tag{4-7}$$

也可不计算 h_p，而在《公路土工试验规程》（JTG E40—2007）上用相应的图查取 h_p。

根据 h_p 值，再查试验结果 h—w 图，对应 h_p 的含水率即为塑限含水率 w_p 值。

四、相对密度试验方法

（一）概述

相对密度是砂紧密程度的指标，等于其最大孔隙比与天然孔隙比之差和最大孔隙比与最小孔隙比之差的比值，以此来了解土在自然状态或经压实后的松紧情况和土粒结构的稳定性。

（二）仪器设备

（1）量筒：容积为 500cm³ 及 1 000cm³ 两种，后者内径应大于 6cm。

（2）长颈漏斗：颈管内径约 1.2cm，颈口磨平。

（3）锥形塞：直径约 1.5cm 的圆锥体镶于铁杆上。

（4）砂面拂平器。

（5）电动最小孔隙比仪，如无此种仪器，可用下列（6）～（8）的设备。

（6）金属容器两种：容积 250cm³，内径 5cm，高度 12.7cm；容积 1 000cm³，内径 10cm，高度 12.7cm。

（7）振动仪。

(8)击锤：锤重 1.25kg，高度 150mm，锤座直径 50mm。

(9)台秤：感量 1g。

(三)试验步骤

1.最大孔隙比的测定

(1)取代表性试样约 1.5kg，充分风干(或烘干)，用手搓揉或用圆木棍在橡皮板上碾散，并拌和均匀。

(2)将锥形塞杆自漏斗下口穿入，并向上提起，使锥体堵住漏斗管口，一并放入体积为 1 000cm^3的量筒中，使其下端与量筒底相接。

(3)称取试样 700g，准确至 1g，均匀倒入漏斗中，将漏斗与塞杆同时提高，移动塞杆使锥体略离开管口，管口应经常保持高出砂面约 1～2cm，使试样缓缓且均匀分布地落入量筒中。

(4)试样全部落入量筒后取出漏斗与锥形塞，用砂面拂平器将砂面拂平，勿使量筒振动，然后测读砂样体积，估读至 5cm^3。

(5)以手掌或橡皮塞堵住量筒口，将量筒倒转，缓慢地转动量筒内的试样，并回到原来位置，如此重复几次，记下体积的最大值，估读至 5cm^3。

(6)取上述两种方法测得的较大体积值，计算最大孔隙比。

2.最小孔隙比的测定

(1)取代表性试样约 4kg，按最大孔隙比测定的步骤处理。

(2)分 3 次倒入容器进行振击。先取上述试样 600～800g(其数量应使振击后的体积略大于容器容积的 1/3)倒入 1 000cm^3 容器内，用振动仪以 150～200 次/min 的速度敲打容器两侧，并在同一时间内，用击锤于试样表面锤击 30～60 次/min，直至砂样体积不变为止(一般约 5～10min)。敲打时要用足够的力量使试样处于振动状态。振击时，粗砂可用较少击数，细砂应用较多击数。

(3)进行两次加土，照上法进行振动和锤击。第三次加土时应先在容器口上安装套环。

(4)最后一次振毕，取下套环，用修土刀齐容器顶面削去多余试样后称量，准确至 1g，计算其最小孔隙比。

如用电动最小孔隙比试验仪时，当试样同步骤(2)装入容器后，开动电机，进行振击试验。

(四)结果整理

(1)按下列公式计算最小与最大干密度，计算至 0.01g/cm^3。

$$\rho_{dmin} = \frac{m}{V_{max}} \tag{4-8}$$

$$\rho_{dmax} = \frac{m}{V_{min}} \tag{4-9}$$

式中：ρ_{dmin}——最小干密度，g/cm^3；

ρ_{dmax}——最大干密度，g/cm^3；

m——试样质量，g；

V_{max}——试样最大体积，cm^3；

V_{min}——试样最小体积，cm^3。

(2)按下列公式计算最大与最小孔隙比，计算至 0.01。

$$e_{max} = \frac{\rho_w G_s}{\rho_{dmin}} - 1 \tag{4-10}$$

$$e_{\min}=\frac{\rho_{\mathrm{w}}G_{\mathrm{s}}}{\rho_{\mathrm{dmax}}}-1 \quad (4\text{-}11)$$

式中：G_s——土粒比重。

(3)按式(4-12)和式(4-13)计算相对密度，计算至0.01。

$$D_{\mathrm{r}}=\frac{e_{\max}-e_0}{e_{\max}-e_{\min}} \quad (4\text{-}12)$$

$$D_{\mathrm{r}}=\frac{(\rho_{\mathrm{d}}-\rho_{\mathrm{dmin}})\rho_{\mathrm{dmax}}}{(\rho_{\mathrm{dmax}}-\rho_{\mathrm{dmin}})\rho_{\mathrm{d}}} \quad (4\text{-}13)$$

式中：D_r——相对密度，g/cm^3；

e_0——天然孔隙比或填土的相应孔隙比；

e_{max}——最大孔隙比；

e_{min}——最小孔隙比。

(五)精密度和允许差

最小与最大干密度，均须进行两次平行测定，取其算术平均值，其平行差值不得超过0.03g/cm^3。

五、颗粒分析试验方法

(一)概述

组成土体颗粒的粒径是大小不同的，土粒粒径的大小和级配与土的工程性质紧密相关。土的颗粒分析试验就是测定土的粒径大小和级配状况，为土的分类、定名和工程应用提供依据。颗粒分析的方法有直接法和间接法，对于粒径大于0.075mm的土用筛析法直接测试；对于粒径为0.002～0.075mm的土一般用密度计或移液管法间接测试。

(二)筛分法

1.试验原理

筛分法是将土样通过孔径逐级减小的一组标准筛子。对于通过某一筛孔的土粒，可以认为其粒径恒小于该筛的孔径，反之，遗留在筛上的颗粒，可以认为其粒径恒大于该筛的孔径。这样即可把土样的大小颗粒按筛孔径大小逐级加以分组和分析。

2.仪器设备

(1)粗筛：孔径为60mm、40mm、20mm、10mm、5mm、2mm；细筛：孔径为2mm、1mm、0.5mm、0.25mm、0.075mm。

特别应注意土的筛析采用圆孔筛，路用集料的筛析则采用方孔筛。

(2)天平：称量5 000g，感量5g；称量1 000g，感量1g；称量200g，感量0.2g。

(3)摇筛机、烘箱、筛刷、烧杯、木碾、研钵、杵等。

3.试验步骤

1)无凝聚性土

(1)将备好试样分批过2mm筛。大于2mm的试样依次过大于2mm的各级筛，然后称量筛上土的质量；小于2mm的试样若过多，用四分法缩分至100～800g，过2mm以下的各级筛，用摇筛机振摇时间一般为10～15min。

(2)筛后各级筛上和筛底土总质量与筛前试样质量差不应大于1%。若2mm筛下土不超过试样总质量的10%，可省略细筛分析；若2mm筛上土质量不超过总质量的10%，可省略粗筛分析。

2)含有黏土粒的砂砾土

(1)将土样碾散、拌匀、烘干、称量,按规定用四分法取代表性土样,放在清水中浸泡并搅拌,使颗粒分散。

(2)将浸泡过的混合液过 2mm 筛,边冲边洗边过筛至筛上仅有大于 2mm 以上的土粒为止。然后将筛上土风干称量,进行粗筛分析。

(3)将沉淀好的 2mm 筛下混合液的上部悬液过 0.075mm 筛。用玻璃棒研磨盆内浆液,反复加清水、搅拌、研磨、静置、过筛,直至盆内悬液澄清。最后将全部土粒倒在 0.075mm 筛上,用水清洗,直至筛上仅留有大于 0.075mm 的净砂为止。

(4)将大于 0.075mm 的净砂烘干称量并进行细筛分析。将大于 2mm 颗粒及 0.075~2mm 的颗粒质量从原样中减去,即得小于 0.075mm 的颗粒质量。

(5)若小于 0.075mm 颗粒质量超过总质量的 10%,必要时将其烘干、取样,另作密度计或移液管分析。

4.计算及绘图

按式(4-14)计算小于某颗粒直径的土的质量百分数:

$$X=\frac{A}{B}\times 100 \tag{4-14}$$

式中:X——小于某颗粒粒径的土质量百分数,%;

A——小于某颗粒直径的土质量,g;

B——细筛分析时所取试样质量,粗筛分析时则为试样总质量,g。

当小于 2mm 颗粒用四分法取样时,按式(4-15)计算小于某粒径的颗粒质量百分数:

$$X=\frac{a}{b}\times p\times 100 \tag{4-15}$$

式中:a——通过 2mm 筛的试样中小于某粒径的颗粒质量,g;

b——通过 2mm 筛的土样中所取试样的质量,g;

p——粒径小于 2mm 的颗粒质量百分数,%。

以小于某粒径的土质量百分数为纵坐标,颗粒粒径的对数值为横坐标,绘制颗粒大小分配曲线。

试验记录格式及图例如表 4-5 和图 4-9 所示。

颗粒分析试验记录(筛分法) 表 4-5

筛前土总质量=　g,小于 2mm 土质量=　g,小于 2mm 土占土总质量=　%,小于 2mm 取样质量=　g								
粗筛分析				细筛分析				
孔径(mm)	累积留筛土质量(g)	小于该孔径的土质量(g)	小于该孔径的土质量百分比(%)	孔径(mm)	累积留筛土质量(g)	小于该孔径的土质量(g)	小于该孔径的土质量百分比(%)	占总土质量百分比(%)
				2				
60				1				
40				0.5				
20				0.25				
10				0.075				
5								
2								

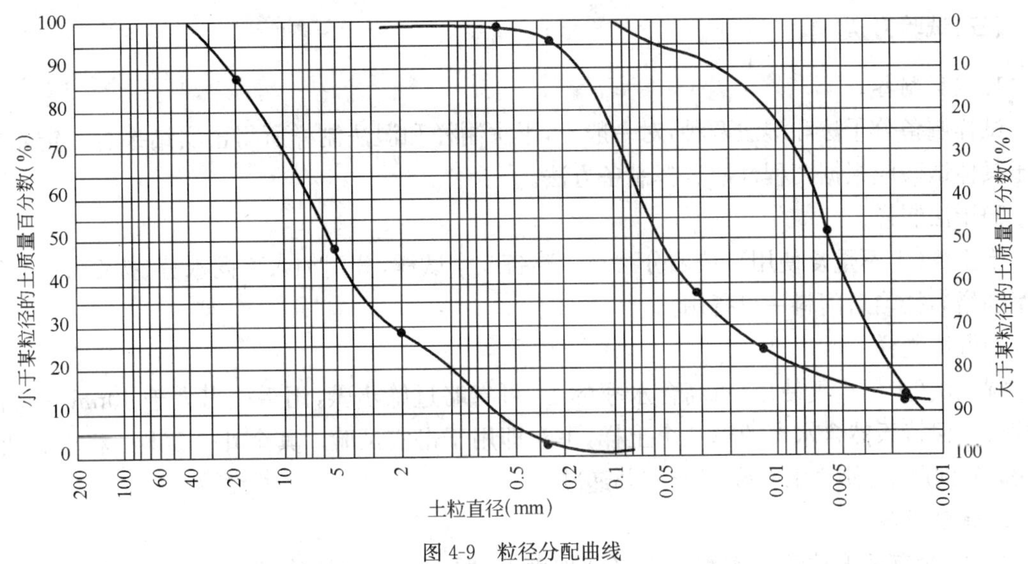

图 4-9　粒径分配曲线

第三节　土的力学性质试验检测方法

一、击实试验方法

土作为筑路材料时，需要在模拟现场施工条件下，获得路基土压实的最大干密度和相应的最佳含水率。击实试验就是为了这种目的，利用标准化的击实仪具获得试验土的密度和相应含水率的关系，所以击实试验是控制路基压实质量不可缺少的重要试验项目。

(一)仪器设备

(1)标准击实仪：主要参数符合表 4-6 的规定。

(2)天平：感量 0.01g。

(3)台秤：称量 10kg，感量 5g。

(4)圆孔筛：孔径 40mm、20mm 和 5mm 各一个。

(5)拌和工具：400mm×600mm，深 70mm 的金属盘，土铲。

(6)烘箱、干燥器、喷水设备、碾土器、盛土盘、量筒、推土器、铝盒、修土刀、平直尺等。

(二)试验方法的类型

击实试验分轻型和重型两类，其击实试验方法类型见表 4-6。

击实试验方法类型　　表 4-6

试验方法	类别	锤底直径(cm)	锤质量(kg)	落高(cm)	试筒尺寸		试样尺寸		层数	每层击数	击实功(kl/m^3)	最大粒径(mm)
					内径(cm)	高(cm)	高度(cm)	体积(cm^3)				
轻型	I—1	5	2.5	30	10	12.7	12.7	997	3	27	598.2	20
	I—2	5	2.5	30	15.2	17	12	2 177	3	59	598.2	40
重型	II—1	5	4.5	45	10	12.7	12.7	997	5	27	2 687.0	20
	II—2	5	4.5	45	15.2	17	12	2 177	3	98	2 677.2	40

(三)试验方法

1. 试样制备

试样制备分干法和湿法两种，对一般土，干法制样和湿法制样所得击实结果有一定差异，对于具体试验应根据工程性质选择制备方法。

1)干法制样

干土法(土不重复使用)：按四分法至少准备5个试样，分别加入不同水分(按2%～3%含水率递增)，拌匀后闷料一夜备用。

2)湿法制样

湿土法(土不重复使用)对高含水率的土，可省略过筛步骤，用手捡出大于40mm的粗石子即可。保持天然含水率的第一个土样，可立即用于击实试验。其余几个试样，将土分成小土块，分别风干，使含水率按2%～3%递减。

2. 试验步骤

(1)将涂有凡士林的击实筒放在坚硬地面上，并在筒底放置蜡纸或塑料薄膜。将土样分3～5次倒入筒内。整平表面并按规定次数击实，第一层击实完后，将表面拉毛，然后再装入套筒，重复击实其余各层。击实后，试样不应高出筒顶面5mm或6mm。

(2)将试样与套筒分离，拆除底板，擦净筒外壁，称量。在试样中心处取样测其含水率。

无论干土法还是湿土法，每洒水拌合一次，含水率增加2%～3%，其中有两个大于和两个小于最佳含水率。需加水量 m_w 可按式(4-16)计算：

$$m_w = \frac{m_i}{1+0.01w_i} \times 0.01(w - w_i) \tag{4-16}$$

式中：m_w——所需加水量，g；

m_i——含水率 w_i 时土样的质量，g；

w_i——土样原有含水率，%；

w——要求达到的含水率，%。

3. 结果整理

按式(4-17)计算击实后各点的干密度 ρ_d：

$$\rho_d = \frac{\rho}{1+0.01w} \tag{4-17}$$

式中：ρ_d——土的干密度，g/cm^3；

ρ——击实后土的湿密度，g/cm^3；

w——击实后土的含水率，%。

以干密度 ρ_d 为纵坐标，含水率 w 为横坐标，绘干密度与含水率关系曲线，如图4-10所示。曲线上峰值点的纵、横坐标分别为最大干密度和最佳含水率。如曲线不能绘出明显的峰值点，应进行补点或重做。表4-7为击实试验记录。

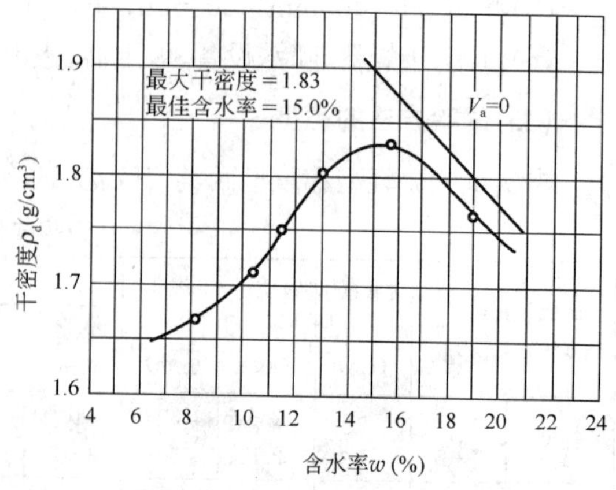

图4-10　含水率与干密度关系曲线

击 实 试 验 记 录　　表 4-7

土 样 编 号				筒号		落距		
土样来源				筒容积	997 cm^3	每层击数		
试验日期				击锤质量		大于 5mm 颗粒含量		
干密度	试验次数			1	2	3	4	5
	土+筒质量	g	①					
	筒质量	g	②					
	湿土质量	g	③=①-②					
	湿密度	g/ cm^3	④=③/997					
	干密度	g/ cm^3	④/(1+0.01⑩)					
含水率	盒号							
	盒+湿土质量	g	⑤					
	盒+干土质量	g	⑥					
	盒质量	g	⑦					
	水质量	g	⑧=⑤-⑥					
	干土质量	g	⑨=⑥-⑦					
	含水率	%	⑧/⑨					
	平均含水率	%	⑩					
		最佳含水率＝	%			最大干密度＝		g/ cm^3

二、直接剪切试验

(一)概述

土的抗剪强度是土体在剪切面上所能承受的极限剪应力,是土的重要力学指标之一。它是估算地基承载力、评价地基稳定性、计算边坡稳定性以及支挡结构物的土压力的重要参数。

直接剪切试验所使用的主要仪器是直剪仪,分为应变控制式和应力控制式两种。由于应变控制式直剪仪能准确测定剪应力和剪切位移上的峰值和最大值,而且操作方便,因此应用较多。

(二)试验方法

1. 慢剪试验

慢剪试验适用于测定黏质土的抗剪强度指标。将土样按照垂直压力的分级确定切取试样的个数,一般不少于 4 个。在试样上以 0.02mm/min 的剪切速率施加垂直压力和水平剪切力,使试样充分的排水固结。测得的垂直变形不得大于 0.005mm/min。

1)仪器设备

(1)应变控制式式直剪仪:由剪切盒、垂直加荷设备、剪切传动装置、测力计和位移量测系统组成,如图 4-11 所示。

(2)环刀:内径 61.8mm,高 20mm。

(3)位移量测设备:百分表或传感器。百分表量程为 10mm,分度值为 0.01mm;传感器的精度应为零级。

2)试验步骤

(1)在剪切盒的下盒内放透水石和滤纸,将放有滤纸和透水石的试样推入剪切盒内,插入固定销。

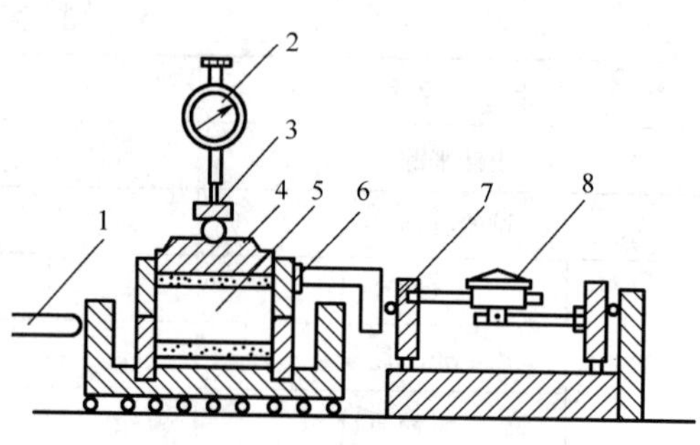

图 4-11 应变控制式直剪仪

1-推动座;2-垂直位移百分表;3-垂直加荷桩架;4-活塞;5-试样;6-剪切盒;7-测力计;8-测力百分表

(2)移动传动装置,使上盒前端钢珠刚好与测力计接触,然后依次加上传压板、加压框架,安装垂直位移量测装置,记录初始读数。

(3)施加各级垂直压力,然后向盒内注水。若试样为非饱和试样,应在加压板周围包以湿棉花。每 1h 记录垂直变形一次,固结时的垂直变形不大于 0.005mm/h。

(4)拔去固定销,以小于 0.02mm/min 的速率剪切,并每隔一定时间记录百分表的读数,直至剪损。剪损时间按下式进行估算:

$$t_f = 50t_{50} \tag{4-18}$$

式中:t_f——达到剪损所需要的时间,min;

t_{50}——固结度达到 50%所需要的时间,min。

(5)当百分表的读数不变或后退时,继续剪切到剪切位移为 4mm 时为止,记录破坏值。当剪切过程中,百分表无峰值时,剪切至剪切位移为 6mm 时为止。

(6)剪切结束后,吸去盒内积水,撤掉剪切力和垂直压力,取出试样,测定其含水率。

3)测试报告

剪切位移和剪切力分别按式(4-19)、式(4-20)计算。

$$\Delta l = 20n - R \tag{4-19}$$

$$\tau = CR \tag{4-20}$$

式中:Δl——剪切位移,mm;

n——手轮转数;

R——百分表读数;

τ——剪应力,kPa;

C——测力计校正系数,kPa/min。

以剪切应力 τ 为纵坐标,剪切位移 Δl 为横坐标,绘制 τ—Δl 的关系曲线,如图 4-12 所示。以垂直压力 p 为横坐标,抗剪强度 S 为纵坐标,将每个试样的抗剪强度在坐标纸上绘制成一条直线,直线的倾角为摩擦角 φ,纵坐标上的截距为凝聚力 c,如图 4-13 所示。

2. 固结快剪试验

固结快剪试验适用于渗透系数小于 10^{-6}cm/s 的土,也可用于土体有一定湿度、施工中逐步压实固结的公路高填方边坡。在试样上以 0.8mm/min 的剪切速率施加垂直压力,待排水稳定后施加水平剪切力进行剪切。在剪切过程中,为了避免在剪切过程中试样有排水现象,应在 3~5min 内剪损。

3. 快剪试验

快剪试验适用于渗透系数小于 10^{-6} cm/s 的土,也可用于施工中边坡不发生排水固结的比较干燥的公路挖方边坡。在试样上施加垂直压力后，立即施加水平剪切力进行剪切，在此过程中试样不会发生固结和排水现象。在剪切过程中，为了避免在剪切过程中试样有排水现象，应在 3～5min 内剪损。

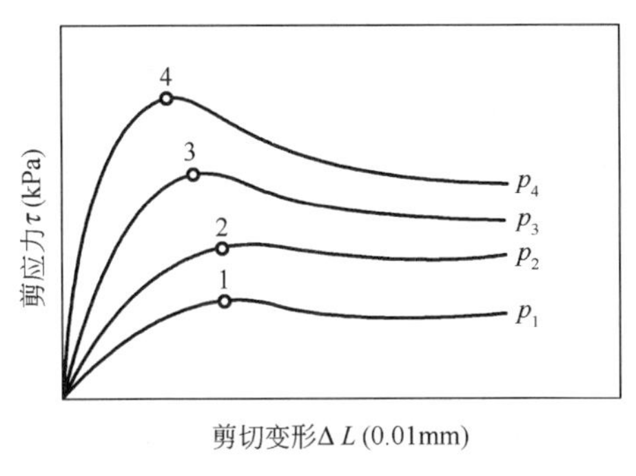

图 4-12　剪应力与剪切位移的关系曲线

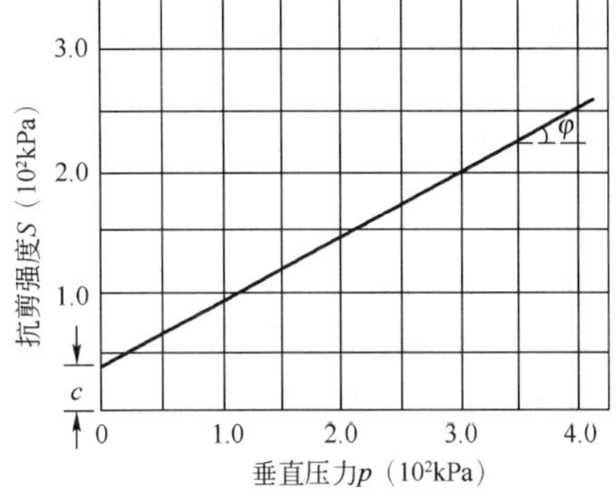

图 4-13　抗剪强度与垂直压力的关系曲线

上述这三种试验方法都是针对于黏质土的。对于砂类土，可以以较快的剪切速率进行快剪试验测定其抗剪强度。对于超固结黏性土与软弱岩石夹层的黏性土，用反复直接剪切试验测定其抗剪强度。

三、土工原位测试方法简介

原位测试与钻探取样土工分析是相互补充的。原位测试可以克服室内土工分析的以下缺点：

(1)钻探取样及室内制备试样所发生的土的扰动。

(2)在有些土层中难以采取原状土，例如饱和的疏松砂、流塑软塑的软黏土以及含砾石的土等。

(3)土样尺寸小，在测定层状或裂隙性黏土时，有明显的尺寸效应。

(4)土样数量有限，无论在平面上还是深度上都如此。

原位测试可在原位的应力条件、土的天然含水率下进行土的试验。有些原位测试还可取得在深度上连续的记录，提供土层在深度上变化的完整信息。研究并利用这些信息，可以大大减少钻探取样的数量，并把数量有限的钻探工作布置在代表性地段或布置在待重点研究的地段上。

原位测试可分为两大类：一类是在小应变条件下进行测试；另一类是在大应变条件下进行测试。后者又可分为单测定土的强度和除测定土的强度外还提供应力-应变信息。在土工勘察中常用的原位测试方法如下。

(一)钻孔波速试验

钻孔波速试验属于小应变条件的原位测试方法，常用于土的勘察中。在均质或成层土层中，理论上波速与土层的弹性模量和泊松比有关。因此，如在现场测得了波速，就可计算土的弹性模量和泊松比。为了测定波速，在振源处引发一次冲击，而在离开振源某一距离处放置检波器，以测定波通过该指定距离所需的时间。

(二)十字板剪力试验

十字板剪力试验用于原位测定饱水软黏土的不排水抗剪强度。由于它避免了钻探时土的扰动以及取土样的扰动，而直接在原位应力条件下测定土的抗剪强度，所以它是一种有效的原位测试方法。十字板剪力试验仪器装置见图 4-14。

十字板剪力试验是在预钻的钻孔孔底，把有 4 个叶片的十字板头插至规定深度，施加扭转力矩，直至土体破坏；或是不用钻探，直接将十字板压入土中不同深度，测土体破坏抗扭力矩，则不排水抗剪强度 c_u，也即十字板抗剪强度 S_r 为：

$$c_u = \frac{2M}{\pi D^2\left(\frac{D}{3}+H\right)} \tag{4-21}$$

式中：M——土体破坏时的扭矩，N · cm；

D——十字板头直径，cm；

H——十字板头高度，cm。

（三）标准贯入试验

标准贯入试验是利用规定的落锥能将圆筒形的贯入器打入钻孔底土中，根据贯入的难易程度来判定土的物理力学性质。

标准贯入装置如图 4-15 所示，锤重 63.5kg，自由落距 76cm，贯入器外径 51mm，内径 35mm，长 500mm，为两个半圆管合成，下部有贯入器管靴。贯入器上端连接外径 42mm 钻杆。在将贯入器打入土层时，先打入 15cm 不计击数，继续贯入土中 30cm，记录其锤击数，即标准贯入击数 N。

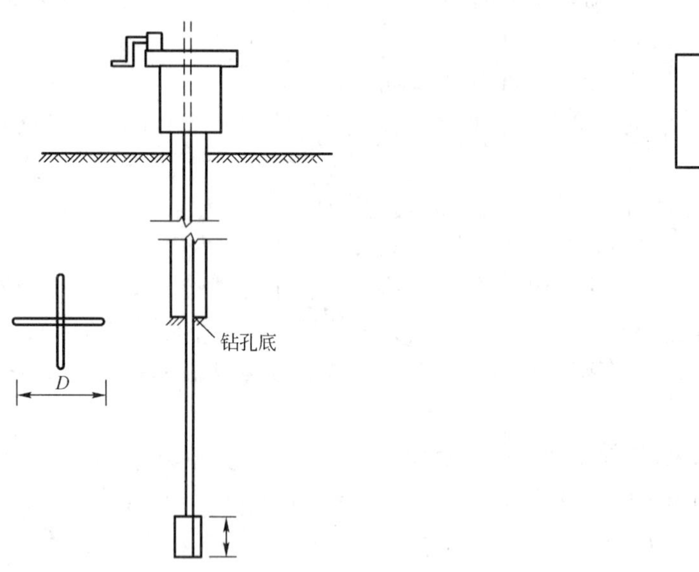

图 4-14 在孔底进行十字板剪切试验

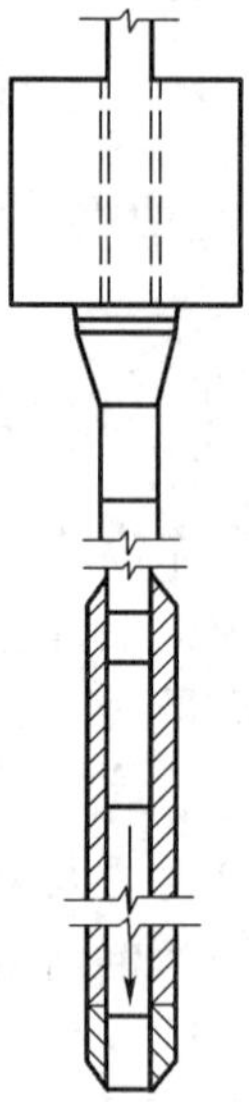

图 4-15 标准贯入试验装置

标准贯入试验对估定砂类土的天然密度是十分有用的，N 与砂类土密实度的经验关系见有关规范。

（四）静力触探试验

静力触探试验就是将一金属圆锥形探头，用静力以一定的贯入速度贯入土中，根据测得的探头贯入阻力可间接地确定土的物理力学性能。静力触探具有明显的优点：连续、快速、灵敏、简便，因此，已得到广泛的使用。静力触探的不足在于：不能对土进行直接的观察和描述；测试深度还不能太深，一般小于50m，个别情况当采取一些辅助手段，可达70m。

（五）平板载荷试验

载荷试验是一种最古老的原位测试方法，它是在与建筑物基础工作相似的受荷条件下，对天然条件下的地基土测定加于承载板的压力与沉降的关系，实质上是对基础的模拟试验。根据压力与沉降的关系，可以测定土的变形模量、评定地基土的承载力。对于不能用小尺寸试样试验的填土、含碎石的土等，最适宜用载荷试验。

试验时，可维持荷载直至沉降稳定，再加下一级荷载直至破坏荷载；也可以用一定的沉降速率，例如以2.5mm/min的速度将载荷板压入土中，测定荷载与沉降的关系，这时所施加的最大荷载相当于不排水抗剪强度所提供的极限荷载。

利用荷载-沉降曲线 p　S 的初始直线段，可求得土的变形模量 E_0。

（六）螺旋压板荷载试验

以螺旋板作为载荷板，旋入地下预定深度，用千斤顶通过传力杆向螺旋压板施加压力，同时测量载荷板的沉降值。当一个深度试验完毕后，可再旋入到下一个深度进行试验。螺旋压板载荷试验可用于砂土，也可用于黏性土，但是旋入螺旋板时对土有一定的扰动。

思　考　题

1. 简述路用土石材料的分类体系。
2. 简述路用土石材料的工程性质区分。
3. 简述土的物理性质常规指标及其测定方法。
4. 简述土的几种密度测定方法各适合哪些条件？
5. 简述界限含水率的测定方法。
6. 简述土的颗粒分析方法的适应性。
7. 简述击实试验的目的是什么？
8. 简述击实试验试样制备的方法有哪些？
9. 简述快剪、固结快剪、慢剪的含义。
10. 在土工勘察中常用的原位测试方法有哪些？

第五章 集料及无机结合料试验检测方法

DIWUZHANG

第一节　集料的试验方法

一、概　　述

集料，指在混合料中起骨架和填充作用的粒料，包括碎石、砾石、机制砂、石屑和砂等。在沥青混合料中，粗集料是指粒径大于2.36mm的碎石、破碎砾石、筛选砾石和矿渣等；细集料是指粒径小于2.36mm的天然砂、人工砂(包括机制砂)及石屑。在水泥混凝土中，粗集料是指粒径大于4.75mm的碎石、砾石和破碎砾石；细集料是指粒径小于4.75mm的天然砂、人工砂。天然砂是指由自然风化、水流冲刷堆积形成的、粒径小于4.75mm的岩石颗粒，按生成环境分为河砂、海砂和山砂等。从广义上分类，机制砂、矿渣砂和煅烧砂都属于人工砂。机制砂是指由碎石及砾石经制砂机反复破碎加工至粒径小于2.36mm的人工砂，亦称破碎砂。石屑是指采石场加工碎石时通过最小筛孔(通常为2.36mm或4.75mm)筛下部分，也称筛屑。

道路路面基层用级配材料，欲使路面基层具备优良的路用性能，级配应符合：

(1)小空隙率　不同粒径的各级矿质集料按一定比例搭配，使其组成一种具有最大密实度(即最小空隙率)矿质混合料。

(2)大摩擦力　各级矿质集料在进行比例搭配时，应使各级集料达到紧密排列，形成一个多级空间骨架结构，以具有最大的摩擦力。

除以上两项要求以外，各种集料的技术性能也应符合技术要求。集料的表观密度、堆积密度和空隙率是集料技术性质的三大主要参数。不论是水泥混凝土路面或是沥青路面，在计算其级配组成时，都需要这些参数。

二、粗集料的试验检测

(一)粗集料的筛分试验

1.试验仪具

(1)道路工程方孔标准筛：根据需要选择筛孔。

(2)摇筛机。

(3)烘箱:能使温度控制在 105℃±5℃。

(4)台秤或天平:称量及感量根据粗集料的粒径不同满足试验精度要求即可,精确至试样量的 0.1%左右。

(5)盘子、铲子、毛刷等。

2. 试验方法

(1)用四分法取样,试样经烘干(或风干)后备用。

(2)按表 5-1 要求的试样所需量取样。

粗集料筛分用的试样质量　　表 5-1

公称最大粒径(mm)	75	63	37.5	31.5	26.5	19	16	9.5	4.75
试样质量不少于(kg)	10	8	5	4	2.5	2	1	1	0.5

3. 不同粗集料筛分法试验步骤

1)水泥混凝土用粗集料干筛法试验步骤

称取已在烘箱中烘干至恒重的试样质量为 m_0,准确到 0.1%,按筛孔大小排列顺序逐个将集料过筛。

称取每个筛上的筛余量,准确到总质量的 0.1%;各筛分计筛余量及筛底存量的总和与筛分前试样的干燥总质量 m_0 相比,相差不得超过 m_0 的 0.5%。

计算分计筛余的百分率和累计筛余百分率,同一种集料至少取 2 个试样平行试验 2 次,取平均值作为每号筛上筛余量的试验结果,并绘制级配曲线。

(1)分计筛余百分率:某号筛上的筛余量占试样总质量的百分率,可按下式计算:

$$p'_{\mathrm{i}}=\frac{m_{\mathrm{i}}}{M}\times 100\% \tag{5-1}$$

$$m_5=m_0-(\sum m_{\mathrm{i}}+m_{底}) \tag{5-2}$$

$$M=m_0-m_5 \tag{5-3}$$

式中:p'_{i}——某号筛上的筛余量占试样总质量的百分率,%;

m_0——筛分前的干燥集料总质量,g;

m_5——由于筛分造成的损耗,g;

m_{i}——某号筛上的筛余量,g,i 依次为 0.075mm、0.15mm……至集料最大粒径的排序;

M——试样总质量除去因筛分造成的损耗的质量,g;

$m_{底}$——筛底(0.075mm 以下部分)集料总质量,g。

(2)累计筛余百分率:某号筛的分计筛余百分率和大于某号筛的各筛的分计筛余百分率的总和,可按下式计算:

$$A_{\mathrm{i}}=p'_1+p'_2+\cdots+p'_i \tag{5-4}$$

式中:　A_{i}——累计筛余百分率,%;

p'_1、p'_2、…、p'_i——某号筛的分计筛余,%。

(3)通过百分率:通过某号筛的试样质量占总质量的百分率,即 100 与某号筛余之差,按下式计算:

$$P_i = 100 - A_i \tag{5-5}$$

式中：P_i——某号筛的通过百分率，%；

A_i——累计筛余百分率，%。

2)沥青混合料及基层用粗集料水洗法的试验步骤

称取已在烘箱中烘干至恒重的试样质量为 m_3，精确到 0.1g，将试样置一洁净容器中，加入足够数量的洁净水，把集料全部淹没，但不得使用任何洗涤剂、分散剂和表面活性剂。用搅棒充分搅动集料，使集料表面洗涤干净，使细粉悬浮在水中，但不得破碎集料或有集料从水中溅出。根据集料粒径大小选择组成一组套筛，其底部为 0.075mm 标准筛，上部为 2.36mm 或 4.75mm 筛。仔细将容器中混有细粉的悬浮液倒出，经过套筛流入另一容器中，尽量不将粗集料倒出，以免损坏标准筛筛面。值得注意的是，无需将容器中的全部集料倒出，只倒出悬浮液，并且不要倒至 0.075mm 筛上，以免集料掉出损坏筛面。

重复上述步骤，直到倒出的水洁净为止，必要时可采用水流缓慢冲洗。

为了确保细粉不散失，小心泌去搪瓷盘中的积水，然后一起放在 105℃±5℃烘箱中烘干至恒重，称取干燥集料的总质量为 m_4，准确到 0.1g，并且与开始称取的质量 m_3 作差作为 0.075mm的筛下部分。

再把回收的干燥集料利用干筛分法筛分出 0.075mm 以上的各筛的筛余量。此时 0.075mm筛下部分应为 0，如果还能筛出，应将其并入到前面水洗得到的 0.075mm 的筛下部分，且表示水洗得不干净。

计算分计筛余的百分率和累计筛余百分率，同一种集料至少取 2 个试样平行试验 2 次，取平均值作为每号筛上筛余量的试验结果，并绘制级配曲线。

(1)计算粗集料中 0.075mm 筛下部分质量 $m_{0.075}$ 和含量 $P_{0.075}$。

$$m_{0.075} = m_3 - m_4 \tag{5-6}$$

$$P_{0.075} = \frac{m_{0.075}}{m_3} \times 100 \tag{5-7}$$

式中：$P_{0.075}$——粗集料中粒径小于 0.075mm 的试样的含量(通过率)，%；

$m_{0.075}$——粗集料中水洗得到的粒径小于 0.075mm 部分的质量，g；

m_3——用于水洗的干燥粗集料总质量，g；

m_4——水洗后的干燥粗集料总质量，g。

(2)计算分计筛余百分率。

$$p'_i = \frac{m_i}{M} \times 100\% \tag{5-8}$$

$$m_5 = m_3 - (\sum m_i + m_{0.075}) \tag{5-9}$$

$$M = m_0 - m_5 \tag{5-10}$$

式中：p'_i——某号筛上的筛余量占试样总质量的百分率，%；

m_0——用于干筛的干燥集料总质量，g；

m_i——某号筛上的筛余量，g；

M——试样总质量除去因筛分造成的损耗的质量，g；

i——依次为 0.075mm、0.15mm……至集料最大粒径的排序；

$m_{0.075}$——粗集料中水洗得到的粒径小于 0.075mm 部分的质量，g。

(3)累计筛余百分率：公式(5-4)。

(4)通过百分率:公式(5-5)。

(二)粗集料含水率试验

1. 试验仪具

(1)烘箱:能使温度控制在105℃±5℃。

(2)天平:称量5kg,感量不大于5g。

(3)容器:如浅盘等。

2. 试验方法

根据最大粒径,按表5-2的方法取代表样试验,分2份备用。

所需粗集料的最小取样质量　　表5-2

公称最大粒径(mm)	75	63	53	37.5	31.5	26.5	19	16	13.2	9.5	4.75
最小试样质量(kg)	6	4	4	3	3	2	2	2	2	2	2

将试样置于干燥容器中,称量试样和容器的合重 m_1,将容器连同试样放入温度为105℃±5℃的烘箱中烘干至恒重,在干燥器中冷却至室温后,称量试样和容器的合重 m_2。

3. 含水率计算

含水率按式(5-11)计算,精确至0.1%。以2次试验结果的算术平均值为测定值。

$$w=\frac{m_1-m_2}{m_2-m_3}\times 100 \tag{5-11}$$

式中:w——粗集料的含水率,%;

m_1——烘干前的试样和容器质量,g;

m_2——烘干后的试样和容器质量,g;

m_3——容器的质量,g。

(三)粗集料的表观密度试验

表观密度是指单位体积(含材料的实体矿物成分及闭口空隙体积)物质颗粒的干质量。

1. 试验仪具

(1)静水密度天平:称量5kg,感量不大于最大称量的0.5%,型号及尺寸应能允许在臂上悬挂试样吊篮,并在水中称量,结构如图5-1所示。

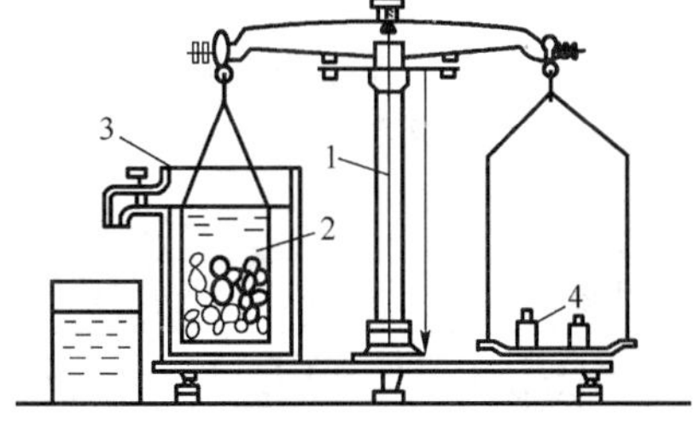

图5-1　静水密度天平示意图

1-天平;2-吊篮;3-盛水容器;4-砝码

(2)吊篮:2只,直径和高度均为150mm,由孔径为1~2mm的筛网或钻有2~3mm孔洞的耐腐蚀材料制成。

(3)盛水容器:容器的侧向有溢流孔。

(4)烘箱:能使温度控制在105℃±5℃。

(5)标准筛。

(6)温度计:0~100℃,分度1℃。

(7)带盖容器、浅盘、刷子和毛巾等。

2. 试验方法

(1)将试样用标准筛过筛除去其中的细集料,对较粗的粗集料可用4.75mm筛过筛;对2.36~4.75mm集料,或混在4.75mm以下石屑的粗集料,则用2.36mm标准筛过筛,用四分法缩分。经缩分后供测定密度和吸水率的粗集料质量应符合表5-3的规定。所列规定数量的样品，分为 2 份备用。

测定表观密度所需要的最小样品质量表　　表 5-3

公称最大粒径(mm)	4.75	9.5	16	19	26.5	31.5	37.5	63	75
最小试样质量(kg)	0.8	1	1	1	1.5	1.5	2	3	3

(2)取试样一份装入吊篮中，并浸入盛水容器中，水面至少应高出试样 20mm。

(3)浸水 24h 后，移放到盛水的称量容器中，并用上下升降吊篮的方法排除气泡(试样不得露出水面)。

(4)测定水温后(此时吊篮应全浸在水中)，用天平称量试样在水中的质量为 m_w，称量时盛水容器中，水面的高度由容器的溢流孔控制。

(5)提取吊篮，将试样置于浅盘中，放入 105℃±5℃的烘箱中烘干至恒重。取出放入带盖的容器中冷却至室温后，称出试样的质量为 m_a(此处恒重系指相邻两次称量间隔时间大于 3h 的情况下，其前后两次称量之差小于该项试验所要求的称量精度，即 0.1%。一般在烘箱中烘烤的时间不得少于 4～6h，以下均同)。

(6)称量吊篮在同样温度的水中的质量 m_1，称量时盛水容器的水面高度仍由溢流孔控制，并维持不变(试验时各项称量可以在 15～25℃的温度范围内进行，但从同样加水静置的最后 2h 起直至试验结束，其温度相差不应超过 2℃)。

3. 粗集料的表观密度计算

粗集料的表观密度按式(5-13)计算，并且计算至小数点后 3 位。

$$\gamma_a = \frac{m_a}{m_a - m_w} \tag{5-12}$$

$$\rho_a = (\gamma_a - \alpha_T)\rho_w \tag{5-13}$$

式中：γ_a ——集料的表观相对密度，无量纲；

ρ_a ——集料的表观密度，g/cm³；

m_a——烘干后试样质量，g；

m_w——试样在水中的质量，g；

α_T——考虑称量时的水温对水密度影响的修正系数，参见表 5-4；

ρ_w——水在 4℃时的密度，1.000g/cm³。

不同水温下碎石和卵石表观密度的修正系数表　　表 5-4

水温(℃)	15	16	17	18	19	20	21	22	23	24	25
修正系数 α_T	0.002	0.003	0.003	0.004	0.004	0.005	0.005	0.006	0.006	0.007	0.007

以 2 次计算的算术平均值作为试验结果，但是对于重复试验的精密度，2 次结果相差不得超过 0.02，否则应重新取样进行试验。对颗粒材质不均匀的情况，2 次试验结果超过规定误差时，可取 4 次试验的算术平均值作为试验结果。

(四)粗集料堆积密度试验

堆积密度是指单位体积(含物质颗粒固体及及其闭口、开口空隙体积及颗粒间空隙体积)物质颗粒的质量。有干堆积密度和湿堆积密度之分。

1. 试验仪具

(1)台秤：感量不大于称量的 0.1%。

(2)容量筒:适用于粗集料堆积密度测定的容量筒应符合表 5-5 要求。

容量筒的规格要求 表 5-5

粗集料公称最大粒径(mm)	容量筒容积(L)	容量筒规格(mm)			筒壁厚度(mm)
		内径	净高	底厚	
≤4.75	3	155±2	160±2	5.0	2.5
9.5~26.5	10	205±2	305±2	5.0	2.5
31.5~37.5	15	255±5	295±5	5.0	3.0
≥53	20	355±5	305±5	5.0	3.0

(3)平头铁锹。

(4)烘箱:能使温度控制在 105℃±5℃。

(5)振动台:频率为 3 000 次/min±200 次/min,负载下的振幅为 0.35mm,空载时的振幅为 0.5mm。

(6)捣棒:直径为 16mm、长 600mm、一端为圆头的钢棒。

2. 试验方法

(1)按表 5-6 的方法取样、缩分,质量满足实验要求,在 105℃±5℃的烘箱中烘干,亦可摊在清洁的地面上风干,拌匀后分成 2 份备用。

测定堆积密度所需粗集料的最小取样质量 表 5-6

公称最大粒径(mm)	75	63	53	37.5	31.5	26.5	19	16	13.2	9.5	4.75
最小试样质量(kg)	120	120	100	80	80	40	40	40	40	40	40

(2)按下列方法测定自然状态下堆积密度和振实状态下或捣实状态下堆积密度。

①自然状态下堆积密度测定　取样品 1 份,置于平整干净的地板(或铁板)上,用平头铁锹铲起试样,从铁锹的齐口至密度筒上口的距离约为 50mm,使石子自由落入容量筒内。除去突出筒口表面的颗粒,并以合适的颗粒填入凹陷处使表面稍凸部分的体积大致相等,最后称取试料与容量筒的质量为 m_2。

②振实状态下或捣实状态下堆积密度测定　取样品 1 份,分 3 层装入密度筒中,每装完一层次在筒底垫放 1 根直径为 25mm 的钢筋,把筒按住,左右交替颠击地面各 25 次,然后装入第二层,用同样方法颠实,再装入第三层。第二次垫放钢筋的位置与第一次时垂直。待 3 层试样装振完毕后用钢筋在筒口边缘滚转,刮下高出筒口的颗粒子并选合适颗粒填凹陷处,使表面凹陷与凸出部分的体积大致相等,然后称取试料与容量筒的质量为 m_2。

③捣实密度　根据沥青混合料的类型和公称最大粒径,确定起骨架作用的关键性筛孔(通常为 4.75mm 或 2.36mm 等)。将矿料混合料中此筛孔以上颗粒筛出,作为试样装入符合要求规格的容器中达 1/3 高度,由边至中用捣棒均匀捣实 25 次,再向容器中装入 1/3 高度的试样,用捣棒均匀地捣实 25 次,捣实深度约至下层的表面。然后重复上一步骤,加最后一层,捣实 25 次,使集料与容器口齐平。用合适的集料填充表面的大空隙,用直尺大体刮平,目测表面凸起部分与凹陷部分的容积大致相等,称取容量筒与试样的总质量为 m_2。

④容量筒体积的标定　用水装满容量筒,擦干筒外壁的水分,称取容量筒与水的总质量 m_w。容量筒的容积按式(5-14)计算。

$$V=\frac{m_w-m_1}{\rho_T} \tag{5-14}$$

式中：V——容量筒的体积，L；

m_1——容量筒的质量，kg；

m_w——容量筒与水的总质量，kg；

ρ_T——试验温度 T 时水的密度，g/cm^3，按表 5-7 取用。

不同水温时水的密度 ρ_T 表 5-7

水温 T(℃)	15	16	17	18	19	20	21	22	23	24	25
水的密度 ρ_T(g/cm^3)	0.99913	0.99897	0.99880	0.99862	0.99843	0.99822	0.99802	0.99779	0.99756	0.99733	0.99702

⑤计算粗集料堆积密度，包括自然状态、振实状态、捣实状态下的堆积密度，按下式计算：

$$\rho=\frac{m_2-m_1}{V} \tag{5-15}$$

式中：ρ——与各种状态相对应的粗集料堆积密度，t/m^3；

m_1——容量筒的质量，kg；

m_2——自然状态下、振实状态下或捣实状态下粗集料试样与筒的质量，kg；

V——容量筒的容积，L。

以两次试验的算术平均值为试验结果，计算至小数点后 2 位。

(五)粗集料空隙率计算

空隙率是指集料的颗粒之间空隙体积占集料总体积的百分比。粗集料空隙率可根据表观密度和堆积密度计算，计算至 1%。

(1)水泥混凝土用的粗集料振实状态下的空隙率按公式(5-16)计算。

$$V_c=\left[1-\frac{\rho}{\rho_a}\right]\times 100 \tag{5-16}$$

式中：V_c——粗集料的空隙率，%；

ρ_a——粗集料的表观密度，t/m^3；

ρ——按振实法测定的粗集料的堆积密度，t/m^3。

(2)沥青混合料用粗集料在骨架捣实状态下的间隙率按公式(5-17)计算。

$$VCA_{DRC}=\left[1-\frac{\rho}{\rho_b}\right]\times 100 \tag{5-17}$$

$$\rho_b=(\gamma_b-\alpha_T)\times\rho_w \tag{5-18}$$

$$\gamma_b=\frac{m_a}{m_f-m_a} \tag{5-19}$$

式中：VCA_{DRC}——捣实状态下粗集料骨架的间隙率，%；

ρ_b——粗集料的表观密度，t/m^3；

ρ——按振实法测定的粗集料的堆积密度，t/m^3；

γ_b——集料的毛体积相对密度，无量纲；

m_a——集料的烘干质量，g；

m_f——集料的表干质量，g；

α_T——考虑称量时的水温对水密度影响的修正系数，参见表5-4；

ρ_w——水在4℃时的密度，1.000g/cm^3。

（六）粗集料针片状颗粒含量试验

针片状颗粒是指粗集料中细长的针状颗粒与扁平的片状颗粒。当颗粒形状诸方向中的最小厚度（或直径）与最大长度（或宽度）的尺寸之比小于规定比例时，属于针片状颗粒。粗集料针片状颗粒含量测定有规准仪法和游标卡尺法。

1.规准仪法

1)试验仪具

(1)针状规准仪和片状规准仪如图5-2所示。

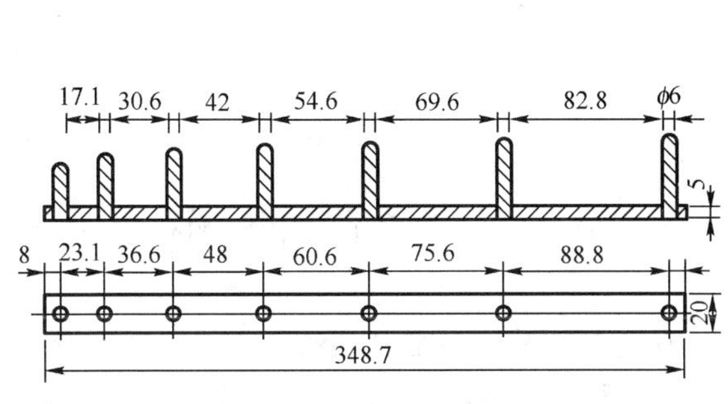

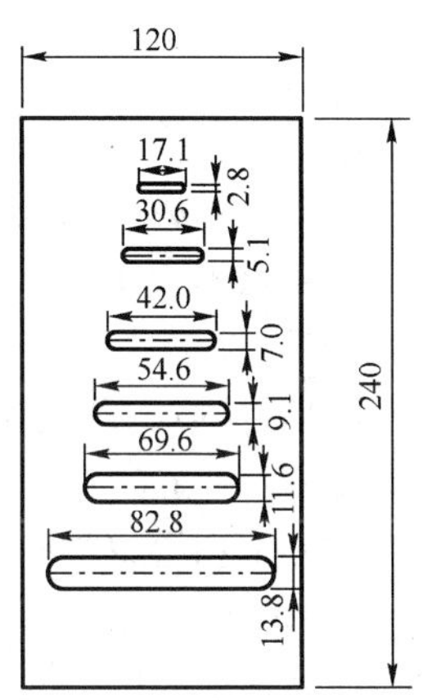

图5-2 针状和片状规准仪（尺寸单位：mm）

(2)天平：称量2kg，感量不大于2g。

(3)台秤：称量10kg，感量不大于10g。

(4)筛：孔径分别为4.75mm、9.5mm、16mm、19mm、26.5mm、31.5mm、37.5mm，试验时根据需要选用。

2)试验方法

(1)将试样在室内风干至表面干燥，并用四分法缩分至表5-8规定的数量，称得质量m_0，然后筛分成规定的粒级备用。

针、片状试验试样最小质量表 表5-8

最大粒径(mm)	9.5	16	19	26.5	31.5	37.5
试样质量(kg)	0.3	1	2	3	5	10

(2)按表5-9所规定的粒级用规准仪逐粒对试样进行鉴定，凡颗粒长度大于针状规准仪上相应间距者，为针状颗粒；厚度小于片状规准仪上相应孔宽者，为片状颗粒。

规准仪对试样逐粒鉴定表 表5-9

粒级(mm)	4.75～9.5	9.5～16	16～19	19～26.5	26.5～31.5	31.5～37.5
针状规准仪上相对应立柱的间距宽(mm)	17.1 (B_1)	30.6 (B_2)	42.0 (B_3)	54.6 (B_4)	69.6 (B_5)	82.8 (B_6)
片状规准仪上相对应的孔宽(mm)	2.8 (A_1)	5.1 (A_2)	7.0 (A_3)	9.1 (A_4)	11.6 (A_5)	13.8 (A_6)

(3)称量由各粒级挑出的针状和片状颗粒的总质量 m_1。

3)结果计算

粗集料的针状和片状颗粒总含量按式(5-20)计算,计算至 0.1%。如果需要可以分别计算针状颗粒和片状颗粒的含量百分数。

$$Q_e = \frac{m_1}{m_0} \times 100 \tag{5-20}$$

式中:Q_e——试样的针状和片状颗粒总含量,%;

m_1——试样中所含针状和片状颗粒的总质量,g;

m_0——试样总质量,g。

2.游标卡尺法

1)试验仪具

(1)标准筛:方孔筛 4.75mm。

(2)游标卡尺:精密度为 0.1mm。

(3)天平:感量不大于 1g。

2)试验步骤

(1)按分料器法或四分法选取 1kg 左右的试样。对每一种规格的粗集料,应按照不同的公称粒径,分别取样检验。

(2)用 4.75mm 标准筛将试样过筛,取筛上部分供试验用,称取试样的总质量 m_0,准确至 1g,试样质量应不小于 800g,并不少于 100 颗。值得注意的是,对 2.36~4.75mm 级粗集料,由于卡尺量取有困难,故一般不作测定。

(3)将试样平摊于桌面上,首先用目测挑出接近立方体的颗粒,剩下可能属于针状(细长)和片状(扁平)的颗粒。

(4)按图 5-3 所示的方法将测量的颗粒放在桌面上成一稳定的状态,图中颗粒平面方向的最大长度为 L,侧面厚度的最大尺寸为 t,颗粒最大宽度为 w ($t < w < L$),用卡尺逐颗测量石料的 L,将 $L/t \geqslant 3$(即最大长度方向与最大厚度方向的尺寸之比大于 3)的颗粒分别挑出作为针片状颗粒。称取针片状颗粒的质量 m_1,准确至 1g。值得注意的是,稳定状态是指平放的状态,不是直立状态,侧面厚度的最大尺寸 t 为图中状态的颗粒顶部至平台的厚度,是在最薄的一个面上测量的,但并非颗粒中最薄部位的厚度。

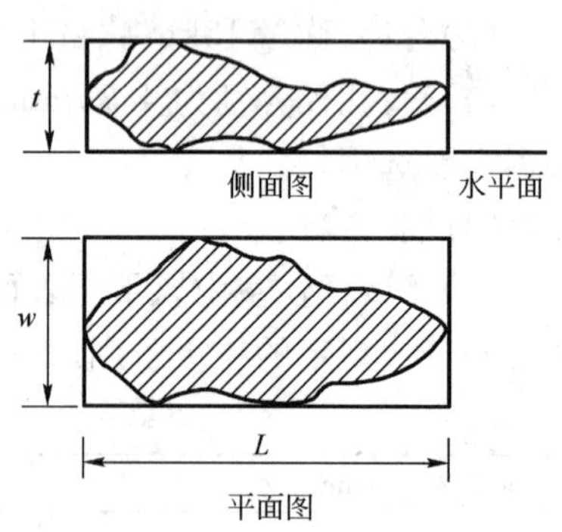

图 5-3 针片状颗粒稳定状态

3)结果计算

按公式(5-21)计算针片状颗粒含量。试验要平行测定 2 次,计算 2 次结果的平均值。如 2 次结果之差小于平均值的 20%,取平均值为试验值;如大于或等于 20%,应追加测定 1 次,取 3 次结果的平均值为测定值。

$$Q_e = \frac{m_1}{m_0} \times 100 \tag{5-21}$$

式中:Q_e——针片状颗粒含量,%;

m_0——试验用的集料总质量,g;

m_1——针片状颗粒的质量,g。

(七)粗集料的压碎值试验

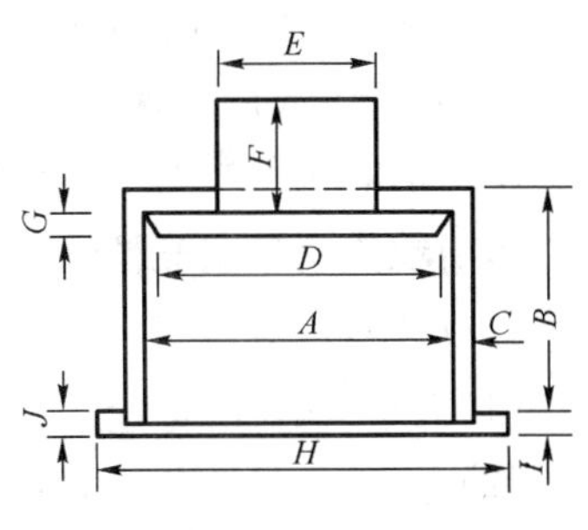

图 5-4　压碎指标值测定仪

压碎值是指按规定方法测得的石料抵抗压碎的能力,以压碎试验后小于规定尺寸的石料质量的百分比表示。

1. 试验仪具

(1)压力试验机:量程 500kN,应能在 10min 内达到 400kN。

(2)石料压碎值试验仪:如图 5-4 所示,各部分尺寸见表5-10。

试筒、压柱和底板尺寸　　表 5-10

部　位	符　号	名　称	尺寸(mm)
试筒	A	内径	150±0.3
	B	高度	125～128
	C	壁厚	≥12
压柱	D	压头直径	149±0.2
	E	压杆直径	100～149
	F	压柱总长	100～110
	G	压头厚度	≥25
底板	H	直径	200～220
	I	厚度(中间部分)	6.4±0.2
	J	边缘厚度	10±0.2

(3)天平或台秤:称量 2～3kg,感量不大于 1g。

(4)方孔筛:孔径分别为 2.36mm、9.5mm、13.2mm 的方孔筛各一个。

(5)金属棒:直径 10mm,长 450～600mm,一端加工成半球面。

(6)金属筒:圆柱形,内径 112.0mm,高 179.4mm,容积 1 767 cm^3。

2. 试验方法

(1)标准试样一律采用 9.5～13.2mm 的颗粒,并在风干状态下进行试验。

(2)试验前,先将试样过筛,取 13.2mm 和 9.5mm 之间的颗粒,再用针状和片状规准仪剔除其针状和片状颗粒,然后称取每份约重 3kg 的试样 3 份备用。

(3)置圆筒于底盘上,取试样 1 份,分 2 层装入筒内,每装完一层试样后,在底盘下面垫放一直径为 10mm 的圆钢筋,将筒按住,用金属棒的半球面端从石料表面上均匀捣实 25 下;第二层捣实后,试样表面距盘底的高度应控制在 100mm 左右。

(4)整平筒内试样表面,把加压块装好(注意应使加压块保持平正),放到试验机上,在 10min 左右的时间内达到总荷载 400kN,稳定 5s,然后卸荷,取出测量筒,倒出筒中的试样并称其质量 m_0,用孔径为 2.36mm 的筛筛除被压碎的细粒,称量通过 2.36mm 筛孔的全部细料质量 m_1。

3. 结果计算

压碎指标值按下式计算,精确至 0.1%。

$$Q'_a = \frac{m_1}{m_0} \times 100 \tag{5-22}$$

式中:Q'_a——试样的压碎指标值,%;

m_0——试验前试样的质量,g;

m_1——试验后通过 2.36mm 筛孔的细料质量,g。

以 3 次试验结果的算术平均值作为压碎指标值的测定值。

(八)粗集料软弱颗粒试验

1. 仪具与材料

(1)天平或台秤:称量 5kg,感量不大于 5g。

(2)标准筛:包括孔径为 4.75mm、9.5mm、16mm 方孔筛。

(3)压力机:满足 0.15kN、0.25kN、0.34kN 的荷载需要即可。

(4)浅盘、毛刷等。

2. 试验步骤

称风干试样 2kg(m_1),如颗粒粒径大于 31.5mm,则称 4kg。过筛分成 4.75~9.5mm、9.5~16mm、16mm 以上各 1 份;将每份中每一个颗粒放在压力机平台中心,按颗粒大小分别加以 0.15kN、0.25kN、0.34kN 的荷载,破裂的颗粒即属于软弱颗粒,将其弃去,称出未破裂颗粒的质量 m_2。

3. 结果计算

按下式计算软弱颗粒含量,精确至 0.1%。

$$P = \frac{m_1 - m_2}{m_1} \times 100 \tag{5-23}$$

式中:P——粗集料的软弱颗粒含量,%;

m_1——各粒级颗粒总质量,g;

m_2——试验后各粒级完好颗粒总质量,g。

(九)粗集料含泥量与泥块含量试验

1. 试验目的与适用范围

测定碎石、砾石中粒径小于 0.075mm 的尘屑、淤泥和黏土的总含量及粗集料粒径在 4.75mm以上的泥块颗粒含量。

2. 仪具与材料

(1)台秤:感量不大于称量的 0.1%。

(2)烘箱:能自动控温 105℃±5℃。

(3)标准筛:测含泥量时用孔径为 1.18mm、0.075mm 的方孔筛各一个;测泥块含量时,则用孔径为 2.36mm 及 4.75mm 的方孔筛各一个。

(4)容器:容积约 10L 的桶或搪瓷盘。

(5)浅盘、毛刷等。

3. 试验准备

按规范规定的方法取样,将试样用四分法缩分至表 5-11 所规定的量,注意防止细粉丢失并防止所含黏土块被压碎,置于温度为 105℃±5℃的烘箱内烘干至恒重,冷却至室温后分成 2 份备用。

含泥量及泥块含量试验所需试样最小质量 表 5-11

最大粒径(mm)	4.75	9.5	16	19	26.5	31.5	37.5	63	75
试样最小质量(kg)	1.5	2	2	6	6	10	10	20	20

4. 试验步骤

1)含泥量试验步骤

(1)称取试样 1 份 m_0 装入容器,加水,浸泡 24h,用手在水中淘洗颗粒或用毛刷洗刷,使尘屑、黏土与较粗颗粒分开,并使之悬浮于水中;缓缓地将浑浊液倒入 1.18mm 及 0.075mm 的套筛上,滤去小于 0.075mm 的颗粒;试验前筛子用水浸湿,在整个试验过程中,应注意避免大于 0.075mm 的颗粒丢失。

(2)再加水于桶或搪瓷盘内,重复上述步骤,直到洗出的水清澈为止。

(3)用水冲洗余留在筛上的细粒,并将 0.075mm 筛放在略高于筛内颗粒的水面来回摇动,以充分洗除小于 0.075mm 的颗粒,而后将两只筛上余留的颗粒和容器中已经洗净的试样一并装入浅盘,置于温度为 105℃±5℃的烘箱中烘干至恒重,取出冷却至室温后,称取试样的质量 m_1。

2)泥块含量试验步骤

(1)称取试样 1 份。

(2)用 4.75mm 方孔筛将试样过筛,称取筛去 4.75mm 以下颗粒后的试样质量 m_2。

(3)将试样在容器中摊平,加水使水面高出试样表面,24h 后将水放掉,用手捻压泥块,然后将试样放在 2.36mm 筛上用水冲洗,直至洗出的水清澈为止。

(4)小心地取出 2.36mm 筛上试样,置于温度为 105℃±5℃的烘箱中烘干至恒重,取出冷却至室温后,称取试样的质量 m_3。

5. 结果计算

(1)碎石或砾石的含泥量按下式计算,精确至 0.1%。以 2 次试验的算术平均值作为测定值,2 次结果的差值超过 0.2%时,应重新取样进行试验。

$$Q_n = \frac{m_0 - m_1}{m_0} \times 100 \tag{5-24}$$

式中:Q_n——碎石或砾石的含泥量,%;

m_0——试验前烘干试样质量,g;

m_1——试验后烘干试样质量,g。

对沥青路面用集料,此含泥量记为小于 0.075mm 颗粒含量。

(2)碎石或砾石中黏土泥块含量按下式计算,准确至 0.1%。以 2 次试验的算术平均值作为测定值,2 次结果的差值超过 0.1%时,应重新取样进行试验。

$$Q_k = \frac{m_2 - m_3}{m_2} \times 100 \tag{5-25}$$

式中:Q_k——碎石或砾石的含泥量,%;

m_2——4.75mm 筛筛余量,g;

m_3——试验后烘干试样质量,g。

(十)粗集料的磨耗率

粗集料的磨耗率是指集料抵抗摩擦、撞击和边缘剪切等联合作用的能力,是鉴定集料品质的指标之一。

对于公路路面抗滑表层所用粗集料抵抗车轮摩擦能力的评定,主要采用洛杉矶法和道瑞法。下面分别介绍以上两种方法。

1. 洛杉矶试验方法

1)仪具与材料

(1)洛杉矶磨耗试验机:圆筒内径 710mm±5mm,内侧长 510mm±5mm,两端封闭,投料口的钢盖通过紧固螺栓和橡胶垫与钢筒紧闭密封。钢筒的回转速率为 30～33 r/min。

(2)钢球:直径大约 46.8mm,质量为 390～445g,大小稍有不同,以便按要求组合成符合要求的总质量。

(3)台秤:感量不大于 5g。

(4)标准筛:符合要求的标准筛系列,以及孔径为 1.7mm 的方孔筛一个。

(5)烘箱:能自动控温 105℃±5℃。

(6)容器:搪瓷盘等。

2)试验步骤

(1)将不同规格的集料用水冲洗干净,放入烘箱中烘干至恒重。对于不同的集料,根据实际情况按表 5-12 选择最接近的粒级类别,确定相应的试验条件,按规定的粒级组成备份、筛分。其中水泥混凝土用集料宜采用 A 级粒度;沥青路面及各种基层、底基层的粗集料,表中的 16mm 筛孔也可用 13.2mm 筛孔代替。对非规格材料,应该根据材料的实际粒度,从表中选择最接近的粒级类别及试验条件。

粗集料洛杉矶试验条件表

表 5-12

粒度类别	粒级组成(mm)	试样质量(g)	试样总质量(g)	钢球数量(个)	钢球总质量(g)	转动次数(转)	适用的粗集料	
							规格	公称粒径(mm)
A	26.5～37.5 19.0～26.5 16.0～19.0 9.5～16.0	1 250±25 1 250±25 1 250±10 1 250±10	5 000±10	12	5 000±25	500		
B	19.0～26.5 16.0～19.0	2 500±10 2 500±10	5 000±10	11	4 850±25	500	S6 S7 S8	15～30 10～30 10～25
C	9.5～16.0 4.75～9.5	2 500±10 2 500±10	5 000±10	8	3 330±20	500	S9 S10 S11 S12	10～20 10～15 5～15 5～10
D	2.36～4.75	5 000±10	5 000±10	6	2 500±15	500	S13 S14	3～10 3～5
E	63～75 53～63 37.5～53	2 500±50 2 500±50 5 000±50	10 000±100	12	5 000±25	1 000	S1 S2	40～75 40～60
F	37.5～53 26.5～37.5	5 000±50 5 000±25	10 000±75	12	5 000±25	1 000	S3 S4	30～60 25～50
G	26.5～37.5 19～26.5	5 000±25 5 000±25	10 000±50	12	5 000±25	1 000	S5	20～40

注:1. 表中 16mm 也可用 13.2mm 代替。

2. A 级适用于未筛碎石混合料及水泥混凝土用集料。

3. C 级中 S12 可全部采用 4.75～9.5mm 颗粒 5 000g;S9 及 S10 可全部采用 9.5～16mm 颗粒 5 000g。

4. E 级中 S2 中缺 63～75mm 颗粒可用 53～63mm 颗粒代替。

(2)分级称量，准确到5g，称取总质量 m_1，装入磨耗机的圆筒中。根据上表选择合适的试验条件对试样进行磨耗后，将试样用 1.7mm 的方孔筛过筛，筛去试样中被撞击磨耗的细屑，用水冲洗干净停留在筛上的碎石，再放入烘箱中不少于 4h，烘干至恒重，准确称量 m_2。

(3)粗集料的磨耗损失取 2 次平行试验结果的算术平均值为测定值，2 次试验差值应不大于 2%，否则应重做试验。

(4)计算粗集料洛杉矶磨耗损失，精确到 0.1%。

$$Q=\frac{m_1-m_2}{m_1}\times 100 \tag{5-26}$$

式中：Q——洛杉矶磨耗损失，%；

m_1——磨耗前试样的质量，g；

m_2——试验后在 1.7mm 筛上洗净烘干的试样质量，g。

2.道瑞试验法

用于评定公路路面表层所用粗集料抵抗车轮撞击及磨耗的能力。

1)仪具与材料

(1)道瑞磨耗试验机：主要由直径不小于 600mm 的经过加工的圆形铸铁或钢研磨平板组成，圆平板(或称转盘)能以 28～30r/min 的速度作水平旋转。试验机装有转数记数器并配有下列附件。

①至少 2 个经过机加工的金属模子，用于制备试件。试模的端板可拆卸，其内部尺寸为 91.5mm×53.5mm×16.0mm，公差均为±0.1mm。

②至少 2 个经过机加工的金属托盘，用于固定制备好的试件。盘子用 5mm 厚的低碳钢板制成，其内部尺寸为 92.0mm × 54.0mm × 8.0mm，公差均为±0.1mm。

③至少 2 块用 5mm 厚低碳钢板通过机加工制成的平板(垫板)，用于制备试件。其尺寸为 115mm × 75mm，公差均为±0.1mm。

④托盘固定装置：两个托盘支架径向相对且长边与转盘转动的方向一致。托盘在支架中应能纵向自由活动而在水平面内不能移动。

⑤两只配重：圆底，用于保证试件对转盘表面的压力。可调整自重以使试件、托盘和配重的总质量满足 2kg±10g。

⑥溜砂装置和砂的清除及收集装置：这些装置能以 700～900g/min 的速率将砂连续不断地撒布在试件前面的转盘上，在通过试件之后再将砂清除并重新收集起来。

(2)标准筛：方孔筛 13.2mm、9.5mm、1.18mm、0.9mm、0.6mm、0.45mm、0.3mm。

(3)烘箱：要求能控温 105℃±5℃。

(4)天平：感量不大于 0.1g。

(5)磨料：石英砂，粒径 0.3～0.9mm，其中 0.45～0.6mm 的含量不少于 75%；应干燥而且未使用过。每块试件约需用石英砂 3kg。

(6)胶结料：环氧树脂(6010)和固化剂(793)。在保证同等黏结性能的条件下可用其他型号代替。

(7)作为脱模剂的肥皂水和作为清洁剂的丙酮。

(8)细砂：0.1～0.3mm、0.1～0.45mm。

(9)医用洗耳球、调剂匙、镊子、油灰刀、小毛刷、量筒 20mL、烧杯 100mL、电炉、小号医用托盘或其他容器。

2)试验步骤

(1)分别称出2块制作好的试件质量 m_1,准确到0.1g。将2块试件分别放入2个托盘内,称出试件、托盘和配重的质量并将合计质量调整到2kg±10g。将试件连同托盘放入磨耗机内,使其径向相对,试件中心到研磨转盘中心的距离为260mm,集料裸露面朝向转盘;然后将相应的配重放在试件上。以28～30r/min的转速转动转盘100圈,同时将符合如上要求的研磨石英砂装入料斗,使其连续不断地溜在试件前面的转盘上。溜砂宽度要能覆盖整个试件的宽度,溜砂速率为700～900g/min(料斗溜砂缝隙约为1.3mm)。用橡胶刮片将砂清除出转盘,刮片的安装要使得橡胶边轻轻地立在转盘上,刮片宽度应与研磨转盘的外缘环部宽度相等。将集料斗中回收的砂过1.18mm的筛,重复使用数次,直至整个试验完成时废弃。

(2)重复上述步骤,再磨400圈。可分4个100圈重复4次磨完,也可连续1次磨完。在做连续磨时必须经常掀起磨耗机的盖子观察溜砂情况是否正常。转完500转后从磨耗机内取出试件,拿开托盘,用毛刷清除残留的砂,称出试件的质量 m_2,准确至0.1g。

(3)用2块试件的试验平均值作为集料磨耗值,如果单块试件,磨耗值与平均值之差大于后者的10%,则试验须重做,并以4块试件的平均值作为集料磨耗值的试验结果。

每块试件的集料磨耗值按下式计算:

$$\mathrm{AAV} = \frac{3(m_1 - m_2)}{\rho_s} \tag{5-27}$$

式中:AAV——集料的道瑞磨耗值;

m_1——磨耗前试件的质量,g;

m_2——磨耗后试件的质量,g;

ρ_s——集料的表干密度,g/cm³。

(十一)粗集料的磨光值

磨光性是表示集料抵抗车轮磨光作用的能力,是保证路面(特别是高速公路、一级公路)具有足够抗滑性能的重要力学性质。可采用加速磨光机和摆式摩擦系数仪测定,以磨光值来表征。本方法适用于各种粗集料的磨光值测定。

1.仪具与材料

(1)加速磨光试验机:仪器设备构造如图5-5所示,应符合相关仪器设备的标准,由下列部分组成:

①传动机构:包括电机、同步齿轮等。

②道路轮:外径406mm,用于安装14块试件,能在周边加紧,以形成连续的石料颗粒表面,转速320r/min±5r/min。

③橡胶轮:直径200mm,宽44mm,用于磨粗金刚砂的橡胶轮(标记C)、用于磨细金刚砂的橡胶轮(标记X),轮胎初期硬度691RHD±31RHD。值得注意的是,橡胶轮过度磨损时(一般20轮次后)必须更换。

④磨料供给系统:用于储存磨料和控制溜砂量。

⑤供水系统。

⑥配重:包括调整臂、橡胶轮和配重锤。

⑦试模:8副。

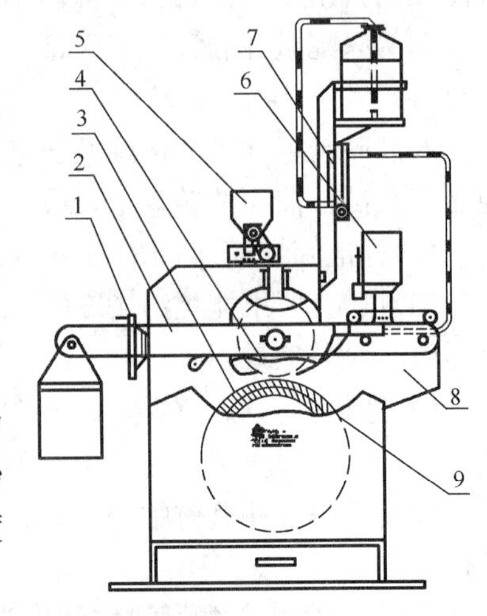

图5-5 加速磨光试验机

1-荷载调整系统;2-调整臂(配重);3-道路轮;4-橡胶轮;5-细料储砂斗;6-粗料储砂斗;7-供水系统;8-机体;9-试件(14块)

⑧荷载调整机构：包括手轮、凸轮，能支撑配重，调节橡胶对道路轮的压力为725N±10N，并保持在使用过程中恒定。

⑨控制面板。

(2)摆式摩擦系数测定仪：简称摆式仪，如图10-4所示，见第十章第三节相关内容。

(3)磨光试件测试平台：供固定试件及摆式摩擦系数测定仪用。

(4)天平：感量不大于0.1g。

(5)烘箱：装有温度控制器。

(6)黏结剂：能使集料与砂、试模牢黏结，确保在试验过程中不致发生试件摇动或脱落，常用环氧树脂6101(E-44)及固化剂等。

(7)丙酮。

(8)砂：粒径<0.3mm，洁净、干燥。

(9)金刚砂：30号(棕刚玉粗砂)，280号(绿碳化硅细砂)，用作磨料，只允许一次性使用，不得重复使用。

(10)橡胶石棉板：厚1mm。

(11)标准集料试样：由指定的集料产地生产的符合规格要求的集料，每轮2块，只允许使用1次，不得重复使用。

(12)油灰刀、洗耳球、各种工具等。

2. 试验步骤

1)试验准备

(1)将集料过筛，剔除针片状颗粒，取9.5～13.2mm的集料颗粒用水洗净后置于温度为105℃±5℃的烘箱中烘干。值得注意的是，根据需要也可采用4.75～9.5mm的粗集料进行磨光值试验。将试模拼装并涂上脱模剂(或肥皂水)后烘干。安装试模端板时要注意使端板与模体齐平(使弧线平滑)。用清水淘洗小于0.3mm的砂，置于105℃±5℃的烘箱中烘干成为干砂。预磨新橡胶轮：新橡胶轮正式使用前要在安装好试件的道路轮上进行预磨(C轮用粗金刚砂预磨6h，X轮用细金刚砂预磨6h)，方能投入正常试验。

2)试件制备

(1)排料：每种集料宜制备6～10块试件，从中挑选4块试件供2次平行试验用。将9.5～13.2mm集料颗粒尽量紧密地排列于试模中(大面、平面向下)，排料时应除去高度大于试模的不合格颗粒。采用4.75～9.5mm的粗集料进行磨光试验时，各道工序需更加仔细。

(2)吹砂：用小勺将干砂填入已排妥的集料间隙中，并用洗耳球轻轻吹动干砂，使之填充密实。然后再吹去多余的砂，使砂与试模台阶大致齐平，但台阶上不得有砂。用洗耳球吹动干砂时不得碰动集料，且不得使集料试样表面附有砂粒。

(3)配制环氧树脂砂浆：将固化剂与环氧树脂按一定比例(如使用6101环氧树脂时为1∶4)配料、拌匀制成黏结剂，再与干砂按1∶4～1∶4.5的质量比拌匀制成环氧树脂砂浆。值得注意的是，一块试模中的环氧树脂砂浆各组成材料的用量通常为：环氧树脂9.0g、固化剂2.4g、干砂48g。允许根据所选用的黏结剂品种及试件的强度对此用量作适当调整。用4.75～9.5mm的集料试验时，环氧树脂砂浆用量应酌情增加。

(4)填充环氧树脂砂浆：用小油灰刀将拌好的环氧树脂砂浆填入试模中，并尽量填充密实，但不得碰动集料。然后用热油灰刀在试模上刮去多余的填料，并将表面反复抹平，使填充的环氧树脂砂浆与试模顶部齐平。

(5)养护:通常在40℃烘箱中养护3h,再自然冷却9h拆模;如在室温下养护,时间应更长,使试件达到足够强度。有集料颗粒松动脱落,或有环氧树脂砂浆渗出表面时,试件应该废弃。

3)磨光试验

(1)试件分组:每轮1次磨14块试件,每种集料为2块试件,包括6种试验用集料和1种标准集料。

(2)试件编号:在试件的环氧树脂砂浆衬背和弧形侧边上用记号笔对6种集料编号为1～12,1种集料赋以相邻两个编号,标准试件为13、14号。

(3)试件安装:按表5-13的序号将试件排列在道路轮上,其中1号位和8号位为标准试件。试件应将有标记的一侧统一朝外(靠活动盖板一侧),每两块试件间加垫一片或数片1mm厚的橡胶石棉板垫片,垫片与试件端部断面相仿,但略低于试件高度2～3mm。然后盖上道路轮外侧板,边拧螺钉边用橡胶锤敲打外侧板,确保试件与道路轮紧密贴合,以避免磨光过程中试件断裂或松动。随后将道路轮安装到轮轴上。

试件在道路轮上的排列次序 表5-13

位置号	1	2	3	4	5	6	7	8	9	10	11	12	13	14
试件号	13	9	3	7	5	1	11	14	10	4	8	6	2	12

4)粗砂的磨光过程

(1)试件的加速磨光应在室温20℃±5℃的房间内进行。把标记C的橡胶轮安装在调整臂上,盖上道路轮罩,下面置一积砂盘,给储水支架上的储水罐加满水,调节流量阀,使水流暂时中断。

(2)准备好30号金刚砂粗砂,装入专用储砂斗,将储砂斗安装在橡胶轮侧上方的位置上并接上微型电机电源。转动荷载调整手轮,使凸轮转动放下橡胶轮,将橡胶轮的轮幅完全压着道路轮上的集料试件表面。

(3)调节溜砂量:用专用接料斗在出料口接住溜出的金刚砂,同时开始计时,1min后移出料斗,用天平称出溜砂量,如不满足流量为27g/min±7g/min的要求,应用调速按钮或调节储料斗控制闸板的方法调整。

(4)在控制面板上设定转数为57 600转,按下电源开关启动磨光机开始运转;按动粗砂调速按钮,打开储砂斗控制闸板,使金刚砂溜砂量控制为27g/min±7g/min;同时调节流量计,使水的流量达60mL/min。

(5)在试验进行1h和2h后磨光机自动停机(注意不要按下面板上复零按钮和电源开关),用毛刷和小铲清除箱体上和沉在机器底部积砂盘中的金刚砂,检查并拧紧道路轮上有可能松动的螺母,再启动磨光机,至转数显示屏上显示57 600转时磨光机自动停止,所需的磨光时间约为3h。转动荷载调整手轮使凸轮托起调整臂,清洗道路轮和试件,除去所有残留的金刚砂。

5)细砂的磨光过程

(1)试件的加速磨光应在室温20℃±5℃的房间内进行。卸下C标记橡胶轮,更换为X标记橡胶轮安装在调整臂上,盖上道路轮罩,下面置一积砂盘,给储水支架上的储水罐加满水,调节流量阀,使水流暂时中断。

(2)准备好280号金刚砂细砂,装入专用储砂斗,将储砂斗安装在橡胶轮侧上方的位置上并接上微型电机电源。转动荷载调整手轮,使凸轮转动放下橡胶轮,将橡胶轮的轮幅完全压着道路轮上的集料试件表面。

(3)调节溜砂量:用专用接料斗在出料口接住溜出的金刚砂,同时开始计时,1min 后移出料斗,用天平称出溜砂量,如不满足流量为 3g/min±1g/min 的要求,应用调速按钮或调节储料斗控制闸板的方法调整。

(4)在控制面板上设定转数为 57 600 转,按下电源开关启动磨光机开始运转;按动细砂调速按钮,打开储砂斗控制闸板,使金刚砂溜砂量控制为 3g/min±1g/min;同时调节流量计,使水的流量达 60mL/min。

(5)将试件磨 2h 后停机作适当清洁,用毛刷和小铲清除箱体上和沉在机器底部积砂盘中的金刚砂,检查并拧紧道路轮上有可能松动的螺母,再启动磨光机,至转数显示屏上显示57 600转时磨光机自动停止,所需的磨光时间约为 2h。转动荷载调整手轮使凸轮托起调整臂,清洗道路轮和试件,除去所有残留的金刚砂。

6)磨光值测定

(1)在试验前 2h 和试验过程中应控制室温为 20℃±2℃。将试件从道路轮上卸下并清洗试件,用毛刷清洗集料颗粒的间隙,去除所有残留的金刚砂。将试件表面向下放在 18~20℃的水中 2h,然后取出试件,按下列步骤用摆式摩擦系数测定仪测定磨光值。

(2)调零:将摆式仪固定在测试平台上,松开固定把手,转动升降把手使摆升高并能自由摆动,然后锁紧固定把手,转动调平旋钮,使水准泡居中。当摆从右边水平位置落下并拨动指针后,指针应指零;若指针不指零,应拧紧或放松指针调节螺母,直至空摆时指针指零。

(3)固定试件:将试件放在测试平台的固定槽内,使摆可在其上面摆过,并使滑溜块居于试件轮迹中心。应使摆式仪摆头滑溜块在试件上的滑动方向与试件在磨光机上橡胶轮的运行方向一致,即测试时试件上作标记的弧形边背向测试者。

(4)测试:调节摆的高度,使滑溜块在试件上的滑动长度为 76mm,用喷水壶喷洒清水润湿试件表面(注意,在试验中的任何时刻,试件都应保持湿润)。将摆向右提起挂在悬臂上,同时用左手拨动指针使之与摆杆轴线平行。按下释放开关使摆回落向左运动,当摆达到最高位置后下落时,用左手将摆杆接住,读取指针所指(小度盘)位置上的值,记录测试结果,准确到0.1。值得注意的是,摆式仪在使用新橡胶片时应该预磨使之达到稳定状态,预磨的方法是用新橡胶片在干燥的试件上(不用的试件)摆动 10 次,然后在湿润的试件上摆动 20 次。另外,橡胶片不得被油类污染。

(5)一块试件重复测试 5 次,5 次读数的最大值和最小值之差不得大于 3。取 5 次读数的平均值作为该试件的磨光值读数 PSV_r。标准试件的磨光值读数用 PSV_{br}表示。1 种集料重复测试 2 次,每次都需同时对标准集料试件进行测试。

7)结果计算

集料的磨光值 PSV、2 次平行试验的试件磨光值读数平均值 PSV_{ra}和标准试件磨光值读数平均值 PSV_{bra}计算如下。

(1)按式(5-28)计算 2 次平行试验 4 块试件(每轮 2 块)的算术平均值 PSV_{ra},精确到0.1。但 4 块试件的磨光值读数 PSV_r 的最大值与最小值之差不得大于 4.7,否则试验结果作废,应重新试验。

$$PSV_{ra}=\sum PSV_{ri}/4 \tag{5-28}$$

式中:i=1、2、3、4;

PSV_{ri}——4 块试件的磨光值读数。

(2)按式(5-29)计算2次平行试验4块标准试件(每轮2块)的算术平均值 PSV_{bra},准确到0.1。但4块标准试件的磨光值读数的平均值 PSV_{bra} 必须在46～52范围内,否则试验结果作废,应重新试验。

$$PSV_{bra}=\sum PSV_{bri}/4 \tag{5-29}$$

式中:$i=1、2、3、4$;

PSV_{bri}——4块标准试件的磨光值读数。

(3)按式(5-30)计算集料的PSV值,取整数。

$$PSV=PSV_{ra}+49-PSV_{bra} \tag{5-30}$$

(十二)粗集料的冲击值

冲击值是表示集料抵抗冲击的性能,以压碎试验后小于规定粒径2.36mm的石料质量百分比表示。

1.仪具与材料

(1)冲击试验仪:形状及尺寸如图5-6所示,冲击锤的质量为13.75kg±0.05kg。

(2)量筒:内径76mm,内高51mm,壁厚3mm。

(3)冲击杯:内径102mm、内高50mm的圆形网筒,内侧表面经钢化处理。

(4)捣棒:钢棒,直径10mm,长230mm,一端为半球面。

(5)标准筛:2.36mm、9.5mm、13.2mm的方孔筛。

(6)天平:称量1kg,感量不大于0.1g。

(7)小铲、浅盘、恒温箱、钢板、橡胶锤、毛刷等。

2.试验步骤

(1)将集料通过13.2mm及9.5mm的筛,取粒径为9.5～13.2mm的部分作为试样。把试样在空气中风干或在温度为105℃±5℃的烘箱中烘干后冷却至室温,试样应不少于1kg。将集料分3层装入量筒并每层捣实,称出量筒中集料的质量 m,并将集料倒入仪器底座上的金属杯中,用捣实杆捣实,次数为25次。冲击锤位于集料表面以上380mm±5mm处自由落下,连续锤击集料15次。

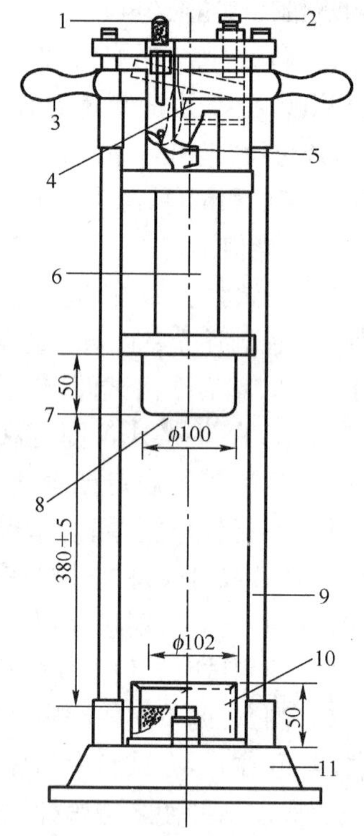

图5-6　冲击试验仪(尺寸单位:mm)

1-卸机销钉;2-可调的卸机制动螺栓;3-手提把;4-冲击记数器;5-卸机钩;6-冲击锤;7-削角;8-钢化表面;9-冲击锤导杆;10-圆形钢筒内侧钢化表;11-圆形基座

(2)将杯中击碎的集料倒至清洁的浅盘上,并用橡胶锤锤击金属杯外面,用硬毛刷刷内表面,直至集料细颗粒全部落在浅盘上为止。将冲击试验后的集料用2.36mm筛筛分,分别称取保留在2.36mm筛上及筛下的石屑质量 m_1、m_2,准确至0.1g。如 m_1+m_2 与 m 之差超过1g,试验无效。

(3)将冲击试验后的集料过2.36mm筛,并称其筛下的质量,按下式计算集料的冲击值:

$$AIV=\frac{m_2}{m}\times 100 \tag{5-31}$$

式中:AIV——集料的冲击值,%;

m——试样质量,g;

m_2——通过 2.36mm 筛的试样质量，g。

道路工程石料因受到车辆动荷载的重复作用，所以必须具备足够抵抗荷载反复冲击的能力。最新研究表明，集料的冲击值与其抗磨耗能力和压碎值之间均存在着很好的相关性。选择抗冲击能力强的集料，既可以提高集料的抗磨耗能力，又可以提高集料的压碎值。

三、细集料的试验检测

（一）细集料的筛分试验

筛分试验用于测定细集料（天然砂、人工砂、石屑）的颗粒级配及粗细程度。对水泥混凝土用细集料可采用干筛法，如果需要也可以采用水洗法筛分；对沥青混合料及基层用细集料必须用水洗法筛分。

1. 试验仪具

同粗集料筛分试验。

2. 试验方法

(1)用于筛分的试样，根据试样中的最大粒径大小，选用适宜的标准筛，通常为 9.5mm(水泥混凝土用天然砂)或 4.75mm 筛(沥青路面及基层用天然砂、石屑、机制砂等)筛除超粒径材料。然后将试样在潮湿状态下充分拌匀，用四分法缩分至每份不少于 550g 的试样 2 份，在 105℃±5℃的温度下烘干至恒重，冷却至室温后备用。

(2)当用干筛法时，准确称取烘干试样 500g，置于按筛孔大小顺序排列的套筛最上面一个筛中(即 4.75mm 的筛)，将套筛装入摇筛孔，摇筛 10min 后取出套筛，再按筛孔大小顺序，在清洁的浅盘上逐个用手筛，直至每 1min 通过量不超过该号筛筛余量的 0.1%为止。通过的颗粒并入次一号筛中，再依次筛分至各号筛筛完为止。

当用水洗法时，准确称取烘干试样 500g(m_1)，准确到 0.5g。将试样放入容器中，添加水把集料全部淹没。用搅棒充分搅动集料，使其表面洗涤干净，并且让细粉悬浮在水中。再仔细将容器中混有细粉的悬浮液倒出，经过 1.18mm 筛和 0.075mm 筛组成的套筛。重复前面步骤，直到水洁净且小于 0.075mm 的颗粒全部被倒出。

将容器中的集料倒在搪瓷盘上(在操作过程中不得有集料散失)，把搪瓷盘放在烘箱中烘干至恒重，再称取干燥集料试样的总质量(m_2)，准确到 0.1g。m_1 与 m_2 之差即为通过 0.075mm 筛部分质量。将全部要求筛孔组成的套筛(不需要 0.075mm)和干燥集料一起装入摇筛机，摇约 10min，然后取出套筛，再按筛孔大小顺序，在清洁的浅盘上逐个进行手筛，直到每分钟的筛出量不超过筛上剩余量的 0.1%为止。将筛出通过的颗粒并入下一号筛，和下一号筛的试样一起过筛，这样依次进行，直到各号筛全部筛完为止。

称量各筛筛余试样的质量，精确到 0.5g，所有各筛的分计筛余量和底盘中剩余量的总量与筛分前的试样总量，相差不得超过后者的 1%。

3. 结果计算

(1)分计筛余百分率：各号筛上的筛余量除以试样总质量的百分率，为各号筛的分计筛余百分率。计算公式同式(5-1)，精确到 0.1%。对于沥青路面细集料，0.15mm 筛下部分即为 0.075mm 的分计筛余，等于小于 0.075mm 的筛底部分。

(2)累计筛余百分率：该号筛及大于该号筛的各号筛分计筛余百分率之和，计算公式同式

(5-4)，准确到0.1%。

(3)通过百分率：通过该号筛的质量占试样总质量的百分率，即100与该号筛余之差，计算公式同式(5-5)，准确到0.1%。

(4)计算细度模数：通常用细度模数来表示细集料的粗细程度。细度模数是用各号筛的累计筛余百分率之和除以100的商来表示10。按细度模数划分的粗度标准见表5-14。

细度模数划分的粗度标准 表5-14

分　类	粗　砂	中　砂	细　砂	特细砂
细度模数 M_x	3.7～3.1	3.0～2.3	2.2～1.6	1.5～0.7

细度模数 M_x 按下式计算，应进行2次平行试验，以试验结果的算术平均值作为测定值。如果2次试验所得的细度模数之差大于0.2，应该重新进行试验。

对于水泥混凝土用的天然砂：

$$M_x = \frac{(A_{0.15} + A_{0.3} + A_{0.6} + A_{1.18} + A_{2.36}) - 5A_{4.75}}{100 - A_{4.75}} \tag{5-32}$$

对于沥青路面及各种路面的基层、底基层用的天然砂：

$$M_x = \frac{A_{0.15} + A_{0.3} + A_{0.6} + A_{1.18} + A_{2.36} + A_{4.75}}{100} \tag{5-33}$$

式中：M_x——砂的细度模数；

$A_{4.75}$、$A_{2.36}$、$A_{1.18}$、…、$A_{0.15}$——分别表示4.75mm、2.36mm、1.18mm、…、0.15mm各筛上的累计筛余百分率，%。

(二)细集料含水率试验

1. 试验仪具

(1)烘箱：能使温度控制在105℃±5℃。

(2)天平：称量2kg，感量不大于2g。

(3)容器：如浅盘等。

2. 试验方法

在试样中取重约500g的试样2份，分别放入已知质量 m_1 的干燥容器中称重，记下每盘试样与容器的合重 m_2，将容器连同试样放入温度为105℃±5℃的烘箱中烘干至恒重，称量烘干后的试样与容器的合重 m_3。

3. 含水率计算

含水率按下式计算，精确至0.1%。以2次试验结果的算术平均值为测定值。

$$w = \frac{m_2 - m_3}{m_3 - m_1} \times 100 \tag{5-34}$$

式中：w——含水率，%；

m_1——容器的质量，g；

m_2——烘干前的试样和容器质量，g；

m_3——烘干后的试样和容器质量，g。

(三)细集料的表观密度试验

1. 试验仪具

(1)天平:称量1kg,感量不大于1g。

(2)容量瓶:500mL。

(3)烘箱:能使温度控制在105℃±5℃。

(4)烧杯:500mL。

(5)干燥器、浅盘、金属料勺、温度计等。

2. 试验方法

(1)将试样缩分至650g左右,在温度为105℃±5℃的烘箱中烘干至恒重,并在干燥器中冷却至室温。

(2)称取烘干的试样300g(m_0),装入盛有半瓶冷开水的容量瓶中。

(3)摇转容量瓶,使试样在已经保温至23℃±1.7℃的水中充分搅动以排除气泡,塞紧瓶塞。静置24h左右,然后用滴管加水,使水面与瓶颈刻度线齐平,再塞紧瓶塞,擦干瓶外水分,称量试样、水和容量瓶的质量m_2。

(4)倒出瓶中的水和试样,将瓶的内外表面洗净,再向瓶中注入水温相差不超过2℃的冷水至瓶颈刻度线。塞紧瓶塞,擦干瓶外水分,称量水和容量瓶的质量m_1。值得注意的是,在砂的表观密度试验过程中应测量并且控制水的温度,试验期间的温差不得超过1℃。

3. 结果计算

以2次计算的算术平均值作为试验结果,其2次结果差值不得大于0.01g/cm³,否则应重新取样进行试验。表观密度计算至小数点后第3位。

$$\rho_a=(\gamma_a-\alpha_T)\times\rho_w \tag{5-35}$$

$$\gamma_a=\frac{m_0}{m_0+m_1-m_2} \tag{5-36}$$

式中:ρ_a——细集料的表观密度,g/cm³;

γ_a——集料的表观相对密度,无量纲;

α_T——考虑称量时的水温对水密度影响的修正系数,参见表5-4;

ρ_w——水在4℃时的密度,g/cm³。

m_0——烘干后试样的质量,g;

m_1——水和容量瓶的质量,g;

m_2——试样、水和容量瓶的质量,g。

(四)细集料堆积密度和紧装密度试验

1. 试验仪具

(1)容量筒:圆柱形金属筒,标准尺寸为内径108mm,净高109mm,壁厚2mm,筒底厚5mm,容积1L。

(2)台秤:称量5kg,感量5g。

(3)烘箱:能使温度控制在105℃±5℃。

(4)标准漏斗:规格尺寸如图5-7所示。

(5)金属料勺、直尺、浅盘等。

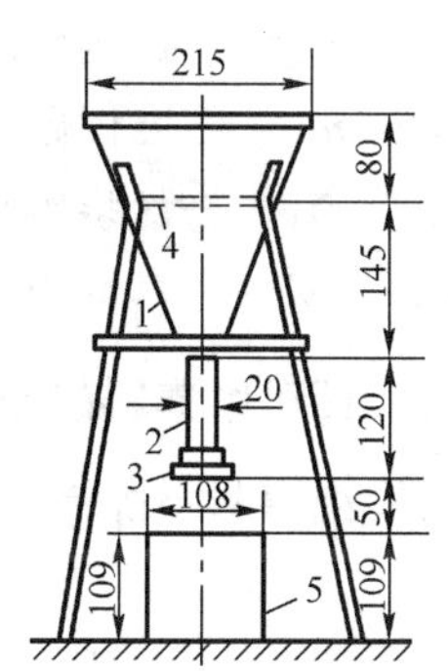

图5-7 标准漏斗

1-漏斗;2-管子;3-活动门;4-筛;5-金属容量筒

2. 试验方法

(1)试样制备:用浅盘装试样约为5kg,在105℃±5℃的烘箱中烘干至恒重,取出并冷却至室温,分成大致相等的2份备用。如果烘干后有结块,应在试验前先捏碎。

(2)容量筒容积的校正方法:以温度为20℃±5℃的洁净水装满容量筒,用玻璃板沿筒口滑移,使其紧贴水面,玻璃板与水面之间不能有空隙。擦干筒外壁水分,然后称量,用公式(5-37)计算筒的容积V。

$$V = m'_2 - m'_1 \tag{5-37}$$

式中:V——容量筒的容积,mL;

m'_1——容量筒和玻璃板总质量,g;

m'_2——容量筒、玻璃和水总质量,g。

(3)堆积密度

将试样装入漏斗中,打开底部的活动门,使砂流入容量筒中,也可以直接用小勺向容量筒中装试样,但漏斗出料口或料勺距容量筒筒口均应为50mm左右。试验装满并超出容量筒筒口,用直尺将筒口上部多余的试样沿筒口中心线向两个相反的方向刮平,称其质量m_1。

(4)紧装密度

取试样1份,分2层装入容量筒。装完1层后,在筒底垫放1根直径为10mm的钢筋,将筒按住,左右交替颠击地面各25次,然后再装入第二层。第二层装满后用同样方法颠实,但是第二次所垫钢筋的方向应与第一次时垂直。2层装完并颠实后,加料直至试样超出容量筒筒口,然后用直尺将多余的试样沿筒口中心线向两个相反方向刮平,称其质量m_2。

3. 结果计算

细集料的堆积密度和紧装密度分别按式(5-38)和式(5-39)计算,并计算至小数点后3位。以2次试验结果的算术平均值作为测定值。

$$\rho = \frac{m_1 - m_0}{V} \tag{5-38}$$

$$\rho' = \frac{m_2 - m_0}{V} \tag{5-39}$$

式中:ρ——砂的堆积密度,g/cm^3;

ρ'——砂的紧装密度,g/cm^3;

m_0——容量筒的质量,g;

m_1——堆积砂与容量筒的质量,g;

m_2——紧装砂与容量筒的质量,g;

V——容量筒的容积,mL。

(五)细集料的空隙率计算

细集料空隙率可根据表观密度和堆积密度按下式计算,计算至0.1%。

$$n = \left[1 - \frac{\rho}{\rho_a}\right] \times 100 \tag{5-40}$$

式中:n——细集料的空隙率,%;

ρ_a——细集料的表观密度,g/cm^3;

ρ——细集料的堆积密度或紧装密度,g/cm^3。

第二节　无机结合料稳定材料技术性能检测

无机结合料稳定粒料，主要是指石灰、水泥、石灰粉煤灰稳定料。无机结合料稳定粒料基层与底基层是目前在公路工程中应用较广泛的一种结构。本节主要论述水泥或石灰剂量试验方法、含水率试验方法、石灰的化学分析、无机结合料稳定土的击实试验方法、无侧限抗压强度试验方法、室内抗压回弹模量试验方法等内容。

一、水泥或石灰剂量试验方法

水泥或石灰剂量是指水泥或石灰占干土质量的百分率。对于石灰稳定类，当石灰剂量较低时，石灰主要起稳定作用，土的塑性、膨胀、吸水量、聚水量减少，土的密度、强度得到稳定。随着剂量的增加，石灰土的强度和稳定性均提高，但当剂量超过一定范围，过多的石灰在土的空隙中以自由灰存在，将导致石灰土的强度下降。而对于水泥稳定类，随着水泥剂量的增加，水泥土的物理、力学性质也将显著地改善。但过多的水泥用量，虽可获得强度增加，但稳定材料易开裂，经济上也不合理。因此对于无机结合料稳定类基层与底基层，必须测定水泥或石灰的剂量。

目前试验水泥或石灰剂量的方法主要有EDTA滴定法、直读式测钙仪试验石灰土中石灰剂量等方法。

(一)EDTA滴定法

EDTA滴定法用于在工地快速试验水泥和石灰稳定土中水泥和石灰的剂量，并可用以检查拌和的均匀性，不受水泥和石灰稳定土龄期(7d以内)的影响，也可以用来试验水泥和石灰稳定土中结合料的剂量。

1. 仪器设备

(1)滴定管(酸式)：50mL，1支。

(2)滴定台：1个。

(3)滴定管夹：1个。

(4)大肚移液管：10mL，10支。

(5)锥形瓶(即三角瓶)：200mL，20个。

(6)烧杯：2 000mL或1 000mL，1只；300mL，10只。

(7)容量瓶：1 000mL，1个。

(8)搪瓷杯：容量大于1 200mL，10只。

(9)不锈钢搅拌棒(或粗玻璃棒)：10根。

(10)量筒：100mL和5mL，各1只；50mL，2只。

(11)棕色广口瓶：60mL，1只(装钙红指示剂)。

(12)托盘天平：称量500g、感量0.5g和称量100g、感量0.1g各1台。

(13)秒表：1只。

(14)表面皿：直径9cm，10个。

(15)研钵：直径12～13cm，1个。

(16)土样筛：筛孔2.0mm或2.5mm，1个。

(17)洗耳球:1个。

(18)精密试纸:pH12~pH14。

(19)聚乙烯桶:20L,1个(装蒸馏水);10L,2个(装氯化铵溶液及EDTA二钠标准液);5L,1个(装氢氧化钠溶液)。

(20)毛刷、去污粉、吸水管、塑料勺、特种铅笔、厘米纸等。

(21)洗瓶(塑料):500mL,1只。

2.试剂

(1)0.1mol/m^3乙二铵四乙酸二钠(简称EDTA二钠)标准液:准确称取EDTA二钠(分析纯)37.226g,用微热的无二氧化碳蒸馏水溶解,待全部溶解并冷至室温后,定容至1 000mL。

(2)10%氯化铵(NH_4Cl)溶液:将500g氯化铵(分析纯或化学纯)放在10L聚乙烯桶内,加蒸馏水4 500mL,充分振荡,使氯化铵完全溶解。也可分批在1 000mL的烧杯内配制,然后倒入塑料桶内摇匀。

(3)1.8%氢氧化钠(内含三乙醇胺)溶液:用100g托盘天平称18g氢氧化钠(分析纯),放入洁净干燥的1 000mL烧杯中,加入1 000mL蒸馏水使其全部溶解,待溶液冷至室温后,加入2mL三乙醇胺(分析纯),搅拌均匀后储于塑料桶中。

(4)钙红指示剂:将0.2g钙试剂羟酸钠(分子式$C_{21}H_{13}O_7N_2SNa$,分子量460.39)与20g预先在105℃烘箱中烘1h的硫酸钾混合,一起放入研钵中,研成极细粉末,储于棕色广口瓶中,以防吸潮。

3.绘制标准曲线

(1)取样:取工地用石灰和集料,风干后分别过2.0mm和2.5mm筛,对于集料用烘干法或酒精燃烧法测其含水率,水泥可假定其含水率为0。

(2)混合料组成的计算公式:

$$\text{干料质量} = \frac{\text{湿料质量}}{(1+\text{含水率})} \tag{5-41}$$

计算步骤:

①干混合料质量$=\dfrac{300\text{g}}{(1+\text{最佳含水率})}$ (5-42)

②干土质量$=\dfrac{\text{干混合料质量}}{[1+\text{石灰(水泥)剂量}]}$ (5-43)

③干石灰(水泥)质量 = 干混合料质量—干土质量 (5-44)

④湿土质量 = 干土质量×(1+土的风干含水率) (5-45)

⑤湿石灰质量 = 干石灰质量×(1+石灰的风干含水率) (5-46)

⑥石灰土中应加入水量 = 300g -湿土质量-湿石灰质量 (5-47)

(3)准备5种试样,每种准备2个样品(以水泥稳定料为例)。

第1种:称2份300 g集料(如为细粒土,则每份质量可减少100 g),分别放在2个搪瓷杯内,稳定料的含水率应等于工地预期达到的最佳含水率。稳定料中所加的水应与工地所用的水相同(300 g为湿质量)。

第2种:准备2份水泥剂量为2%的水泥土混合料试样,每份均重300 g,并分别放在2个搪瓷杯内。水泥稳定料的最佳含水率应等于工地预期达到的最佳含水率。稳定料中所加的水应与工地所用的水相同。

第 3 种、第 4 种、第 5 种：各准备 2 份水泥剂量分别为 4%、6%、8%[实际工作中工地的实际水泥(石灰)剂量应位于标准曲线所用剂量的中间]的水泥土混合料试样，每份均重 300g，并分别放在 6 个搪瓷杯内，其他要求与第 1 种相同。

(4)取一个盛有试样的搪瓷杯，在杯内加 600mL10%氯化铵溶剂(100g 料时，只需 200mL10%氯化铵溶剂)，用不锈钢搅拌棒充分搅拌 3min(每分钟搅 110～120 次)。如水泥(或石灰)稳定的是细粒土，则也可以用 1 000mL 三角瓶代替搪瓷杯，手握三角瓶(瓶口向上)用力振荡 3min(每分钟 120 次±5 次)，以代替搅拌棒搅拌。放置沉淀 4min[如 4min 后得到的是混浊悬浮液，则应增加放置沉淀时间，直到出现澄清悬浮液为止，并记录所需的时间，以后所有该种水泥(或石灰)稳定料的试验，均应以同一时间为准]，然后将上部清液转移到 300mL 烧杯内并搅匀，加盖表面皿待测。

(5)用移液管吸取液面下 1～2cm 处悬浮液 10.0mL 放入 200mL 的三角瓶内，用量筒量取 500mL1.8%氢氧化钠溶液(内含三乙醇胺)倒入三角瓶中，此时溶液 pH 值为 12.5～13.0(可用 pH12～pH14 精密试纸检验)，然后加入钙红指示剂(体积约为黄豆大小)，摇匀，溶剂呈玫瑰红色。用 EDTA 二钠标准液滴定到纯蓝色为终点，记录 EDTA 二钠的消耗量(以 mL 计，读至 0.1mL)。

(6)对其他几个搪瓷杯中的试样，用同样的方法进行试验，并记录各自 EDTA 二钠的消耗量。

(7)以同一水泥或石灰剂量混合料消耗 EDTA 二钠毫升数的平均值为纵坐标，以水泥剂量(%)为横坐标制图。两者的关系应是一根顺滑的曲线，如图 5-8 所示。

如素集料或水泥或石灰改变，应重作标准曲线。

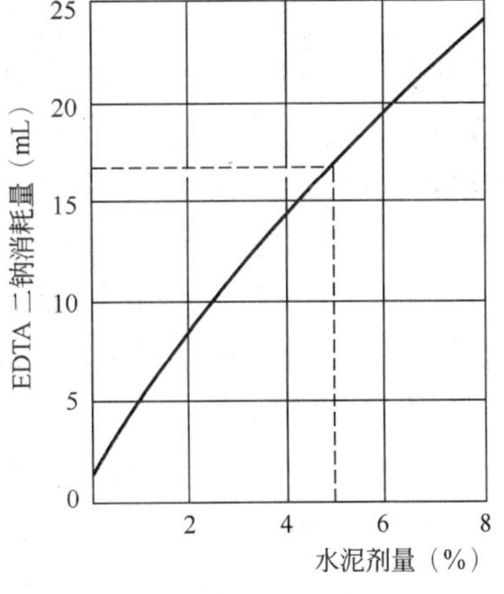

图 5-8　水泥剂量与 EDTA 二钠消耗量关系曲线

4. 试验步骤

(1)选取有代表性的水泥稳定料或石灰稳定料，称 300g 放在搪瓷杯中，用搅拌棒将结块搅散，加 600mL 10%氯化铵溶液，然后如前述步骤那样进行试验。

(2)利用所绘制的标准曲线，根据所消耗的 EDTA 二钠毫升数，确定稳定料中的水泥或石灰剂量。

(二)直读式测钙仪试验石灰土中石灰剂量的方法

1. 仪器设备

(1)钙离子选择性电极(PVC 薄膜)：1 支。

(2)饱和甘汞电极：232 型(或 330 型)1 支。

(3)直读式测钙仪：1 台。

(4)托盘天平：感量 0.1g 及 0.5g 各 1 台。

(5)量筒：1 000mL、200mL、50mL，各 1 只。

(6)具塞三角瓶：1 000mL，10 个(或搪瓷杯 10 个)；500mL，4 个。

(7)烧杯：2 000mL，1 个；300mL，10 个；50mL，15 个。

(8)容量瓶：1 000mL，1 个。

(9)塑料瓶(桶)：10L，2 个；1 000mL，3 个；250mL，2 个。

(10)土壤筛：筛孔 2mm 或 2.5mm，1 个。

(11)大肚移液管:100mL,1支。

(12)干燥器:1个。

(13)表面皿:直径90mm,10个;直径50mm,15个。

(14)计时器:1只。

(15)搅拌子:20只。

(16)电炉、石棉网:各1个。

(17)洗瓶:500mL,1个。

(18)吸水管,洗耳球,粗、细玻璃棒,试剂勺。

2.制备溶液

(1)10%氯化铵溶液:将100g氯化铵放入大烧杯中,加水(饮用水即可)900mL(制备体积可根据测试样品数量确定),搅拌均匀后,存放于塑料桶内保存。

(2)0.1mol/m^{3}氯化钙标准溶液:将分析纯碳酸钙($CaCO_3$)在180℃烘箱中烘2h后,取出放入干燥器内冷却45min。用万分之一天平或千分之一天平准确称取已冷却的碳酸钙10.009g放入300mL烧杯中,盖上表面皿。用少许蒸馏水润湿后,从杯口用吸水管沿杯壁逐滴滴入1∶5稀盐酸(18mL盐酸加90mL蒸馏水)并轻摇杯子,使碳酸钙全部溶解。然后用洗瓶吹洗表面皿和杯壁,移至电炉上加热并保持微沸5min,以驱除二氧化碳。冷却后转移至1 000mL容量瓶中,用蒸馏水多次沿杯壁冲洗烧杯,将冲洗的水一并倒入容量瓶中。当蒸馏水加到约950mL左右时,再用20%氢氧化钠调至中性(pH值为7)。最后用蒸馏水稀释至刻度,反复摇匀,静置后倒入1 000mL塑料瓶中备用。

(3)0.01mol/m^{3}氯化钙标准溶液:用大肚移液管吸取100mL0.01mol/m^{3}氯化钙标准溶液放入1 000mL容量瓶中,加蒸馏水稀释到刻度后,充分摇匀,转入1 000mL塑料瓶中备用。

(4)0.001mol/m^{3}氯化钙标准溶液:用大肚移液管吸取100mL0.01mol/m^{3}氯化钙标准溶液放入1 000mL容量瓶中,加蒸馏水稀释到刻度,充分摇匀,转入1 000mL塑料瓶中备用。

(5)氯化钾饱和溶液:用感量为0.1g的天平称分析纯氯化钾(KCl)70g,放入300mL烧杯中,用量筒取200mL蒸馏水倒入烧杯内,用玻璃棒充分搅动,溶液中应留有结晶(溶液呈过饱和状态),移入塑料瓶中备用。

(6)20%氢氧化钠溶液:用感量为0.1g的天平迅速称取40g分析纯氢氧化钠(NaOH)放入300mL烧杯中,加入160mL新煮沸并已冷却的蒸馏水。用玻璃棒充分搅匀后,转入塑料瓶中备用(若用玻璃瓶装,瓶塞应改用橡皮塞,避免久放后瓶塞打不开)。

3.准备仪器和电极

(1)钙电极(图5-9)在试验的前一天,应将内参比电极从套管中取出,向管中滴入0.1mol/m^{3}氯化钙标准溶液15滴左右,再将内参比电极装回管内。在每天进行试验之前,将钙电极有薄膜的一端放在0.01mol/m^{3}氯化钙标准溶液中浸泡2h供电极活化。使用前取出电极,用水冲洗并以软纸吸干电极上的水分。

(2)甘汞电极:检查内液面是否与上部加液口平,若内液面低时,拔去加液口橡皮帽并用滴管添加氯化钾饱和溶液。试验时拔去上端加液口橡皮帽和下端橡皮帽,用水冲洗并以软纸吸干水分。

(3)仪器:在试验前接通测钙仪电源,使仪器预热20min。

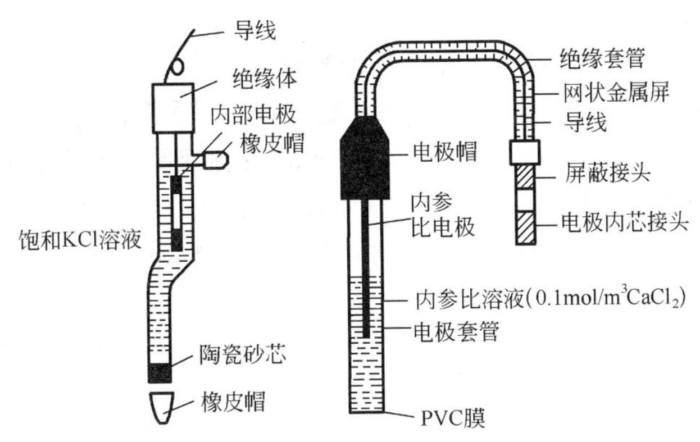

图 5-9　钙电极和干汞电极

4.准备石灰土标准剂量浸提液

(1)土样:将现场土通过孔径 2mm 或 2.5mm 筛。

(2)石灰:将现场所用石灰通过孔径 2mm 或 2.5mm 筛后,储入具塞的容器内备用。

(3)试验土和石灰的风干含水率。

(4)确定石灰土的最佳含水率。

(5)石灰土标准剂量浸提液的制备:用准备好的土和石灰配制 6%、14%(可以根据设计剂量选择石灰土标准浸提液剂量的上限。如果剂量高时,标定所用剂量的上限可以是 16%或 18%等。此时,标定仪器过程中调节旋钮,使之显示 16.0 或 18.0)的石灰土标准剂量浸提液供标定仪器用。用感量为 0.1g 和 0.5g 的天平按 6%、14%石灰土中石灰、土和水的质量计算值分别称取准备好的土样和石灰,制备以上两种剂量的石灰土混合料各 300g,分别放入 1 000mL具塞三角瓶(或搪瓷杯)中,摇匀。用刻度吸管(或量筒)加入所需的水量,再用量筒加入 10%氯化铵溶液 600mL(对于细粒土,也可以用 100g 混合料,此时将混合料放入 500mL 具塞三角瓶中,并加入 200mL10%氯化铵溶液)。盖紧塞子用手振荡(或用不锈钢棒搅拌)2min,保持每分钟 120 次±5 次,静止 4min 后将上部清液倒入干燥、洁净的 500mL 具塞三角瓶中,摇匀,瓶外加贴标签,供以后标定仪器时用。

当石灰品种、土质和水质相同时,制备的 6%、14%石灰土标准剂量浸提液可供连续标定 10 天之用。

5.标定仪器

将上述制备好的标准液分别倒入 25～30mL 干燥、洁净的 50mL 烧杯中,各加入一只搅拌子。先将 6%标准液放在直读式测钙仪上,待仪器开始搅拌后放入钙电极和甘汞电极(图 5-9),停止搅拌后,调整旋钮,使之显示 6.0,采样读数结束。将电极提起,取下 6%标准液。用水冲洗电极并用软纸吸干电极上的水。再将装有 14%标准液的烧杯放在直读式测钙仪上,开始搅拌后,放入钙电极和甘汞电极。停止搅拌后,调整校正旋钮,使之显示 14.0。如此重复 2～3次,每次用 6%和 14%标准液校正均能显示 6.0 和 14.0 时,仪器标定即完毕。测试示意图见 5-10。

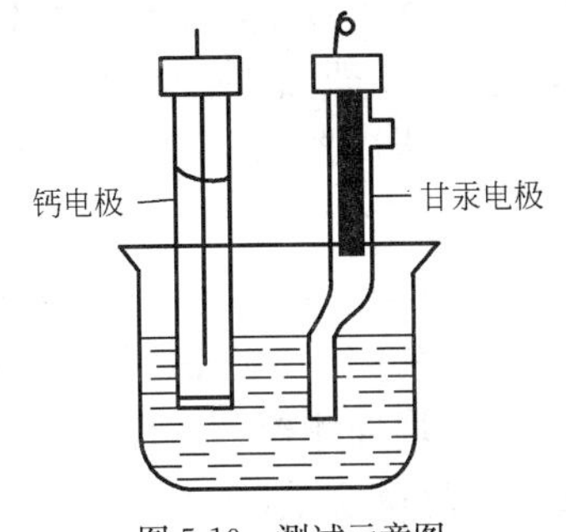

图 5-10　测试示意图

6.试验步骤

(1)从施工现场同一位置取约 1 000g 具有代表性的石灰土试样,经进一步拌匀之后,使其全部通过 2mm 或 2.5mm 筛。

(2)用感量为 0.5g 的天平称取 2 份石灰土试样各 300g,并分别放入 2 个 1 000mL 具塞三角瓶中,每个三角瓶中加 10%氯化铵溶液 600mL。盖紧塞子用手振荡(或用不锈钢棒搅拌)2min,保持每分钟 120 次±5 次。静止 4min 后将 25～30mL 待测液倒入干燥、洁净的 50mL 烧杯中。加入一只搅拌子并放在直读式测钙仪上,仪器开始搅拌后,放入钙电极和甘汞电极,待停止搅拌后,仪器显示的数值即为该样品的石灰剂量。再重复测试 1 次,取 2 次测试结果的平均值。

7. 注意事项

(1)在计算 6%和 14%混合料的组成时,应使混合科的最佳含水率与施工碾压时的最佳含水率相近。

(2)若土、石灰或水质有变化时,必须重新配置 6%、14%(或 16%、18%)石灰土标准剂量浸提液,并用它标定仪器。

(3)制备每个样品的浸提液时,搅拌的时间、速度和方式应力求相同。

(4)若进行全天测试,临时休息时可将钙电极薄膜端浸泡在 0.001mol/m^3 氯化钙标准溶液中,再次试验前不必进行活化。试验结束后应用水冲洗电极,并用软纸将水吸干,套上橡皮帽,然后挂起干放保存,次日用前再进行活化。

(5)在连续使用时,钙电极的内参比溶液应每周更换一次,以保证试验的稳定性。

二、含水率试验方法

含水率对无机结合料稳定材料的强度和碾压密度有很大影响,含水率过小或过大都不能保证无机结合料稳定材料性能的充分发挥,因此对于无机结合料稳定材料的含水率应认真量测,以保证其质量。目前试验含水率的方法有:烘干法、砂浴法、酒精烧干法等。

(一)烘干法

烘干法用于测定无机结合料稳定土的含水率。在 105～110℃的条件下烘干至恒重,湿稳定土质量和干稳定土质量之差即为稳定土中的水分质量。水分质量与干稳定土的质量之比的百分率称为稳定土的含水率。

1. 主要仪器

(1)烘箱:自动控制在 105～110℃。

(2)铝盒:对于稳定细粒土,直径 50mm,高 25～30mm;对于稳定中粒土,铝盒应能装样品 500g 以上;对稳定粗粒土,应能装试样 2 000g 以上。

(3)天平:对稳定细粒土,称量 100g 以上天平 1 架,感量 0.01g;对稳定中粒土,称量1 000g 以上天平 1 架,感量 0.2g;对稳定粗粒土,称量 2 000g 以上天平 1 架,感量 1g。

(4)干燥器:直径 200～250mm,1 个以上,并用硅胶作干燥剂,不得用氯化钙作干燥剂。

2. 试验步骤

试样最大粒径不同,其取样质量与称量精度也不同,见表 5-15。

试样质量与称量精度表 表 5-15

土的种类	试样质量(g)	称量精度(g)
细粒土	50(至少 30)	0.01
中粒土	500(至少 300)	0.2
粗粒土	2 000	1.0

(1)将铝盒盖上盒盖称重(m_1)。

(2)取被测松散试样放在铝盒中,盖上盒盖,按要求称其质量(m_2)。

(3)取下盒盖,并将盛有试样的铝盒放到温度已达 110℃的烘箱内,保证试样在 105～110℃

温度下进行烘干，需要的烘干时间随土类和试样数量而变（每次间隔 4h 的质量差不超过原样质量的 0.1%即认为已经烘干）。

（4）烘干后，从烘箱中取出盛有试样的铝盒，并将盒盖盖紧，放在干燥器中冷却。

（5）称量铝盒和烘干试样质量（m_3），精确度应符合要求。

用下式计算无机结合料稳定土的含水率（%）：

$$w=\frac{m_2-m_3}{m_3-m_1}\times 100 \tag{5-48}$$

式中：w——含水率，%，用两位有效数表示；

m_1——铝盒的质量，g；

m_2——铝盒和湿稳定土的合计质量，g；

m_3——铝盒和干稳定土的合计质量，g。

（二）砂浴法

砂浴法用于在工地快速测定无机结合料稳定土的含水率。当土中含有大量石膏、碳酸钙或有机质时，不应使用该方法。

1. 仪器设备

1）对于稳定细粒土

（1）铝盒：直径约 50mm，高 25～30mm。

（2）天平：称量 100g 以上的天平 1 架，感量 0.1g。

（3）砂浴：直径约 200mm、深至少 25mm 的砂浴 1 个，其中放有清洁的砂；也可以使用更大的砂浴，一次烘干几个试样。

（4）加热砂浴的设备：1 套。

（5）调土刀：刀片长 100mm、宽 20mm，1 把。

2）对于稳定中粒土

（1）天平：称量 500g 以上的天平 1 架，感量 0.5g。

（2）白铁皮方盘：边长约 20mm、深约 50mm，1 个。

（3）砂浴：能放入方盘的砂浴 1 个，砂深至少 25mm。

（4）加热砂浴的设备：1 套。

（5）调土刀：刀片长 100mm、宽 20mm，1 把。

（6）长方盘：长 200mm、宽 100mm，1 个。

3）对于稳定粗粒土

（1）台秤：称量 5kg 以上，感量 5g，1 个。

（2）白铁皮方盘：边长约 250mm、深 50～70mm，1 个。

（3）砂浴：能放入方盘的砂浴 1 个，砂深至少 25mm。

（4）加热砂浴的设备：1 套。

（5）调土刀：长 200mm、宽 30mm，1 把。

（6）长方盘：长 200mm、宽 100mm，1 个。

2. 试验步骤

1）对于稳定细粒土

（1）铝盒应该是清洁干燥的，称其质量并精确到 0.1g（m_1）。至少取 30g 试样，经粉碎后松散地放在铝盒中，盖上盒盖，称其质量并精确到 0.01g（m_2）。

(2)取下盒盖,将盛有试样的铝盒放在正在加热的砂浴内,但需注意勿使砂浴温度太高(可用一张白纸放在土样中,如纸变焦黄,就表示温度过高),避免稳定土过分加热。在加热过程中,用调土刀搅拌试样时,以促使水分蒸发。

(3)当加热了一段时间(通常 1h),试样干燥后,从砂浴中取出铝盒,盖上盒盖,并放置冷却。

(4)称量铝盒和烘干试样质量 m_3,精确到 0.1g。

2)对于稳定中粒土和粗粒土

(1)方盘应该是清洁干燥的,称其质量并精确到 0.5g(m_1)。稳定中粒土的试样至少要 300g,稳定粗粒土的试样至少要 2 000g。将试样弄碎并均匀地撒布在方盘内,将有试样的方盘称量,对于稳定中粒土精确到 0.5g(m_2),对于稳定粗粒土精确到 5g(m_2)。

(2)将方盘放在正在加热的砂浴内,应注意砂浴温度不要过高。在加热过程中,应该经常用调土刀搅拌试样,以促使水分蒸发。

(3)当加热一段时间(通常 1h)后,从砂浴中取出方盘,并让其冷却。

(4)当方盘冷到室温时,立即称其质量,对于中粒土,精确到 0.5g(m_3);对于粗粒土,精确到 5g(m_3)。

3.结果计算

用下式计算无机结合料稳定土的含水率:

$$w = \frac{m_2 - m_1}{m_3 - m_1} \times 100 \tag{5-49}$$

式中:w——无机结合料稳定土的含水率,%;

m_1——铝盒或方盘的质量,g;

m_2——铝盒或方盘与湿稳定土的合质量,g ;

m_3——铝盒或方盘与干稳定土的合质量,g 。

(三)酒精法

本方法适用于在工地快速测定无机结合料稳定土的含水率。对于细粒土效果较好,但对于粗粒土,因为需要大量酒精,而且酒精燃烧时火焰较大,比较危险,所以不宜使用本方法。如果土中含有大量黏土、石膏、石灰质或有机质,不能使用本方法。

在用酒精法试验时,试验仪器设备、试样质量、计算与其他方法的要求相同,只是通过酒精在试样中燃烧的热量,使试样中的水分蒸发,达到使试样干燥的目的。

一般,酒精纯度在95%以上,试样放在铝盒中加酒精燃烧,酒精面略高于试样表面为好,火焰熄灭,试样冷却后,再加酒精燃烧,连续 3 次即可。

称量、计算同前述含水率试验方法。

三、石灰的化学分析

石灰的化学组成不同,对材料的稳定效果也不同。大量的试验表明,在剂量不大的情况下,钙石灰比镁石灰稳定土的初期强度要高,但镁石灰稳定土的后期效果并不比钙石灰差,尤其是在剂量较大时,还优于钙石灰。

石灰的等级愈高(即 CaO+MgO 的含量愈高),在同样石灰剂量下有较多的 CaO 和 MgO 起作用,因而稳定效果愈好。因此,在选择石灰时必须进行化学分析。

(一)有效氧化钙的测定

1. 仪器设备

(1)筛:0.15mm,1 个。

(2)烘箱:50～250℃,1 台。

(3)干燥器:直径 25cm,1 个。

(4)称量瓶:ϕ30mm×50mm,10 个。

(5)瓷研钵:直径 12～13cm,1 个。

(6)分析天平:万分之一,1 台。

(7)托盘天平:感量 0.1g,1 台。

(8)电炉:1 500W,1 个。

(9)石棉网:20cm×20cm,1 块。

(10)玻璃珠:ϕ3mm,1 袋(0.25kg)。

(11)具塞三角瓶:250mL,20 个。

(12)漏斗:短颈,3 个。

(13)塑料洗瓶:1 个。

(14)塑料桶:20L,1 个。

(15)下口蒸馏水瓶:5 000mL,1 个。

(16)三角瓶:300mL,10 个。

(17)容量瓶:250mL、1 000mL,各 1 个。

(18)量筒:200mL、100mL、50mL、5mL,各 1 个。

(19)试剂瓶:250mL、1 000mL,各 5 个。

(20)塑料试剂瓶:1L,1 个。

(21)烧杯:50mL,5 个;250mL (或 300mL),10 个。

(22)棕色广口瓶:60mL,4 个;250mL,5 个。

(23)滴瓶:60mL,3 个。

(24)酸滴定管:50mL,2 支。

(25)滴定台及滴定管夹:各一套。

(26)大肚移液管:25mL、50mL,各 1 支。

(27)表面皿:直径 7cm,10 块。

(28)玻璃棒:ϕ8mm×250mm、ϕ4mm×180mm,各 10 支。

(29)试剂勺:5 个。

(30)吸水管:ϕ8mm×150mm,5 支。

(31)洗耳球:大、小各 1 个。

2. 试剂

(1)蔗糖(分析纯)。

(2)酚酞指示剂:称取 0.5g 酚酞溶于 50mL95%乙醇中。

(3)0.1%甲基橙水溶液:称取 0.05g 甲基橙溶于 50mL 蒸馏水中。

(4) 0.5N 盐酸标准溶液:将 42mL 浓盐酸(相对密度 1.19)稀释至 1L,按下述方法标定其当量浓度后备用。

称取约 0.800～1.000g(准确至 0.000 2g)已在 180℃温度下烘干 2h 的碳酸钠,置于 250mL 三角瓶中,加 100mL 水使其完全溶解;然后加入 2～3 滴 0.1%甲基橙指示剂,用待标定的盐酸标准溶液滴定,至碳酸钠溶液由黄色变为橙红色;将溶液加热至沸,并保持微沸 3min,然后放在冷水中冷却至室温,如此时橙红色变为黄色,则再用盐酸标准溶液滴定,至溶液出现稳定橙红色时为止。

盐酸标准溶液的当量浓度按下式计算:

$$N=\frac{Q}{V}\times 0.053 \tag{5-50}$$

式中:N——盐酸标准溶液的当量浓度,g/mL;

Q——碳酸钠的质量,g;

V——滴定时消耗盐酸标准溶液的体积,mL。

3.准备试样

(1)生石灰试样:将生石灰样品打碎至粒径不大于 2mm。拌和均匀后用四分法缩减至 200g 左右,放入瓷研钵中研细。再经四分法缩减几次至 20g 左右使之通过 0.10mm 筛,均匀挑取 10 余克,置于称量瓶中在 100℃温度下烘干 1h,储于干燥器中备用。

(2)消石灰试样:将消石灰样品用四分法缩减至 10 余克左右。如有大颗粒存在须在瓷研钵中磨细至无不均匀颗粒为止。置于称量瓶中在 105～110℃温度下烘干 1h,储于干燥器中备用。

4.试验步骤

称取约 0.5g 试样(用减量法称,准确至 0.000 5g),放入干燥的 250mL 具塞三角瓶中,取 5g 蔗糖覆盖在试样表面,投入干玻璃珠 15 粒,迅速加入新煮沸并已冷却的蒸馏水 50mL,立即加塞振荡 15min(如有试样结块或黏于瓶壁现象,则应重新取样)。打开瓶塞,用水冲洗瓶塞及瓶壁,加入 2～3 滴酚酞指示剂,以 0.5N 盐酸标准溶液滴定(滴定速度以每秒 2～3 滴为宜),至溶液的粉红色显著消失并在 30s 内不再复现为止。

5.结果计算

有效氧化钙的百分含量按下式计算:

$$X_1=\frac{V\times N\times 0.028}{G}\times 100 \tag{5-51}$$

式中:V——滴定时消耗盐酸标准溶液的体积,mL;

0.028——氧化钙毫克当量;

G——试样质量,g;

N——盐酸标准溶液当量浓度,g/mL。

6.精密度或允许误差

对同一石灰样品至少应做 2 个试样并进行 2 次试验,取 2 次结果的平均值作为试验结果。

(二)氧化镁的测定

1.仪器设备

同有效氧化钙的试验。

2.试剂

(1) 1∶10 盐酸:将 1 体积盐酸(相对密度 1.19)用 10 体积蒸馏水稀释。

(2)氢氧化铵-氯化铵缓冲溶液(pH=10):将 67.5g 氯化铵溶于 300mL 无二氧化碳蒸馏

水中，加浓氢氧化钠(相对密度为0.90)570mL，然后用水稀释至1 000mL。

(3)酸性铬兰K-萘酚绿B(1∶2.5)混合指示剂：称取0.3g酸性铬兰K和0.75g萘酚绿B与50g已在105℃温度下烘干的硝酸钾混合研细，保存于棕色广口瓶中。

(4)EDTA二钠标准溶液；将10gEDTA二钠溶于温热蒸馏水中，待全部溶解并冷却至室温后，用水稀释至1 000mL。

(5)氧化钙标准溶液：精确称取1.784 8g在105℃温度下烘干2h的碳酸钙(优级纯)，置于250mL烧杯中，盖上表面皿，从杯嘴缓慢滴加1∶10盐酸100mL，加热溶解，待溶液冷却后，移入1 000mL的容量瓶中，用新煮沸冷却后的蒸馏水稀释至刻度摇匀。此溶液每毫升相当于1毫克氧化钙。

(6)20%的氢氧化钠溶液：将20g氢氧化钠溶于80mL蒸馏水中。

(7)钙指示剂：将0.2g钙试剂羟酸钠和20g已在105℃温度下烘干的硫酸钾混合研细，保存于棕色广口瓶中。

(8)10%酒石酸钾钠溶液：将10g酒石酸钾钠溶于90mL蒸馏水中。

(9)三乙醇胺(1∶2)溶液：将1个体积三乙醇胺以2个体积蒸馏水稀释摇匀。

3.EDTA标准溶液与氧化钙和氧化镁关系的标定

精确吸取50mL氧化钙标准溶液放于300mL三角瓶中，用水稀释至100mL左右，然后加入钙指示剂约0.1g，以20%氢氧化钠溶液调整溶液碱度到出现酒红色，再过量加入3～4mL，然后以EDTA二钠标准溶液滴定，至溶液由酒红色变成纯蓝色时为止。

EDTA二钠标准溶液对氧化钙滴定度按下式计算：

$$T_{CaO} = \frac{CV_1}{V_2} \tag{5-52}$$

式中：T_{CaO}——EDTA二钠标准溶液对氧化钙的滴定度，1mL EDTA二钠标准溶液相当于氧化钙的毫克数；

C——1mL氧化钙标准溶液含有氧化钙的毫克数，等于1；

V_1——吸取氧化钙标准溶液体积，mL；

V_2——消耗EDTA二钠标准溶液体积，mL。

EDTA二钠标准溶液对氧化镁的滴定度(T_{MgO})，即1mL EDTA二钠标准液相当于氧化镁的毫克数按下式计算：

$$T_{MgO} = T_{CaO} \times \frac{40.31}{56.08} = 0.72T_{CaO} \tag{5-53}$$

4.试验步骤

称取约0.5g试样(准确至0.000 5g)，放入250mL烧杯中，用水湿润，加30mL 1∶10盐酸，用表面皿盖住烧杯，加热近沸并保持微沸8～10min。用水把表面皿洗净，冷却后把烧杯内的沉淀及溶液移入250mL容量瓶中，加水至刻度摇匀。待溶液沉淀后，用移液管吸取25mL溶液，放入250mL三角瓶中，加50mL水稀释后，加酒石酸钾钠溶液1mL、三乙醇胺溶液5mL，再加入铵-铵缓冲溶液10mL、酸性铬兰K-萘酚绿B指示剂约0.1g。用EDTA二钠标准溶液滴定至溶液由酒红色变为纯蓝色时为止，记下耗用EDTA二钠标准溶液体积V_1。

再从同一容量瓶中，用移液管吸取25mL溶液，置于300mL三角瓶中，加水150mL稀释后，加三乙醇胺溶液5mL及20%氢氧化钠溶液5mL，放入约0.1g钙指示剂，用EDTA二钠标准溶液滴定，至溶液由酒红色变为纯蓝色时为止，记下耗用EDTA二钠标准溶液体积V_2。

5. 结果计算

氧化镁的百分含量(X_2)按下式计算:

$$X_2 = \frac{T_{MgO} \times (V_1 - V_2) \times 10}{G \times 1\,000} \times 100 \tag{5-54}$$

式中:T_{MgO}——EDTA二钠标准溶液对氧化镁的滴定度;

V_1——滴定钙、镁合量消耗EDTA二钠标准溶液体积,mL;

V_2——滴定钙消耗EDTA二钠标准溶液体积,mL;

10——总溶液对分取溶液的体积倍数;

G——试样质量,g。

6. 精密度或允许误差

对同一石灰样品至少应做2个试样并进行2次试验,取2次试验结果的平均值代表最终结果。

(三)有效氧化钙和氧化镁含量的简易试验方法

本试验方法适用于氧化镁含量在5%以下的低镁石灰。

1. 仪器设备

与有效氧化钙的试验所用仪器基本相同,但(11)、(17)中的250mL、(18)中的100mL及50mL、(19)中的250mL、(20)、(21)、(22)、(25)、(27)项所列仪器除外。

2. 试剂

(1)1N盐酸标准溶液:取83mL(相对密度1.19)浓盐酸以蒸馏水稀释至1 000mL,溶液当量浓度的标定与有效氧化钙的试验所述0.5N盐酸标准溶液的标定方法相同,但无水碳酸钠的称量应为1.5~2g。

(2)1%酚酞指示剂。

3. 试验步骤

迅速称取石灰试样0.8~1.0g(准确至0.000 5g)放入300mL三角瓶中,加入150mL新煮沸并已冷却的蒸馏水和10颗玻璃珠。瓶口上插一短颈漏斗,加热5min,但勿使沸腾,迅速冷却。滴入酚酞指示剂2滴,在不断摇动下以盐酸标准液溶滴定,控制速度为每秒2~3滴,至粉红色完全消失,稍停,又出现红色,继续滴入盐酸,如此重复几次,直至5min内不出现红色为止。如滴定过程持续半小时以上,则结果只能作参考。

4. 结果计算

$$(CaO + MgO)\% = \frac{V \times N \times 0.028}{G} \times 100 \tag{5-55}$$

式中:V——滴定消耗盐酸标准溶液的体积,mL;

N——盐酸标准溶液的当量浓度,g/mL;

G——样品质量,g。

0.028——氧化钙的毫克当量。因氧化镁含量甚少,并且两者之毫克当量相差不大,故有效(CaO + MgO)毫克当量都以CaO的毫克当量计算。

5. 精密度或允许误差

对同一石灰样品至少应做2个试样和进行2次试验,并取2次试验结果的平均值代表最终结果。

四、无机结合料稳定土试验方法

(一)击实试验方法

不同的无机结合料稳定土,在一定的击实功下,其干密度随含水率的变化而变化。在公路工程的施工质量控制过程中,要求在最佳含水率下,压实到要求的密实度。无机结合料稳定土的击实试验方法适用于在规定的试筒内,对水泥稳定土(在水泥水化前)、石灰稳定土及石灰(或水泥)粉煤灰稳定土进行击实试验,以绘制稳定土的含水率-干密度关系曲线,从而确定其最佳含水率和最大干密度。

试验集料的最大粒径宜控制在 25mm 以内,最大不得超过 40mm(圆孔筛)。

试验方法分三类见表 5-16。

试验方法分类表 表 5-16

类别	锤质量(kg)	锤击面直径(cm)	落高(cm)	试筒尺寸			击实层数	每层锤击次数	平均单位击实功(J)	容许最大粒径(mm)
				内径(cm)	高(cm)	容积(cm^3)				
甲	4.5	5.0	45	10	12.7	997	5	27	2.687	25
乙				15.2	12.0	2 177	5	59	2.687	25
丙				15.2	12.0	2 177	3	98	2.677	40

1. 仪器设备

(1)击实筒:小型,内径 100mm、高 127mm 的金属圆筒,套环高 50mm,底座;中型,内径 152mm、高 170mm 的金属圆筒,套环高 50mm,直径 151mm 和高 50mm 的筒内垫块,底座。

(2)击锤和导管:击锤的底面直径 50mm,总质量 4.5kg,击锤在导管内的总行程为 450mm。

(3)天平:感量 0.01g。

(4)台秤:称量 15kg,感量 5g。

(5)圆孔筛:孔径 40mm、25mm 或 20mm 以及 5mm 的筛,各 1 个。

(6)量筒:50mL、100mL 和 500mL 的量筒,各 1 个。

(7)直刮刀:长 200～250mm、宽 30mm、厚 3mm、一侧开口的直刮刀,用以刮平和修饰大粒料试件的表面。

(8)刮土刀:长 150～200mm、宽约 20mm 的刮刀,用以刮平和修饰小试件的表面。

(9)工字形刮平尺:30mm×50mm×310mm,上下两面和侧面均刨平。

(10)拌和工具:约 400mm×600mm×70mm 的长方形金属盘,拌和用平头小铲等。

(11)脱模器。

(12)试验含水率用的铝盒、烘箱等。

2. 试料准备

将具有代表性的风干试料(必要时,也可以在 50℃烘箱内烘干)用木锤或木碾捣碎。土团均应捣碎至能通过 5mm 的筛孔,但应注意不使粒料的单个颗粒破碎或不使其破碎程度超过施工中拌和机械的破碎率。

如试料是细粒土,将已捣碎的具有代表性的土过 5mm 筛备用(用甲法或乙法做试验);如试料中含有粒径大于 5mm 的颗粒,则先将试料过 25mm 的筛,如存留在筛孔 25mm 筛的颗粒含量不超过 20%，则过筛料留作备用(用甲法或乙法做试验)；如试料中粒径大于 25mm 的颗粒含量过多，则将试料过 40mm 的筛备用(用丙法试验)。

每次筛分后，均应记录超尺寸颗粒的百分率。

在击实试验的前一天，取有代表性的试料测定其风干含水率。对于细粒土，试样应不少于 100g；对于中粒土(粒径小于 25mm 的各种集料)，试样应不少于 1 000g；对于粗粒土的各种集料，试样应不少于 2 000g。

3. 试验步骤

1)甲法

(1)将已筛分的试料用四分法逐次分小，至最后取出约 10～15kg 试料。再用四分法将已取出的试料分成 5～6 份，每份试料的质量 2.0kg(对于细粒土)或 2.5kg(对于各种中粒土)。

(2)预定 5～6 个不同含水率，依次相差 1%～2%或 3%，且其中至少有两个大于和两个小于最佳含水率；对于细粒土，可参照其塑限估计素土的最佳含水率；一般其最佳含水率较塑限约小 3%～10%(对于砂性土接近 3%，对于黏性土约为 6%～10%)。天然砂砾土，级配集料等的最佳含水率与集料中细土的含量和塑性指数有关，一般变化在 5%～12%之间。对于细土少的、塑性指数为 0 的未筛分碎石，其最佳含水率接近 5%。对于细土偏多的、塑性指数较大的砂砾土，其最佳含水率约在 10%左右。水泥稳定土的最佳含水率与素土的接近，石灰稳定土的最佳含水率可能比素土大 1%～3%。

(3)按预定含水率制备试样。将 1 份试料平铺于金属盘内，将事先计算得的该份试料中应加的水量均匀地喷洒在试料上，用小铲将试料充分拌和到均匀状态(如为石灰稳定土和水泥、石灰综合稳定土，可将石灰和试料一起拌匀)，然后装入密闭容器或塑料口袋内浸润备用。

浸润时间：黏性土 12～24h，粉性土 6～8h，砂性土、砂砾土、红土砂砾、级配砂砾等可以缩短到 4h 左右，含土很少的未筛分碎石、砂砾和砂可缩短到 2h。

应加水量可按下式计算：

$$Q_w = \left(\frac{Q_n}{1+0.01w_n}+\frac{Q_c}{1+0.01w_c}\right)\times 0.01w - \frac{Q_n}{1+0.01w_n}\times 0.01w_n - \frac{Q_c}{1+0.01w_c}\times 0.01w_c \tag{5-56}$$

式中：Q_w——混合料中应加的水量，g；

Q_n——混合料中素土(或集料)的质量(其原始含水率为 w_n)，g；

Q_c——混合料中水泥或石灰的质量(其原始含水率为 w_c)，g；

w_n——混合料中素土的原始含水率，%；

w_c——混合料中水泥或石灰的原始含水率，%；

w——要求达到的混合料的含水率，%。

(4)将所需要的稳定剂水泥加到浸润后的试料中，并用小铲或其他工具充分拌和到均匀状态。加有水泥的试样拌和后，应在 1h 内完成击实试验，拌和后超过 1h 的试样，应予作废(石灰稳定土和石灰粉煤灰除外)。

(5)试筒、套环与击实底板应紧密联结，将击实筒放在坚实地面上。取制备好的 1 份试样，分层装入筒内，整平并压紧其表面，然后按所需击数进行第一层试样的击实。击实时，击锤应自由垂直落下，落高应为 45cm，锤迹必须均匀分布于试样面。第一层击实完后，检查该层高度是否合适，以便调整以后几层的试样用量。用刮土刀或改锥将已击实层的表面“拉毛”，然后重复上述做法，进行其余 4 层试样的击实。最后一层试样击实后，试样超出试筒顶的高度不得大于 6mm，超出高度过大的试件应予作废。

(6)用刮土刀沿套环内壁削挖(使试样与套环脱离)后，扭动并取下套环。齐筒顶细心刮平试样，并拆除底板。如试样底面略突出筒外，则应细心刮平或修补。最后用工字形刮平尺齐筒顶和筒底将试样刮平。擦净试筒的外壁，称其质量并准确至 5g。

(7)用脱模器推出筒内试样。在试样内部从上、下取 2 个有代表性的样品(可将脱出试件用锤打碎后采取)，试验其含水率，计算至 0.1%。2 个试样含水率的差值不得大于 1%。所取样品的质量见表 5-17。

试验含水率试样质量 表 5-17

最大粒径(mm)	2	5	25
试样质量(g)	50	100	500

(8)按上述方法进行其余含水率下的击实试验。已用过的试样，不再重复使用。

2)乙法

在需要与承载比等试验结合起来进行或试料粒径大于 25mm 时，采用乙法进行击实试验。在缺乏内径 10cm 的试筒时，也可用乙法进行试验。

(1)将已过筛的试料用四分法逐次分小，至最后取出约 4.4kg(细粒土)或 5.5kg(中粒土)试料 5～6 份。

(2)以下各步的做法与甲法第(1)～(3)项相同，筒内垫 50mm 高的垫块一个，然后加试样 900g(水泥或石灰稳定细粒土)或 1 100g(稳定中粒土)，进行击实。每层的锤击次数为 59 次。

(3)其他要求同甲法。

3)丙法

(1)将已过筛的试料用四分法逐次分小，至最后取出约 5.5kg 试料 5～6 份。

(2)预定 5～6 个不同含水率，依次相差 1%～2%(在估计的最佳含水率左右可只差 1%，其余差 2%)。

(3)同甲法第(3)、(4)项。

(4)将试筒、套环与击实底板紧密地联结在一起，筒内垫 50mm 高的垫块一个，击实筒应放在坚实(最好是水泥混凝土)地面上。取制备好的第一层试样装入筒内，整平并压紧其表面，然后按所需击数进行第一层试样的击实(共击 98 次)。击实时，击锤应自由垂直落下，落高应为 45cm，锤迹必须均匀分布于试样面。第一层击实完后检查该层的高度是否合适，以便调整以后 2 层的试样用量。用刮土刀或改锥将已击实的表面“拉毛”，然后重复上述做法，进行其余 2 层试样的击实。最后一层试样击实后，试样超出试筒顶的高度不得大于 6mm。超出高度过大的试样应予以作废。

(5)用刮土刀沿套环内壁削挖(使试样与套环脱离)后，扭动并取下套环。齐筒顶细心刮平试样，并拆除底板，取走垫块。擦净试筒的外壁，称重并准确至 5g。

(6)用脱模器推出筒内试样。在试样内部从上、下取 2 个有代表性的样品(可将脱出试件用锤打碎后取样)，试验其含水率，计算至 0.1%。2 个试样的含水率的差值不得大于 1%。所取样品的数量应符合要求。

(7)再按上述方法进行其余含水率下的击实试验。已用过的试样，不再重复使用。

4.计算与制图

(1)按下式计算每次击实后稳定土的湿密度：

$$\rho_w = \frac{Q_1 - Q_2}{V} \tag{5-57}$$

式中：ρ_w——稳定土的湿密度，g/cm^3；

Q_1——试筒与湿试样的合质量，g；

Q_2——试筒的质量，g；

V——试筒的容积，cm^3。

(2)按下式计算每次击实后稳定土的干密度：

$$\rho_d = \frac{\rho_w}{1 + 0.01w} \tag{5-58}$$

式中：ρ_d——试样的干密度，g/cm^3

w——试样的含水率，%。

以干密度为纵坐标，以含水率为横坐标，在普通直角坐标纸上绘制干密度与含水率的关系曲线，驼峰形曲线顶点的纵横坐标分别为稳定土的最大干密度和最佳含水率。最大干密度用两位小数表示。如最佳含水率的值在12%以上，则用整数表示(精确到1%)；如最佳含水率的值在6%～12%之间，则取一位小数用"0"或"5"表示(精确到0.5%)；如最佳含水率值小于6%，则取一位小数，并用偶数表示(精确到0.2%)。

如试验点不足以连成完整的驼峰形曲线，则应该进行补充试验。

(3)超尺寸颗粒的校正：当试样中大于规定最大粒径的超尺寸颗粒的含量为5%～30%时，按下式对试验所得最大干密度和最佳含水率进行校正(超尺寸颗粒的含量小于5%时，可以不进行校正)。

最大干密度按下式校正，计算精确至0.01g/cm^3。

$$\rho'_{dm} = \rho_{dm}(1 - 0.01p) + 0.9 \times 0.01pG'_a \tag{5-59}$$

式中：ρ'_{dm}——校正后的最大干密度，g/cm^3；

ρ_{dm}——试验所得的最大干密度，g/cm^3；

p——试样中超尺寸颗粒的百分率，%；

G'_a——超尺寸颗粒的毛体积相对密度，g/cm^3。

最佳含水率按下式校正：

$$w'_0 = w_0(1 - 0.01p) + 0.9 \times 0.01pw_a \tag{5-60}$$

式中：w'_0——校正后的最佳含水率，%；

w_0——试验所得的最佳含水率，%；

p——试样中超尺寸颗粒的百分率，%；

w_a——超尺寸颗粒的吸水率，%。

5.精密度或允许误差

应做2次平行试验，2次试验最大干密度的差不应超过0.05g/cm^3(稳定细粒土)或0.08g/cm^3(稳定中粒土和粗粒土)，最佳含水率的差不应超过0.5%(最佳含水率小于10%)或1.0%(最佳含水率大于10%)。

(二)无侧限抗压强度试验方法

由于材料的强度不仅与材料品种有关，而且与环境条件有关。根据《公路工程无机结合料稳定材料试验规程》(JTJ 057—1994)的规定，材料组成设计一般以 7d 的无侧限抗压强度为准，在路面结构设计过程中，无侧限抗压强度是用来评价无机结合料稳定材料强度的关键指标之一。无侧限抗压强度的大小，直接影响到无机结合料稳定材料的路用性能，因此，必须了解无机稳定材料的无侧限抗压强度的试验方法。

本试验方法可用于测定无机结合料稳定土(包括稳定细粒土、中粒土和粗粒土)试件的无侧限抗压强度，适用于室内配合比设计试验及现场检测。

试件制备可采用预定干密度，用静力压实法或锤击法制备，一般应尽可能用静力压实法制备相同密度的试件。试件为圆柱体，高∶直径=1∶1。

1. 仪器设备

(1)圆孔筛:孔径 40mm、25mm(或 20mm)及 5mm 的筛各一个。

(2)试模:

细粒土(最大粒径不超过 10mm):试模的直径×高=50mm×50mm;

中粒土(最大粒径不超过 25mm):试模的直径×高=100mm×100mm;

粗粒土(最大粒径不超过 40mm):试模的直径×高=150mm×150mm。

(3)脱模器。

(4)反力框架(400kN 以上)。

(5)液压千斤顶(200～1 000kN)。

(6)夯锤和导管:击锤的底面直径 50mm，总质量 4.5kg，击锤在导管内的总行程为 450mm。

(7)密封湿气箱或湿气池放在能保持恒温的小房间内。

(8)水槽:深度应大于试件高度 50mm。

(9)路面材料强度试验仪或其他合适的压力机。

(10)天平:感量 0.01g。

(11)台秤:称量 15kg，感量 5g。

(12)量筒，拌和工具，漏斗，大、小铝盒，烘箱等。

2. 试件制备

1)试料准备

将具有代表性的风干试料(必要时，也可以在 50℃烘箱内烘干)用木锤和木碾捣碎，但应避免破坏粒料的原粒径。将试料过筛并进行分类;如试料为粗粒土，应除去大于 40mm 的颗粒备用;如试料为中粒土，则除去大于 25mm 或 20mm 的颗粒备用;如试料为细粒土，则除去大于 10mm 的颗粒备用。

在试验的前一天，取有代表性的试料测定其风干含水率。对于细粒土，试样应不少于 100g;对于粒径小于 25mm 的中粒土，试样应不少于 1 000g;对于粒径小于 40mm 的粗粒土，试样的质量应下少于 2 000g。

2)确定最佳含水率和最大干密度

按《公路工程无机结合料稳定材料试验规程》(JTJ 057—1994)确定无机结合料混合料的最佳含水率和最大干密度。

3)配制混合料

(1)对于同一无机结合料剂量的混合料，需要制备相同状态的试件数量(平行试验的数量)与土类及操作的偏差程度有关。对于无机结合料稳定细粒土，至少应该制 6 个试件;对于无机结合料稳定中粒土和粗粒土，至少分别应该制 9 个和 13 个试件。

(2)称取一定数量的风干土并计算干土的质量，其数量随试件大小而异。对于 50mm×50mm 的试件，1 个试件约需要干土 180～210g；对于 100mm×100mm 的试件，1 个试件约需要干土 1 700～1 900g，对于 150mm×150mm 的试件，1 个试件约需干土 5 700～6 000g。

对于细粒土，可以一次称取 6 个试件的土；对于中粒土，可以一次称取 3 个试件的土；对于粗粒上，一次只称取 1 个试件的土。

(3)将称好的土放在长方盘(约 400mm×600mm×70mm)内。向土中加水，对于细粒土(特别是黏性土)使其含水率较最佳含水率小 3%；对于中粒土和粗粒土，可按最佳含水率加水。将土和水拌和均匀后放在密闭容器内浸润备用。如为石灰稳定土和水泥、石灰综合稳定土，可将石灰和土一起拌匀后进行浸润。

浸润时间：黏性土 12～24h，粉性土 6～8h，砂性土、砂砾土、红土砂砾、级配砂砾等可以缩短到 4h 左右，含土很少的未筛分碎石、砂砾及砂可以缩短到 2h。

(4)在浸润过的试料中，加入规定数量的水泥或石灰(水泥或石灰剂量按干土质量的百分率计)并拌和均匀。在拌和过程中，应将预留的 3%的水(对于细粒土)加入土中，使混合料的含水率达到最佳含水率。拌和均匀的加有水泥的混合料应在 1h 内按下述方法制成试件，超过 1h 的混合料应该作废。其他结合料稳定土的混合料虽不受此限但也应尽快制成试件。

4)按预定的干密度制件

用反力框架和液压千斤顶制备一个预定干密度的试件，需要的稳定土混合料数量 m_1(g)可按下式计算：

$$m_1 = \rho_d V(1+w) \tag{5-61}$$

式中：V——试模的体积；

w——稳定土混合料的含水率，%；

ρ_d——稳定土试件的干密度，g/cm^3。

将试模的下压柱放入试模的下部，但外露 2cm 左右。将称量的规定数量的稳定土混合料 m_1(g)分 2～3 次灌入试模中(利用漏斗)，每次灌入后用夯棒轻轻均匀插实。如制的是 50mm×50mm的小试件，则可以将混合料一次倒入试模中，然后将上压柱放入试模内，应使上压柱也外露 2cm 左右(即上、下压柱露出试模外的部分应该相等)。

将整个试模(连同上、下压柱)放到反力框架内的千斤顶上(千斤顶下应放一扁球座)，加压直到上、下压柱都压入试模为止。维持压力 1min，解除压力后，取下试模，拿去上压柱，并放到脱模器上将试件顶出。称试件的质量 m_2，小试件准确到 1g，中试件准确到 2g，大试件准确到 5g。然后用游标卡尺量试件的高度 h，准确到 0.1mm。

用击锤制件步骤同前，只是用击锤(可以利用做击实试件的锤，但压柱顶面需要垫一块牛皮或胶皮，以保护锤面和压柱顶面不受损伤)将上、下压柱打入试模内。

3.养生

试件从试模内脱出并称量后，应立即放到密封湿气箱和恒温室内进行保温保湿养生。但中试件和大试件应先用塑料薄膜包覆，有条件时，可采用蜡封保湿养生。养生时间视需要而定，工地一般为 7d。整个湿养期间的温度，在北方地区应保持在 20℃±2℃，在南方地区应保持在 25℃±2℃。浸水 1d，应该将试件浸泡在水中，水的深度应使水面在试件顶上约 2.5cm。在浸泡前，应再次称试件的质量 m_3。在养生期间，试件质量的损失应该符合下列规定：小试件不超过 1g，中试件不超过 4g，大试件不超过 10g。质量损失超过此规定的试件，应该作废。

4. 无侧限抗压强度试验

(1)将已浸水 1d 的试件从水中取出,用软的旧布吸试件表面的可见自由水,并称试件的质量 m_4。

(2)用游标卡尺量试件的高度 h,准确到 0.1mm。

(3)将试件放到路面材料强度试验仪的升降台上(台上先放球铰座),进行抗压试验。试验过程中,应使试件的形变速度保持为 1mm/min,记录试件破坏时的最大压力 P(N)。

(4)从试件内部取有代表性的样品(经过打碎),试验其含水率 w_1。

5. 结果计算

(1)试件的无侧限抗压强度 R_c,用下列相应的公式计算:

对于小试件

$$R_c = \frac{P}{A} = 0.000\,51P \tag{5-62}$$

对于中试件

$$R_c = \frac{P}{A} = 0.000\,127P \tag{5-63}$$

对于大试件

$$R_c = \frac{P}{A} = 0.000\,057P \tag{5-64}$$

式中:P——试件破坏时的最大压力,N;

A——试件的截面积,$A=\frac{\pi}{4}D^2$,mm^2;

D——试件的直径,mm。

(2)精密度或允许误差

若干次平行试验的偏差系数 C_v(%)应符合下列规定:

小试件:不大于 10%;

中试件:不大于 15%;

大试件:不大于 20%。

抗压强度小于 2.0MPa 时,采用两位小数,并用偶数表示;抗压强度大于 2.0MPa 时,采用 1 位小数,并用 0、5 表示。

若干个试验结果的最小值和最大值、平均值、标准差、偏差系数 C_v 和 95%概率的代表值 $R_{c0.95}$($R_{c0.95}=\bar{R}_c-1.645S$)。

(三)无机结合料稳定土的间接抗拉强度试验方法(劈裂试验)

在路面设计中不仅要知道材料的抗压弹性模量,而且要知道材料的抗拉强度或间接抗拉强度(劈裂强度),以及材料在标准条件下的参数和在现场制件条件下的参数、材料强度和模量与时间的变化等。

试件可按预定干密度用静力压实法或锤击法制备,但应尽可能采用静力压实试件为圆柱体,高∶直径=1∶1,与无侧限抗压强度试验的试件尺寸相同。

1. 仪器设备

(1)试模:与无侧限抗压强度试验的试件尺寸相同。

(2)路面材料强度试验仪或其他形式压力机,能量测 2kN 及 20kN 的测力环。

(3)压条。采用半径与试件半径相同的弧面压条，其长度应大于试件的高度。不同尺寸试件采用的压条宽度和弧面半径见表 5-18。

不同尺寸试件采用的压条宽度和弧面半径　　表 5-18

试件尺寸(mm)	宽度(mm)	弧面半径(mm)
50×50	6.35	25
100×100	12.70	50
150×150	18.75	75

(4)其余试验设备均与无侧限抗压强度试验的相同。

2.试料准备、最佳含水率和最大干密度的测定、试件制作及养生

与无侧限抗压强度试验的相同。

作为应力检验用时，水泥稳定土、水泥粉煤灰稳定土的养生时间应是 90d，石灰稳定土和石灰粉煤灰稳定土的养生时间应是 6 个月。整个养生期间的温度，在北方地区应该保持在 20℃±2℃，在南方地区应该保持在 25℃±2℃。养生期的最后一天，应该将试件浸泡在水中，水的深度应使水面在试件顶上约 2.5cm。在浸泡前，应再次称试件的质量。在养生期间，试件的质量损失应该符合下列规定：小试件不超过 1g；中试件不超过 4g；大试件不超过 10g。质量损失超过此规定的试件，应该作废。

3.试验步骤

(1)将已浸水 1d 的试件从水中取出，用软的旧布吸干试件表面的可见自由水，并称试件的质量。

(2)用游标卡尺量试件的高度 H，准确到 0.1mm。

(3)在压力机的升降台上置一压条，将试件横置在压条上，在试件的顶面也放一压条(上下压条与试件的接触线必须位于试件直径的两端，并与升降台垂直)。

试验过程中，应使试件的形变速度保持为 1mm/min，记录试件破坏时的最大压力 P(N)。

(4)从试件内部取有代表性的样品(经过打碎)，测定其含水率。

4.结果计算

试件的间接抗拉强度用下列相应的公式计算。

1)无压条时

对于小试件：

$$R_i = \frac{2P}{\pi dH} = 0.012\,732\,\frac{P}{H} \tag{5-65}$$

对于中试件：

$$R_i = \frac{2P}{\pi dH} = 0.006\,366\,\frac{P}{H} \tag{5-66}$$

对于大试件：

$$R_i = \frac{2P}{\pi dH} = 0.004\,244\,\frac{P}{H} \tag{5-67}$$

式中：P——试件破坏时的最大压力，N；

d——试件的直径，mm；

H——浸水后试件的高度，mm。

2)有加载压条时

$$R_i = \frac{2P}{\pi a H}(\sin 2\alpha - \frac{a}{d}) \tag{5-68}$$

式中：a——压条的宽度，mm；

α——半压条宽对应的圆心角；

其余符号同前。

对于小试件：

$$R_i = 0.012\,526\frac{P}{H} \tag{5-69}$$

对于中试件：

$$R_i = 0.006\,263\frac{P}{H} \tag{5-70}$$

对于大试件：

$$R_i = 0.004\,178\frac{P}{H} \tag{5-71}$$

5. 精密度或允许误差

若干次平行试验的偏差系数 C_v(%)应符合下列规定：

小试件：不大于 10%；

中试件：不大于 15%；

大试件：不大于 20%。

间接抗拉强度(MPa)，用两位小数表示。

试验结果的最小值和最大值、平均值、标准差、偏差系数和 95%概率的代表值 $R_{i\,0.95}=(\bar{R}_i-1.645S)$ 。

五、室内抗压回弹模量试验方法

抗压回弹模量是路面结构设计中的一个基本参数，其值的大小直接影响到路面材料的强度和应力-应变特性和路面结构厚度的取值。目前试验回弹模量的方法主要有承载板法和顶面法，现分述如下。

(一)承载板法

1. 试验目的和适用范围

适用于在室内对无机结合料稳定细粒土和中粒土试件进行抗压回弹模量试验。

2. 仪器设备

(1)杠杆式压力仪或其他合适的仪器：加载能量大于 1.5kN。

(2)承载板：直径 37.4mm，面积 $11cm^2$。

(3)试模：直径×高=150mm×150mm。

(4)千分表(或百分表)：2 块。

(5)其他：同无侧限抗压强度试验。

3. 试件制备

试件制作和养生同无侧限抗压强度试验。

4. 确定最佳含水率和最大干密度

按试验规程要求确定无机结合料混合料的最佳含水率和最大干密度。

5. 试件数量

对于同一无机结合料剂量的混合料需要做平行试验的试件数量，与土类和操作的仔细程度有关。对于稳定细粒土和中粒土的试件，分别应做 13 个试件和 19 个试件，并使试验结果的偏差系数分别不超过 20%和 25%。如不能保证偏差系数小于上述规定，则还应按允许误差 10%和 90%概率重新计算，增加试件数量。

6. 逐级加荷卸荷试验步骤

(1)承载板计算单位压力的确定：对于无机结合料稳定基层材料为 0.5～0.7MPa；对于无机结合料稳定底基层材料为 0.2～0.4MPa。

(2)将试件浸水 24h 后，从水中取出并用软布擦干后放在杠杆式压力仪上，安置承载板。调平杠杆，使加砝码端略向上倾，安置千分表(百分表)。

(3)预压：先用拟施加的最大荷载的一半进行 2 次加荷卸荷预压试验，使承载板与试件顶面紧密接触；第 2 次卸载后等待 1min，然后将千分表的短指针调到中间位置，长针调到 0，记录千分表的原始读数。

(4)回弹变形测量：将预定的单位压力分成 5～6 个等份，作为每次施加的分力值，实际施加的荷载应较预定级数增加 1 级。施加第 1 级荷载(如为预定最大荷载的 1/6)，待荷载作用 1min 时，记录千分表的读数，同时卸去荷载(卸除荷载时，一手扶住杠杆，轻轻取下砝码，不要使试件弹起脱离承载板)，卸荷后 0.5min 时，记录百分表的读数。施加第 2 级荷载(为预定最大荷载的 2/6)，同前，待荷载作用 1min 时，记录千分表读数，卸去荷载 0.5min 后记录百分表的读数，并施加第 3 级荷载。如此逐级进行，直至记录最后一级荷载下的回弹形变。

7. 结果计算

(1)计算各级荷载的回弹形变 l

$$l = \text{加荷时平均读数} - \text{卸荷后平均读数} \tag{5-72}$$

(2)以单位压力值 P 为横坐标(向右)，回弹形变 l 为纵坐标(向下)，绘制 P—l 关系曲线。若曲线开始段出现上凹现象，需进行修正。修正时，一般情况下，将第 1 和第 2 个试验点取成直线，并延长此直线与纵坐标轴相交，此交点即为新的 0 点。

(3)按下式计算回弹模量 E：

$$E = \frac{\pi p D}{4l}(1-\mu^2) \tag{5-73}$$

式中：p——单位压力，MPa；

D——承载板直径，mm；

l——相应于单位压力 p 的回弹变形，mm；

μ——泊松系数，可取 0.25。

(4)计算全部试件的算术平均值、标准差和偏差系数。

(二)顶面法

1. 仪器设备

(1)加载主机：路面材料强度试验仪或其他类似仪器。

(2)测形变的装置：圆形金属平面加载顶板和底板，板的直径应大于试件的直径，底板直径线两侧有立柱，立柱上装有千分表夹。也可以直接利用直径为 152mm 的击实筒的底座。

(3)千分表：1/1 000mm，2 只。

(4)其他设备:同无侧限抗压强度试验的要求。

2. 试料准备

同无侧限抗压强度试验的要求。

3. 确定最佳含水率和最大干密度

按规范要求确定无机结合料混合料的最佳含水率和最大干密度。

4. 制作试件

(1)对于同一无机结合料剂量的混合料需要制相同状态的试件数量(即平行试验的数量),与土类及操作的仔细程度有关。对于无机结合料稳定细粒土,应该制 13 个试件,并要求试验结果的偏差系数不超过 20%;对于无机结合料稳定中粒土和粗粒土,应该制 19 个试件,并要求试验结果的偏差系数不超过 25%。

(2)称量一定数量的风干土并计算干土的质量,其数量随试件大小而变。对于 1 个 100mm×100mm 的稳定细粒土试件约需干土 1 400~1 600g;对于 1 个 100mm×100mm 的稳定中粒土试件约需干土 1 700~1 900g;对于 1 个 150mm×150mm 的稳定粗粒土试件约需干土 5 700~6 000g。

(3)将称量的土放在长方盘(400mm×600mm×70mm)内,向土中加水,将土和水拌和均匀后,放在密封容器内浸润备用。如为石灰稳定土、水泥石灰综合稳定土或石灰粉煤灰稳定土,则可将石灰和土或石灰粉煤灰和土一起拌匀后,放在密闭容器浸润备用。浸润时间同无侧限抗压强度试验的要求。

(4)在浸润过的试料中,加入预定数量的水泥拌和均匀,混合料应在 1h 内按下述方法制成试件,超过 1h 的混合料应该作废。其他结合料稳定土混合料虽不受此限,但也应尽快制成试件。

(5)按预定的干密度制件,同无侧限抗压强度试验的要求。

5. 养生

同无侧限抗压强度试验的要求。

6. 试件准备

(1)圆柱形试件的两个端面应用水泥净浆彻底抹平。将试件直立于桌面上,在上端面用早强高强水泥净浆薄涂一层后,在表面撒少量 0.25~0.5mm 的细砂,用直径大于试件的平面圆形钢板放在顶面,加压旋转圆钢板,使顶面齐平,边旋转边平移并迅速取下钢板。如有净浆被钢板粘去,则重新用净浆补平,并重复上述步骤。一个端面整平后,放置 4h 以上,然后将另一端面同样整平。整平应该达到:加载板放在试件顶面后,在任一方向都不会翘动。试件整平后放置 8h 以上。

(2)端面已经处理平整的试件浸水一昼夜。

7. 逐级加荷卸荷试验步骤

(1)加载板上的计算单位压力的选定值:对于无机结合料稳定基层材料,用 0.5~0.7MPa;对于无机结合料稳定底基层材料,用 0.2~0.4MPa。实际加载的最大单位压力应略大于选定值。

(2)将试件浸水 24h 后,从水中取出并用布擦干后放在加载底板上,在试件顶面撒少量 0.25~0.5mm的细砂,并手压加载顶板在试件顶面边加压边旋转,使细砂填补表面微观的不平整,并使多余的砂流出,以保证顶板与试件的接触面积。

(3)安置千分表,使千分表的脚支在加载顶板直径线的两侧,并离试件中心距离大致相等。

(4)将带有试件的测形变装置放到路面材料强度试验仪的升降台上(也可以先将测形变装置放在升降台上再安置试件和千分表),调整升降台的高度,使加载顶板与测力环下端的压头中心与加载顶板的中心接触。

(5)预压:先用拟施加的最大荷载的一半进行 2 次加荷卸荷预压试验,使加载顶板与试件表面紧密接触。第 2 次卸载后等待 1min,然后将千分表的短指针约调到中间位置,并将长针调到 0,记录千分表的原始读数。

(6)回弹变形测量:将预定的单位压力分成 5～6 个等份,作为每次施加的压力值,实际施加的荷载应较预定级数增加 1 级。施加第 1 级荷载(如为预定最大荷载的 1/5),待荷载作用 1min 时,记录千分表的读数,同时卸去荷载,让试件的弹性变形恢复,到 0.5min 时记录千分表的读数。施加第 2 级荷载(为预定最大荷载的 2/5),同前,待荷载作用 1min,记录千分表的读数,卸荷 0.5min 后,再记录千分表的读数,并施加第 3 级荷载。如此逐级进行,直至记录最后一级荷载下的回弹变形。

8. 结果计算

(1)计算每级荷载下的回弹变形 l。

$$l=\text{加荷时读数}-\text{卸荷时读数} \tag{5-74}$$

(2)以单位压力值 P 为横坐标(向右),以回弹变形 l 为纵坐标(向下),绘制 $P—l$ 关系曲线。

(3)用承载板上的计算单位压力 P 以及与其相应的回弹变形,按下式计算回弹模量 E:

$$E=\frac{PH}{l} \tag{5-75}$$

式中:P——单位压力,MPa;

H——试件高度,mm;

l——试件回弹变形,mm。

六、粉煤灰的技术性质

随着道桥工程新技术的发展,一些工业副产品,如粉煤灰、硅灰、粒化高炉矿渣等作为掺和料,在新型材料中产生了巨大的作用。其中,尤其以粉煤灰的应用十分广泛,下面就粉煤灰的技术性质进行阐述。

粉煤灰是火力发电厂燃煤燃烧后排出的工业废渣。按回收方法分为干排灰和湿排灰两种,一般后者居多。

粉煤灰在干燥状态时呈白色或浅灰色,无黏结性;在潮湿状态时呈灰色或灰褐色。粉煤灰颗粒较细,为粉末状,一般按质量计,0.074mm 以下的颗粒占 60%以上,0.074～2mm 的颗粒占 40%以下。相对密度在 1.9～2.6 之间,有液限和击实的特性,但无侧限抗压强度很低。粉煤灰的主要化学成分为二氧化硅(SiO_2)、三氧化二铝(Al_2O_3)、三氧化二铁(Fe_2O_3)、氧化钙(CaO)、氧化镁(MgO)等,其中前三种化学成分的总含量一般在 70%以上,是粉煤灰的主要活性成分。

粉煤灰在公路工程中的应用有以下几个方面:

(1)作为掺合料用于水泥混凝土,改善混凝土的某些性能,同时节约水泥。因掺粉煤灰混凝土早期强度较低,一般主要用于地下工程。

(2)与水泥或石灰综合稳定土或集料修筑路面基层,这方面的应用较为普遍,技术也比较成熟。粉煤灰也可以代替土石填筑路堤。

(3)作为填料用于沥青混合料,但用量不宜超过矿料总量的2%,不宜超过填料总量的50%。

粉煤灰的技术性质及试验检测方法如下。

(一)细度试验

细度是表示粉煤灰粗细程度的指标,用0.045mm方孔筛的通过量表示。粉煤灰越细,水化反应的界面就会增加,越容易发挥粉煤灰的活性,增加强度来源。对用作水泥混凝土掺合料的粉煤灰,细度试验按现行标准规定采用负压筛析仪测定,但试验条件与水泥负压筛细度试验不同;也可采用比表面积仪测定。无条件时,也可用0.3mm、0.075mm筛孔的通过量表示。

1. 仪器设备

(1)负压筛析仪:

①负压筛析仪由筛座、负压筛、负压源及收尘器组成,其中筛座由转速为30r/min±2r/min的喷气嘴、负压表、控制板、微电机及壳体等部分组成。

②筛析仪负压可调范围为4 000~6 000Pa。

③喷气嘴上口平面与筛网之间距离为2~8mm。

④负压源和收尘器,由功率600W的工业吸尘器和小型旋风收尘筒或其他具有相当功能的设备组成。

(2)天平:最大称量为100g,感量不大于0.05g。

2. 方法与步骤

(1)称取试样50g,精确至0.1g,倒入0.045mm方孔筛上,将筛子置于筛座上,盖上筛盖,自动筛分3min。

(2)在筛分过程中,若负压表,负压大于2 000Pa,表示工作正常;若负压小于2 000Pa,则应停机,清理干净吸尘器中的积灰后再进行筛分。

(3)在筛分过程中,可用轻质木棒或橡皮棒轻轻敲打筛盖,以防吸附。

(4)3min停机后将筛网内的筛余物收集并称量,精确至0.1g。

3. 结果整理

粉煤灰筛余百分数按下式计算:

$$X = G \times \frac{2}{100} \tag{5-76}$$

式中:X——粉煤灰筛余百分数,%;

G——筛余物质量,g。

(二)需水比试验

在水泥流动度仪上,当试验样品与比对样品的流动度达到同一规定范围(125~135mm)时,加水量的比值称为粉煤灰的需水比。需水比大,则粉煤灰的需水量大。这样会增加混凝土的单位用水量,从而影响混凝土的强度,因此粉煤灰的需水比不能过大。影响粉煤灰需水比的主要因素是其平均粒径和颗粒形状,平均粒径小、非球形颗粒多,需水比则大。

水泥生产或拌和水泥混凝土时,需水比作为掺合粉煤灰的技术指标。

1. 仪器设备

(1)试验样品:90g粉煤灰,210g硅酸盐水泥和750g标准砂。

(2)对比样品：30g 硅酸盐水泥，750g 标准砂。

(3)胶砂搅拌机：应符合《水泥胶砂强度检验方法》(GB/T 17671—1999)的有关规定。

(4)水泥胶砂流动度测定仪(简称跳桌)。

(5)试模：用金属材料制成，由截锥圆模和模套组成。

(6)捣棒：用金属材料制成，直径为 20mm±0.5mm，长度约 200mm。

(7)卡尺：量程为 200mm，分度值不大于 0.5mm。

(8)小刀：刀口子直，长度大于 80mm。

2. 方法与步骤

(1)试验前检验跳桌各部位是否正常。

(2)在制备胶砂的同时，用潮湿棉布擦拭跳桌台面、试模内壁、捣棒以及与胶砂接触的用具，将试模放在跳桌台面中央并用潮湿棉布覆盖。

(3)将拌好的胶砂分 2 层迅速装入流动试模，第 1 层装至截锥圆模高度约 2/3 处，用小刀在相互垂直的两个方向上各划 5 次；用捣棒由边缘至中心均匀捣压 15 次；之后装第 2 层胶砂，装至高出截锥圆模约 20mm，用小刀划 10 次，由边缘至中心均匀捣压 10 次。捣压力量，应恰好足以使胶砂充满截锥圆模。捣压深度，第 1 层捣至胶砂高度的 1/2，第 2 层捣实不超过已捣实底层表面。捣压顺序如图 5-11、图 5-12 所示。装胶砂和捣压时，用手扶稳试模，不要使其移动。

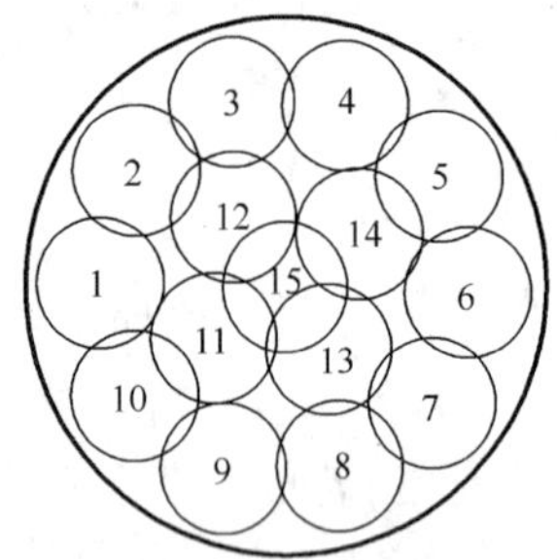

图 5-11　第一层捣压顺序

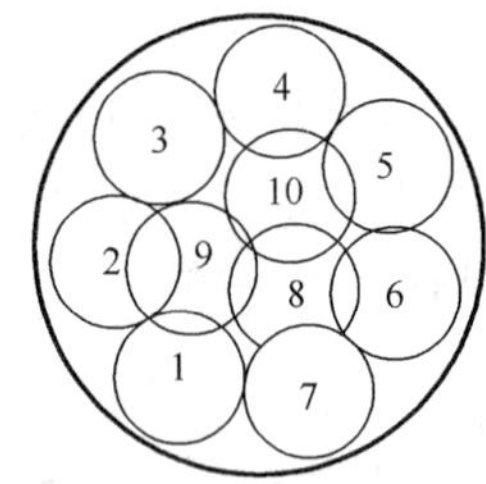

图 5-12　第二层捣压顺序

(4)捣压完毕，取下模套，用小刀由中间向边缘分 2 次将高出截锥圆模的胶砂刮去并抹平，擦去落在桌面上的胶砂。将截锥圆模垂直向上轻轻提起，立刻开动跳桌，约每秒钟 1 次，在 30s±1s 内完成 30 次跳动。

(5)跳动完毕，用卡尺测量胶砂底面最大扩散直径及与其垂直方向的直径。计算平均值，用 mm 为单位表示，即为该水量的水泥胶砂流动度。流动度试验，从胶砂拌和开始到测量扩散直径结束，须在 5min 内完成。电动跳桌与手动跳桌测定的试验结果不一致时，以电动跳桌为准。

3. 结果整理

粉煤灰的需水比按下式计算，计算结果取整数。

$$需水比=\frac{W_1}{W_2}\times 100 \tag{5-77}$$

式中：W_1——试验样品流动度为 125～135mm 时的需水量，mL；

W_2——对比样品流动度为 125～135mm 时的需水量，mL。

(三)烧失量试验

由于燃煤的品种、细度和燃烧条件的影响，粉煤灰中难免存在一些燃煤未充分燃烧的成分，其含量用烧失量表示。即在高温条件下灼烧，粉煤灰的质量损失百分率称为烧失量。烧失量过大会影响粉煤灰的使用质量，因此，无论是用作混凝土掺合料还是稳定土的粉煤灰，其烧失量都必须满足技术标准的要求。

测定粉煤灰的烧失量，以衡量粉煤灰中的有效成分，对粉煤灰的品质进行评价。

1.仪器设备

高温电阻炉、瓷坩埚。

2.方法与步骤

称取约 1g 试样，精确至 0.000 1g，置于已灼烧恒重的瓷坩埚中，将盖斜置于坩埚上，放在高温电阻炉内，从低温开始逐渐升温，在 950～1 000℃下灼烧 15～20min，取出坩埚置于干燥器中冷却至室温，称其质量。反复灼烧，直至恒重。

3.结果整理

粉煤灰的烧失量按下式计算：

$$X=\frac{m-m_1}{m}\times 100 \tag{5-78}$$

式中：X——烧失量，%；

m——试样的质量，g；

m_1——灼烧后试样的质量，g。

同一实验室的允许差为 0.15%。

(四)二氧化硅含量的测定

粉煤灰化学分析的试验项目包括二氧化硅、三氧化二铝、三氧化二铁、三氧化硫、氧化钙、氧化镁的含量及烧失量。按混凝土掺合料和基层材料对粉煤灰的质量要求，下面主要介绍二氧化硅、三氧化二铝、三氧化二铁、三氧化硫含量的测定试验。除三氧化硫试验方法，目前其他化学成分的试验方法一般均参考水泥化学成分分析方法进行，故为参考法。

1.试剂及材料

无水碳酸钠($NaCO_3$)：将无水碳酸钠用玛瑙研钵研细至粉末状备用。

盐酸：1+1，1+2，1+11，3+97(1+1：指 1 份体积市售浓度的盐酸与 1 份体积的水相混合，其余同理)。

硝酸：1+9。

硫酸：1+1，1+4。

氢氟酸(HF)。

氯化钾(KCl)：固体(颗粒粗大时，应研细后使用)。

氯化铵(NH_4Cl)。

焦硫酸钾($K_2S_2O_7$)：将市售焦硫酸钾在瓷蒸发皿中加热熔化，待气泡停止发生后，冷却、砸碎、储存在磨口瓶中。

钼酸铵溶液(50g/L)：将 5g 钼酸铵[$(NH_4)_6M_{O7}O_{24}\cdot 4H_2O$]溶于水中，加水稀释至 100mL，过滤后储存于塑料瓶中。此溶液可保存约一周。

抗坏血酸溶液(5g/L)：将 0.5g 抗坏血酸(V.C)溶于 100mL 水中，过滤后使用，现用现配。

乙醇(C_2H_5OH)：95%(V/V)。

氨水($NH_3\cdot H_2O$)：1+1，1+2。

磺基水杨酸钠指示剂溶液：将 10g 磺基水杨酸钠溶于水中，加水稀释至 100mL。

EDTA 标准滴定溶液[c(EDTA)= 0.015 mol/L]:取约 5.6gEDTA(乙二胺四乙酸二钠盐)置于烧杯中,加约 200mL 水,加热溶解,过滤,用水稀释至 1L。(注:EDTA 标准滴定溶液配置好后应进行浓度标定,方法同石灰试验。)

硫酸铜标准滴定溶液[$c(CuSO_4)$=0.015 mol/L]:将 3.7g 硫酸铜($CuSO_4 \cdot 5H_2O$)溶于水中,加 4~5 滴硫酸(1+1),用水稀释至 1 L,摇匀。

EDTA—铜溶液:按[c(EDTA)=0.015 mol/L]EDTA 标准滴定溶液与[$c(CuSO_4)$=0.015 mol/L]硫酸铜标准滴定溶液的体积比,准确配置成等浓度的混合溶液。

溴酚蓝指示剂溶液:将 0.2g 溴酚蓝溶于 100mL 乙醇(1+4)中。

pH3 的缓冲溶液:将 3.2g 无水乙酸钠(CH_3COONa)溶于水中,加 120mL 冰乙酸(CH_3COOH),用水稀释至 1 L,摇匀。

1—(2—吡啶偶氮)—2—萘酚(PAN)指示剂溶液:将 0.2g(PAN)溶于 100mL95%(V/V)乙醇中。

氯化钡溶液(100g/L):将 100g 二水氯化钡($BaCl_2 \cdot 2H_2O$)溶于水中,加水稀释至 1 L。

(1)二氧化硅标准溶液的配制:称取 0.200 0g 经 1 000~1 100℃新灼烧过 30min 以上的二氧化硅,精确至 0.000 1g,置于铂坩埚中,加入 2g 无水碳酸钠,搅拌均匀,在 1 000~1 100℃高温下熔融 15 min。冷却,将熔块浸入盛有热水的 300mL 塑料杯中,全部溶解后冷却至室温,移入 1 000mL 的容量瓶中,用水稀释至标线,摇匀,移入塑料瓶中保存。此标准溶液每毫升含 0.2mg二氧化硅。

吸取 10.00mL 上述标准溶液于 100mL 容量瓶中,用水稀释至标线,摇匀,移入塑料瓶中保存,此标准溶液每毫升含 0.02mg 二氧化硅。

(2)二氧化硅标准溶液工作曲线的绘制:吸取每毫升含 0.02mg 二氧化硅标准溶液 0、2.00mL、4.00mL、5.00mL、6.00mL、8.00mL、10.00mL 分别放入 100mL 容量瓶中,加水稀释至 40mL,依次加入 5mL 盐酸(1+11)、8mL95%(V/V)乙醇、6mL 钼酸铵溶液。放置 30min 后,加入 20mL 盐酸(1+1)、5mL 抗坏血酸溶液,用水稀释至标线,摇匀。放置 1h 后,用分光光度计和 10mm 比色皿,以水作参比于 660mm 处测定溶液的吸光度。用测得的吸光度作为相对应的二氧化硅含量的函数,绘制工作曲线。

二氧化硅是粉煤灰的活性成分之一,由纯二氧化硅和可溶性二氧化硅组成。

2.纯二氧化硅含量的测定

(1)称取约 0.5g 试样,精确至 0.000 1g,置于铂坩埚中,在 950~1 000℃高温下灼烧 5min,冷却。用玻璃棒仔细压碎块状物,加入 0.3g 无水碳酸钠,混匀,再将坩埚置于 950~1 000℃高温下灼烧 10min,放冷。

(2)将烧结块移入瓷蒸发皿中,加少量水润湿,用平头玻璃棒压碎块状物,盖上表面皿。从皿口滴入 5mL 盐酸及 2~3 滴硝酸,待反应停止后取下表面皿,用平头玻璃棒压碎块状物使分解完全。用热盐酸(1+1)清洗坩埚数次,洗液合并于蒸发皿中。将蒸发皿置于沸水浴上,皿上放一玻璃三角架,盖上表面皿,蒸发至糊状后,加入 1g 氯化铵充分搅匀,继续在沸水浴上蒸发至干。

(3)取下蒸发皿,加入 10~20mL 热盐酸(3+97),搅拌使可溶性盐类溶解。用中速滤纸过滤,用胶头扫棒以热盐酸(3+97)擦洗玻璃棒及蒸发皿,并洗涤沉淀 3~4 次,然后用热水充分洗涤沉淀,直至检验无氯离子为止。滤液和洗液保存在 250mL 容量瓶中。

值得注意的是,氯离子用硝酸银检验。按规定洗涤沉淀数次后,用数滴水淋洗漏斗的下端，用数毫升水洗涤滤纸和沉淀，滤液收集在试管中，加几滴硝酸银溶液，观察试管中溶液是否浑浊。若浑浊，继续洗涤，直至硝酸银检验不再浑浊为止。

(4)在沉淀物上加3滴硫酸(1+4)，然后将沉淀连同滤纸一并移入铂坩埚中，烘干并灰化后放入950～1 000℃的高温炉内灼烧1 h，取出坩埚置于干燥器中冷却至室温，称量。反复灼烧，直至恒量。

(5)向坩埚中加数滴水，润湿沉淀，加3滴硫酸(1+4)和10mL氢氟酸，放入通风橱内电热板上缓慢蒸发至干，升高温度继续加热至三氧化硫白烟完全逸尽。将坩埚放入950～1 000℃的高温炉内灼烧30min，取出坩埚置于干燥器中冷却至室温，称量。反复灼烧，直至恒量。

(6)纯二氧化硅的质量百分含量按下式计算：

$$X_{01}=\frac{m_1-m_2}{m_0}\times 100 \tag{5-79}$$

式中：X_{01}——纯二氧化硅的质量百分含量，%；

m_0——试样的质量，g；

m_1——灼烧后未经氢氟酸处理的沉淀及坩埚质量，g；

m_2——经氢氟酸处理并经灼烧后的残渣及坩埚质量，g。

3. 可溶性二氧化硅的测定

(1)向经氢氟酸处理后得到的残渣中加入0.5g焦硫酸钾使之熔融，熔块用热水和数滴盐酸(1+1)溶解，溶液并入按上述方法分离二氧化硅后得到的滤液和洗液中。用水稀释至标线，摇匀。此溶液(记作A溶液)可供测可溶性二氧化硅、三氧化二铁、三氧化二铝、氧化钙、氧化镁、二氧化钛的含量用。

(2)从A溶液中吸取25.00mL的溶液放入100mL容量瓶中，用水稀释至40mL，依次加入5mL盐酸(1+11)、8mL95%(V/V)乙醇、6mL钼酸铵溶液，放置30min后加入20mL盐酸(1+1)、5mL抗坏血酸溶液，用水稀释至标线，摇匀。放置1h，使用分光光度计和10mm比色皿，以水作参比于660mm处测定溶液的吸光度。在工作曲线上查出二氧化硅的含量。

(3)可溶性二氧化硅的质量百分含量按下式计算：

$$X_{02}=\frac{m_3\times 250}{m_0\times 25\times 1\,000}\times 100=\frac{m_3}{m_0} \tag{5-80}$$

式中：X_{02}——可溶性二氧化硅的质量百分含量，%；

m_3——按纯二氧化硅测定方法测定的100mL溶液中二氧化硅的含量，mg。

4. 结果整理

$$\text{总二氧化硅}=\text{纯二氧化硅}+\text{可溶性二氧化硅} \tag{5-81}$$

同一实验室的允许差为0.15%，不同实验室的允许差为0.20%。

(五)三氧化二铁含量的测定

从上述溶液A中吸取25.00mL注入300mL烧杯中，加水稀释至约100mL，用氨水(1+1)和盐酸(1+1)调节溶液的pH值在1.8～2.0之间(用精密pH试纸测试)。将溶液加热至70℃，加10滴磺基水杨酸钠指示剂溶液，用[c(EDTA)=0.015 mol/L)EDTA标准滴定溶液缓慢地滴定至亮黄色(终点时溶液温度应不低于60℃)。保留此溶液供测定三氧化二铝用。

三氧化二铁的质量百分数按下式计算：

$$X_2 = \frac{T_{Fe_2O_3} V_2 \times 10}{m_0 \times 1000} \times 100 = T_{Fe_2O_3} \times \frac{V_2}{m_0} \quad (5\text{-}82)$$

式中：X_2——三氧化二铁的质量百分含量，%；

$T_{Fe_2O_3}$——每毫升 EDTA 标准滴定溶液相当于三氧化二铁的毫克数，mg/mL；

V_2——滴定时消耗 EDTA 标准滴定溶液的体积，mL。

同一实验室的允许差为 0.15%，不同实验室的允许差为 0.20%。

（六）三氧化二铝含量的测定

将上述测完三氧化二铁含量的溶液用水稀释至约 200mL，加 1～2 滴溴酚蓝指示剂溶液，滴加氨水（1+2）至溶液出现蓝紫色，再滴加盐酸（1+2）至黄色，加入 15mLpH3 的缓冲溶液，加热至微沸并保持 1min，加入 10 滴 EDTA-铜溶液及 2～3 滴 PAN 指示剂溶液，用[c(EDTA)=0.015 mol/L]EDTA 标准滴定溶液滴定至红色消失，继续煮沸，滴定，直至溶液经煮沸后红色不再出现，呈稳定的亮黄色为止。

三氧化二铝的质量百分含量按下式计算：

$$X_3 = \frac{T_{Al_2O_3} V_3 \times 10}{m_0 \times 1\,000} \times 100 = T_{Al_2O_3} \times \frac{V_3}{m_0} \quad (5\text{-}83)$$

式中：X_3——三氧化二铝的质量百分含量，%；

$T_{Al_2O_3}$——每毫升 EDTA 标准滴定溶液相当于三氧化二铝的毫克数，mg/mL；

V_3——滴定时消耗 EDTA 标准滴定溶液的体积，mL。

同一实验室的允许差为 0.15%，不同实验室的允许差为 0.20%。

（七）三氧化硫含量的测定

三氧化硫含量的测定采用硫酸钡重量法，是用盐酸分解试样，在控制酸度（0.2～0.4N）的条件下沉淀硫酸钡，滤出沉淀后置于 800℃高温下灼烧，称量。

1. 试剂

盐酸（1+1），氯化钡溶液[10%（V/V）]，硝酸银溶液[1%（V/V）]：将 1g 硝酸银溶于 90mL 水中，加入 10mL 硝酸，储存在棕色瓶中。

2. 方法与步骤

准确称取 0.5g 试样，置于 300mL 烧杯中，加入 30～40mL 水及 10mL 盐酸（1+1），加热至微沸，并保持微沸 5min，使试样充分分解。取下试样，以中滤纸过滤，用温水洗涤 10～12 次，调整滤液体积至 200mL，煮沸，在搅拌下滴加 10mL 氯化钡溶液[1%（V/V）]，并将溶液煮沸数分钟，然后移至温热处静置 4h 或过夜（此时溶液体积应保持 200mL）。用慢速滤纸过滤，以温水洗至无氯根反应（用硝酸银溶液检验）。将沉淀及滤纸一并移入已灼烧恒量的瓷坩埚中，灰化后在 800℃的高温炉内灼烧 30min。取出坩埚，置于干燥器中冷至室温，称量。如此反复灼烧，直至恒重。

3. 结果整理

三氧化硫的百分含量按下式计算：

$$X = \frac{0.343 G_1}{G} \times 100 \quad (5\text{-}84)$$

式中：X——三氧化硫的百分含量，%；

G——试样质量，g；

G_1——灼烧后沉淀物的质量，g；

0.343——硫酸钡对三氧化硫的换算系数。

同一实验室的允许差为0.15%，不同实验室的允许差为0.20%。

七、粉煤灰的质量标准

用于公路工程的粉煤灰应满足一定的技术要求，以保证组配的混合料获得优良的技术性质。

1. 用作水泥混凝土掺合料粉煤灰的质量标准

拌制水泥混凝土和砂浆时，作为掺合料的粉煤灰成品应满足《用于水泥和混凝土中的粉煤灰》(GB/T 1596—2005)的要求，见表5-19。

拌制混凝土和砂浆用粉煤灰的技术要求 表5-19

序　号	指　标	级　别		
		I	II	III
1	细度(0.045mm方孔筛筛余量)不大于(%)	12	25	45
2	需水比不大于(%)	95	105	115
3	烧失量不大于(%)	5	8	15
4	含水率不大于(%)	1	1	1
5	三氧化硫不大于(%)	3	3	3
6	游离氧化钙，不大于(%)	1.0或4.0		
7	雷氏夹沸煮后增加距离，不大于(mm)	5.0		

2. 用作路面基层材料粉煤灰的质量标准

石灰与粉煤灰综合稳定土或集料时，粉煤灰应符合《公路路面基层施工技术规范》(JTJ 034—2000)的要求，见表5-20。

路面基层用粉煤灰的质量标准 表5-20

序　号	指　标		指标值
1	($SiO_2+Al_2O_3+Fe_2O_3$)含量不小于(%)		70
2	烧失量不大于(%)		20
3	含水率不宜大于(%)		35
4	细度	比表面积宜大于($cm^2 \cdot g^{-1}$)	2 500
		0.3mm、0.075mm筛孔的通过量不小于(%)	90，70

思　考　题

1. 简述粗集料的表观密度与堆积密度的区别。
2. 简述细集料堆积密度与紧装密度的区别。
3. 写出集料筛分试验时，分计筛余、累计筛余、通过百分率的计算式，说明他们的区别。
4. 说明含泥量试验与泥块含量试验的主要区别。
5. 磨耗率与磨光值试验有什么不同？

6. 无机结合料稳定材料是指哪些筑路材料?

7. EDTA 滴定法试验中,作标准曲线的目的是什么?

8. 无机结合料稳定材料含水率的试验方法有哪些? 标准方法是哪个?

9. 石灰的化学试验中,氧化钙试验和氧化镁试验与有效氧化钙和氧化镁的简易试验方法的主要区别是什么?

10. 水泥稳定土击实试验主要应注意什么?

11. 根据什么选择击实试验中的甲法和乙法进行击实?

12. 无侧限抗压强度试验的试件是怎样养生的?

13. 劈裂试验有压条与无压条试验时,其计算有何区别?

14. 室内回弹模量试验的最大加荷荷载根据什么确定?

第六章 DILIUZHANG 水泥混凝土试验方法

水泥混凝土路面是指以水泥混凝土作面层(配筋或不配筋)的路面,亦称刚性路面,包括普通混凝土路面、钢筋混凝土路面、连续配筋混凝土路面、钢纤维混凝土路面、复合式路面和水泥混凝土预制块路面。目前采用最广泛的是就地浇筑的普通混凝土路面,简称水泥混凝土路面。

配制水泥混凝土一般可采用硅酸盐水泥、普通硅酸盐水泥、矿渣硅酸盐水泥、火山灰质硅酸盐水泥、粉煤灰硅酸盐水泥、复合硅酸盐水泥和道路硅酸盐水泥。特重、重交通路面可采用旋窑道路硅酸盐水泥、旋窑硅酸盐水泥和普通硅酸盐水泥,中、轻交通路面可采用矿渣硅酸盐水泥,低温天气施工或有快通要求的路段可以采用R型水泥。采用何种水泥,应根据混凝土工程的特点和所处的环境条件进行选择。各交通等级路面水泥抗折强度、抗压强度应符合表6-1的要求。

各交通等级路面水泥各龄期的抗折强度、抗压强度 表6-1

交通等级	特重交通		重交通		中、轻交通	
龄期(d)	3	28	3	28	3	28
抗压强度(MPa)	≥25.5	≥57.5	≥22.0	≥52.5	≥16.0	≥42.5
抗折强度(MPa)	≥4.5	≥7.5	≥4.0	≥7.0	≥3.5	≥6.5

根据硅酸盐水泥四个主要矿物(硅酸三钙、硅酸二钙、铝酸三钙和铁铝酸四钙)的性能,选择适当的矿物组成,改变细度或调整外加剂的种类和掺量,是改变水泥性能的主要技术途径。由较高C_4AF含量的硅酸盐水泥熟料、0～10%活性混合材料和适量石膏磨细制成的水硬性胶凝材料,称为道路硅酸盐水泥(简称道路水泥)。

修筑水泥混凝土路面,一般采用高强度等级硅酸盐水泥,并添加外加剂对混凝土进行改性。我国《公路水泥混凝土路面施工技术规范》(JTG F30—2003)规定:对特重、重交通路面铝酸三钙不宜大于7.0%,铁铝酸四钙不宜小于15.0%,游离氧化钙不得大于1.0%,氧化镁不得大于5.0%,三氧化硫不得大于3.5%,碱含量(Na_2O+0.658K_2O)不得大于0.6%,不得掺窑灰、煤矸石、火山灰和黏土,有抗盐冻要求时不得掺石灰和石粉;对中、轻交通路面,铝酸三钙不宜大于9.0%,铁铝酸四钙不宜小于12.0%,游离氧化钙不得大于1.5%,氧化镁不得大于6.0%,三氧化硫不得大于4.0%,怀疑有碱活性集料时,碱含量(Na_2O+0.658K_2O)不得大于0.6%,无碱活性集料时,碱含量不得大于1.0%不得掺窑灰、煤矸石、火山灰和黏土,有抗盐冻要求时不得掺石灰和石粉。各交通等级路面用水泥的物理指标见表 6-2。

各交通等级路面用水泥的物理指标 表 6-2

水泥性能	特重、重交通路面	中、轻交通路面
出磨时安定性	雷氏夹或蒸煮法检验必须合格	蒸煮法检验必须合格
标准稠度需水量	不宜>28%	不宜>30%
烧失量	不得>3.0%	不得>5.0%
比表面积	宜在 300～450m²/kg	宜在 300～450m²/kg
细度(80μm)	筛余量不得>10%	筛余量不得>10%
初凝时间	不早于 1.5h	不早于 1.5h
终凝时间	不迟于 10h	不迟于 10h
28d 干缩率	不得>0.09%	不得>0.10%
耐磨性	不得>3.6kg/m²	不得>3.6kg/m²

目前国内水泥混凝土路面修筑普遍以采用 32.5 级普通硅酸盐水泥为主，部分采用 42.5 级普通硅酸盐水泥或矿渣水泥。国内道路水泥地方标准的熟料矿物组成指标大体与罗马尼亚的标准相接近，规定 CA<6%或<5%，CAF>16%或>18%，CS>50%或>55%或不作规定。由于水泥混凝土路面的特殊工作条件，路面混凝土应采用强度高、干缩小、抗磨性与抗冻性好的水泥。确定水泥品种和强度等级时必须根据公路等级、工期、铺装时间和方法、市场供应和经济性等因素综合考虑决定。从国内外路用水泥使用情况来看，一般都以普通硅酸盐水泥为主，也可采用其他品种水泥，但必须符合路用性能要求和经济上合理性。

第一节　水泥浆体流动度测定方法与水泥胶砂耐磨性试验方法

一、水泥浆体流动度测定方法(倒锥法)

水泥浆体流动度测定方法(倒锥法)适用于水泥混凝土路面脱空封堵时浆体流动性的评价，也可用于贯入式路面结构的水泥浆体的流动性评价。本方法适用于硅酸盐水泥、普通硅酸盐水泥、矿渣硅酸盐水泥、粉煤灰硅酸盐水泥、火山灰硅酸盐水泥、复合硅酸盐水泥、道路硅酸盐水泥浆体流动度的测定。下面介绍水泥浆体流出时间小于 35s、公称最大粒径小于 2.36mm 的水泥浆体流动度采用倒锥法的仪器和操作步骤。

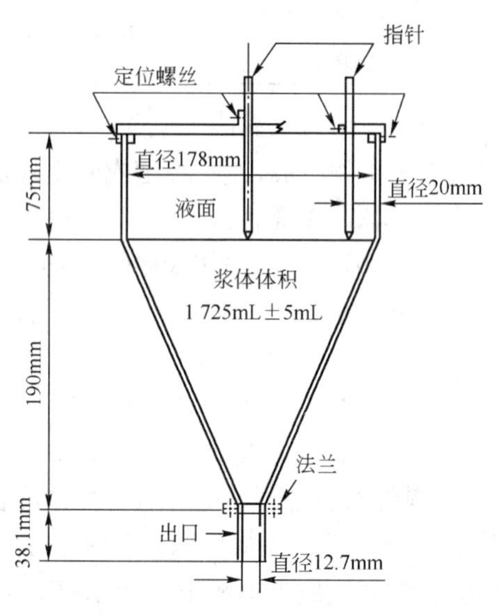

图 6-1　倒锥示意图

1. 仪器设备

(1)倒锥：尺寸如图 6-1 所示，材料可以是玻璃、不锈钢、铝或其他金属。

(2)容器：容积最小 2 000mL。

(3)支架：用金属材料制成，用于支撑倒锥。

(4)秒表：分度值为 0.2s。

(5)胶砂搅拌机、水平尺等。

2. 仪器的标定

试验前确保倒锥稳定，并用水准仪检查是否垂直。往倒锥中加入水，调整指示器的位置使容积为 1 725mL±5mL。用手指堵住倒锥的出口，在手指松开的同时，按下秒表，在流出水流变得间断的同时再次按下秒表。如果在 20℃±2℃的温度下，流出时间为 8.0s±0.2s，则倒锥可以使用。

3. 试验步骤

试验时，室内温度应保持在 20℃±2℃。同一种材料至少进行 2 次试验，并注意浆体不得重复使用。

(1)使用前 1min，用水润湿倒锥。用手指或其他塞子堵住出口。慢慢将浆体加入倒锥中，在接近指针时要减慢速度，直到体积为 1 725mL±5mL。

(2)在松开手指或塞子的同时按下秒表，在流出浆体变得间断的同时再次按下秒表，此时间为浆体流出时间。最后观察出口，如果出口透亮的话，则说明倒锥方法可用，否则不可用。

(3)试验应在搅拌结束 1min 内完成。

(4)试验结束后应将倒锥清洗干净。

4. 试验结果

试验结果以 2 次以上试验结果的平均值为准，平均值修约到最近的 0.2s 上。每次试验的结果应在平均值±1.8s 以内。

测得的浆体流动度还应根据现场温度、风力等条件作适当修正。振动灌浆砂浆的流动度以 16～20s 为宜；压力灌浆时浆体的流动度以 18～25s 为宜。

二、水泥胶砂耐磨性试验方法

水泥胶砂耐磨性试验方法适用于硅酸盐水泥、普通硅酸盐水泥、矿渣硅酸盐水泥、粉煤灰硅酸盐水泥、道路硅酸盐水泥、复合硅酸盐水泥及建筑材料的耐磨性试验。

1. 仪器设备

(1)水泥胶砂耐磨试验机：由直立主轴、水平转盘、传动机构和控制系统组成。主轴和转盘不在同一轴线上，主轴和转盘同时按相反方向转动，主轴下端配有磨头连接装置，可以装卸磨头。

主轴与水平转盘垂直度要求：测量长度 80mm 时偏离度不大于 0.04mm。水平转盘转速 17.5r/min±0.5r/min，主轴与转盘转速比为 35∶1。主轴与转盘的中心距为 40mm±0.2mm。负荷分为 200N、300N、400N 3 档，误差不大于±1%。主轴升降行程不小于 80mm，磨头最低点距水平转盘工作面不大于 25mm。

水平转盘上配有能夹紧试件的卡具，卡头单向行程为 150^{+4}_{-1} mm。卡夹宽度不小于 50mm。夹紧试件后应保证试件不上浮或翘起。

花轮磨头如图 6-2 所示，由 3 组花轮组成，按星形排列成等分三角形，花轮与轴心最小距离为 16mm，最大距离为 25mm。每组花轮由 2 片花轮片装配而成，其间隔为 2.6～2.8mm。边缘上均匀分布 12 个矩形齿，齿宽为 3.3mm，齿高为 3mm，由不小于 HRC 60 硬质钢制成。

机器上装有必要的电器控制器，具有 0～999 转盘数字自动控制显示装置，其转数误差小于 1/4 转，并装有电源电压监测表及自动停车报警装置。电器绝缘性能良好，噪声小于 90dB。机器上装有吸尘器，随时将磨下的粉尘吸走。

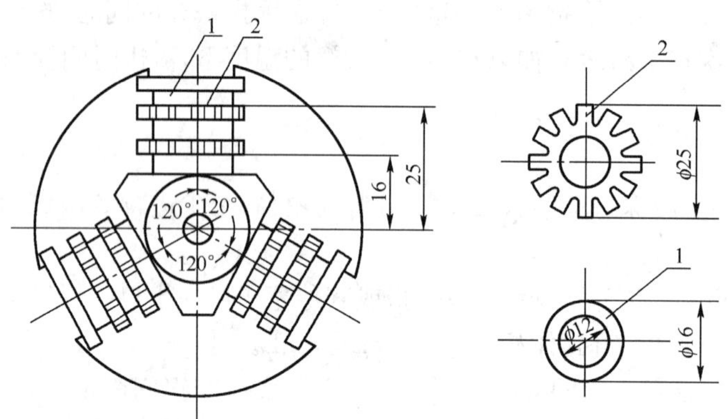

图 6-2 花轮磨头示意图(尺寸单位：mm)

1-花轮片间挡圈；2-花轮片

(2)试模

①试模由侧板、端板、底座、紧固装置及定位销组成，如图 6-3 所示，各组件可以拆卸组装。试模模腔有效容积为 150mm×150mm×30mm，试模总质量为 6～6.5kg。

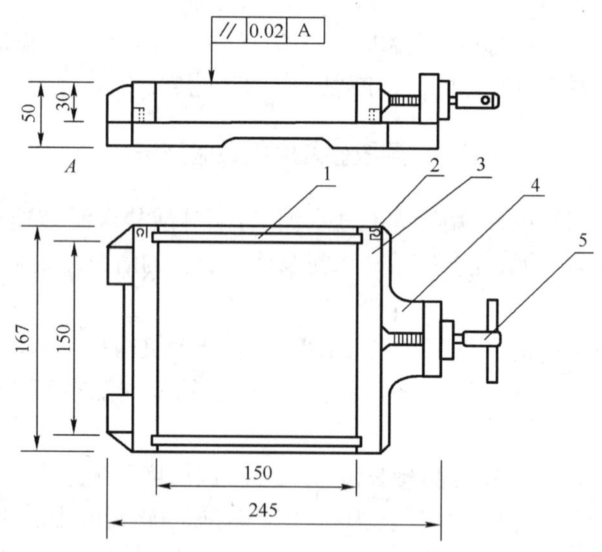

图 6-3 试模示意图(尺寸单位：mm)

1-侧板；2-端板；3-底座；4-紧固装置；5-定位销

②侧板与端板由 45 号钢制成，表面粗糙度 R_a 不大于 6.3μm，组装后模框上下面的平行度不大于 0.02mm，模框应有成组标记。

③底座用 HT20—40 灰口铸铁加工，底座上表面粗糙度 R_a 与侧板相同，平面度不大于 0.03mm，底座非加工面经涂漆无流痕。

④侧板、端板与底座紧固后，最大翘起量应不大于 0.05mm，其模腔对角线长度误差不大于 0.1mm。

⑤紧固装置应灵活，放松螺旋时侧板应能方便地从端板中取出或装入。

(3)模套：结构与尺寸如图 6-4 所示。

(4)干燥箱：温度不低于 105℃且带有鼓风装置。

(5)天平：量程不小于 2 000g，感量不大于 2g。

另外，还有胶砂搅拌机和胶砂振动台。

2. 试样制备

水泥试样应充分拌匀，通过 0.9mm 方孔筛，在试验前一天送到实验室储存。试验用砂为粒度范围在 0.5～1.0mm 的标准砂。试验用水应是洁净的饮用水。

3. 试件成型及养护

成型室的温度为 20℃±2℃，相对湿度＞50％；养护箱温度为 20℃±1℃，相对湿度＞90％；养护水的温度为 20℃±1℃。试样、标准砂和试验用水以及试模的温度应与室温相同。

成型前将试模擦净，模板与底座的接触面应涂黄油，紧密装配，防止漏浆，内壁均匀刷上一薄层机油。试件的灰砂比为 1∶2.5，硅酸盐水泥、普通硅酸盐水泥、矿渣水泥的水灰比为 0.44；火山灰水泥、粉煤灰水泥为 0.46。每一试样需成型 3 块试件，分别搅拌成型。每成型 1 块试件应称水泥 400g，标准砂 1 000g。

把锅放在固定架上，将水、水泥依次倒入锅中。然后立即开动机器，低速搅拌 30s 后，在第 2 个 30s 开始的同时均匀将砂子加入。当各级砂是分装时，应从最粗粒级开始依次加入。停拌 90s，在停拌中的第 1 个 15s 内用胶皮刮具将叶片和锅壁上的胶砂刮入锅中。在高速下继续搅拌 60s。各个阶段时间误差应在±1s 内。

在胶砂搅拌的同时，将试模及模套卡紧在振动台台面中心位置，并将拌和好的全部胶砂均匀地装入试模内，开动振动台，约 10s 时，开始用小刀插划胶砂，横划 14 次，竖划 14 次，另外在试件四角分别用小刀插 10 次，整个插捣工作在 90s 内完成。插划胶砂方法如图 6-5 所示。振动 120s±5s 后自动停机。振动完毕，取下试模，去掉模套，刮平、编号。放入养护箱中养护 24h±0.25h(从加水开始算起)，取出脱模。脱模时应防止试件损伤，硬化较慢的水泥允许延长脱模时间，但需记录脱模时间。

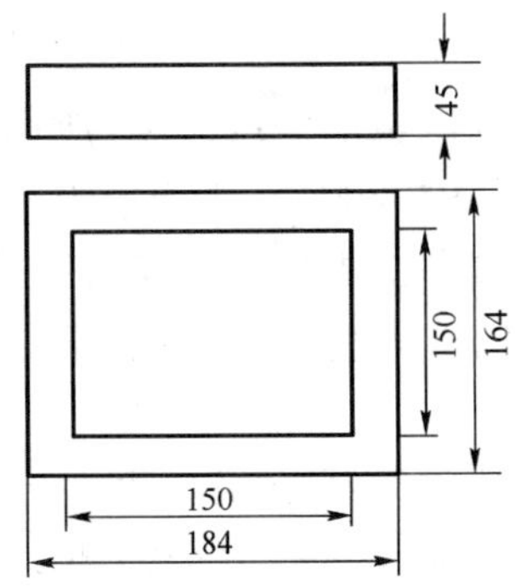

图 6-4　模套(尺寸单位：mm)

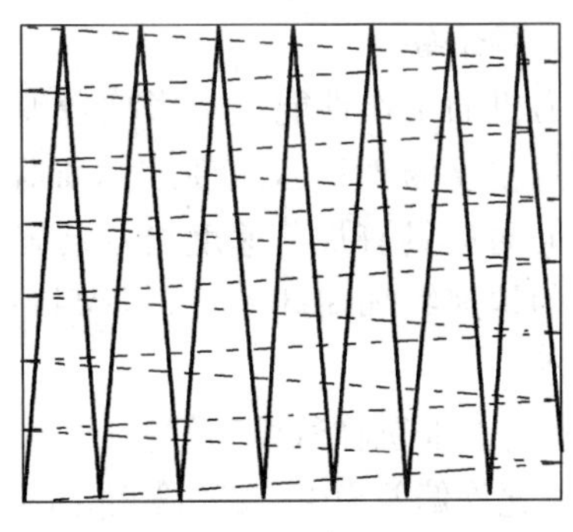

图 6-5　胶砂插划方法示意图

脱模后，立即将试件放入 20℃±1℃水中养护，试件间应留有间隙，水面至少高出试件 20mm，养护水应每 2 周更换一次。试件在水槽中养护到 27d 龄期后取出，立即擦干竖放，自然干燥 24h，然后放在 60℃±5℃的烘箱中烘干 4h，然后冷却至室温。

4. 试验步骤

(1)取烘干试件,将刮平面朝下,放至耐磨试验机的水平转盘上,作好定位标记,并固紧。然后在 300N 负荷下预磨 30 转,取下试件扫净粉粒称量,该质量作为试件的原始质量 m_1;然后再将试件放回到水平转盘的原来位置上放平、固紧,注意不要在试件与转盘之间残留颗粒以免影响试件与磨头的接触,再磨 40 转,取下试件扫净粉粒称质量 m_2。整个磨损过程应将吸尘器对准试件磨损面,使磨下的粉尘及时从磨损面上被吸走。

(2)花轮磨头与水平转盘做相反方向转动,磨头沿着试件表面环形轨迹磨削,使试件表面产生一个内径约为 30mm,外径约为 130mm 的环形磨损面。

(3)花轮片磨损质量损失 0.5g 时,应将同一组的花轮片内外调换位置,再磨损 0.5g 时,应予淘汰。

5. 试验结果计算

每一试件单位面积的磨损量按式(6-1)计算,精确至 0.001kg/m²。

$$G=\frac{m_1-m_2}{0.0125} \tag{6-1}$$

式中:G——单位面积的磨损量,kg/m²;

m_1——试件的原始质量,kg;

m_2——试件磨损后的质量,kg;

0.012 5——磨损面积,m²。

取 3 块试件结果的平均值作为试件的磨损量。其中磨损量超过平均值 15% 的试件应予以剔除,剔除 1 块时,取余下 2 块试件结果的平均值;剔除 2 块时,应重新做试验。

第二节　硬化水泥混凝土现场取样方法与水泥混凝土试件制作

本节主要介绍在常温环境中室内试验时水泥混凝土试件制作与硬化水泥混凝土现场取样方法(T 0551—2005)。对轻质水泥混凝土、防水水泥混凝土、碾压混凝土等其他特种水泥混凝土的制作与硬化水泥混凝土现场取样方法,可以参照本方法进行。

1. 仪器设备

压力机的工作性能显著影响着硬化水泥混凝土的性能试验的最终结果,所以要求压力机的测量精度为±1%,试件破坏荷载应大于压力机全量程的 20% 且小于压力机全量程的 80%。同时应具有加荷速度指示装置或加荷速度控制装置。上下压板平整并有足够刚度,可以均匀地连续加荷卸荷,可以保持固定荷载。开机停机均灵活自如,能够满足试件破型吨位要求。

试模分为非圆柱试模和圆柱试模。非圆柱试模的内表面刨光磨光(粗糙度 $R_a=0.32\mu m$)。内部尺寸允许偏差为±0.2%;相邻面夹角为 90°±0.3°。试件边长的尺寸公差为 1mm。圆柱试模的直径误差小于 $d/200$,高度误差应小于 $h/100$。试模底板的平面度公差不超过 0.02mm。组装试模时,圆筒纵轴与底板应成直角,允许公差为 0.5°。为了防止接缝处出现渗漏,要使用合适的密封剂,如黄油等,并采用紧固方法使底板固定在模具上。常用的几种试件尺寸(试件内部尺寸)规定如表 6-3 所示。所有试件承压面的平面度公差不超过 0.000 5d(d 为边长)。

试 件 尺 寸 表 6-3

试件名称	标准尺寸(mm)	非标准尺寸(mm)
立方体抗压强度试件	150×150×150(31.5)	100×100×100(26.5) 200×200×200(53)
圆柱抗压强度试件	ϕ150×300(31.5)	ϕ100×200(26.5) ϕ200×400(53)
芯样抗压强度试件	ϕ150×l_m(31.5)	ϕ100×l_m(26.5)
立方体劈裂抗拉强度试件	150×150×150(31.5)	100×100×100(26.5)
圆柱劈裂抗拉强度试件	ϕ150×300(31.5)	ϕ100×200(26.5) ϕ200×400(53)
芯样劈裂强度试件	ϕ150×l_m(31.5)	ϕ100×l_m(26.5)
轴心抗压强度试件	150×150×300(31.5)	200×200×400(53) 100×100×300(26.5)
抗压弹性模量试件	150×150×300(31.5)	200×200×400(53) 100×100×300(26.5)
圆柱抗压弹性模量试件	ϕ150×300(31.5)	ϕ100×200(26.5) ϕ200×400(53)
抗弯拉强度试件	150×150×600(31.5) 150×150×550(31.5)	100×100×400(26.5)
抗弯拉弹性模量试件	150×150×600(31.5) 150×150×550(31.5)	100×100×400(26.5)
水泥混凝土干缩试件	100×100×515(19)	150×150×515(31.5) 200×200×515(50)
抗渗试件	上口直径 175mm,下口直径 185mm,高 150mm 的锥台	上下直径与高度均为 150mm 的圆柱体

注:括号中的数字为试件中集料公称最大粒径,单位 mm。标准试件的最短尺寸大于公称最大粒径 4 倍。

球座要求钢质坚硬,面部平整度要求在 100mm 距离内,高低差值不超过 0.05mm,球面及球窝粗糙度 R_a=0.32μm,研磨、转动灵活。不应在大球座上作小试件破型,球座最好放置在试件顶面(特别是棱柱试件),并凸面朝上,当试件均匀受力后,一般不宜再敲动球座。

捣棒为直径 16mm、长约 600mm 并具有半球形端头的钢质圆棒。压板用于圆柱试件的顶端处理,一般为厚 6mm 以上的毛玻璃,压板直径应比试模直径大 25mm 以上。钻孔取样机一般用金刚石钻头,从结构表面垂直钻取,钻机应具有足够的刚度,保证钻取的芯样周面垂直且表面损伤最少。钻芯时,钻头应做无显著偏差的同心运动。

搅拌机采用自由式或强制式搅拌机;振动台使用标准振动台。

2.非圆柱体试件成型

取拌和物的总量至少应比所需量高 20%以上,并取出少量混凝土拌和物代表样,在 5min 内进行坍落度试验,认为品质合格后,应在 15min 内开始制件。

当坍落度小于 25mm 时,可采用 ϕ25mm 的插入式振捣棒振捣成型。将混凝土拌和物一次装入涂有矿物油的试模中,装料时应用抹刀沿各试模壁插捣,并使混凝土拌和物高出试模口;振捣时振捣棒距底板 10~20mm,且不要接触底板。振捣直到表面出浆为止,且应避免过振，以防止混凝土离析，一般振捣时间为 20s。振捣棒拔出时要缓慢，拔出后不得留有孔洞。用刮刀刮去多余的混凝土，在临近初凝时，用抹刀抹平。试件抹面与试模边缘高低差不得超过 0.5mm。

当坍落度大于 25mm 且小于 70mm 时，用标准振动台振捣成型。将试模放在振动台上夹牢，防止试模自由跳动，将拌和物一次装满试模并稍有富余，开动振动台至混凝土表面出现乳状水泥浆时为止，振动过程中随时添加混凝土使试模常满，记录振动时间(为维勃秒数的2～3倍，一般不超过 90s)。振动结束后，用金属直尺沿试模边缘刮去多余混凝土，用镘刀将表面初次抹平。待试件收浆后，再次用镘刀将试件仔细抹平，试件抹面与试模边缘的高低差不得超过 0.5mm。

当坍落度大于 70mm 时，用人工振捣成型。将拌和物分 2 次装入试模。捣固时按螺旋方向从边缘到中心均匀地进行。插捣底层混凝土时，捣棒应到达模底；插捣上层时，捣棒应贯穿上层后插入下层 20～30mm 处。插捣时应用力将捣棒压下，保持捣棒垂直，不得冲击，捣完 1 层后，用橡皮锤轻轻击打试模外端面 10～15 下，以填平插捣过程中留下的孔洞。

每层插捣次数 $100cm^2$ 截面积内不得少于 12 次。试件抹面与试模边缘高低差不得超过 0.5mm。

3. 圆柱体试件制作

圆柱体试件制作与非圆柱体试件制作基本相同。

当坍落度小于 25mm 时，可采用直径 25mm 的插入式振捣棒振捣成型。拌和物分厚度大致相等的 2 层装入试模。以试模的纵轴为对称轴，呈对称方式填料。插入密度以每层分 3 次插入。振捣底层时，振捣棒距底板 10～20mm 且不要接触底板；振捣上层时，振捣棒插入该层底面下 15mm 深。振捣直到表面出浆为止，且应避免过振，以防止混凝土离析，一般时间为 20s。捣完 1 层后，如有棒坑留下，可用橡皮锤敲击试模侧面 10～15 下。振捣棒拔出时要缓慢。用刮刀刮去多余的混凝土，在临近初凝时，用抹刀抹平，使表面略低于试模边缘 1～2mm。

当坍落度大于 25mm 且小于 70mm 时，试件的制作同非圆柱体(坍落度大于 25mm 且小于 70mm)，再次用镘刀将试件仔细抹平，使表面略低于试模边缘 1～2mm。

当坍落度大于 70mm 时，用人工振捣成型。试件直径为 200mm 时，拌和物分 3 次装入试模。以试模的纵轴为对称轴，呈对称方式填料。每层插捣 25 下，捣固时按螺旋方向从边缘到中心均匀地进行。插捣底层时，捣棒应到达模底；插捣上层时，捣棒插入该层底面下 20～30mm 处。插捣时应用力将捣棒压下，不得冲击，捣完 1 层后，如有棒坑留下，可用橡皮锤敲击试模侧面 10～15 下。用镘刀将试件仔细抹平，使表面略低于试模边缘 1～2mm。试件直径为 100mm 或 150mm 时，分 2 层装料，各层厚度大致相等。试件直径为 150mm 时，每层插捣 15 下；试件直径为 100mm 时，每层插捣 8 下。捣固时按螺旋方向从边缘到中心均匀地进行。插捣底层时，捣棒应到达模底；插捣上层时，捣棒插入该层底面下 15mm 深。用镘刀将试件仔细抹平，使表面略低于试模边缘 1～2mm。

当所确定的插捣次数使混凝土拌和物产生离析现象时，可酌情减少插捣次数至拌和物不产生离析的程度。

对试件端面应进行整平处理，但加盖层的厚度应尽量薄。对不采用端部整平处理的试件，可采用切割的方法达到端面和纵轴垂直。整平后的端面应与试件的纵轴相垂直，端面的平整度公差在±0.1mm 以内。

4. 养护

(1)试件成型后，用湿布覆盖表面(或其他保持湿度办法)，在室温 20℃±5℃，相对湿度大于 50%的环境下，静放 1～2 个昼夜，然后拆模并做第一次外观检查、编号。对有缺陷的试件应除去，或加工补平。

(2)将试件放入 20℃±2℃标准养护室进行养护，相对湿度在 95%以上，试件宜放在铁架或木架上，间距至少 10～20mm，试件表面应保持一层水膜，并避免用水直接冲淋。当无标准养护室时，将试件放入温度 20℃±2℃的不流动的 $Ca(OH)_2$ 饱和溶液中养护。

(3)标准养护龄期为 28d(以搅拌加水开始)，非标准的龄期为 1d、3d、7d，60d、90d、180d。

5. 硬化水泥混凝土现场试样的钻取或切割取样

1)芯样的钻取与切割

在钻取前应考虑由于钻芯可能导致对结构的不利影响，应尽可能避免在靠近混凝土构件的接缝或边缘处钻取，且基本上不应带有钢筋。芯样直径应为混凝土所用集料公称最大粒径的 4 倍，一般为 150mm±10mm 或 100mm±10mm。对于路面，芯样长径比宜为 1.9～2.1。对于长径比超过 2.1 的试件，可减少钻芯深度；也可先取芯样长度与路面厚度相等，再在室内加工成为长径比为 2 的试件。对于长径比不足 1.9 的试件，可按不同试验项目分别进行修正。钻出后的每个芯样应立即编号，并记录所取芯样在混凝土结构中的位置。

对于现场采取的不规则混凝土试块，可按表 6-3 所列棱柱体尺寸进行切割，以满足不同试验的需求。

2)检查与测量

每个芯样应详细描述有关裂缝、接缝、分层、麻面或离析等不均匀性，估计集料的最大粒径、形状及种类，粗细集料的比例与级配，检查并记录存在的气孔、气孔的位置、尺寸与分布情况，必要时应拍下照片。

在芯样高度的中间及两个 1/4 处按 2 个垂直方向测量 3 对数值确定芯样的平均直径 d_m，精确至 1.0mm。取芯样直径两端侧面测定钻取后芯样的长度及加工后的长度，其尺寸差应在 0.25mm 之内，取平均值作为试件平均长度 L_m，精确至 1.0mm。对于切割棱柱体，分别测量所有边长，精确至 1.0mm。

第三节　碾压混凝土抗弯拉试件的制作方法

碾压混凝土抗弯拉试件的制作方法(T 0552—2005)适用于路面碾压混凝土抗弯拉试件成型。

1. 仪器设备

改制平板振动器如图 6-6 所示，频率 50Hz±3Hz，振幅 1mm，功率 1.1kW，质量约 25kg。平板振动器下的压板应具有一定的刚度，其边长比试模尺寸小约 5mm。

试模的内壁尺寸为 100mm×100mm×400mm 或 150mm×150mm×550mm 或 150mm×150mm×600mm，铸铁制成；内表面磨光，拆装方便；棱边长度允许偏差不得超过 1mm，直角允许偏差不得超过 0.5°。模板应有足够的刚度，在加压振动作用下，不易变形。

套模由铸铁或钢制成，内轮廓尺寸与试模相同，高度约 100mm，不易变形并能固定于试模上。

压板如图 6-7 所示。板的长度与宽度分别比试模内壁尺寸小约 5mm，厚度不小于 15mm，上部焊有限位杆(可用钢筋或角钢)。

2. 试件的制作

1)试验准备

检查改进平板振动器等试验器具，确认具有良好的工作状态；应采用外形整齐并能拼装紧固的试模；将试模和套模擦净，内壁涂一薄层矿物油，并将套模紧固在试模上。

将试模编号，测定、记录试模内腔(长、宽、深)尺寸，应以 3 个不同部位(中间和两端)的平均值为结果，测量精确至 0.1mm。根据碾压混凝土的理论密度及试模内腔容积，按 95% 的压实率计算成型一个试件所需的试样质量。

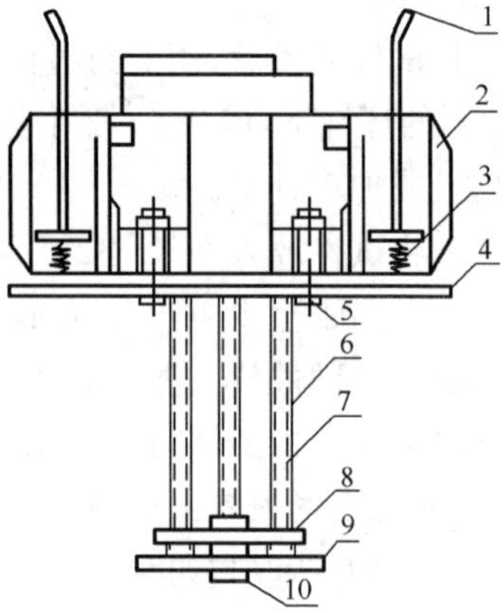

图 6-6　改制平板振动器的结构示意图

1-扶手；2-振捣器；3-弹簧；4-底板；5-螺栓；6-套管；7-栓杆；8-弹簧成型板；9-成型压板；10-压板连接螺栓

2)试件成型

按所需试样用量称取有代表性的碾压混凝土试样，将试样分 2 层装入试模。装模时，应注意不使试样产生离析。每次试样入模后，先用镘刀沿试模内壁上下插捣一周，再用捣棒插捣。100mm×100mm×400mm 的试件，每层插捣 50 下；150mm×150mm×550mm 或 150mm×150mm×600mm 的试件，每层插捣 100 下。插捣按螺旋方向从边缘到中间均匀地进行。插捣下层时应插捣至模底，插捣上层时应插入下层 2cm 左右。插捣时应用力均匀，不得冲击。

将压板置于试样表面，把改制平板振动器放在压板上，打开振动器开关，振至试样与试模口齐平为止，如图 6-8 所示。去掉压板和套模，用镘刀将试样表面抹光。

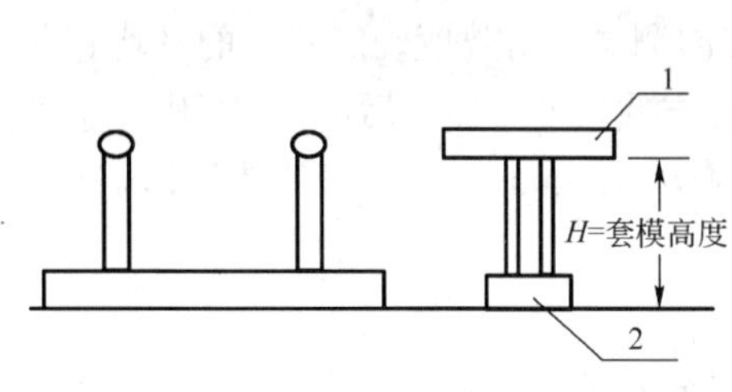

图 6-7　压板结构示意图

1-限位杆；2-压头

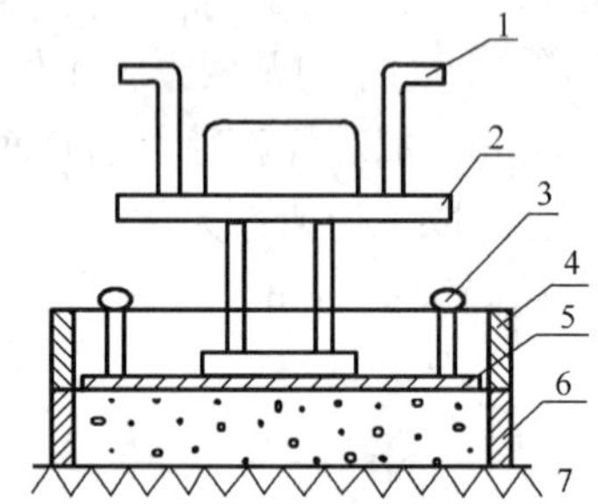

图 6-8　试件成型示意图

1-把手；2-平板振捣器；3-限位杆；4-套模；5-压板；6-试模；7-地面

3)确认试件压实率

进行试件强度试验前，用游标卡尺测定其尺寸，高度和宽度至少测量 3 处取平均值，长度至少测量 2 处取平均值，用尺寸的平均值求出试件体积；将试件称重，最后求出试件的实测压实率。

$$p=[(G/V)/\rho_0]\times 100 \tag{6-2}$$

式中：p——试件实测压实率，%；

G——试件质量，kg；

V——试件体积，m^3；

ρ_0——碾压混凝土理论密度，kg/m^3。

试验结果精确至0.1%。如果试件的实测压实率与设计值(95%)的误差超过1%，应适当调整试样，以使试件实测压实率达到规定要求。

第四节　水泥混凝土抗弯拉强度与弹性模量的试验方法

一、水泥混凝土抗弯拉强度的试验方法

测定水泥混凝土抗弯拉极限强度的目的是为设计和施工提供技术参数，检查水泥混凝土施工品质和确定抗弯拉弹性模量试验加荷标准。

1. 仪器设备

抗弯拉试验装置对于抗弯拉试验结果有着显著影响，所以在试验过程中必须符合规定的装置，使所有加荷头与试件均匀接触，并避免产生扭矩而使得试件产生折、扭复合破坏。抗弯拉试验装置如图6-9所示，即三分点处双点加荷和三点自由支承式混凝土抗弯拉强度与抗弯拉弹性模量试验装置。

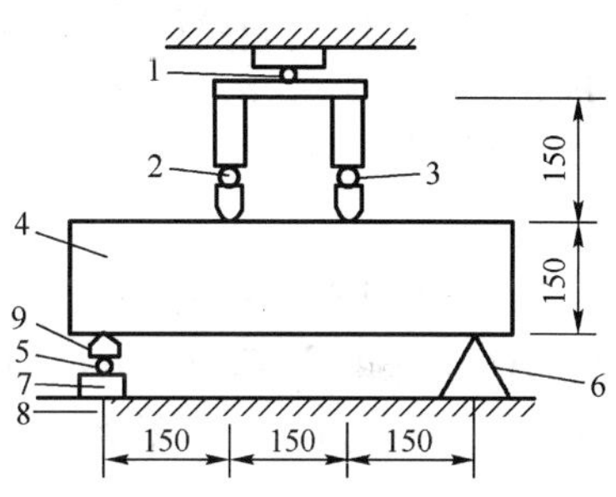

图6-9　抗弯拉装置试验(尺寸单位：mm)

1、2-一个钢球；3、5-两个钢球；4-试件；6-固定支座；7-活动支座；8-机台；9-活动船形垫块

2. 试件制备

试件标准尺寸为150mm×150mm×550mm或150mm×150mm×600mm，试件中集料公称最大粒径为31.5mm；也可以采用非标准尺寸为100mm×100mm×400mm，试件中集料公称最大粒径为26.5mm，但所取得的抗弯拉强度值应乘以尺寸换算系数0.85。当混凝土强度等级大于等于C60时，应采用标准试件。同时在试件长向中部1/3区段内表面不得有直径超过5mm、深度超过2mm的孔洞。混凝土抗弯拉强度试件应取同龄期者为一组，每组3个同条件制作和养护的试件。

3. 试验步骤

(1)试件取出后，用湿毛巾覆盖并及时进行试验，保持试件干湿状态不变。在试件中部量出其宽度和高度，精确至1mm。

(2)调整两个可移动支座，将试件安放在支座上，试件成型时的侧面朝上，几何对中后，务必使支座及承压面与活动船形垫块的接触面平稳、均匀，否则应垫平。

(3)加荷时，应保持均匀、连续。当混凝土的强度等级小于C30时，加荷速度为0.02～0.05MPa/s；当混凝土的强度等级大于等于C30且小于C60时，加荷速度为0.05～0.08MPa/s；当混凝土的强度等级大于等于C60时，加荷速度为0.08～0.10MPa/s。当试件接近破坏而开始迅速变形时，不得调整试验机油门，直至试件破坏，记下破坏极限荷载F(N)。

(4)记录下最大荷载和试件下边缘断裂的位置。

4. 试验结果计算

当断面发生在两个加荷点之间时，抗弯拉强度f_f按下式计算：

$$f_f = \frac{FL}{bh^2} \tag{6-3}$$

式中：f_f——抗弯拉强度，MPa，精确到 0.01MPa；

F——极限荷载，N；

L——支座间距离，mm；

b——试件宽度，mm；

h——试件高度，mm。

以 3 个试件测值的算术平均值为测定值。3 个试件中最大值或最小值中如有 1 个与中间值之差超过中间值的 15%，则把最大值或最小值舍去，以中间值作为试件的抗弯拉强度；如最大值和最小值与中间值之差均超过中间值 15%，则该组试验结果无效。3 个试件中如有 1 个断裂面位于加荷点外侧（断面位置在试件断块短边一侧的底面中轴线上量得），则混凝土抗弯拉强度按另外 2 个试件的试验结果计算。如果这 2 个测值的差值不大于这 2 个测值中较小值的 15%，则以 2 个测值的平均值为测试结果，否则结果无效。如果有 2 根试件均出现断裂面位于加荷点外侧，则该组结果无效。

二、水泥混凝土抗弯拉弹性模量试验方法

水泥混凝土抗弯拉弹性模量试验和计算采用抗弯拉极限荷载平均值的 1/2 为抗弯拉模量试验的标准荷载，计算经反复加卸荷载变形稳定后的割线模量。常用水泥混凝土抗弯拉强度为 4～5.5MPa，抗弯拉模量为 27 000～35 000MPa。本方法适用于各类水泥混凝土棱柱小梁试件。

1. 仪器设备

千分表的分度值为 0.001mm，0 级或 1 级。千分表架（图 6-10）为金属刚性框架，正中为千分表插座，两端有 3 个圆头长螺杆，可以调整高度。另外还有毛玻璃片（每片约 1.0cm²）、502 胶水、平口刮刀、丁字尺、直尺、钢卷尺和铅笔等。

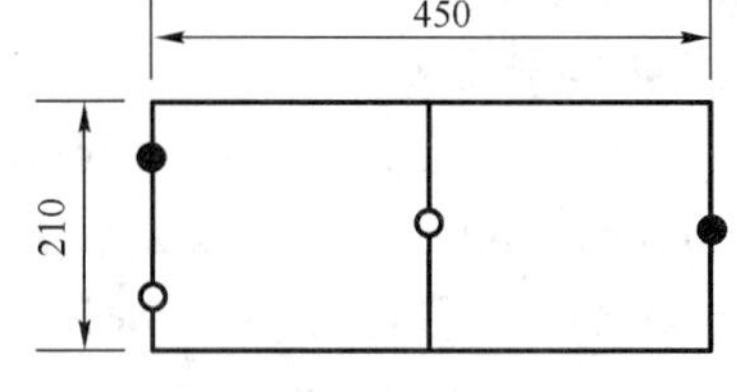

图 6-10　千分表架（尺寸单位：mm）

2. 试件制备

试件尺寸与抗弯拉强度试验方法的尺寸相同。每组 6 根同龄期同条件制作的试件，3 根用于测定抗弯拉强度，3 根用作抗弯拉弹性模量试验。

3. 试验步骤

（1）到试验龄期时，自养护室取出试件，用湿布覆盖，避免其湿度变化。清除试件表面污垢，修平与装置接触的试件部分（对抗弯拉强度试件即可进行试验）。在试件上下面（即成型时两侧面）画出中线和装置位置线，在千分表架共 4 个脚点处，用干毛巾先擦干水分，再用 502 胶水粘牢小玻璃片，量出试件中部的宽度和高度，精确至 1mm。

（2）将试件安放在支座上，使成型时的侧面朝上。千分表架放在试件上，压头及支座线垂直于试件中线且无偏心加载情况，而后缓缓加上约 1kN 压力，停机检查支座等各接缝处有无空隙（必要时需加金属薄垫片），应确保试件不扭动，而后安装千分表，其触点及表架触点稳立在小玻璃片上，如图 6-11 所示。

（3）取抗弯拉极限荷载平均值的 1/2 为抗弯拉弹性模量试验的荷载标准（即 $F_{0.5}$），进行 5 次加卸载循环。由 1kN 起，以 0.15～0.25kN/s 的速度加荷，至 3kN 刻度处停机（设为 F_0），保持约 30s（在此段加荷时间中，千分表指针应能起动，否则应提高 F_0 至 4kN 等），记下千分表读数 Δ_0，而后继续加至 $F_{0.5}$，保持约 30s，记下千分表读数 $\Delta_{0.5}$；再以同样速度卸荷至 1kN，保持约 30s，为第一次循环，如图 6-12 所示。

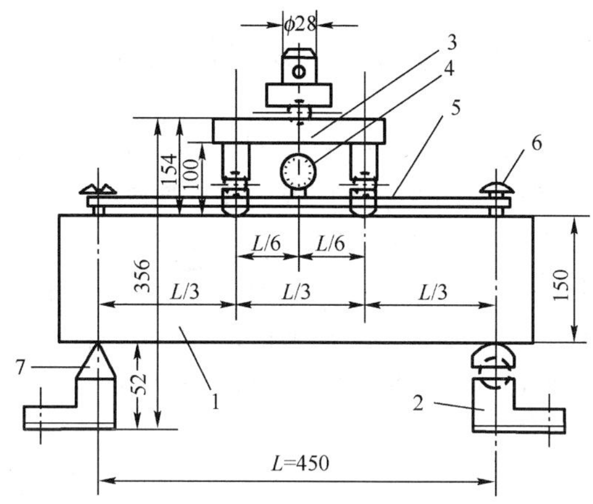

图 6-11 抗弯拉弹性模量试验装置示意图(尺寸单位:mm)

1-试件;2-可移动支座;3-加荷支座;4-千分表;5-千分表架;6-螺栓;7-固定支座

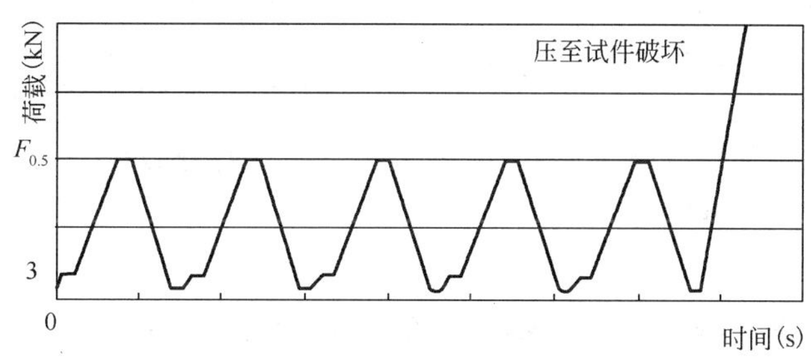

图 6-12 抗弯拉弹性模量试验加荷示意图

(4)同第 1 次循环,共进行 5 次循环,取第 5 次循环的挠度值为准。如第 5 次与第 4 次循环挠度值相差大于 0.5μm 时,须进行第 6 次循环,直到 2 次相邻循环挠度值之差符合上述要求为止。取最后 1 次挠度值为准。

(5)当最后一次循环完毕,检查各读数无误后,立即去掉千分表,继续加荷直至试件折断,记下循环后抗弯拉强度 f'_f,观察断裂面形状和位置。如断面在三分点外侧,则此根试件结果无效;如有 2 根试件结果无效,则该组试验无效。

4. 试验结果

混凝土抗弯拉弹性模量 E_f 按简支梁在三分点各加荷载 $F_{0.5}/2$ 的跨中挠度公式反算求得:

$$E_f = \frac{23L^3(F_{0.5} - F_0)}{1\,296J\,|\Delta_{0.5} - \Delta_0|} \tag{6-4}$$

式中:E_f——混凝土抗弯拉弹性模量,MPa,精确至 100MPa;

$F_{0.5}$、F_0——终荷载及初荷载,N;

$\Delta_{0.5}$、Δ_0——对应 $F_{0.5}$ 及 F_0 的千分表读数,mm;

L——试件支座间距离,$L=450$mm;

J——试件断面转动惯量,$J=\frac{1}{12}bh^3$,mm^4。

以 3 个试件测值的算术平均值为测定值。数据处理方法同水泥混凝土抗弯拉强度的试验方法。

第五节　水泥混凝土动弹性模量试验方法

动弹性模量测量(共振仪法)(T 0564—2005)是一种无破损检测方法,对于持续的化学侵蚀、重复的冻融循环、老化及其他一些因素而导致的模量逐渐变化的测量极为有效。动弹性模量测量的原理是借助在混凝土中传播的波,在泊松比、密度和材料长度不变的条件下,基频(基频=波速/材料长度)和材料的弹性模量符合一定的函数关系。所以可以通过共振法测得的材料基频,推知材料的弹性模量,为区别于常规的弹性模量,称为动弹性模量。

测定水泥混凝土的动弹性模量,以检验水泥混凝土在经受冻融或其他侵蚀作用后遭受破坏的程度,评定其耐久性能。

1.仪器设备

(1)共振法混凝土动弹性模量测定仪(简称共振仪):输出频率可调范围为 100～20 000Hz,输出功率应能使试件产生受迫振动,以便能用共振的原理测定出试件的基频振动频率。其基本原理示意图如图 6-13所示。

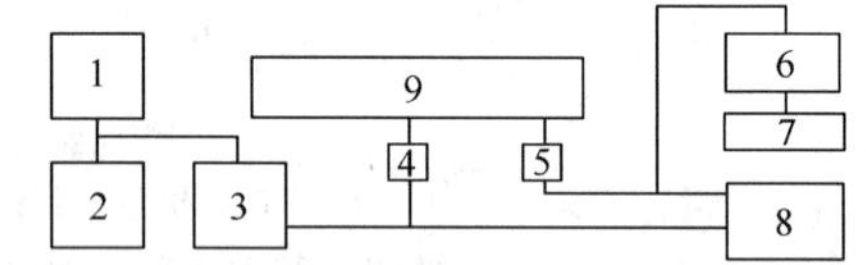

图 6-13　共振法混凝土动弹性模量测定工作原理图

1-振荡器;2-频率计;3-放大器;4-激振换能器;5-拾振换能器;6-放大器;7-微安表;8-示波器;9-试件

(2)试件支承体:硬橡胶韧型支座或约 20mm 厚的软泡沫塑料垫。

(3)台秤:量程 20kg,感量为 10g。

2.试件尺寸

采用截面为 100mm×100mm 的棱柱体试件,其长宽比一般为 3～5。标准试件尺寸为 100mm×100mm×400mm。

3.试验步骤

(1)试验前测定试件的质量和尺寸。3 个试件质量与其平均值的允许偏差为±0.5%,尺寸与其平均值的允许偏差为 1%。每个试件的长度和截面尺寸均取 3 个部位的平均值。

(2)将试件安放在支承体上,并确定以共振法测量试件横向基频时,激振换能器和拾振器的位置,如图 6-14 所示。将激振器和拾振器的测杆轻轻地压在试件的表面上(测杆与试件接触面一般涂一薄层黄油或凡士林),测杆压力的大小以不出现噪声为宜。

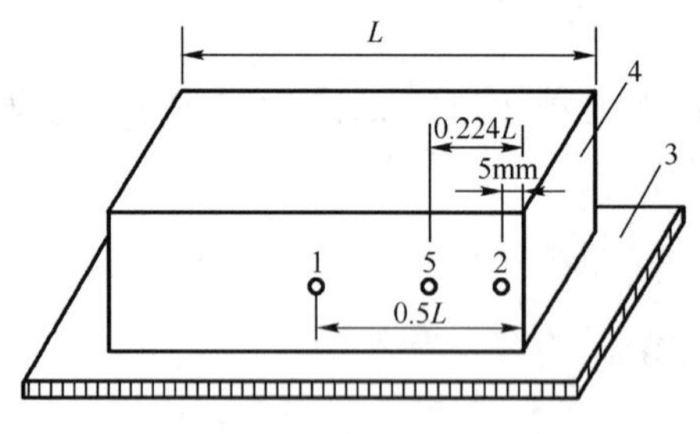

图 6-14　测示位置示意图

1-激振器位置;2-拾振器位置;3-泡沫塑料垫;4-试件(测量时试件成型面朝上);5-节点

(3)用共振仪进行测定时,可根据试件共振频率的大小,选择相应的频率测量范围。调整激振功率和接受增益旋钮至适当位置,以粗调迅速找到试件的共振点后,再进行细调。当微安表和示波器指示的幅度值一致增加,达到最大幅度时即为共振。此时,从数字记数器上读出的频率,就是试件的自振频率。

(4)用组合仪器进行测定时,采用示波器作显示仪器,示波器的图形调成一个正圆时的频率作为共振频率。当仪器同时具有指示电表和示波器时,以电表指针达到最大值时的频率作为共振频率。

(5)观测时,应重复测试 2 次,测试结果的波动范围,以小于±0.5%为宜。以 2 次试验的平均值作为该试件的测值。

在测试过程中，如发现 2 个以上的峰值时，建议采用以下方法找出真实共振峰：

①固定输出功率，反复调整仪器输出频率，从微安表上比较幅值的大小，幅值最大者为真实的共振峰。

②可把拾振器测杆移至节点处(距端部 0.224 倍的试件长度)，如微安表指针为 0，即为真实共振峰。

4. 试验结果

混凝土动弹性模量应按下式计算：

$$E_d = 9.46 \times 10^{-4} \frac{WL^3 f^2}{a^4} \times K \tag{6-5}$$

式中：E_d——混凝土动弹性模量，MPa，精确到 100MPa；

a——正方形截面试件的边长，mm；

L——试件的长度，mm；

W——试件的质量，kg；

f——试件横向振动时的基振频率，Hz；

K——试件尺寸修正系数，$L/a=3$ 时，$K=1.68$；$L/a=4$ 时，$K=1.40$；$L/a=5$ 时，$K=1.26$。

混凝土动弹性模量以 3 个试件的平均值作为试验结果。

第六节　水泥混凝土抗冻性试验方法

水泥混凝土抗冻性试验方法(快冻法)(T 0565—2005)规定用快冻法测定水泥混凝土抵抗水和负温共同反复作用的能力。它适用于以动弹性模量、质量损失率和相对耐久性指数作为评定指标的水泥混凝土抗冻性试验。

1. 仪器设备

(1)快速冻融试验装置：能使试件固定在水中不动，依靠热交换液体的温度变化而连续、自动地按照试验要求进行冻融的装置。满载运行时冻融箱内各点温度的极差不得超过 2℃。

(2)试件盒：橡胶盒(也可用不锈钢板制成)，净截面尺寸为 110mm×110mm，高 500mm。

(3)动弹性模量测定仪：共振法频率测量范围 100～20 000Hz。

(4)台秤：量程不小于 20kg，感量不大于 10g。

(5)热电偶电位差计：能测量试件中心温度，测量范围－20～20℃，允许偏差为±0.5℃。

2. 试样制备

采用 100mm×100mm×400mm 的棱柱体混凝土试件，每组 3 根，在试验过程中可连续使用。除制作冻融试件外，尚应制备中心可插入热电偶电位差计测温的同样形状、尺寸的标准试件，其抗冻性能应高于冻融试件。也可以是现场切割的试件，尺寸为 100mm×100mm×400mm。

3. 试验步骤

(1)试验龄期如无特殊要求一般为 28d。在规定龄期的前 4d，将试件放在 20℃±2℃的饱和石灰水中浸泡，水面至少高出试件 20mm(对水中养护的试件，到达规定龄期时，可直接用于试验)。浸泡 4d 后进行冻融试验。

(2)浸泡完毕，取出试件，用湿布擦去表面水分。按《水泥混凝土动弹性模量试验方法(共振仪法)》测横向基频，并称其质量，作为评定抗冻性的起始值，并作必要的外观描述。

(3)将试件放入橡胶试件盒中，加入清水，使其没过试件顶面约 1～3mm(如采用金属试件盒，则应在试件的侧面与底部垫放适当宽度与厚度的橡胶板或多根直径为 3mm 的电线，用于分离试件和底部)。将试件盒放入冻融试验箱的试件架中。

(4)按规定进行冻融循环试验，每次冻融循环应在 2～5h 内完成，其中用于融化的时间不得小于整个冻融时间的 1/4。在冻结和融化终了时，试件中心温度应分别控制在－18℃±2℃和 5℃±2℃。中心温度应以测温标准试件实测温度为准。在试验箱内，各个位置上的每个试件从 3℃降至－16℃所用的时间，不得少于整个受冻时间的 1/2；每个试件从－16℃升至 3℃所用的时间，也不得少于整个融化时间的 1/2；试件内外温差不宜超过 28℃；冻和融之间的转换时间不应超过 10min。

(5)通常每隔 25 次冻融循环对试件进行 1 次横向基频的测试并称重，也可根据试件抗冻性高低来确定测试的间隔次数。测试时，小心将试件从试件盒中取出，冲洗干净，擦去表面水，进行称重及横向基频的测定，并作必要的外观描述。测试完毕后，将试件调头重新装入试件盒中，注入清水，继续试验。试件在测试过程中，应防止失水，待测试件须用湿布覆盖。

(6)如果试验因故中断，应将试件在受冻状态下保存在原试验箱内。如果达不到这个要求，试件处在融化状态下的时间不宜超过 2 个循环。

(7)冻融试验到达以下三种情况的任何一种时，即可停止试验。①冻融 300 次循环；②试件的相对动弹性模量下降 60%以下；③试件的质量损失率达 5%。

4. 试验结果

(1)相对动弹性模量 P 按下式计算：

$$P = \frac{f_n^2}{f_0^2} \times 100 \tag{6-6}$$

式中：P——经 n 次冻融循环后试件的相对动弹性模量，精确至 0.1%；

f_n——冻融 n 次循环后试件的横向基频，Hz；

f_0——试验前试件的横向基频，Hz。

以 3 个试件的平均值为试验结果。

(2)质量损失率 W_n

$$W_n = \frac{m_0 - m_n}{m_0} \times 100 \tag{6-7}$$

式中：W_n——n 次冻融循环后的试件质量损失率，精确至 0.1%；

m_0——冻融试验前的试件质量，kg；

m_n——n 次冻融循环后的试件质量，kg。

以 3 个试件的平均值为试验结果。

(3)相对耐久性指数 K_n

$$K_n = P \times N/300 \tag{6-8}$$

式中：K_n——经 n 次冻融循环后的试件相对耐久性指数，精确至 0.1%；

N——达到试验步骤(7)规定的冻融循环次数；

P——经 n 次冻融循环后 3 个试件的相对动弹模量平均值，%。

(4)当 P 不大于 60%或质量损失率达 5%时的冻融循环次数 n，即为试件的最大抗冻循环次数。

第七节 水泥混凝土干缩性试验方法

干缩性是公路工程水泥混凝土的主要性能之一，与所用原材料和配合比等许多因素有关，必须通过试验进行测定。

本方法(T 0566—2005)规定了在恒温、恒湿条件下，测定水泥混凝土试件由于失水引起的轴向长度变形的方法，适用于不同水泥混凝土干缩性能的比较，规定集料公称最大粒径不大于26.5mm。

1. 仪器设备

(1)试模：规格为100mm×100mm×400mm或100mm×100mm×515mm的金属试模，两个端板的中心有放置测钉的孔，用于安装测钉。

(2)测钉：以不锈的金属制成，如图6-15所示。

(3)测长仪器：

①测量标距为540～600mm，允许偏差为0.01mm的测微计(附有标准棒)。

②其他测长仪，至少达到0.002%的相对测量精度。

③测量混凝土变形的装置应具有殷钢或石英玻璃制作的标准杆，以便在测量前及测量过程中校核仪器的读数。

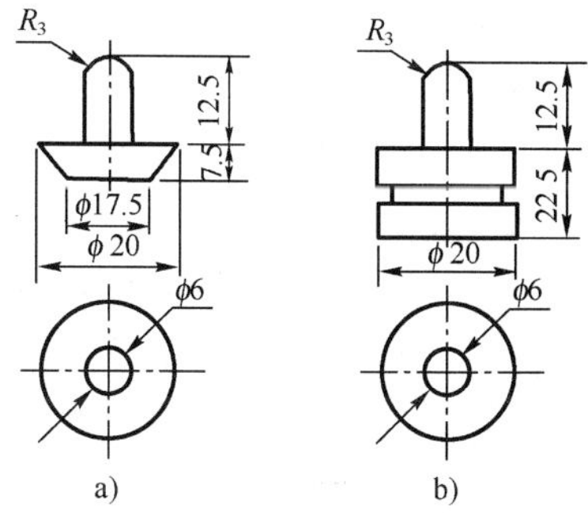

图6-15 轴心收缩仪测钉(尺寸单位：mm)
a)后埋测钉；b)预埋测钉

(4)干缩室(箱)：室(箱)内控温度为20℃±2℃，相对湿度为60%±5%。室(箱)内配有温度、湿度自动记录仪，记录温度、湿度变化。置于恒温室中的干缩箱内须放干燥剂去湿。

2. 试验步骤

(1)干缩性试验以3个试件为一组。

(2)如果采用预埋测钉，将干净的测钉安置在试模两头端板的中心孔中。成型试件的过程中，应防止测钉脱落。试件成型后养护2～4h后抹平表面，并防止水珠滴在试件表面。试件应带模养护1～2d(视当时混凝土实际强度而定)。

(3)如果采用后埋测钉，成型试件后，试件应带模养护1～2d(视当时混凝土实际强度而定)。拆模后，立即用环氧树脂或其他化学黏结剂加固轴心测钉。

(4)试件应在3d龄期(从搅拌混凝土加水时算起)时从标准养护室取出，并立即移入干缩室内测定初始长度(含测头)。初始长度应重复测定3次，取算术平均值作为基准长度的测定值。

(5)从移入干缩室日起计算，在1d、3d、7d、14d、28d、60d、90d、120d、150d、180d测定试件的长度。

(6)测量前应先用标准杆校正仪器的零点，并应在半天的测定过程中至少校核1～2次(其中1次在全部试件测读完后)。如复核时发现零点与原值的偏差超过±0.01mm，应调零后重新测定。

(7)试件每次在收缩仪上放置的位置、方向应保持一致，为此，应在试件上标明相应的记号。试件在放置及取出时应仔细，不能碰撞表架及表杆，否则应重新校核零点。每次读数应重复3次。

(8)试件经测长和称量后，将底面架空置于不吸水的硬质网格垫板上，连同垫板放在试件架上，试件之间的间距应不小于30mm。另外，湿试件和干试件应分开储存。

(9)需要测定混凝土自收缩的试件，在3d龄期时从标准养护室取出并立即密封处理。密封处理可采用金属套或蜡封，采用金属套时试件装入后应盖严焊死，不得留有任何缝隙。外露的测头周围应用石蜡封堵。蜡封时至少应涂蜡3次，每次涂蜡前应用浸蜡的纱布裹严，蜡封完毕后应套塑料布。

收缩试验期间，试件应无质量变化，在180d内质量变化不超过10g，否则无效。

3. 结果计算

某一龄期混凝土的干缩率按下式计算：

$$S_d = \frac{(X_{01} - X_{t1})}{L_0} \times 100 \tag{6-9}$$

式中：S_d——龄期 d 天的混凝土干缩率，%；

L_0——试件的测量标距，等于混凝土试件的长度(不计测头凸出部分)减去2倍测头埋入深度，mm；

X_{01}——试件的初始长度(含测头)，mm；

X_{t1}——龄期 t 天时干缩长度测值(含测头)，mm。

取3个试件干缩率的算术平均值作为试验结果，干缩率计算精确至0.000 1%。

第八节　水泥混凝土耐磨性试验方法

水泥混凝土耐磨性试验方法(T 0567—2005)采用旋转磨耗法，以一定时间内试件的质量损失率作为磨损量。本方法适用于检验水泥混凝土的耐磨性，按规定的磨损方式磨削，以试件磨损面上单位面积的磨损量作为评定水泥混凝土耐磨性的相对指标。

1. 仪器设备

(1)混凝土磨损消耗试验机：①水平转盘上的卡具，应能卡紧150mm×150mm×150mm立方体试件或直径为ϕ150mm的钻孔取芯试件，卡紧后试件不上浮和翘起。②磨头与水平转盘间有效净空为160～180mm。

(2)磨头花轮刀片。

(3)试模：模腔有效面积为150mm×150mm×150mm。

(4)烘箱：调温范围为50～200℃，控制温度允许偏差为±5℃。

(5)电子秤：量程大于10kg，感量不大于1g。

2. 试样

混凝土磨耗试验采用150mm×150mm×150mm立方体标准试件，每组3个试件。

3. 试验步骤

(1)试件养护至27d龄期从养护地点取出，擦干表面水分放在室内自然干燥12h，再放入60℃±5℃烘箱中，烘12h至恒重。

(2)试件烘干处理后放至室温，刷净表面浮尘。

(3)将试件放至耐磨试验机的水平转盘上(磨削面应与成型时的顶面垂直)，用夹具将其轻轻紧固。在200N负荷下磨30转，然后取下试件刷净表面粉尘称重，记下相应质量 m_1，该质量作为试件的初始质量。然后在200N负荷下磨60转，然后取下试件刷净表面粉尘称重，并记录剩余质量 m_2。整个磨损过程应将吸尘器对准试件磨损面，使磨下的粉尘被及时吸走。如果混凝土具有高耐磨性，可再增加旋转次数，并应特别注明。

(4)每组花轮刀片只进行1组试件的磨耗试验，进行第2组磨耗试验时，必须更换1组新的花轮刀片。

4. 试验结果

按下式计算每一试件的磨损量，以单位面积的磨损量来表示。

$$G_c = \frac{m_1 - m_2}{0.0125} \tag{6-10}$$

式中：G_c——单位面积的磨损量，kg/m^2；

m_1——试件的初始质量，kg；

m_2——试件磨损后的质量，kg；

0.012 5——试件磨损面积，m^2。

以3块试件磨损量的算术平均值作为试验结果，结果计算精确至0.001kg/m^2。当其中1块磨损量超过平均值15%时，应予以剔除，取余下2块试件结果的平均值作为试验结果；如2块磨损量均超过平均值15%时，应重新试验。

第九节　水泥混凝土抗渗性试验方法

水泥混凝土抗渗性试验方法(T 0568—2005)适用于检验水泥混凝土硬化后的防水性能以及测定其抗渗等级。

1. 仪器设备

(1)水泥混凝土渗透仪：应能使水压按规定方法稳定地作用在试件上。

(2)成型试模：上口直径175mm，下口直径185mm，高150mm的锥台或上下直径与高度均为150mm的圆柱体。

(3)螺旋加压器、烘箱、电炉、浅盘、铁锅、钢丝刷等。

(4)密封材料：如石蜡，内掺松香约2%。

2. 试件制备

(1)试块养护期不少于28d，不超过90d。

(2)试件成型后24h拆模，用钢丝刷刷净两端面水泥浆膜，标准养护龄期为28d。

3. 试验步骤

(1)试件到龄期后取出，擦干表面，用钢丝刷刷净两端面；待表面干燥后，在试件侧面滚涂一层熔化的密封材料，然后立即在螺旋加压器上压入经过烘箱或电炉预热过的试模中，使试件底面和试模底平齐；待试模变冷后，即可解除压力，装在渗透仪上进行试验。如在试验过程中，水从试件周边渗出，说明密封不好，要重新密封。

(2)试验时，水压从0.1MPa开始，每隔8h增加水压0.1MPa，并随时注意观察试件端面情况，一直加至6个试件中有3个试件表面发现渗水，记下此时的水压力，即可停止试验。另外，当加压至设计抗渗等级，经8h后第3个试件仍不渗水，表明混凝土已满足设计要求，也可停止试验。

4. 试验结果计算

混凝土的抗渗等级以每组6个试件中4个未发现有渗水现象时的最大水压力表示。

抗渗等级按下式计算：

$$S = 10H - 1 \tag{6-11}$$

式中：S——混凝土抗渗等级；

H——第 3 个试件顶面开始有渗水时的水压力，MPa。

混凝土抗渗等级分别为 S2、S4、S6、S8、S10、S12，若压力加至 1.2MPa，经过 8h，第 3 个试件仍未渗水，则停止试验，试件的抗渗等级以 S12 表示。

第十节　水泥混凝土渗水高度试验方法

水泥混凝土渗水高度试验方法（T 0569—2005）规定了在给定时间和水压力条件下水泥混凝土渗水高度的测定方法，适用于室内相对比较水泥混凝土的密实性，计算相对渗透系数，也可用于比较水泥混凝土的抗渗性。

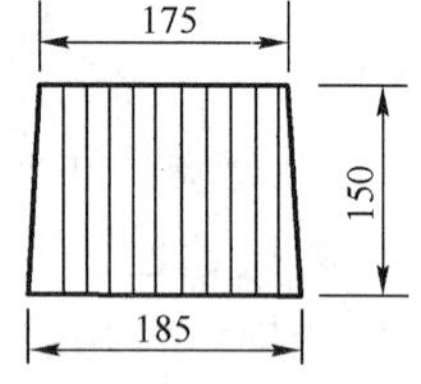

图 6-16　梯形玻璃板
（尺寸单位：mm）

1. 仪器设备

梯形板的尺寸如图 6-16 所示，画有 10 条等间距垂直于上下端的直线，亦可采用尺寸约为 200mm×200mm 的玻璃或其他透明材料，将 10 条等间距线画在上面。成型试模为上口直径 175mm、下口直径 185mm、高 150mm 的锥台或上下直径与高度均为 150mm 的圆柱体。另外还有螺旋加压器、烘箱、电炉、浅盘、铁锅、钢丝刷、钟表和钢尺等。

2. 试件制备

比较不同水泥品种的混凝土时，试件养护至 28d；比较水泥品种相同的混凝土时，试件可养护至 14d。

3. 试验步骤

（1）同抗渗性试验步骤（1）。

（2）试验时，水压控制恒定为 0.8MPa±0.05MPa，同时开始记录时间（精确到 min），24h 后停止试验，取出试件。在恒压过程中，如果试件顶端出现渗水，应立即停止试验，并记录下时间。此时该试件的渗水高度即为试件高度。当混凝土较为密实时，压力可改为 1.0MPa 或 1.2MPa。

（3）将试件放在压力机上，沿纵断面将试件劈裂成两半，待看清水痕后（约过 2～3min）用墨汁描出水痕，即为渗水轮廓，笔迹不宜太粗。

（4）将梯形玻璃板放在试件劈裂面上，用尺测量 10 条线的渗水高度（精确至 1mm）。

4. 结果计算

（1）以 10 个测点处渗水高度的算术平均值作为该试件的渗水高度，然后再计算 6 个试件的渗水高度的算术平均值，作为该组试件的平均渗水高度。

如试件的渗水高度均匀（3 个试件渗水高度值中最大值与最小值之差不大于 3 个数的平均值的 30%）时，允许从 6 个试件中先取 3 个试件进行试验，其渗水高度取 3 个试件的算术平均值。

根据试验所得渗水高度大小，相对比较混凝土的密实性。

（2）相对渗透系数计算

$$S_k = \frac{mD_m^2}{2TH} \tag{6-12}$$

式中：S_k——相对渗透系，mm/s；

D_m——平均渗水高度，cm；

H——水压力，以水柱高度表示，1MPa 的水压力，以水柱高度表示为 10 200cm；

T——恒压经历的时间，h；

m——混凝土的吸水率，一般为 0.03。

思 考 题

1. 简述水泥混凝土试件制作方法。
2. 简述水泥浆体流动度测定方法(倒锥法)的试验步骤。
3. 水泥混凝土动弹性模量如何测定?
4. 简述水泥混凝土耐磨性试验。
5. 简述碾压混凝土抗弯拉试件的制作方法。
6. 水泥混凝土抗弯拉强度试验中对试验装置有什么要求?
7. 水泥混凝土抗冻性试验需要哪些仪器?

第七章 路基路面几何尺寸及路面厚度检测

DIQIZHANG

第一节 公路路基路面现场测试随机选点方法

对公路路基路面各个层进行各种测定时，为采取代表性试验数据，用随机取样选点方法确定测定区间、测定断面、测点位置。随机取样选点方法是按数理统计原理在路基路面现场测定时决定测定区间、测定断面、测点位置的方法。对于连续测量的自动化检测设备，不必按本方法进行选点。

随机取样选点法需要的材料有：钢尺、皮尺、硬纸片（编号 1～28，共 28 块，每块大小 2.5cm×2.5cm，装在一个布袋中）、骰子（2 个）、毛刷、粉笔等。

一、测定区间或断面决定方法

根据路面施工或验收、质量评定方法等有关规范确定需检测的路段。它可以是一个作业段、一天完成的路段或路线全程。在路基路面工程检查验收时，通常以 1km 为一个检测路段，此时，检测路段的确定也按同样方法进行。下面以测定断面的确定步骤来说明这种方法。

(1)将确定的测试路段划分为一定长度的区间或按桩号间距（一般为 20m）划分成若干个断面，将其编号为第 n 个区间或第 n 个断面，其总的区间数或断面数为 T。

(2)从布袋中随机摸出一块硬纸片，硬纸片上的号数即为表 7-1 中的栏号。从 1～28 栏中选出该栏号对应的一栏。

(3)按照测定区间数、断面数的频度要求，依次找出与 A 列中 01、02、…、n 对应的 B 列中的值，共 n 对对应的 A、B 值。当总的取样数 n 大于 30 时，应分次进行。

(4)将 n 个 B 值与总的断面数 T 相乘，乘积四舍五入成整数后即得到 n 个断面的编号，与 A 列的 01、02、…、n 对应。

(5)查断面编号对应的桩号，即为拟检测的断面。

【例 1】 按照有关规范规定，拟从 K10＋000～K11＋000 的 1km 检测路段中选择 20 个断面，分别测定路面宽度、高程、横坡等外形尺寸，试确定断面桩号。

解:测定断面桩号的确定步骤如下:

(1)1km 总长的断面数 $T=1\ 000/20=50$ 个,编号为 01、02、…、50。

(2)从布袋中摸出一块硬纸片,其编号为 25,即使用表 7-1 的第 25 栏。

一般取样的随机数 表 7-1

栏号 1			栏号 2			栏号 3			栏号 4			栏号 5		
A	*B*	*C*	*A*	*B*	*C*	*A*	*B*	*C*	*A*	*B*	*C*	*A*	*B*	*C*
15	0.033	0.578	05	0.048	0.879	21	0.013	0.220	18	0.089	0.716	17	0.024	0.863
21	0.101	0.300	17	0.074	0.156	30	0.036	0.853	10	0.102	0.330	24	0.060	0.032
23	0.129	0.916	18	0.102	0.191	10	0.052	0.746	14	0.111	0.925	26	0.074	0.639
30	0.158	0.434	06	0.105	0.257	25	0.061	0.954	28	0.127	0.840	07	0.167	0.512
24	0.177	0.397	28	0.179	0.447	29	0.062	0.507	24	0.132	0.271	28	0.194	0.776
11	0.202	0.271	26	0.187	0.844	18	0.087	0.887	19	0.285	0.899	03	0.219	0.166
16	0.204	0.012	04	0.188	0.482	24	0.105	0.849	01	0.326	0.037	29	0.264	0.284
08	0.208	0.418	02	0.028	0.577	07	0.139	0.159	30	0.334	0.938	11	0.282	0.262
19	0.211	0.798	03	0.214	0.402	01	0.175	0.647	22	0.405	0.295	14	0.379	0.994
29	0.233	0.070	07	0.245	0.080	23	0.196	0.873	05	0.421	0.282	13	0.394	0.405
07	0.260	0.073	15	0.248	0.831	26	0.240	0.981	13	0.451	0.212	06	0.410	0.157
17	0.262	0.308	29	0.261	0.037	14	0.255	0.374	02	0.461	0.023	15	0.438	0.700
25	0.271	0.180	30	0.302	0.883	06	0.310	0.043	06	0.487	0.539	22	0.453	0.635
06	0.302	0.672	21	0.318	0.088	11	0.316	0.653	08	0.497	0.396	21	0.472	0.824
01	0.409	0.406	11	0.376	0.936	13	0.324	0.585	25	0.503	0.893	05	0.488	0.118
13	0.507	0.693	14	0.430	0.814	12	0.351	0.275	15	0.594	0.603	01	0.525	0.222
02	0.575	0.654	27	0.438	0.676	20	0.371	0.535	27	0.620	0.894	12	0.561	0.980
18	0.591	0.318	08	0.467	0.205	08	0.409	0.495	21	0.629	0.841	08	0.652	0.508
20	0.610	0.821	09	0.474	0.138	16	0.445	0.740	17	0.691	0.583	18	0.668	0.271
12	0.631	0.597	10	0.492	0.474	03	0.494	0.929	09	0.708	0.689	30	0.736	0.634
27	0.651	0.281	13	0.498	0.892	27	0.543	0.387	07	0.709	0.012	02	0.763	0.253
04	0.661	0.953	19	0.511	0.520	17	0.625	0.171	11	0.714	0.049	23	0.804	0.140
22	0.692	0.089	23	0.591	0.770	02	0.699	0.073	23	0.720	0.695	25	0.828	0.425
05	0.779	0.346	20	0.604	0.730	19	0.702	0.934	03	0.748	0.413	10	0.843	0.627
09	0.787	0.173	24	0.654	0.330	22	0.816	0.802	20	0.781	0.603	16	0.858	0.849
10	0.818	0.837	12	0.728	0.523	04	0.838	0.166	26	0.830	0.384	04	0.903	0.327
14	0.905	0.631	16	0.753	0.344	15	0.904	0.116	04	0.843	0.002	09	0.912	0.382
26	0.912	0.376	01	0.806	0.134	28	0.969	0.742	12	0.884	0.582	27	0.935	0.162
28	0.920	0.163	22	0.878	0.884	09	0.974	0.046	29	0.926	0.700	20	0.970	0.582
03	0.945	0.140	25	0.939	0.162	05	0.977	0.494	16	0.951	0.601	19	0.975	0.327

续上表

栏号 6			栏号 7			栏号 8			栏号 9			栏号 10		
A	*B*	*C*	*A*	*B*	*C*	*A*	*B*	*C*	*A*	*B*	*C*	*A*	*B*	*C*
30	0.030	0.901	12	0.029	0.386	09	0.042	0.071	14	0.061	0.935	26	0.038	0.023
21	0.096	0.198	18	0.112	0.284	17	0.141	0.411	02	0.065	0.097	30	0.066	0.371
10	0.100	0.161	20	0.114	0.848	02	0.143	0.221	03	0.094	0.228	27	0.073	0.876
29	0.133	0.388	03	0.121	0.656	05	0.162	0.899	16	0.122	0.945	09	0.095	0.568
24	0.138	0.062	13	0.178	0.640	03	0.285	0.016	18	0.156	0.430	05	0.180	0.741
20	0.168	0.564	22	0.209	0.421	28	0.291	0.034	25	0.193	0.469	12	0.200	0.851
22	0.232	0.953	16	0.221	0.311	08	0.369	0.557	24	0.224	0.672	13	0.259	0.327
14	0.259	0.217	29	0.235	0.356	01	0.436	0.386	10	0.225	0.223	21	0.264	0.681
01	0.275	0.195	28	0.254	0.941	20	0.450	0.289	09	0.233	0.338	17	0.283	0.645
06	0.277	0.475	11	0.287	0.199	18	0.455	0.789	20	0.290	0.120	23	0.363	0.063
02	0.296	0.497	02	0.336	0.992	23	0.488	0.715	01	0.297	0.242	20	0.364	0.366
27	0.311	0.144	15	0.393	0.488	14	0.498	0.276	11	0.337	0.760	16	0.395	0.363
05	0.351	0.141	19	0.437	0.655	15	0.503	0.342	19	0.389	0.064	02	0.423	0.540
17	0.370	0.811	24	0.466	0.773	04	0.515	0.693	13	0.411	0.474	08	0.432	0.736
09	0.388	0.484	14	0.531	0.014	16	0.532	0.112	30	0.447	0.893	10	0.475	0.468
04	0.410	0.073	09	0.562	0.678	22	0.557	0.357	22	0.478	0.321	03	0.508	0.774
25	0.471	0.530	06	0.601	0.675	11	0.559	0.620	29	0.481	0.993	01	0.601	0.417
13	0.486	0.779	10	0.612	0.859	12	0.650	0.216	27	0.562	0.403	22	0.687	0.917
15	0.515	0.867	26	0.673	0.112	21	0.672	0.320	04	0.566	0.179	29	0.697	0.862
23	0.567	0.798	23	0.738	0.770	13	0.709	0.273	08	0.603	0.758	11	0.701	0.605
11	0.618	0.502	21	0.753	0.614	07	0.745	0.687	15	0.632	0.927	07	0.728	0.498
28	0.636	0.148	30	0.758	0.851	30	0.780	0.285	06	0.707	0.107	14	0.745	0.679
26	0.650	0.741	27	0.765	0.563	19	0.845	0.097	28	0.737	0.161	24	0.819	0.444
16	0.711	0.508	07	0.780	0.534	26	0.846	0.366	17	0.846	0.130	15	0.840	0.823
19	0.778	0.812	04	0.818	0.187	29	0.861	0.307	07	0.874	0.491	25	0.863	0.568
07	0.804	0.675	17	0.837	0.353	25	0.906	0.874	05	0.880	0.828	06	0.878	0.215
08	0.806	0.952	05	0.854	0.818	24	0.919	0.809	23	0.931	0.659	18	0.930	0.601
18	0.841	0.414	01	0.867	0.133	10	0.952	0.555	26	0.960	0.365	04	0.954	0.827
12	0.918	0.114	08	0.915	0.538	06	0.961	0.504	21	0.978	0.194	28	0.963	0.004
03	0.992	0.399	25	0.975	0.584	27	0.969	0.811	12	0.982	0.183	19	0.988	0.020

续上表

栏号 11			栏号 12			栏号 13			栏号 14			栏号 15		
A	*B*	*C*	*A*	*B*	*C*	*A*	*B*	*C*	*A*	*B*	*C*	*A*	*B*	*C*
27	0.074	0.779	16	0.078	0.987	03	0.033	0.091	26	0.035	0.175	15	0.023	0.979
06	0.084	0.396	23	0.087	0.056	07	0.047	0.391	17	0.089	0.363	11	0.118	0.465
24	0.098	0.524	17	0.096	0.076	28	0.064	0.113	10	0.149	0.681	07	0.134	0.172
10	0.133	0.919	04	0.153	0.163	12	0.066	0.360	28	0.238	0.075	01	0.139	0.230
15	0.187	0.079	10	0.254	0.834	26	0.076	0.552	13	0.244	0.767	16	0.145	0.122
17	0.227	0.767	06	0.284	0.628	30	0.087	0.101	24	0.262	0.366	20	0.165	0.520
20	0.236	0.571	12	0.305	0.616	02	0.127	0.187	08	0.264	0.651	06	0.185	0.481
01	0.245	0.988	25	0.319	0.901	06	0.144	0.068	18	0.285	0.311	09	0.211	0.316
04	0.317	0.291	01	0.320	0.212	25	0.202	0.674	02	0.340	0.131	14	0.248	0.348
29	0.350	0.911	08	0.416	0.372	01	0.247	0.025	29	0.353	0.478	25	0.249	0.890
26	0.380	0.104	13	0.432	0.556	23	0.253	0.323	06	0.359	0.270	13	0.252	0.577
28	0.425	0.864	02	0.489	0.827	24	0.320	0.651	30	0.387	0.248	30	0.273	0.088
22	0.487	0.526	29	0.503	0.787	10	0.328	0.365	14	0.392	0.694	18	0.277	0.689
05	0.552	0.571	15	0.518	0.717	27	0.338	0.412	03	0.408	0.077	22	0.372	0.958
14	0.564	0.357	28	0.524	0.998	13	0.356	0.991	27	0.440	0.280	10	0.461	0.075
11	0.572	0.306	03	0.542	0.352	16	0.401	0.792	22	0.461	0.830	28	0.519	0.536
21	0.594	0.197	19	0.585	0.462	17	0.423	0.117	16	0.527	0.003	17	0.520	0.090
09	0.607	0.524	05	0.695	0.111	21	0.481	0.838	20	0.531	0.486	03	0.523	0.519
19	0.650	0.572	07	0.733	0.838	08	0.560	0.401	25	0.678	0.360	26	0.573	0.502
18	0.664	0.101	11	0.744	0.948	19	0.564	0.190	21	0.725	0.014	19	0.634	0.206
25	0.674	0.428	18	0.793	0.748	05	0.571	0.054	05	0.787	0.595	24	0.635	0.810
02	0.697	0.674	27	0.802	0.967	18	0.587	0.584	15	0.801	0.927	21	0.679	0.841
03	0.767	0.928	21	0.826	0.487	15	0.604	0.145	12	0.836	0.294	27	0.712	0.368
16	0.809	0.529	24	0.835	0.832	11	0.641	0.298	04	0.854	0.982	05	0.780	0.497
30	0.838	0.294	26	0.855	0.142	22	0.672	0.156	11	0.884	0.928	23	0.861	0.106
13	0.845	0.470	14	0.861	0.462	20	0.674	0.887	19	0.886	0.832	12	0.865	0.377
08	0.855	0.524	20	0.874	0.625	14	0.752	0.881	07	0.929	0.932	29	0.882	0.635
07	0.867	0.718	30	0.929	0.056	09	0.774	0.560	09	0.932	0.206	08	0.902	0.020
12	0.881	0.722	09	0.935	0.582	29	0.921	0.752	01	0.970	0.692	04	0.951	0.482
23	0.937	0.872	22	0.947	0.797	04	0.959	0.099	23	0.973	0.082	02	0.977	0.172

续上表

栏号 16			栏号 17			栏号 18			栏号 19			栏号 20		
A	*B*	*C*	*A*	*B*	*C*	*A*	*B*	*C*	*A*	*B*	*C*	*A*	*B*	*C*
19	0.062	0.588	13	0.045	0.004	25	0.027	0.290	12	0.052	0.075	20	0.030	0.881
25	0.080	0.218	18	0.086	0.878	06	0.057	0.571	30	0.075	0.493	12	0.034	0.291
09	0.131	0.295	26	0.126	0.990	26	0.059	0.026	28	0.120	0.341	22	0.043	0.893
18	0.136	0.381	12	0.128	0.661	07	0.105	0.176	27	0.145	0.689	28	0.143	0.073
05	0.147	0.864	30	0.146	0.337	18	0.107	0.358	02	0.209	0.957	03	0.150	0.937
12	0.158	0.365	05	0.169	0.470	22	0.128	0.827	26	0.272	0.818	04	0.154	0.867
28	0.214	0.184	21	0.244	0.433	23	0.156	0.440	22	0.299	0.317	19	0.158	0.359
14	0.215	0.757	23	0.270	0.849	15	0.171	0.157	18	0.306	0.475	29	0.304	0.615
13	0.224	0.846	25	0.274	0.407	08	0.220	0.097	20	0.311	0.653	06	0.369	0.633
15	0.227	0.809	10	0.290	0.925	20	0.252	0.066	15	0.348	0.156	18	0.390	0.536
11	0.280	0.898	01	0.323	0.490	04	0.268	0.576	16	0.381	0.710	17	0.403	0.392
01	0.331	0.925	24	0.352	0.291	14	0.275	0.302	01	0.411	0.607	23	0.404	0.182
10	0.399	0.992	15	0.361	0.155	11	0.297	0.589	13	0.417	0.715	01	0.415	0.457
30	0.417	0.787	29	0.374	0.882	01	0.358	0.305	21	0.472	0.484	07	0.437	0.696
08	0.439	0.921	08	0.432	0.139	09	0.412	0.089	04	0.478	0.885	24	0.446	0.546
20	0.472	0.484	04	0.467	0.266	16	0.429	0.834	25	0.479	0.080	26	0.485	0.768
24	0.498	0.712	22	0.508	0.880	10	0.491	0.203	11	0.566	0.104	15	0.511	0.313
04	0.516	0.396	27	0.632	0.191	28	0.542	0.306	10	0.576	0.859	10	0.517	0.290
03	0.548	0.688	16	0.661	0.836	12	0.563	0.091	29	0.665	0.397	30	0.556	0.853
23	0.597	0.508	19	0.675	0.629	02	0.593	0.321	19	0.739	0.298	25	0.561	0.837
21	0.681	0.114	14	0.680	0.890	30	0.692	0.198	14	0.748	0.759	09	0.574	0.699
02	0.739	0.298	28	0.714	0.508	19	0.705	0.445	08	0.758	0.919	13	0.613	0.762
29	0.792	0.038	06	0.719	0.441	24	0.709	0.717	07	0.798	0.183	11	0.698	0.783
22	0.829	0.324	09	0.735	0.040	13	0.820	0.739	23	0.834	0.647	14	0.715	0.179
17	0.834	0.647	17	0.741	0.906	05	0.848	0.866	06	0.837	0.978	16	0.770	0.128
16	0.909	0.608	11	0.747	0.205	27	0.867	0.633	03	0.849	0.964	08	0.815	0.385
06	0.914	0.420	20	0.850	0.047	03	0.883	0.333	24	0.851	0.109	05	0.872	0.490
27	0.958	0.356	02	0.859	0.356	17	0.900	0.443	05	0.859	0.835	21	0.885	0.999
26	0.981	0.976	07	0.870	0.612	21	0.914	0.483	17	0.863	0.220	02	0.958	0.177
07	0.983	0.624	03	0.916	0.463	29	0.950	0.753	09	0.883	0.147	27	0.961	0.980

续上表

栏号 21			栏号 22			栏号 23			栏号 24		
A	*B*	*C*	*A*	*B*	*C*	*A*	*B*	*C*	*A*	*B*	*C*
01	0.01	0.946	12	0.051	0.032	26	0.051	0.187	08	0.015	0.521
10	0.014	0.939	11	0.068	0.980	03	0.530	0.256	16	0.068	0.994
09	0.032	0.346	17	0.089	0.309	29	0.100	0.159	11	0.118	0.400
06	0.093	0.180	01	0.091	0.371	13	0.102	0.465	21	0.124	0.565
15	0.151	0.012	10	0.100	0.709	24	0.110	0.316	18	0.153	0.158
16	0.185	0.455	30	0.121	0.744	18	0.114	0.300	17	0.190	0.159
07	0.227	0.277	02	0.166	0.056	11	0.123	0.208	26	0.192	0.676
02	0.304	0.400	23	0.179	0.529	09	0.138	0.182	01	0.237	0.030
30	0.316	0.074	21	0.187	0.051	06	0.194	0.115	12	0.283	0.077
18	0.328	0.799	22	0.205	0.543	22	0.234	0.480	03	0.286	0.318
20	0.352	0.288	28	0.230	0.688	20	0.274	0.107	10	0.317	0.374
26	0.371	0.216	19	0.243	0.001	21	0.331	0.292	05	0.337	0.844
19	0.448	0.754	27	0.267	0.990	08	0.346	0.085	25	0.441	0.336
13	0.487	0.598	15	0.283	0.440	27	0.382	0.979	27	0.469	0.786
12	0.546	0.640	16	0.352	0.089	07	0.387	0.865	24	0.473	0.237
24	0.550	0.038	03	0.377	0.648	28	0.411	0.776	20	0.475	0.761
03	0.604	0.780	06	0.397	0.769	16	0.444	0.999	06	0.557	0.001
22	0.621	0.930	09	0.409	0.428	04	0.515	0.993	07	0.610	0.238
21	0.629	0.154	14	0.465	0.406	17	0.518	0.827	09	0.617	0.041
11	0.634	0.908	13	0.499	0.651	05	0.539	0.620	13	0.641	0.648
05	0.696	0.459	04	0.539	0.972	02	0.623	0.271	22	0.664	0.291
23	0.710	0.078	18	0.560	0.747	30	0.637	0.374	04	0.668	0.856
29	0.726	0.585	26	0.575	0.892	14	0.714	0.364	19	0.717	0.232
17	0.749	0.916	29	0.756	0.712	15	0.730	0.107	02	0.776	0.504
04	0.802	0.186	20	0.760	0.920	19	0.771	0.552	29	0.797	0.548
14	0.835	0.319	05	0.847	0.925	23	0.780	0.662	14	0.823	0.223
08	0.870	0.546	25	0.872	0.891	10	0.924	0.888	23	0.848	0.264
28	0.871	0.539	24	0.874	0.135	12	0.929	0.204	30	0.892	0.817
25	0.971	0.369	08	0.911	0.215	01	0.937	0.714	28	0.943	0.190
27	0.984	0.252	07	0.946	0.065	25	0.974	0.398	15	0.975	0.962

续上表

栏号 25			栏号 26			栏号 27			栏号 28		
A	*B*	*C*	*A*	*B*	*C*	*A*	*B*	*C*	*A*	*B*	*C*
02	0.039	0.005	16	0.026	0.102	21	0.050	0.952	29	0.042	0.039
16	0.061	0.599	01	0.033	0.886	17	0.085	0.403	07	0.105	0.293
26	0.068	0.054	04	0.088	0.686	10	0.141	0.624	25	0.115	0.420
11	0.073	0.812	22	0.090	0.602	05	0.154	0.157	09	0.126	0.612
07	0.123	0.649	13	0.114	0.614	06	0.164	0.841	10	0.205	0.144
05	0.126	0.658	20	0.136	0.576	07	0.197	0.013	03	0.210	0.054
14	0.161	0.189	05	0.158	0.228	16	0.215	0.363	23	0.234	0.533
18	0.166	0.040	10	0.216	0.565	08	0.222	0.520	13	0.266	0.799
28	0.248	0.171	02	0.233	0.610	13	0.269	0.477	20	0.305	0.603
06	0.255	0.117	07	0.278	0.357	02	0.288	0.012	05	0.372	0.223
15	0.261	0.928	30	0.405	0.273	25	0.333	0.633	26	0.385	0.111
10	0.301	0.811	06	0.421	0.807	28	0.348	0.710	30	0.422	0.315
24	0.363	0.025	12	0.426	0.583	20	0.362	0.961	17	0.453	0.783
22	0.378	0.792	08	0.471	0.708	14	0.511	0.989	02	0.460	0.916
27	0.389	0.959	18	0.473	0.738	26	0.540	0.903	27	0.467	0.841
19	0.420	0.557	19	0.510	0.207	27	0.587	0.643	14	0.483	0.095
21	0.467	0.943	03	0.512	0.329	12	0.603	0.745	12	0.507	0.375
17	0.494	0.225	15	0.640	0.329	29	0.619	0.895	28	0.509	0.748
09	0.620	0.081	09	0.665	0.354	23	0.623	0.333	21	0.583	0.804
30	0.623	0.106	14	0.680	0.884	22	0.629	0.076	22	0.587	0.993
03	0.625	0.777	26	0.703	0.622	18	0.670	0.904	16	0.689	0.339
08	0.651	0.790	29	0.739	0.394	11	0.711	0.253	06	0.727	0.298
12	0.715	0.599	25	0.759	0.386	01	0.790	0.392	04	0.731	0.814
23	0.782	0.093	24	0.803	0.602	04	0.813	0.611	08	0.807	0.983
20	0.810	0.371	27	0.842	0.491	19	0.843	0.732	15	0.833	0.757
01	0.841	0.726	21	0.870	0.435	03	0.844	0.511	19	0.896	0.464
29	0.862	0.009	28	0.906	0.397	30	0.858	0.289	18	0.916	0.384
25	0.891	0.873	23	0.948	0.367	09	0.929	0.199	01	0.948	0.610
04	0.917	0.264	11	0.956	0.142	24	0.931	0.263	11	0.976	0.799
13	0.958	0.990	17	0.993	0.989	15	0.939	0.947	24	0.978	0.636

(3)从第25栏A列中挑出小于或等于20所对应的B列数值，将B与T相乘，四舍五入得到20个断面号，并得到20个断面的桩号，如表7-2所示。

路面宽度、高程、横坡检测断面随机选点计算结果 表7-2

断面序号	25栏A列	25栏B列	$B\times T$	断面编号	桩　号
1	02	0.039	1.95	2	K10+040
2	16	0.061	3.05	3	K10+060
3	11	0.073	3.65	4	K10+080
4	07	0.123	6.15	6	K10+120
5	05	0.126	6.30	6	K10+140
6	14	0.161	8.05	8	K10+160
7	18	0.166	8.30	8	K10+180
8	06	0.255	12.75	13	K10+260
9	15	0.261	13.05	13	K10+280
10	10	0.301	15.05	15	K10+300
11	19	0.420	21.00	21	K10+420
12	17	0.494	24.70	25	K10+500
13	09	0.620	31.00	31	K10+620
14	03	0.625	31.25	31	K10+640
15	08	0.651	32.55	33	K10+660
16	12	0.715	35.75	36	K10+720
17	20	0.810	40.50	41	K10+820
18	01	0.841	42.05	42	K10+840
19	04	0.917	45.85	46	K10+920
20	13	0.958	47.90	48	K10+960

二、测点位置确定方法

确定测点位置的步骤如下：

(1)从布袋中任意取出一块硬纸片，纸片上号数即为表7-1中的栏号。从1～28栏中选出该栏号的一栏。

(2)按照测点数的频度要求，依次找出栏号的取样位置数，每个栏号均有A、B、C 3列。根据检测数量n，在所定栏号的A列找出所需取样位置数的全部数，如01、02、…、n。当$n>30$时，应分次进行。

(3)确定取样位置的纵向距离，找出与A列中对应的B列中数值，以此数乘以检测区间的总长度，并加上该段的起点桩号，即得出取样位置距该段起点的距离或桩号。

(4)确定取点位置的横向距离，找出与 A 列中相对应的 C 列中数值，以此数乘以检测路面的宽度，再减去宽度的一半，即得出取样位置距路面中心线的距离。如差值是正值(＋)，表示在中心线的右侧；如差值是负值(－)，表示在中心线的左侧。

【例 2】 按照有关规范规定，检查验收时拟在 K36＋000～K37＋000 的 1km 检测路段中选择 6 个测点进行钻孔取样检验压实度、沥青用量和矿料级配等，试确定钻孔位置。

解：(1)选定的随机数栏为栏号 3。

(2)栏号 3 中 A 列从上至下的数为：01、06、03、02、04 和 05。

(3)与之相对应的 B 列中的 6 个数为 0.175、0.310、0.494、0.699、0.838 和 0.977。

(4)取样路段长度 1 000m，计算得出取样位置与该段起点的距离分别为 175m、310m、494m、699m、838m、977m。

(5)与之相对应的 C 列中的 6 个数为 0.647、0.043、0.929、0.073、0.166 和 0.494。

(6)取路面宽度为 10m，计算与 C 列 6 个数对应的乘积为 6.47、0.43、9.29、0.73、1.66 和 4.94。减去宽度的一半，得出取样位置距路面中心线的距离分别为：＋1.47、－4.57、＋4.29、－4.27、－3.34 和－0.06。6 个取样的横向位置分别为：右侧 1.47、左侧 4.57、右侧 4.29、左侧 4.27、左侧 3.34、左侧 0.06。计算结果见表 7-3。

钻孔位置随机取样选点计算表 表 7-3

栏号 3		取样路段长 1 000m			路面宽 10m		距离中线位置(m)
测点编号	A 列	B 列	距起点位置(m)	桩号	C 列	距路边缘距离(m)	
1	01	0.175	175	K36＋175	0.647	6.47	1.47(右)
2	06	0.310	310	K36＋310	0.043	0.43	4.57(左)
3	03	0.494	494	K36＋494	0.929	9.29	4.29(右)
4	02	0.699	699	K36＋699	0.073	0.73	4.27(左)
5	04	0.838	838	K36＋838	0.166	1.66	3.34(左)
6	05	0.977	977	K36＋977	0.494	4.94	0.06(左)

第二节 路基路面几何尺寸检测方法

一、检测项目及要求

路基路面的几何尺寸，即宽度、纵断面高程、横坡及中线平面偏位等是施工质量检查及竣工验收的规定项目。路基宽度为行车道与路肩宽度之和，以 m 计，当设有中间带、变速车道、爬坡车道、紧急停车带时，应包括这些部分的宽度。路面宽度包括行车道、路缘带、变速车道、爬坡车道、硬路肩和紧急停车带的宽度，以 m 计。路基横坡指路槽中心线与路槽边缘两点高程差与水平距离的比值，以百分率表示。对无中央分隔带的道路，路面横坡是指路拱两侧直线部分的坡度，对有中央分隔带的道路，路面横坡是指路面与中央分隔带交界处及路面边缘与路肩交界处两点的高程差与水平距离的比值，以百分率表示。路面中线偏位指路面实际中心线偏离设计中心线的距离，以 cm 计。土方路基、水泥土基层及沥青混凝土面层各检测项目的要求如表 7-4 所示。

几何尺寸检测要求 表 7-4

结构名称	检查项目	规定值或允许偏差		检查频率
		高速、一级公路	其他公路	
土方路基	纵断高程(mm)	+10,-15	+10,-20	水准仪:每200m测4个断面
	中线偏位(mm)	50	100	经纬仪:每200m测4点,弯道加HY、YH两点
	宽度(mm)	不小于设计值	不小于设计值	米尺:每200m测4处
	横坡(%)	±0.5	±0.5	水准仪:每200m测4个断面
	边坡	不陡于设计值	不陡于设计值	尺量:每200m测4处
	平整度(mm)	15	20	3m直尺:每200m测2处×10尺
水泥土基层	纵断高程(mm)		+5,-15	水准仪:每200m测4个断面
	宽度(mm)	不小于设计值	不小于设计值	米尺:每200m测4处
	横坡(%)		±0.5	水准仪:每200m测4个断面
	平整度(mm)		12	3m直尺:每200m测2处×10尺
沥青混凝土面层	纵断高程(mm)	±10	±15	水准仪:每200m测4个断面
	中线平面偏位(mm)	20	30	经纬仪:每200m测4点
	宽度(mm)	±20	±30	米尺:每200m测4处
	横坡(%)	±0.3	±0.5	水准仪:每200m测4个断面

二、准备工作

(1)路基路面几何尺寸测试的仪具为钢卷尺、经纬仪、精密水准仪、塔尺或全站仪等。

(2)在路基或路面上准确恢复桩号。

(3)按随机取样选点方法,在一个检测路段内选取测定的断面位置及里程桩号,在测定断面作上标记。通常将路面宽度、横坡、高程及中线平面偏位选在同一断面位置,且宜在整数桩号上测定。

(4)根据道路设计的要求,确定路基路面各部分的设计宽度的边界位置,在测定位置上用粉笔作上记号。

(5)根据道路设计的要求,确定设计高程的纵断面位置,在测定位置上用粉笔作上记号。

(6)根据道路设计的要求,在与中线垂直的横断面上确定成型后的路面的实际中线位置。

(7)根据道路设计的路拱形状,确定曲线与直线部分的交界位置及路面与路肩(或硬路肩)的交界处,作为横坡检验的基准;当有路缘石或中央分隔带时,以两侧路缘石边缘为横坡测定的基准点,用粉笔作上记号。

三、测定工作

1. 纵断面高程测定方法

(1)将精密水准仪架设在路面平顺处调平,以路线附近的水准点高程为基准,将塔尺竖立在中线的测定位置上,测记测定点的高程读数,以m计,准确至0.001m。

(2)连续测定全部测点,并与水准点闭合。

各个断面的实测高程 H_{1i} 与设计高程 H_{0i} 之差为:

$$\Delta H_i = H_{1i} - H_{0i} \tag{7-1}$$

式中：H_{1i}——各个断面的纵断面实测高程，m；

H_{0i}——各个断面的纵断面设计高程，m；

ΔH_i——各个断面的纵断面实测高程和设计高程的差值，m。

高程检验的关键在于测定高程的位置是否准确。在路基测定时，施工桩号尚在，还比较容易准确。但在路面竣工以后及旧路调查时，桩号已经没有，或者已成了新桩号，如果恢复桩号位置不准确，高程测定值将无法检验是否符合要求。例如对纵坡5%的路段，桩号相差1m，高程相差5cm，便已超过了竣工验收的允许差。所以恢复桩号要准确，采用最新的全站仪测量可以做到，但对普通经纬仪就困难了。

实测高程与设计高程的差值，低于设计高程的为负，高于设计高程的为正。

2. 路基路面各部分宽度及总宽度测定方法

用钢尺沿中心线垂直方向上水平量取路基路面各部分的宽度，以m计。对高速公路及一级公路，准确至0.005m；对于其他等级公路，准确至0.01m。当路面有路拱、横坡时，路面宽度必须是水平宽度，如果尺子贴路面量，测定的是斜面，这是不正确的。另外，测定时必须使用钢尺。

按公式(7-2)计算各测定断面的实测宽度 B_{1i} 与设计宽度 B_{0i} 之差 ΔB_i。总宽度为路基路面各部分宽度之和。

$$\Delta B_i = B_{1i} - B_{0i} \tag{7-2}$$

式中：B_{1i}——各断面的实测宽度，m；

B_{0i}——各断面的设计宽度，m；

ΔB_i——各断面的实测宽度和设计宽度的差值，m。

3. 中线偏位测定方法

(1)有中线坐标的道路：首先从设计资料中查出待测点 P 的设计坐标，用经纬仪对该设计坐标进行放样，并在放样点 P' 作好标记，量取 PP' 的长度，即为中线平面偏位 Δ_{CL}，以mm表示。对高速公路及一级公路，准确至5mm；对其他等级公路，准确至10mm。

(2)无中线坐标的低等级道路：应首先恢复交点或转点，实测偏角和距离，然后采用链距法、切线支距法或偏角法等传统方法敷设道路中线的设计位置，量取设计位置与施工位置之间的距离，即为中线平面偏位 Δ_{CL}，以mm表示，准确至10mm。

4. 路面横坡测定方法

(1)对设有中央分隔带的路面，测定横坡时，将精密水准仪架设在路面平顺处调平，将塔尺分别竖立在路面与中央分隔带分界的路缘带边缘 d_1 处及路面与路肩交界(或外侧路缘石边缘) d_2 处，d_1 和 d_2 两测点必须在同一横断面上。测量 d_1 与 d_2 处的高程，记录高程读数，以m计，准确至0.001m。

(2)对无中央分隔带的路面，测定横坡时，将精密水准仪架设在路面平顺处调平，将塔尺分别竖立在路拱曲线与直线部分的交界位置 d_1 处以及路面与路肩(或硬路肩)交界位置 d_2 处，d_1 和 d_2 两测点必须在同一横断面上。测量 d_1 与 d_2 处的高程，记录高程读数，以m计，准确至0.001m。

(3)用钢尺测量两测点的水平距离 B_{1i}，以m计。对于高速公路及一级公路，准确至0.005m；对于其他等级公路，准确至0.01m。

各测点断面的横坡度 i_{1i} 按式(7-3)计算，准确至一位小数，按式(7-4)计算实测横坡 i_{1i} 与设计横坡 i_{0i} 之差 Δi_i。

$$i_{1i} = \frac{d_{1i} - d_{2i}}{B_{1i}} \times 100 \tag{7-3}$$

$$\Delta i_i = i_{1i} - i_{0i} \tag{7-4}$$

式中：i_{1i}——各测定断面的横坡，%；

d_{1i}、d_{2i}——分别表示各测定断面两测点 d_1 和 d_2 的高程读数，m；

B_{1i}——各断面测点 d_1 和 d_2 的之间的水平距离，m；

i_{0i}——各断面的设计坡度，%；

Δi_i——各测定断面的横坡和设计横坡的差值，%。

路基路面在中心线处建有路拱时，横坡的测定变得很困难，因为路拱是一个曲线，设计横坡则是指直线部分的横坡。测量时路基横坡是指路槽顶面的横坡，路面横坡是路面中心线与路面边缘高程之差对距离的比值。由于路拱断面往往并非一直线，故测定值仅仅是平均横坡，与设计横断面形状的横坡将有所不同，这一点在比较时应该注意。即可将设计横坡按设计横断面图进行计算，换算成设计的平均横坡，然后计算实测横坡与设计横坡之差。

实测横坡小于设计横坡差值为负，实测横坡大于设计横坡差值为正。

四、检测路段数据整理

将路基路面几何尺寸检测结果进行汇总，然后根据规范的规定计算一个评定路段内测定值的平均值、标准差、变异系数、绝对误差和精度，但加宽及超高部分的测定值不参与计算。

$$\overline{X} = \frac{\sum X_i}{N} \tag{7-5}$$

$$S = \sqrt{\frac{\sum (X_i - \overline{X})^2}{N-1}} \tag{7-6}$$

$$C_V = \frac{S}{\overline{X}} \times 100 \tag{7-7}$$

$$m_X = \frac{S}{\sqrt{N}} \tag{7-8}$$

$$p_X = \frac{m_X}{\overline{X}} \tag{7-9}$$

式中：X_i——各个测点的测定值；

N——一个评定路段内测点数；

$\overline{X}$——一个评定路段内测定值的平均值；

S——一个评定路段内测定值的标准差；

C_V——一个评定路段内测定值的变异系数，%；

m_X——一个评定路段内测定值的绝对误差；

p_X——一个评定路段内测定值的试验精度，%。

计算一个评定路段内测定值的代表值时，对单侧检验的指标，按式(7-10)计算，对双侧检验的指标按式(7-11)计算。

对单侧检验的指标：

$$X' = \overline{X} \pm S t_\alpha / \sqrt{N} \tag{7-10}$$

对双侧检验的指标：

$$X' = \overline{X} \pm S t_{\alpha/2} / \sqrt{N} \tag{7-11}$$

式中：X'——一个评定路段内测定值的代表值；

t_α 或 $t_{\alpha/2}$——t 分布表中随自由度($N-1$)和置信水平 α(保证率)而变化的系数。单边置信水平 $t_\alpha/\sqrt{N}$，保证率为95％、90％时的值，双边置信水平 $t_{\alpha/2}/\sqrt{N}$，保证率为95％、90％时的值分别如表7-5所示。

$t_{\alpha/2}/\sqrt{N}$、$t_\alpha/\sqrt{N}$的值 表7-5

测定数 N	双边置信水平的 $t_{\alpha/2}/\sqrt{N}$		单边置信水平的 $t_\alpha/\sqrt{N}$	
	保证率95％	保证率90％	保证率95％	保证率90％
	$\alpha/2$	$\alpha/2$	α	α
2	8.985	4.465	4.465	2.176
3	2.484	1.686	1.686	1.089
4	1.591	1.177	1.177	0.819
5	1.242	0.953	0.953	0.686
6	1.049	0.823	0.823	0.603
7	0.925	0.734	0.734	0.544
8	0.836	0.670	0.670	0.500
9	0.769	0.620	0.620	0.466
10	0.715	0.580	0.580	0.437
11	0.672	0.546	0.546	0.414
12	0.635	0.518	0.518	0.393
13	0.604	0.494	0.494	0.376
14	0.577	0.473	0.473	0.361
15	0.554	0.455	0.455	0.347
16	0.533	0.438	0.438	0.335
17	0.514	0.423	0.423	0.324
18	0.497	0.410	0.410	0.314
19	0.482	0.398	0.398	0.305
20	0.468	0.387	0.387	0.297
21	0.454	0.376	0.376	0.289
22	0.443	0.367	0.367	0.282
23	0.432	0.358	0.358	0.275
24	0.421	0.350	0.350	0.269
25	0.413	0.342	0.342	0.264
26	0.404	0.335	0.335	0.258
27	0.396	0.328	0.328	0.253
28	0.388	0.322	0.322	0.248
29	0.380	0.316	0.316	0.244
30	0.373	0.310	0.310	0.239
40	0.320	0.266	0.266	0.206
50	0.284	0.237	0.237	0.184
60	0.258	0.216	0.216	0.167
70	0.238	0.199	0.199	0.155
80	0.223	0.186	0.186	0.145
90	0.209	0.277	0.175	0.136
100	0.198	0.166	0.166	0.129

当无特殊规定时，可疑数据的舍弃按照 k 倍标准差作为舍弃标准，即在资料分析中，舍弃那些在 $\overline{X} \pm kS$ 范围以外的测定值，然后再重新计算整理。当试验数据 N 为 3、4、5、6 个时，k 值分别为 1.15、1.46、1.67、1.82；N 等于或大于 7 时，k 值为 3。

第三节　几何数据自动化测试系统测定路面横坡试验方法

几何数据自动化测试系统测定路面横坡试验方法适用于目前采用激光测距仪、加速度传感器和陀螺仪等设备测试路面横坡的自动化测试系统。本方法适用于新建、改建路面工程质量验收和无严重坑槽、车辙等病害的通车运行路面的横坡评价。测试过程中路面应整洁，宜选择风力较小时。

1. 几何数据测试系统组成及技术要求

几何数据测试系统由承载车、数据采集处理系统和距离测量系统组成。几何数据测试系统承载车的车身高度不宜超过 1.7m。

测试系统技术要求：距离标定误差：≤0.1%，设备工作温度：−10～60℃，横坡分辨率：≤0.1°。

2. 准备工作

(1)检查轮胎气压，使气压达到车辆正常使用的轮胎气压。

(2)距离标定：承载车每行驶 5 000km 或者更换轮胎必须进行距离标定，距离标定长度 1 000m，误差 0.1%。

(3)将控制面板电源打开，检查各项控制功能键、指示灯和技术参数选择状态。

3. 测试方法

(1)打开测试系统，按规定进行通电预热。

(2)每次测试开始前或连续测试长度超过 100km 后，必须按照规定的方法进行系统偏差标定。

(3)按照测试路段的现场技术要求设置完毕所需的测试状态。

(4)驾驶员以恒定加速度加速至测试速度，测试车速宜为 30～90km/h。沿正常行车轨迹驶入测试路段，测试过程中承载车应沿车道线匀速行驶，不能超车、变线。

(5)进入测试路段后，测试人员在测试过程中必须及时准确地将测试路段的起终点和其他需要特殊标记的点的位置输入测试数据记录中。

(6)当承载车测完测试路段后，停车，设备操作人员停止数据采集和记录，并恢复仪器各部分至初始状态。检查测试数据，若不符合要求，应重新测试。

(7)关闭测试系统电源，结束测试。

4. 报告

报告应包括横坡值的平均值、标准差和变异系数。

第四节　路面厚度检测方法

一、路面厚度代表值与极值的允许偏差

路面各结构层厚度的检测方法与结构层的层位和种类有关，基层和砂石路面的厚度可用挖坑法测定，沥青面层及水泥混凝土路面板的厚度应用钻芯法测定。路面雷达测试系统能够在高速行驶状态下实时收集路面结构层资料，并通过计算自动分析出路面各层的厚度、湿度、

孔隙位置和内部破损情况。

几种常用的路面结构层厚度的代表值与极值的允许偏差见表7-6。

常用的路面结构层厚度的代表值与极值的允许偏差 表7-6

类型与层位	厚　度　(mm)			
	代表值		合格值	
	高速、一级	其他公路	高速、一级	其他公路
水泥混凝土面层	−5	−5	−10	−10
沥青混凝土、沥青碎石面层	总厚度:设计值的−8%; 上面层:设计值的−10%	总厚度:设计值的−10%; 上面层:设计值的−20%	−8%H	−15%H
沥青贯入式面层	−8%H或−5		−15%H或−10	
水泥稳定粒料基层	−8	−10	−15	−20
石灰土基层	—	−10	—	−20

注:1.水泥混凝土面层,每200m每车道检查2处。

2.沥青混凝土、沥青碎石及沥青贯入式面层,每200m每车道检查1处。

3.水泥稳定粒料基层及石灰土基层,每200m每车道检查1处。

4.表列厚度仅规定负允许偏差。其他公路的厚度代表值和合格值允许偏差按总厚度计,当总厚度≤60mm时,允许偏差分别为−5mm和−10mm;总厚度>60mm时,允许偏差分别为−8%和−15%的总厚度。H为总厚度(mm)。

二、挖坑及钻芯法测定路面厚度试验方法

挖坑及钻芯法测定路面厚度试验方法适用于路面各层施工过程中的厚度检验及工程交工验收检查使用。基层或砂石路面的厚度可用挖坑法测定,沥青面层及水泥混凝土路面板的厚度应用钻芯法测定。

1.仪具与材料技术要求

(1)挖坑用镐、铲、凿子、锤子、小铲、毛刷。

(2)路面取芯样钻机及钻头、冷却水。

(3)量尺:钢板尺、钢卷尺、卡尺。

(4)补坑材料:与检查层位的材料相同。

(5)补坑用具:夯、热夯、水等。

(6)搪瓷盘、棉纱等。

2.测试方法

1)挖坑法厚度测试方法

(1)根据现行相关规范的要求,按随机取样选点法决定挖坑检查的位置,如为旧路,该点有坑洞等显著缺陷或接缝时,可在其旁边检测。

(2)在选择试验地点,选一块约40cm×40cm的平坦表面,用毛刷将其清扫干净。

(3)根据材料坚硬程度,选择镐、铲、凿子等适当的工具,开挖这一层材料,直至层位底面。在便于开挖的前提下,开挖面积应尽量缩小,坑洞大体呈圆形,边开挖边将材料铲出,置于搪瓷盘中。

(4)用毛刷将坑底清扫干净,确认为下一层的顶面。

(5)将钢板尺平放横跨于坑的两边,用另一把钢尺或卡尺等量具在坑的中部位置垂直伸至坑底,测量坑底至钢板尺的距离,即为检查层的厚度,以mm计,准确至1mm。

2)钻芯法厚度测试方法

(1)同挖坑法厚度测试方法(1)。

(2)按照现场取样的方法用路面取芯钻机钻孔,钻头的标准直径为 ϕ100mm,如芯样仅供测量厚度,不做其他试验时,对沥青面层与水泥混凝土板也可用直径 ϕ50mm 的钻头,对基层材料有可能损坏试件时,也可用直径 ϕ150mm 的钻头,但钻孔深度均必须达到层厚。

(3)仔细取出芯样,清除底面灰土,找出与下层的分界面。

(4)用钢板尺或卡尺沿圆周对称的十字方向四处量取表面至上下层界面的高度,取其平均值,即为该层的厚度,准确至 1mm。

在沥青路面施工过程中,当沥青混合料尚未冷却时,可根据需要随机选择测点,用大螺丝刀插入至沥青层底面深度后用尺读数,量取沥青层的厚度,以 mm 计,准确至 1mm。

3. 填补挖坑或钻孔的方法

(1)适当清理坑中残留物,钻孔时留下的积水应用棉纱吸干。

(2)对无机结合料稳定层及水泥混凝土路面板,应按相同配合比用新拌的材料分层填补并用小锤压实。水泥混凝土中宜掺加少量快凝早强剂。

(3)对无机结合料粒料基层,可用挖坑时取出的材料,适当加水拌和后分层填补,并用小锤压实。

(4)对正在施工的沥青路面,用相同级配的热拌沥青混合料分层填补并用加热的铁锤或热夯压实,旧路钻孔也可用乳化沥青混合料修补。

(5)所有补坑结束时,宜比原面层略鼓出少许,用重锤或压路机压实平整。

(6)认真做好填补工作,若有遗留或补得不好,易成为隐患而导致开裂。

4. 计算及报告

按公式(7-12)计算路面实测厚度 T_{1i} 与设计厚度 T_{0i} 之差为:

$$\Delta T_i = T_{1i} - T_{0i} \tag{7-12}$$

式中:T_{1i}——路面的实测厚度,mm;

T_{0i}——路面的设计厚度,mm;

ΔT_i——路面实测厚度与设计厚度的差值,mm。

当为检查路面总厚度时,则将各层平均厚度相加即为路面总厚度。计算一个评定路段检测厚度的平均值、标准差、变异系数,并计算代表厚度。

路面厚度检测报告应列表填写,并记录与设计厚度之差,不足设计厚度为负,大于设计厚度为正。

以测量钻孔试件厚度或挖坑法检测路面厚度属于破坏性检验。因此,在沥青路面施工过程中,应尽量采用无破损方法进行检验,以减少对路面造成损坏或留下后患。

三、短脉冲雷达测定路面厚度试验方法

用钻孔取芯法检测路面面层厚度时,对面层有一定的破坏作用。路面雷达测试技术是一种先进的、高效的、不损坏路面的、连续的检测路面面层厚度的方法。采用短脉冲雷达无损检测路面面层厚度适用于新建、改建路面工程质量验收和旧路加铺路面设计的厚度调查。雷达发射的电磁波在路面层传播过程中会逐渐削弱、消散、层面反射。雷达最大探测深度是由雷达系统的参数以及路面材料的电磁属性决定的,不适合材料过度潮湿或饱和以及有高含铁量矿渣集料的路面测试。

1. 基本原理

雷达检测路面面层厚度属于反射探测法。其基本原理是,不同的介质具有不同的介电常数,雷达向地下发射一定强度的高频电磁脉冲波,电磁波在地下传播的过程中遇到不同介电常数的界面时,一部分能量产生反射波,一部分能量继续向地下传播,如图 7-1 所示,雷达接收并记录这些反射信息。电磁波在特定介质中的传播速度是不变的。

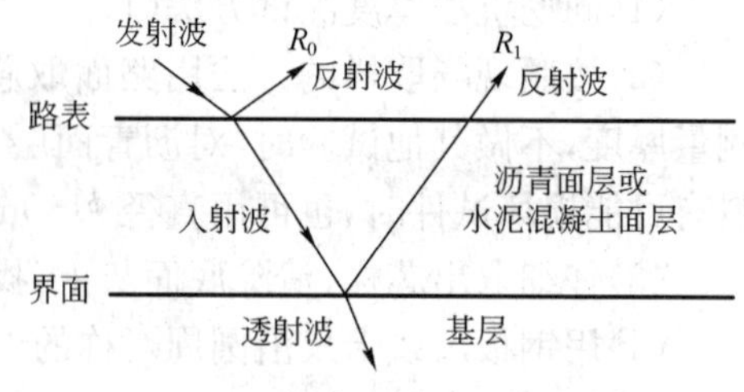

图 7-1　电磁波在路面面层中的反射

2. 雷达测试系统组成及技术要求

雷达测试系统由承载车、天线、雷达发射接收器和控制系统组成,设备部分如图 7-2 所示。

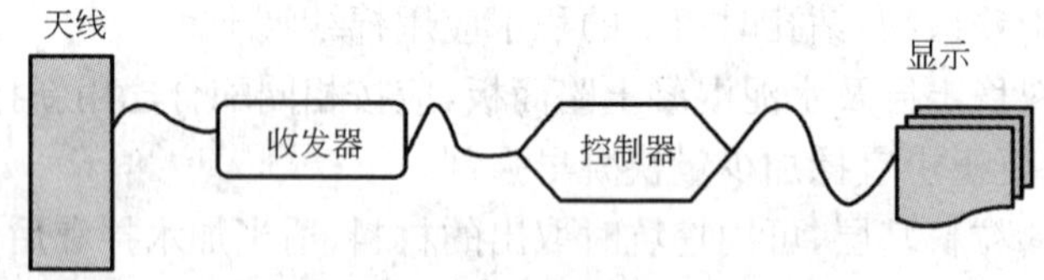

图 7-2　雷达系统组成图

测试系统技术要求和参数:距离标定误差≤0.1%;设备工作温度 0～40℃;最小分辨层厚≤40mm;天线为喇叭形空气耦合天线,带宽能适应所选择的发射脉冲频率。收发器的脉冲宽度≤1.0ns,时间信号处理能力可以适应所需的测试深度。

系统测量精度要求见表 7-7。

系统测量精度技术要求　　表 7-7

测量深度(cm)	测量误差(mm)
<10	±3
10～25	±5
>25	±10

3. 准备工作

(1)距离标定:承载车行驶超过 20 000km,更换轮胎,或使用超过 1 年的情形下需要进行距离标定。

(2)安装雷达天线:将雷达天线按照规定安装方法牢固安装好,并将天线与主机的连线连接好。

(3)检查连接线安装无误后开机预热,预热时间不得少于厂商规定的时间。

(4)将金属板放置在天线正下方,启动控制软件的标定程序,获取相应参数。

(5)打开控制软件的参数设置界面,根据不同的检测目的,设置采样间隔、时间窗、增益等参数。

4. 测试方法

(1)将承载车停在起点,开启安全警示灯,启动软件测试程序,驾驶员缓慢加速车辆到正常检测速度。

(2)检测过程中,操作人员应记录测试线路所遇到的桥梁、涵洞、隧道等构造物的起终点。

(3)当测试车辆到达测试终点后,操作人员停止采集。

(4)芯样标定:为了准确反算出路面厚度,必须知道路面材料的介电常数,通常采用在路面上钻芯法以获取路面材料的介电常数。具体的方法为:首先把雷达天线放在需要标定芯样点的上方采样,然后钻芯,最后将芯样的真实厚度数据输入到计算程序中,反算出路面材料的介电常数或者雷达波在材料中的传播速度。路面材料的介电常数会随集料类型、沥青产地、密度、湿度等而不同。测试过程中应根据实际情况增加芯样钻取数量,以保证测试厚度的准确性。

(5)操作人员检查数据文件,文件应完整,内容应正常,否则应重新测试。

(6)关闭测试系统电源,结束测试。

5.计算

由于地下介质具有不同的介电常数,造成各种介质具有不同的电导性,电导性的差异影响了电磁波的传播速度。一般用公式(7-13)计算电磁波在不同介质中的传播速度。

$$v = \frac{c}{\sqrt{\varepsilon_r}} \tag{7-13}$$

式中:v——电磁波在介质中的传播速度,mm/ns;

c——电磁波在空气中的传播速度,取300mm/ns;

ε_r——介质的相对介电常数。

根据雷达波在路面面层中的双程走时以及材料的相对介电常数,用公式(7-14)确定面层厚度。

$$T = \frac{\Delta t \times c}{2\sqrt{\varepsilon_r}} \tag{7-14}$$

式中:T——面层厚度,mm;

Δt——雷达波在路面面层中的双程走时,ns。

短脉冲雷达是目前国内外已普遍用于测试路面结构层厚度的一种无损测试设备。其沥青面层的测试误差一般可控制在3mm内,但是其测试效率是传统方法所无法相比的。建议测试路面厚度小10cm时,宜选用频率大于2GHz的雷达天线;路面厚度为10~25cm时,宜选用频率大于1.5GHz的雷达天线;路面厚度大于25cm时,宜选用频率大于1GHz的雷达天线。

四、路面结构层厚度评定

对路段内路面结构层厚度按代表值的允许偏差和单个测定值的允许偏差进行评定。

厚度代表值为厚度的算术平均值的下置信界限值,即

$$X_L = \overline{X} - St_\alpha / \sqrt{N} \tag{7-15}$$

式中:X_L——厚度代表值;

$\overline{X}$——厚度平均值;

S——标准差;

N——检查数量;

$t_\alpha / \sqrt{N}$——t分布中随测点数和保证率(或置信度α)而变化的系数,采用的保证率:高速公路、一级公路基层、底基层为99%,面层为95%;其他公路基层、底基层为95%,面层为90%。

当厚度代表值大于等于设计厚度减去代表值允许偏差时，则按单个检查值的偏差是否超过极限值来评定合格率计算相应的得分；当厚度代表值小于设计厚度减去代表值允许偏差时，则厚度指标评为零分，即不合格。

沥青面层一般按沥青铺筑层总厚度进行评定，但高速公路和一级公路多分为2～3层铺筑，还应进行上面层厚度的检查与评定。

思 考 题

1. 叙述确定测定断面或测定区间的步骤。

2. 路面横坡如何测定？

3. 路面厚度检测有几种方法？

4. 简述雷达检测路面厚度的基本原理。

5. 按照有关规范规定，检查验收时拟在K10＋000～K11＋000的1km检测路段中选择6个测点进行钻孔取样检验压实度、沥青用量和矿料级配等，试确定钻孔位置（选定的随机数栏为栏号20）。

第八章 路基路面压实度与平整度检测

DIBAZHANG

第一节 路基路面压实度检测方法

一、概　　述

压实度是填土工程的质量控制指标。现场压实质量用压实度表示，对于路基土及路面基层，压实度是指工地实际达到的干密度与室内标准击实试验所得的最大干密度的比值，以百分率表示；对沥青路面，压实度是指现场压实层的实测密度与室内马歇尔试验确定的标准密度的比值，以百分率表示。因此，压实度检测的主要任务是现场实测压实层的密度。

二、压实度检测方法

1.环刀法

环刀法适用于公路工程现场测定细粒土及无机结合料稳定细粒土的密度。对于无机结合料稳定细粒土，其龄期不宜超过 2d，且宜用于施工过程中的压实度检验。由于取样深度较浅，故测得密度偏大。

1)仪具与材料

(1)人工取土器或电动取土器：人工取土器包括环刀、环盖、定向筒和击实锤系统（导杆、落锤、手柄）。环刀内径 6～8cm，高 2～3cm，壁厚 1.5～2mm。电动取土器由底座、行走轮、立柱、齿轮箱、升降机构、取芯头等组成，整机质量约 35kg。取芯头为可换式，有三种规格：50mm×50mm、70mm×70mm、100mm×100mm。另配有相应的取芯套筒、扳手等。

(2)天平：感量 0.1g（用于取芯头内径小于 70mm 样品的称量）或 1.0g（用于取芯头内径 100mm 样品的称量）。

(3)铁锤、凿子、铝盒、镐、小铁锹、修土刀、毛刷、直尺、钢丝锯、凡士林、木板及测定含水率设备等。

2)试验方法与步骤

(1)用人工取土器测定粘性土及无机结合料稳定细粒土密度。

①擦净环刀或取芯套筒，称其质量 m_2，准确至 0.1g。

②在试验地点，选取一块面积约 30cm×30cm 的地面清扫干净，并将压实层表面浮动及不平整的部分铲去，达到一定深度，使环刀打下后，能达到要求的取土深度，但不得扰动下层。

③将定向筒齿钉固定于铲平的地面上，依次将环刀、环盖放入定向筒内，并与地面垂直。

④将导杆保持垂直状态，用落锤将环刀打入压实层中，至环盖顶面与定向筒上口齐平为止。

⑤去掉击实锤和定向筒，用镐将环刀及试样挖出。

⑥轻轻取下环盖，用修土刀由边至中削去环刀两端余土，用直尺检测直至修平为止。

⑦擦净环刀外壁，用天平称取环刀及试样合计质量 m_1，准确至 0.1g。

⑧从环刀中取出具有代表性的试样，测定其含水率 w(烘干法或酒精燃烧法)。

(2)用人工取土器测定砂性土或砂层密度。

①如为湿润的砂土，试验时不需要使用击实锤和定向筒。在铲平的地面上，细心挖出一个直径较环刀外径略大的砂土柱，将环刀刃口向下，平置于砂土柱上，用两手平稳地将环刀垂直压下，直至砂土柱突出环刀上端约 20mm 左右为止。

②削掉环刀口上的多余砂土，并用直尺刮平。

③在环刀上口盖一块平滑的木板，一手按住木板，另一只手用小铁锹将试样从环刀底部切断，然后将装满试样的环刀转过来，削去环刀刃口上部的多余砂土，并用直尺刮平。

④擦净环刀外壁，称环刀与试样合计质量 m_1，精确至 0.1g。

⑤从环刀中取具有代表性的试样测定其含水率 w。

⑥干燥的砂土不能挖成砂土柱时，可直接将环刀压入或打入土中。

(3)用电动取土器测定无机结合料细粒土和硬塑土密度。

①装上所需规格的取芯头。在施工现场取芯前，选择一块平整的路段，将 4 只行走轮打起，4 根定位销钉采用人工加压的方法，压入路基土层中。松开锁紧手柄，旋动升降手轮，使取芯头刚好与土层接触，锁紧手柄。

②将电瓶与调速器接通，调速器的输出端接入取芯机电源插口。指示灯亮，显示电路已通；启动开关，电动机工作，带动取芯机构转动。根据土层含水率调节转速，操作升降手柄，上提取芯机构，停机，移开机器。由于取芯头圆筒外表有几条螺旋状突起，切下的土屑排在筒外顺螺纹上旋抛出地表，因此，将取芯套筒套在切削好的土芯立柱上，摇动即可取出样品。

③取出样品，立即按取芯套筒长度用修土刀或钢丝锯修平两端，制成所需规格土芯，如需进行其他试验项目，装入铝盒，送实验室备用。

④用天平称量土芯和套筒质量 m_1，从土芯中心部分取试样测定含水率 w。

3)结果整理

按式(8-1)和式(8-2)分别计算试样的湿密度 ρ 及干密度 ρ_d：

计算湿密度

$$\rho=\frac{4(m_1-m_2)}{\pi d^2 h} \tag{8-1}$$

计算干密度

$$\rho_d=\frac{\rho}{1+0.01w} \tag{8-2}$$

计算施工压实度

$$K = \frac{\rho_d}{\rho_c} \times 100 \tag{8-3}$$

式中：ρ——试样的湿密度，g/cm³；

ρ_d——试样的干密度，g/cm³；

m_1——环刀或取芯套筒与试样合计质量，g；

m_2——环刀或取芯套筒质量，g；

d——环刀或取芯套筒直径，cm；

h——环刀或取芯套筒高度，cm；

w——试样的含水率，%；

K——施工压实度，%；

ρ_c——由击实试验得到的试样最大干密度，g/cm³。

2. 挖坑灌砂法

挖坑灌砂法适用于现场测定基层、底基层、砂石路面及路基土的各种材料的压实层密度和压实度，但不适用于填石路堤等有大孔洞或大孔隙的材料压实层的压实度检测。

采用此方法时，应符合下列规定：当集料的最大粒径小于13.2mm、测定层的厚度不超过15cm时，宜采用ϕ100mm的小型灌砂筒测试；当集料的粒径等于或超过13.2mm，但不大于31.5mm，测定层的厚度不超过20cm，应用ϕ150mm的大型灌砂筒测试。

1)仪具与材料

(1)灌砂筒：有大小两种，根据需要采用。型式和主要尺寸见图8-1及表8-1。储砂筒筒底中心有一个圆孔，下部装一倒置的圆锥形漏斗，漏斗上端开口，直径与储砂筒的圆孔相同。漏斗焊接在一块铁板上，铁板中心有一圆孔与漏斗上开口相接。储砂筒筒底与漏斗之间设有开关。开关铁板上也有一个相同直径的圆孔。

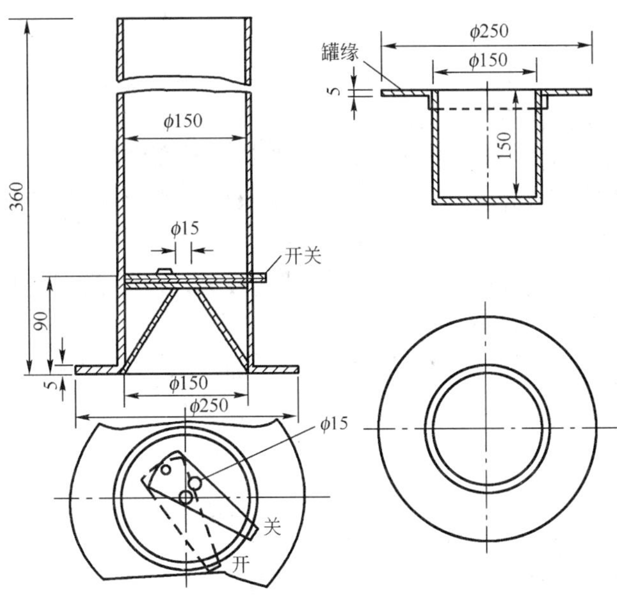

图8-1　灌砂筒和标定罐(尺寸单位：mm)

灌砂仪的主要尺寸要求 表 8-1

结　　构		小型灌砂筒	大型灌砂筒
储砂筒	直径(mm)	100	150
	容积(cm^3)	2 120	4 600
流砂孔	直径(mm)	10	15
金属标定罐	内径(mm)	100	150
	外径(mm)	150	200
金属方盘基板	边长(mm)	350	400
	深(mm)	40	50
中孔	直径(mm)	100	150

注:如集料的最大粒径超过 31.5mm,则应相应地增大灌砂筒和标定罐的尺寸。如集料的最大粒径超过 53mm,灌砂筒和现场试洞的直径应为 200mm。

(2)金属标定罐:用薄铁板制作的金属罐,上端周围有一罐缘。

(3)基板:用薄铁板制作的金属方盘,盘的中心有一圆孔。

(4)玻璃板:边长约 500～600mm 的方形板。

(5)试样盘:小筒挖出的试样可用饭盒存放,大筒挖出的试样可用 300mm×500mm×40mm 的搪瓷盘存放。

(6)天平或台秤:称量 10～15kg,感量不大于 1g。用于含水率测定的天平精度,对细粒土、中粒土、粗粒土宜分别为 0.01g、0.1g、1.0g。

(7)含水率测定器具:如铝盒、烘箱等。

(8)量砂:粒径 0.30～0.60mm 及 0.25～0.50mm 清洁干燥的均匀砂,约 20～40kg,使用前须洗净、烘干,并放置足够长的时间,使其与空气的湿度达到平衡。

(9)盛砂的容器:塑料桶等。

(10)凿子、改锥、螺丝刀、铁锤、长把勺、小簸箕、毛刷等。

2)试验方法与步骤

(1)标定灌砂筒下部圆锥体内砂的质量

①在灌砂筒筒口高度上,向灌砂筒内装砂至距筒顶 15mm 左右为止。称取装入筒内砂的质量 m_1,准确至 1g。以后每次标定及试验都应该维持装砂高度与质量不变。

②将开关打开,让砂自由流出,并使流出砂的体积与工地所挖试坑内的体积相当(可等于标定罐的容积),然后关上开关。

③不晃动储砂筒的砂,轻轻地将灌砂筒移至玻璃板上,将开关打开,让砂流出,直到筒内砂不再流下时,将开关关上,并细心地取走灌砂筒。

④收集并称量留在板上的砂或称量筒内的砂,准确至 1g。玻璃板上的砂就是填满筒下部圆锥体的砂 m_2。

⑤重复上述测量 3 次,取其平均值。

(2)标定量砂的松方密度 ρ_s

①用水确定标定罐的容积 V,精确至 1mL。

②在储砂筒中装满质量为 m_1 的砂,并将灌砂筒放在标定罐上,打开开关,让砂流出,直到储砂筒内的砂不再流下时,关闭开关。取下灌砂筒,称量筒内剩余的砂质量 m_3,准确至 1g。

③重复上述测量至少 3 次,最后取其平均值,准确至 1g。

④按式(8-4)计算填满标定罐所需砂的质量 m_a：

$$m_a = m_1 - m_2 - m_3 \tag{8-4}$$

式中：m_a——标定罐中砂的质量，g；

m_1——装入灌砂筒内的砂的总质量，g；

m_2——灌砂筒下部圆锥体内砂的质量，g；

m_3——灌砂入标定罐后，筒内剩余砂的质量，g。

⑤按式(8-5)计算砂的松方密度 ρ_s：

$$\rho_s = \frac{m_a}{V} \tag{8-5}$$

式中：ρ_s——量砂的松方密度，g/cm^3；

V——标定罐的体积，cm^3。

(3)试验步骤。

①在试验地点，选一块约 40cm×40cm 的平坦表面，并将其清扫干净，将基板放在此平坦表面上。当表面的粗糙度较大时，则将盛有量砂(m_5)的灌砂筒放在基板中间的圆孔上，将灌砂筒的开关打开，让砂流入基板的中孔内，直到储砂筒内的砂不再流下时关闭开关。取下灌砂筒，并称量筒内砂的质量 m_6，准确至 1g。

②取走基板，并将留在试验地点的量砂收回，重新将表面清扫干净。

③将基板放回清扫干净的表面上(尽量放在原处)，沿基板中孔凿洞，洞的直径与灌砂筒一致。在凿洞过程中，应注意不使凿出的材料丢失，并随时将凿松的材料取出装入已知质量的塑料袋中，不使水分蒸发，也可放在大试样盒内。试洞的深度应等于测定层厚度，但不得有下层材料混入，最后将洞内的全部凿松材料取出。对土基或基层，为防止试样盘内材料的水分蒸发，可分几次称取材料的质量。全部取出材料的总质量为 m_w，准确至 1g。当需要检测厚度时，应先测量厚度后再进行这一步骤。

④从挖出的全部材料中取出有代表性的样品，放在铝盒或洁净的搪瓷盘中，测定其含水率 w(%)。样品的数量如下：用小灌砂筒测定时，对于细粒土，不少于 100g；对于各种中粒土，不少于 500g。用大灌砂筒测定时，对于细粒土，不少于 200g；对于各种中粒土，不少于 1 000g；对于粗粒土或水泥、石灰、粉煤灰等无机结合料稳定材料，宜将取出的全部材料烘干，且不少于 2 000g。称其质量 m_d，准确至 1g。当为沥青表面处治或沥青贯入结构类材料时，则省去测定含水率步骤。

⑤将基板安放在试坑上，将灌砂筒安放在基板中间(储砂筒内放满砂到恒质量 m_1)，使灌砂筒的下口对准基板的中孔及试洞，打开灌砂筒的开关，让砂流入试洞内。在此期间，应注意勿碰动灌砂筒。直到储砂筒内的砂不再流下时，关闭开关。小心取走灌砂筒，并称量筒内剩余砂的质量 m_4，准确到 1g。

⑥若清扫干净的平坦表面上粗糙度不大，则不需要放置基板，将灌砂罐直接放在已挖好的试洞上，打开筒的开关，让砂流入试洞内。在此期间，应注意勿碰动灌砂筒。直到储砂筒内的砂不再流下时关闭并关。小心地取走灌砂筒，称量筒内剩余砂的质量 m'_4，准确至 1g。

⑦取出试洞内的砂，以备下次试验时使用。若量砂的湿度已发生变化或量砂中混有杂质，则应重新烘干、过筛，并放置一段时间，使其与空气的湿度达到平衡后再用。

⑧若试洞内有较大空隙，量砂可能进入空隙时，则应按试洞外形松弛地放入一层柔软的纱布，然后再进行灌砂工作。

3)结果整理

(1)填满试洞所用的砂的质量 m_b 按下式计算:

灌砂时试洞上放基板的情况:

$$m_b = m_1 - m_4 - (m_5 - m_6) \tag{8-6}$$

灌砂时试洞上不放基板的情况:

$$m_b = m_1 - m'_4 - m_2 \tag{8-7}$$

式中:m_b——填满试坑的砂的质量,g;

m_1——灌砂前灌砂筒内砂的质量,g;

m_2——灌砂筒下部圆锥内砂的质量,g;

m_4、m'_4——灌砂后,灌砂筒内剩余砂的质量,g;

m_5-m_6——灌砂筒下部圆锥体内及基板和粗糙表面间砂的总质量,g。

(2)测试地点试样的湿密度 ρ 按下式计算:

$$\rho = \frac{m_w}{m_b} \times \rho_s \tag{8-8}$$

式中:m_w——试洞中取出的全部土样的质量,g;

m_b——填满试洞所需砂的质量,g;

ρ_s——量砂的松方密度,g/cm^3。

(3)按式(8-9)计算试坑材料的干密度 ρ_d:

$$\rho_d = \frac{\rho}{1 + 0.01w} \tag{8-9}$$

式中:w——试坑材料的含水率,%。

当为水泥、石灰、粉煤灰等无机结合料稳定土的场合,可按式(8-10)计算干密度 ρ_d:

$$\rho_d = \frac{m_d}{m_b} \times \rho_s \tag{8-10}$$

式中:m_d——试坑中取出的稳定土的烘干质量,g。

(4)按式(8-11)计算施工压实度:

$$K = \frac{\rho_d}{\rho_c} \times 100\% \tag{8-11}$$

式中:K——测试地点的施工压实度,%;

ρ_d——试样的干密度,g/cm^3;

ρ_c——由击实试验得到的试样的最大干密度,g/cm^3。

各种材料的干密度均应准确至 0.01g/cm^3。

4)试验中应注意的问题

灌砂法是施工过程中最常用的试验方法之一。此方法表面上看起来较为简单,但实际操作时常常不好掌握,并会引起较大误差。又因为它是测定压实度的依据,故经常是质量检测监督部门与施工单位之间发生矛盾或纠纷的环节,因此应严格遵循试验的每个细节,以提高试验精度。为使试验做得准确,应注意以下几个环节:

(1)量砂要规则。量砂如果重复使用,一定要注意晾干,处理一致,否则影响量砂的松方密度。

(2)每换一次量砂,都必须测定松方密度,灌砂筒下部圆锥体内的砂的数量也应该重新标定。

(3)地表面处理要平整，只要表面凸出一点(即使 1mm)，使整个表面高出一薄层，其体积也算到试坑中去了，会影响试验结果。

(4)在挖坑时试坑周壁应笔直，避免出现上大下小或上小下大的情形，这样就会使检测密度偏大或偏小。

(5)灌砂时检测厚度应为整个碾压层厚，不能只取上部或者取到下一个碾压层中。

3.无核密度仪法

该方法适用于现场无核密度仪快速测定沥青路面各层沥青混合料的密度，并计算施工压实度，但测定结果不宜用于评定验收或仲裁。

1)仪具与材料

(1)无核密度仪：内含电子模块和可充电电池。应用无核密度仪时，必须严格标定，通过对比试验检验，确认其可靠性。每 12 个月要将无核密度仪送到授权服务中心进行标定和检查。

①探头：无核，无电容，用于野外测量。

②探测深度：≥4.0cm。

③测量时间：1s。

④精度：0.003g/cm³。

⑤操作环境温度：0～70℃。

⑥测试材料表面最高温度：150℃。

⑦湿度：98%且不结露。

(2)标准密度块：供密度标准计数用。

(3)交流充电器或直流充电器。

(4)打印机：用于打印测试数据。

2)准备工作

(1)所测定沥青面层的层厚应不大于该仪器性能探测的最大深度。在进行沥青混合料压实层密度测定前，应用无核密度仪对钻孔取样的试件进行标定。

(2)第一次使用前需要对软件进行设置。

(3)综合标定仪器的测量精度。

(4)按照不同的需要选择测量模式。

(5)按照仪器使用说明的规定，进行修正值设置。

3)测试步骤

(1)为了保证测量精度，在正式测量前应正确选择测量场地。

(2)把仪器放置平稳，保证仪器不晃动。

(3)为了确保精确测量，仪器应与测量面紧密接触。

(4)在开始测量前应检查仪器的工作状态，如电池电压、内部温度等。

(5)根据需要选择测量模式进行测试。

4)测试结果处理与计算

测定路面密度及压实度的同时，应记录气温、路面的结构深度、沥青混合料类型、面层结构及测定厚度等数据和资料。

$$K = \frac{\rho_d}{\rho_c} \times 100 \tag{8-12}$$

式中：K——测试地点的施工压实度，%；

ρ_d——由无核密度仪测定的压实沥青混合料的实际密度，g/cm^3，一组不少于 13 个点，取平均值；

ρ_c——沥青混合料的标准密度，g/cm^3。

4. 钻芯法测定沥青面层压实度

钻芯法适用于检验从压实的沥青路面上钻取的沥青混合料芯样试件的密度，以评定沥青面层的施工压实度。沥青混合料面层的施工压实度是指按规定方法测得的混合料试样的毛体积密度与标准密度之比，以百分率表示。

1)仪具与材料

(1)路面取芯钻机。有牵引式或车载式 2 种，钻机由发动机或电动机驱动。钻头直径根据需要决定，宜采用直径 ϕ100mm 的金刚石钻头，对无机结合料稳定基层取样也可采用 ϕ150mm 钻头，均有淋水冷却装置。

(2)路面切割机。有手推式或牵引式 2 种，由发动机或电机驱动，也可利用汽车动力由液压泵驱动，附金刚石锯片，有淋水冷却装置。

(3)天平：感量不大于 0.1g。

(4)溢流水槽、吊篮、卡尺、石蜡、毛刷、小勺、取样袋(容器)、电风扇等。

2)试验方法与步骤

(1)钻取芯样

①在选取采样地点的路面上，先用粉笔对个别孔位置作出标记或画出切割路面的大致面积。切割路面的面积根据目的和需要确定。

②将钻机牢固地安放在取样地点，垂直对准路面放下钻头。

③开放冷却水，启动电动机，徐徐压下钻杆，钻取芯样，但不得使劲下压钻头。待钻透全厚后，上抬钻杆，拔出钻头，停止转动，不使芯样损坏，取出芯样，试样不得破碎。混合料芯样(或水泥混凝土芯样)可用清水漂洗干净备用。

当试验需要不能用冷水冷却时，应采用干钻孔。此时为保护钻头，可先用干冰 3kg 放在取样位置上冷却路面约 1h，钻孔时通过低温 CO_2 等冷却气体以代替冷却水。

④用切割机切割时将锯片对准切割位置，开放冷却水，启动电动机，徐徐压下锯片到要求深度(厚度)，仔细向前推进，到需要长度后抬起锯片，四面全部锯毕后用镐或铁锹仔细取出试样。取得的路面试块应保持边角完整，颗粒不得散失。

⑤将钻取的芯样或切割的试块，妥善盛放到盛样器中，必要时用塑料袋封装。填写样本标签，一式两份，一份贴在试样上，另一份作为记录备查。

⑥对取样的钻孔或被切割的路面坑洞，应采用同类型材料填补压实。取样时留下的水分用棉纱等吸走，待干燥后再补坑。

当一次钻孔取得的芯样包含有不同层次的沥青混合料时，应根据结构组合情况用切割机将芯样沿各层结合面锯开，分层进行测定。

(2)测定试件密度

①将钻取的试件在水中用毛刷轻轻刷净黏附的粉尘。如试件边角有松散颗粒，应仔细清除。

②将试件晾干或用电风扇吹干不少于 24h，直至恒重。

③按现行《公路工程沥青及沥青混合料试验规程》(JTJ 052—2000)的沥青混合料试件密度试验方法测定试件密度 ρ_s。通常情况下采用表干法测定试件的毛体积相对密度；当吸水率

大于 2%时，用蜡封法测定；当吸水率小于 0.5%时，尤其是致密的沥青混合料，允许采用水中重法测定表观相对密度。

3)计算

(1)当计算压实的沥青混合料的标准密度采用马歇尔击实试件成型密度或试验路段钻孔取样密度时，沥青面层的压实度按下式计算：

$$K = \frac{\rho_s}{\rho_0} \times 100 \tag{8-13}$$

式中：K——沥青面层的压实度，%；

ρ_s——沥青混合料芯样试件的实际密度，g/cm^3；

ρ_0——沥青混合料的标准密度，g/cm^3。

(2)计算压实度的标准密度采用最大理论密度时，应按式(8-14)进行沥青面层的压实度计算：

$$K = \frac{\rho_s}{\rho_t} \times 100 \tag{8-14}$$

式中：ρ_t——沥青混合料的最大理论密度，g/cm^3；

其余符号意义同前。

4)试验检测中应注意的问题

压实度的大小取决于实测的压实密度，同样也与标准密度的大小有关。但目前对标准密度的规定并不统一，有些工程在压实度达不到时便重新进行马歇尔试验，调整标准密度使压实度达到要求，这样做是不妥的。为防止这种情况，新的检测方法规定了 3 种标准密度，一种是马歇尔击实试件密度；一种是试验路段钻孔取样密度；第三种是由实测最大密度按空隙率折算的标准密度。在进行检测时，应结合工程实际情况，采用相应的标准密度。

5.核子密湿度仪法

核子密湿度仪法用于测定沥青混合料面层的压实密度时，在表面用散射法测定，所测定沥青面层的层厚应不大于根据仪器性能决定的最大厚度。用于测定土基或基层材料的压实密度及含水率时，打洞后用直接透射法测定，测定层的厚度不宜大于 30cm。由于核子密湿度仪法测定的结果误差较大，不宜用作仲裁试验或评定验收的依据，但测量速度快，需要人员少，可作施工控制使用。

1)仪具与材料

(1)核子密度湿度仪：符合国家规定的关于健康保护和安全使用标准，密度的测定范围为 1.12～2.73g/cm^3，测定误差绝对值不大于±0.03g/cm^3，含水率测量范围为 0.1～0.64g/cm^3，测定误差绝对值范围为±0.015g/cm^3。它主要包括下列部件：

①γ 射线源：双层密封的同位素放射源，如铯—137、钴—60 或镭—226 等。

②中子源：如镅(241)－铍等。

③探测器：γ 射线探测器或热中子探测器等。

④读数显示设备：如液晶显示器、脉冲记数器、数率表或直接读数表。

⑤标准计数块：提供检验仪器操作和散射计数参考标准用。

⑥安全防护设备：符合国家规定要求的设备。

⑦刮平板、钻杆、接线等。

(2)细砂：0.15～0.3mm。

(3)天平或台秤毛刷等。

2)准备工作

(1)每次使用前按下列步骤用标准板测定仪器的标准值：

①接通电源，预热测定仪。

②在测定前，应检查仪器性能是否正常，在标准板上取 3～4 个读数的平均值建立原始标准值，并与使用说明书提供的标准值校对。如标准读数超过使用说明书规定的界限时，应重复此标准的测量，若第二次标准计数仍超出规定的界限时，需视作故障并进行仪器检查。

(2)在进行沥青混合料压实层密度测定前，应用核子法对钻孔取样的试件进行标定；测定其他材料密度时，宜与挖坑灌砂法的结果进行标定。标定的步骤如下：

①选择压实的路表面，用核子仪测定密度，记录读数。

②在测定的同一位置用钻孔法或挖坑灌砂法取样，量测厚度并测定材料的密度。

③对同一种路面厚度及材料类型，在使用前至少测定 15 处，求取 2 种不同方法测定的密度的相关关系，其相关系数应不小于 0.95。

(3)测试位置的选择。

①按照随机取样的方法确定测试位置，但与距路面边缘或其他物体的最小距离不得小于 30cm。核子仪距其他射线源不得少于 10m。

②当用散射法测定时，应用细砂填平测试位置路表结构凹凸不平的空隙，使路表面平整，能与仪器紧密接触。

③当使用直接透射法测定时，应在表面上用钻杆打孔，孔深略深于要求测定的深度，孔应竖直圆滑并稍大于射线源探头。

(4)按照规定的时间，预热仪器。

3)测定步骤

(1)如用散射法测定时，应按图 8-2 的方法将核子仪平稳地置于测试位置上。

(2)如用直接透射法测定时，应按图 8-3 的方法将放射源棒放下插入已预先打好的孔内。

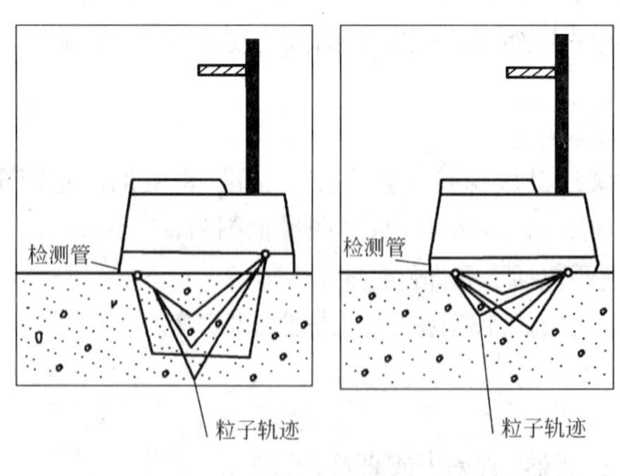

图 8-2　用散射法测定

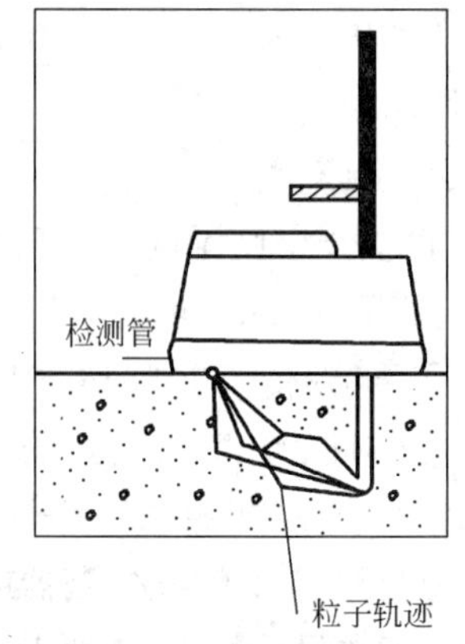

图 8-3　用直接透射法测定

(3)打开仪器，测试员退出仪器 2m 以外，按照选定的测定时间进行测量，到达测定时间后，读取显示的各项数值，并迅速关机。

4)使用安全注意事项

(1)仪器工作时,所有人员均应退到距仪器 2m 以外的地方。

(2)仪器不使用时,应将手柄置于安全位置,仪器应装入专用的仪器箱内,放置在符合核辐射安全规定的地方。

(3)仪器应由经有关部门审查合格的专人保管,专人使用。对从事仪器保管及使用的人员,应遵照有关核辐射检测的规定,不符合核防护规定的人员,不宜从事此项工作。

5)计算

$$\rho_d = \frac{\rho}{1+0.01w} \tag{8-15}$$

$$K = \frac{\rho_d}{\rho_c} \times 100 \tag{8-16}$$

式中:K——测试地点的施工压实度,%;

w——含水率,%;

ρ——试验的湿密度,g/cm^3;

ρ_d——由核子密湿度仪测定的压实沥青混合料的实际密度,g/cm^3,一组不少于 13 个点,取平均值;

ρ_c——沥青混合料的标准密度,g/cm^3。

三、路基路面压实度评定

路基、路面压实度以 1～3km 长的路段为检验评定单元,按要求的检测频率及方法进行现场压实度抽样检查,求算每一测点的压实度 K_i。现场压实度抽样检查的频率规定如下:

(1)土方路基,每 2 000m^2 每压实层测 4 处;无机结合料稳定土基层,每 200m 每车道测 2 处;

(2)沥青混凝土和沥青碎石面层,每 200m 每车道测 1 处。

压实度评定要点是:

(1)控制平均压实度的置信下限,以保证总体水平;

(2)规定单点极值不得超出给定值,防止局部隐患;

(3)规定扣分界限以区分质量优劣。

检验评定段的压实度代表值 K(算术平均值的下置信界限)按下式计算:

$$K = \overline{K} - t_\alpha S/\sqrt{N} \geqslant K_0 \tag{8-17}$$

式中:$\overline{K}$——检验评定段内各测点压实度的平均值,%;

t_α——t 分布表中随测点数和保证率(或置信度 α)而变的系数,如表 8-2 所示;高速、一级公路:基层、底基层为 99%,路基、路面面层为 95%;其他公路:基层、底基层为 95%,路基、路面面层为 90%;

S——检测值的标准差;

N——检测点数;

K_0——压实度标准值,%。

$t_\alpha/\sqrt{N}$ 值 表 8-2

测点数	保证率 α			测点数	保证率 α		
	99%	95%	90%		99%	95%	90%
2	22.501	4.465	2.176	20	0.568	0.387	0.297
3	4.021	1.686	1.089	21	0.552	0.376	0.289
4	2.270	1.177	0.819	22	0.537	0.367	0.282
5	1.676	0.953	0.686	23	0.523	0.358	0.275
6	1.374	0.823	0.603	24	0.510	0.350	0.269
7	1.188	0.734	0.544	25	0.498	0.342	0.264
8	1.060	0.670	0.500	26	0.487	0.335	0.258
9	0.966	0.620	0.466	27	0.477	0.328	0.253
10	0.892	0.580	0.437	28	0.467	0.322	0.248
11	0.833	0.546	0.414	29	0.458	0.316	0.244
12	0.785	0.518	0.393	30	0.449	0.310	0.239
13	0.744	0.494	0.376	40	0.383	0.266	0.206
14	0.708	0.473	0.361	50	0.340	0.237	0.184
15	0.678	0.455	0.347	60	0.308	0.216	0.167
16	0.651	0.438	0.335	70	0.285	0.199	0.155
17	0.626	0.423	0.324	80	0.266	0.186	0.145
18	0.605	0.410	0.314	90	0.249	0.175	0.136
19	0.586	0.398	0.305	100	0.236	0.166	0.129

对于路基、基层和底基层：

当 $K \geqslant K_0$ 且单点压实度 K_i 全部大于等于规定值减 2 个百分点时，评定路段的压实度可得满分；当 $K \geqslant K_0$ 且单点压实度 K_i 全部大于等于规定极限值时，对于测定值低于规定值减 2 个百分点的测点，按其占总检查点数的百分率计算扣分值。

当 $K < K_0$ 或某一单点压实度 K_i 小于规定极值时，该评定路段压实度为不合格，评为零分。

路堤施工路段短时，分层压实度要求点点符合要求，且实际样本数不少于 6 个。

对于沥青面层：

当 $K \geqslant K_0$ 且全部测点压实度 K_i 大于等于规定值减 1 个百分点时，评定路段的压实度可得满分；当 $K \geqslant K_0$，对于测定值低于规定值减 1 个百分点时，按其占总检查点数的百分率计算扣分值。

当 $K < K_0$ 时，评定路段压实度为不合格，评为零分。

第二节 路基路面平整度检测方法

一、概 述

路面平整度是路面表面相对于理想平面的竖向偏差。以几何平面为基准，以规定的标准量规，间断地或连续地测定路面的表面纵、横方向的凹凸量。它是一个整体性指标，又是衡量工程质量及现有路面破坏程度的一个重要指标。它不仅影响汽车行驶条件、汽车的动力作用、行驶速度、轮胎消耗、燃料和润滑油的消耗及运输成本，而且还影响着路面的使用年限。因此，平整度的检测与评定是公路施工与养护的一个非常重要的环节。

平整度的测试设备分为断面类及反应类两大类。断面类实际上是测定路面表面的凹凸情况，如最常用的三米直尺及连续式平整度仪，还可用精确测定高程得到；反应类测定路面凹凸引起车辆振动的颠簸情况。反应类指标是驾驶员和乘客直接感受到的平整度指标，因此它实际上是舒适性能指标，最常用的测试设备是车载式颠簸累积仪。现已有更新型的自动化测试设备，如纵断面分析仪，路面平整度数据采集系统测定车等。国际上通用国际平整度指数 IRI 衡量路面行驶舒适性或路面行驶质量，可通过标定试验得出 IRI 与标准差口或单向累计值 VBI 之间的关系。我国采用三米直尺测量的最大间隙和平整度仪测定结果的标准差作为路基、路面平整度的指标。

平整度测量的用途主要包括 4 个方面：①确定路面是否具有适应汽车行驶的平整性；②作为一个相关因素用以判别路面结构的一层或几层的破坏；③检查和控制路面施工质量，用于竣工验收；④根据测定的路面平整度确定养护计划。

表征路面平整度的方法有：①单位长度上的最大间隙；②单位长度的间隙积累值；②单位长度内的间隙超过某定值的个数；④路面不平整的斜率；⑤路面的纵断面；⑥振动和加速度（将行车舒适感作为评价指标）。

二、平整度测试方法

1. 三米直尺

三米直尺是测定路面平整度最简单的仪器，可用来测定纵向、横向的不平整度。三米直尺测定有单尺测定最大间隙及等距离（1.5m）连续测定 2 种，它们与用三米连续式平整度仪测定的路面平整度有较好的相关关系。本节仅介绍单尺测定最大间隙的测试方法。

三米直尺有 2 种形式，一种两端带有高 1cm 的垫脚，一种无垫脚。有垫脚的三米直尺，在两端 0.75m 处有一刻线，用于等距离（1.5m）连续测定，计算标准差，但不适用于单尺测定最大间隙。

其原理是将直尺置于行车道的 2 点上，测定路面与直尺之间的最大坑洼深度，即直尺底面与面层之间的间隙距离。这种方法适用于测定压实成型的路面各层表面的平整度，以评定路面的施工质量及使用质量，也可用于路基表面成型后的施工平整度检测。

1）仪器与设备

（1）三米直尺：硬木或铝合金制成，基准面应平直，长 3m。

（2）楔形塞尺：木制或金属制的三角形塞尺，有手柄。塞尺的长度与高度之比不小于 10，宽度不小于 15mm，边部有高度标准，刻度精确度不大于 0.2mm。

（3）深度尺：金属制的深度测量尺，有手柄。深度尺测量杆端头直径不小于 10mm，刻度读数分辨率不大于 0.2mm。

（4）皮尺或钢尺、粉笔等。

2）准备工作

（1）选择测试路段。

（2）测试路段的测试地点选择：当为沥青路面施工过程中的质量检测时，测试地点应选在接缝处，以单杆测定评定；除高速公路以外，可用于其他等级公路路基路面工程质量检查验收或进行路况评定，每 200m 测 2 处，每处连续测量 10 尺。除特殊需要者外，应以行车道一侧车轮轮迹(距车道线 0.8～1.0m)作为连续测定的标准位置。对旧路已形成车辙的路面,应取车辙中间位置为测定位置,用粉笔在路面上作好标记。

(3)清扫路面测定位置处的杂物。

3)测试步骤

(1)在施工过程中检测时,按确定的方向,将三米直尺摆在测试地点的路面上。

(2)目测三米直尺底面与路面之间的间隙情况,确定间隙最大的位置。

(3)用有高度标线的塞尺塞进间隙处,量测其最大间隙的高度(mm);或者用深度尺在最大间隙位置量测直尺上顶面距地面的深度,该深度减去尺高即为测试点的最大间隙的高度,准确至 0.2mm。

4)计算

单杆检测路面平整度的计算,以三米直尺与路面的最大间隙为测定结果。连续测定 10 尺时,判断每个测定值是否合格,根据要求计算合格百分率,并计算 10 个最大间隙的平均值。

$$合格率=(合格尺数/总测尺数)\times 100\%$$

单杆检测的结果应随时记录测试位置及检测结果。连续测定 10 尺时,应报告平均值、不合格尺数、合格率。

2.连续式平整度仪

连续式平整度仪用于测定路表面的平整度,评定路面的施工质量和使用质量,但不适用于在已有较多坑槽、破损严重的路面上测定。

1)仪器设备

(1)连续式平整度仪:构造如图 8-4 所示。其标准长度为 3m。中间为一个 3m 长的机架,机架可缩短或折叠,前后各有 4 个行走轮,前后两组轮的轴间距离为 3m。机架中间有一个能起落的测定轮。机架上装有蓄电池电源及可拆卸的检测箱,检测箱可采用显示、记录、打印或绘图等方式输出测试结果。测定轮上装有位移传感器,自动采集位移数据时,测定间距为 10cm,每一计算区间的长度为 100m,100m 输出一次结果。当为人工检测,无自动采集数据及计算功能时,应能记录测试曲线。机架头装有一牵引钩及手拉柄,可用人力或汽车牵引。

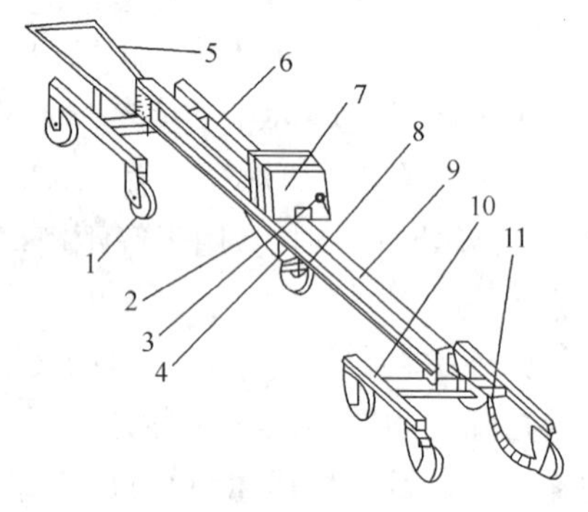

图 8-4 连续式平整度仪构造图

1-脚轮;2-拉簧;3-离合器;4-测量架;5-牵引架;6-前架;7-纵断面绘图仪;8-测定轮;9-纵梁;10-后架;11-软轴

(2)牵引车:小面包车或其他小型牵引汽车。

(3)皮尺或测绳等。

2)准备工作

(1)选择测试路段等。

(2)当为施工过程中质量检测需要时,测试地点根据需要决定;当为路面工程质量检查验收或进行路况评定需要时,通常以行车道一侧车轮轮迹带作为连续测定的标准位置。对旧路已形成车辙的路面,取一侧车辙中间位置为测定位置。在测试路段路面上确定测试位置,当以内侧轮迹带(IWP)或外侧轮迹带(OWP)作为测定位置时,测定位置距车道标线 80～100cm。

(3)清扫路面测定位置处的杂物。

(4)检查仪器检测箱各部分是否完好、灵敏,并将各连接线接妥,安装记录设备。

3)试验步骤

(1)将连续式平整度仪置于测试路段路面起点上。

(2)在牵引汽车的后部,将连续式平整度仪与牵引汽车连接好,按照仪器使用手册依次完成各项操作。

(3)启动牵引汽车,沿道路纵向行驶,横向位置保持稳定。

(4)确认连续式平整度仪工作正常。牵引连续式平整度仪的速度应保持匀速,速度宜为5km/h,最大不得超过12km/h。

4)计算

(1)连续式平整度测定仪测定后,可按每10cm间距采集的位移值自动计算100m计算区间的平整度标准差,还可记录测试长度。

(2)每一计算区间的路面平整度以该区间测定结果的标准差表示,按式(8-18)计算:

$$\sigma_i=\sqrt{\frac{\sum d_i^2-(\sum d_i)^2/n}{n-1}} \tag{8-18}$$

式中:σ_i——各计算区间的平整度计算值,mm;

d_i——以100m为一个计算区间,每隔一定距离(自动采集间距为10cm,人工采集间距为1.5m)采集的路面凹凸偏差位移值,mm;

n——计算区间用于计算标准差的测试数据个数。

(3)计算一个评定路段内各区间平整度标准差的平均值、标准差、变异系数。

3. 车载式颠簸累积仪

1)适用范围

本方法适于测定新建、改建路面表面的平整度,以评定路面的施工质量和使用期间的舒适性。但不适用于已有较多坑槽、破损严重的路面上测定。

2)主要仪器与设备

(1)测试系统:由承载车辆、距离测量装置、颠簸累积值测试装置和主控系统组成,如图8-5所示。主控系统对测试装置的操作实施控制,完成数据采集、传输、存储与计算过程。

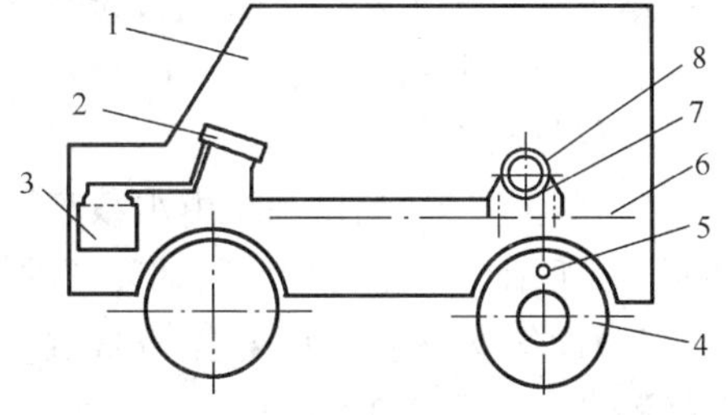

图8-5 车载式颠簸累积仪安装示意图

1-测试车;2-数据处理器;3-电瓶;4-后桥;5-挂钩;6-底板;7-钢丝绳;8-颠簸累积仪传感器

(2)设备承载车要求:根据设备供应商的要求选择系统测试系统承载车辆。

(3)测试系统的主要技术性能指标如下:

①测试速度:可在30~80km/h范围内选定;

②距离标定误差:<0.5%;

③最大测试幅值:±20cm;

④垂直位移分辨率:1mm;

⑤使用环境温度:0~60℃。

3)工作原理

测试车以一定的速度在路面上行驶,由于路面上的凹凸不平状况,引起汽车的激振,通过机械传感器可测量后轴同车厢之间的单向位移累积值VBI,以cm/km计。VBI越大,说明路面平整性越差,人体乘坐汽车时越不舒适。

4)准备工作

(1)测试车辆具备下列条件之一时,都应进行仪器测值与国际平整度指数IRI的相关性标定，相关系数 R 应不低于 0.99。如：在正常状态下行驶超过 20 000km；标定的时间间隔超过 1 年；减振器、轮胎等发生更换、维修。

(2)检查测试车轮胎气压，应达到车辆轮胎规定的标准气压；车胎应清洁，不得粘附杂物；车上载重、人数以及分布应与仪器相关性标定试验时一致。

(3)距离测量系统需要现场安装的，根据设备操作手册说明进行安装，确保紧固装置安装牢固。

(4)检查测试系统，各部分应符合测试要求，不应有明显的可视性破损。

(5)打开系统电源，启动控制程序，检查系统各部分的工作状态。

5)测试步骤

(1)测试之前应让测试车以测试速度行驶 5～10km，对测试系统进行预热。

(2)测试车停在测试起点前 300～500m 处，启动平整度测试系统程序，设置所需的测试状态。

(3)驾驶员在进入测试路段前应保持车速在规定的测试速度范围内，沿正常行车轨迹驶入测试路段。

(4)进入测试路段后，测试人员启动系统的采集和记录程序，在测试过程中必须及时准确地将测试路段的起终点和其他需要特殊标记点的位置输入测试数据记录中。

(5)当测试车辆驶出测试路段后，仪器操作人员停止数据采集和记录，并恢复仪器各部分至初始状态。

(6)操作人员检查数据文件，文件应完整，内容应正常，否则需要重新测试。

(7)关闭测试系统电源，结束测试。

6)计算

颠簸累积仪直接测试输出的颠簸累积值 VBI，要按照相关性标定试验得到相关关系式，并以 100m 为计算区间换算成 IRI，以 m/km 计。

4. 车载式激光平整度仪

本方法适用于各类车载式激光平整度仪在新建、改建路面工程质量验收和无严重坑槽、车辙等病害及无积水、积雪、泥浆的正常通车条件下连续采集路段平整度数据。

1)仪具与材料

(1)测试系统：测试系统由承载车辆、距离传感器、纵断面高程传感器和主控制系统组成，如图 8-6所示。主控系统对测试装置的操作实施控制，完成数据采集、传输、存储与计算过程。

(2)设备承载车要求：根据设备供应商的要求选择测试系统承载车辆。

(3)测试系统基本技术要求和参数如下：

①测试速度：30～100km/h；

②采样间隔：≤500mm；

③传感器测试精度：0.5mm；

④距离标定误差：<0.1%；

⑤系统工作环境温度：0～60℃。

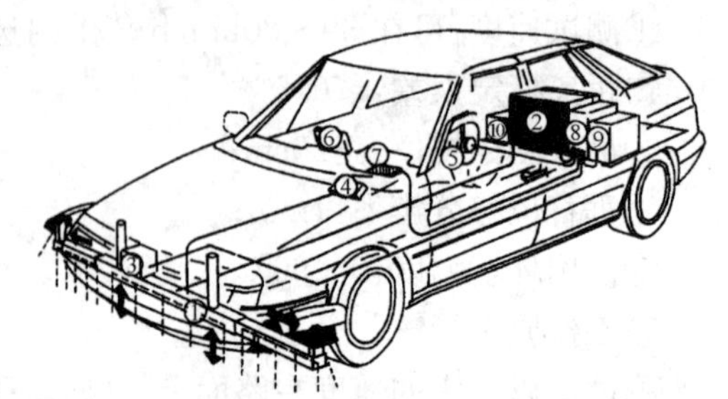

图 8-6　激光平整度仪示意图

1-激光传感器；2-激光盒；3-陀螺盒；4-测量束控制台；5-距离测量；6-微机屏幕；7-微机键盘；8-微机；9-计算机存储器；10-电源

2)准备工作

(1)设备安装到承载车上以后应进行相关性试验。

(2)校准测试系统各传感器。

(3)检查测试车轮胎气压,应达到车辆轮胎规定的标准气压,车胎应清洁,不得粘附杂物。

(4)距离测量装置需要现场安装的,根据设备操作手册说明进行安装,确保机械紧固装置安装牢固。

(5)检查测试系统各部分应符合测试要求,不应有明显的可视性破损。

(6)打开系统电源,启动控制程序,检查各部分的工作状态。

3)测试步骤

(1)测试开始之前应让测试车以测试速度行驶 5～10km,按照设备使用说明规定的预热时间对测试系统进行预热。

(2)测试车停在测试起点前 50～100m 处,启动平整度测试系统程序,设置所需的测试状态。

(3)驾驶员应按要求的测试速度驾驶测试车,宜在 50～80km/h 之间,避免急加速和急减速,急弯路段应放慢车速,沿正常行车轨迹驶入测试路段。

(4)进入测试路段后,测试人员启动系统的采集和记录程序,在测试过程中必须及时准确地将测试路段的起终点和其他需要特殊标记的位置输入测试数据记录中。

(5)当测试车辆驶出测试路段后,测试人员停止数据采集和记录,并恢复仪器各部分至初始状态。

(6)检查测试数据文件,文件应完整,内容应正常,否则需要重新测试。

(7)关闭测试系统电源,结束测试。

4)计算

激光平整度仪采集的数据是路面相对高程值,应以 100m 为计算区间长度,用 IRI 的标准计算程序计算 IRI 值,以 m/km 计。

三、平整度指标间相互关系

1. 国际平整度指数

平整度测定的方法和仪器很多,相应采用的指标也各不相同。为了使采用不同的方法和仪器测定的结果可以相互比较,需要寻找一个标准的(或通用的)平整度指标,它同其他平整度指标有良好的相关关系。同时,采用反应类平整度仪测定时,为使测定结果具有时间稳定性,必须经常进行标定;而标定曲线的精度取决于标定路段采用的平整度指标同反应类测定系统的相关性。

国际平整度指数 IRI 是一项标准化的平整度指标。如图 8-7a)所示是 IRI 仿真用的模型。国际平整度指数同反应类平整度测定系统类似,但是采用的是数学模型模拟 1/4 车轮(即单轮,类似于拖车),以规定速度行驶在路面断面上,分析行驶距离内动态反应悬挂系的累积竖向位移量。标准的测定速度规定为 80km/h,其测定结果的单位为 m/km。因而,这一指标与反应类仪器的平均调整坡(ARS)相似,称作参照平均调整坡(RARS80)。

求得每一个位置的变量值后,即可计算该位置的调整坡(RS)。

IRI 为路段长度内 RS 变量的平均值。因此,当每个断面点的调整坡求得后,便可按式(8-19)计算 IRI 值:

$$\mathrm{IRI}=\frac{1}{n-1}\sum_{i=2}^{n}RS_{\mathrm{i}} \tag{8-19}$$

依据上述定义和相应理论编制电算程序，在量测得到纵断面的高程资料后，便可按抽样点间距利用此程序计算该段路面平整度的国际平整度指数 IRI 值。国际平整度指数 IRI 作为通用指标的效果，可以通过考察不同平整度测定方法的测定结果转换成以 IRI 表征后的一致性得到证实。

图 8-7b)所示为各类路面国际平整度指数 IRI 的大致变化范围。

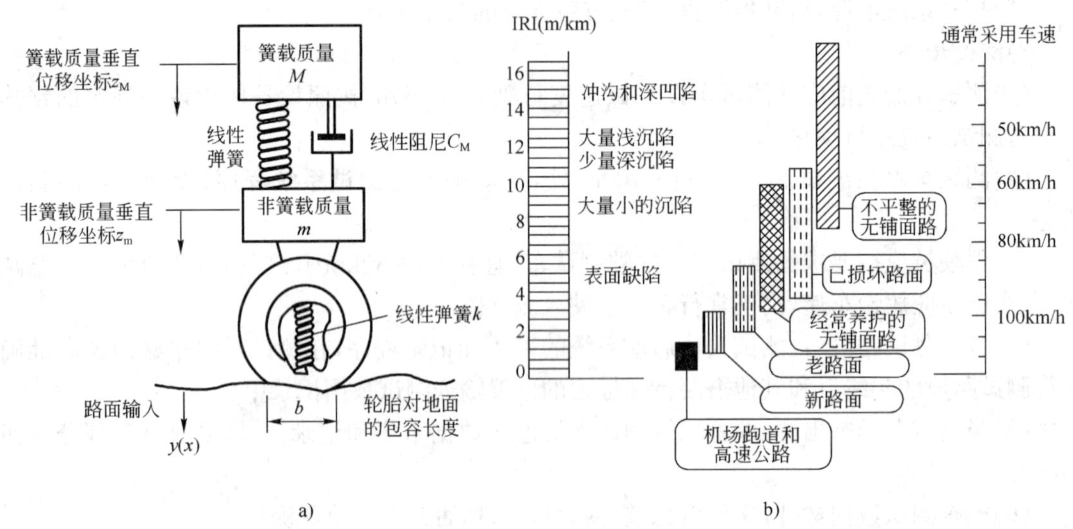

图 8-7　四分之一车辆的振动模拟系统与国际平整度指数 IRI 变化范围

2. VBI 与其他平整度指标相关关系的建立

用车载式颠簸累积仪测定的 VBI 值需要与其他平整度指标(如连续式平整度仪测出的标准差、国际平整度指数 IRI 等)进行换算时，应将车载式颠簸累积仪的测试结果进行标定，即与相关的平整度仪测量结果建立相关关系，相关系数均不得小于 0.99。

1)连续式平整度仪的结果换算

用于标定的仪器应使用按规定进行校准后能准确测定路面平整度的连续式平整度仪。按现行操作规程用连续式平整度仪沿选择的每个路段全程连续测量平整度 3～5 次，取其平均值作为该路段的测试结果(以标准差表示)。用车载式颠簸累积仪沿各个路段进行测量，重复 3～5次后，取其各次颠簸累积值的平均值作为该路段的测试结果，与平整度仪的各段测试结果相对应。标定时的测试车速应在 30～50km/h 范围内选用一种或两种稳定的车速分别进行，记录车速及搭载量，以后测试时的情况应与标定时的相同。

将连续式平整度仪测出的标准差及车载式颠簸累积仪测出的颠簸累积值 VBI_v 绘制出曲线并进行回归分析，建立相关关系：

$$\sigma = a + b \cdot VBI_v \tag{8-20}$$

式中：σ——用连续式平整度仪测定的以标准差表示的平整度，mm；

VBI_v——测试速度为 v 时用颠簸累积仪测得的累积值 VBI，m/km；

a、b——回归系数。

2)车载式颠簸累积仪的结果换算

将所选择的标定路段在标记上每隔 0.25m 作出补充标记。在每个路段上用经过校准的精密水平仪分别测出每隔 0.25m 标点上的高程，计算国际平整度指数 IRI。用车载式颠簸累积仪测试得到各个路段的测试结果。

将各个路段的国际平整度指数 IRI 与颠簸累积值 VBI_v 绘制出曲线并进行回归分析，建立相关关系：

$$IRI = a + b \cdot VBI_v \tag{8-21}$$

式中：IRI——国际平整度指数，m/km；

VBI_v——测试速度为 v 时颠簸累积仪测得的颠簸累积值，m/km；

a、b——回归系数。

3)与其他平整度指标建立相关关系

选择的标定路段应符合下列要求：应有 5～6 段不同平整度的现有道路，从好到坏不同程度的都应各有 1 段；每段路长宜为 250～330m；每一段中的平整度应均匀，段内应无太大差别；标定路段应选纵坡变化较小的平坦、直线地段；选择交通量小或可以疏导的路段，减少标定时车辆的干扰。

标定路段起讫点用油漆作好标记，并每隔一定距离作中间标记，标定宜选择在行车道的正常轮迹上进行。

四、平整度评定

路基的平整度包括弯沉、纵断高程、中线偏位、宽度、横坡、边坡等，在路基完成后按照表 8-3 规定的检查频率对路基顶面进行检查测定。表 8-3 中规定的检查频率为双车道公路每一检查段内的最低检查频率，多车道公路必须按车道数与双车道之比，相应增加检查数量。

路基、面层、基层、底基层的平整度要求 表 8-3

结构类型	规定值或允许偏差				检查方法与频率
	三米直尺：最大间隙(mm)		平整度仪：标准差(mm)		
	高速、一级公路	其他公路	高速、一级公路	其他公路	
土方路基	15	20	—	—	每 200m 测 4 处×3 尺
石方路基	20	30	—	—	
水泥混凝土面层	—	5.0	1.5(2.5)	2.5(4.2)	三米直尺每 200m 测 2 处×10 尺(水泥混凝土面层为半幅车道板带)；平整度仪：全线每车道连续按每 100m 计算 σ 或 IRI
沥青混凝土面层	—	5.0	1.2(2.0)	2.5(4.2)	
沥青碎石面层	—	5.0	1.2(2.0)	2.5(4.2)	
沥青贯入式路面	—	8.0	—	3.5(5.8)	
沥青表面处治路面	—	10.0	—	4.5(7.5)	
水泥稳定粒料基层	8.0	12.0	—	—	
石灰土基层	—	12.0	—	—	
石灰、粉煤灰稳定粒料基层	—	12.0	—	—	
级配碎石基层	8.0	12.0	—	—	
填隙碎石基层	—	12.0	—	—	

注：括号中的数值为国际平整度指数 IRI(m/km)。

思 考 题

1. 压实度的意义是什么?

2. 沥青混合料面层的压实度怎样表示?

3. 灌砂法测定压实度的主要步骤是什么?

4. 测定沥青混合料面层压实度采用什么方法? 测定试件密度主要步骤是什么?

5. 核子密度仪测定压实度的适用范围是什么?

6. 核子密度仪测量材料的方法和主要步骤是怎样的?

7. 测定路面平整度的常用方法有哪些? 各方法适用范围是什么?

8. 路面平整度以什么为基准?

9. 路面平整度的指标主要表示方法有哪些?

10. 简述用连续式平整度仪进行平整度测试的步骤。

11. 车载式颠簸累积仪测定平整度的适用范围是什么? 主要优点是什么?

第九章 特殊路基处理与检测

DIJIUZHANG

第一节 特殊路基类型

特殊路基是指位于特殊土(岩)地段、不良地质地段或受水、气候等自然因素影响强烈的路基。特殊路基的分布大部分具有区域性,主要包括软土路基、湿陷性黄土路基、膨胀土路基、红黏土路基、冻土路基以及盐渍土路基等。

1. 软土

软土是指滨海、湖沼、谷地、河滩沉积的天然含水率高、孔隙比大、压缩性高、抗剪强度低的细粒土。软土的鉴别依据见表 9-1。

软土的鉴别指标 表 9-1

土类	天然含水率(%)		天然孔隙比	直剪内摩擦角(°)	十字板剪切强度(kPa)	压缩系数 $\alpha_{0.1-0.2}$ (MPa^{-1})
粘质土、有机质土	≥35	≥液限	≥1.0	宜小于 5	小于 35	宜大于 0.5
粉质土	≥30		≥0.90	宜小于 8		宜大于 0.3

2. 湿陷性黄土

湿陷性黄土是指在自重或一定压力作用下,受水浸湿后,土体结构迅速破坏,并产生显著下沉现象的黄土。我国湿陷性黄土广泛分布在甘肃、陕西、山西、黑龙江、吉林、辽宁、内蒙古、山东、河北、河南、宁夏等地。

3. 膨胀土

膨胀土是指含亲水性矿物并具有明显的吸水膨胀与失水收缩特性的高塑性黏土。我国膨胀土分布范围很广,在广西、云南、贵州、四川、湖北、河南、河北、安徽、山东、陕西、江苏和广东等地均有不同范围的分布。

4. 红黏土

红黏土是指由石灰岩、白云岩等碳酸盐类在亚热带温热气候条件下经风化作用而形成的褐红色黏性土,在我国云、贵、川、两广等地区广泛分布。红黏土具有高含水率、高塑性、高孔隙比、密度低、压实性差等不良物理性质,但却具有高强度、中低压缩性的力学特性。通常红黏土是较好的路基土，但由于下卧岩面起伏及存在软弱土层，一般容易引起路基不均匀沉降。

5. 冻土

具有负温或者零温，其中含有冰的各类土都可称为冻土。只有负温或者零温，但不含冰的各种土，则称为寒土。冬季结冰，春夏融化的冻土，称之为季节性冻土。冻结状态持续3年以上的土层，则称之为多年冻土或永冻土。季节性冻土广泛分布在我国东北、华北和西北广大地区，其周期性的冻结和融化，对路基稳定性有较大影响。

6. 盐渍土

盐渍土是指易溶盐含量大于规定值的土。在公路工程中，盐渍土系指地表下1.0m内易溶盐含量平均大于0.3%的土。盐渍土分布很广，我国的西北地区如青海、新疆有大面积内陆盐渍土。盐渍土对工程的危害较大，可以概括为三个方面：溶陷性、膨胀性和腐蚀性。

第二节　特殊路基处理方法

一、特殊路基处理一般规定

特殊路基施工，应进行必要的基础试验，编制专项施工组织设计，获得有关部门批准后方能实施。如实际地质情况与设计不符或设计处治方案因故不能实施，应按有关规定办理。采用新技术、新工艺、新设备、新材料时，必须制定相应的工艺、质量标准。用湿黏土、红黏土和中、弱膨胀土作为填料直接填筑时，应符合下列规定：

(1)填料液限在40%～70%之间且CBR值满足表9-2的规定；三、四级公路铺筑水泥混凝土路面或沥青混凝土路面时，其CBR值和压实度应采用二级公路的规定值。

路基填料最小强度和最大粒径要求　　表9-2

填料应用部位(路床顶面以下深度)(m)		填料最小强度(CBR)(%)			填料最大粒径(mm)
		高速公路、一级公路	二级公路	三、四级公路	
路堤	上路床(0～0.30)	8	6	5	100
	下路床(0.30～0.80)	5	4	3	100
	上路堤(0.80～1.50)	4	3	3	150
	下路堤(>1.50)	3	2	2	150
零填及挖方路基	(0～0.30)	8	6	5	100
	(0.30～0.80)	5	4	3	100

(2)碾压时填料稠度应控制在1.1～1.3之间。

(3)压实度标准可比表9-3的规定值降低1%～5%，具体降低数值应根据当地土质等情况通过试验确定。

(4)湿黏土、红黏土和中、弱膨胀土不得作为二级及二级以上公路路床、零填及挖方路基0～0.80m范围内的填料，也不得作为三、四级公路上路床、零填及挖方路基0～0.30m范围内的填料。

土质路基压实度标准　表 9-3

填挖类型		路床顶面以下深度(m)	压实度(%)		
			高速公路、一级公路	二级公路	三、四级公路
路堤	上路床	0～0.30	≥96	≥95	≥94
	下路床	0.30～0.80	≥96	≥95	≥94
	上路堤	0.80～1.50	≥94	≥94	≥93
	下路堤	>1.50	≥93	≥92	≥90
零填及挖方路基		0～0.30	≥96	≥95	≥94
		0.30～0.80	≥96	≥95	—

(5)路堤采用特殊填料或处于特殊气候地区时，压实度标准根据试验路在保证路基强度要求的前提下适当降低。

二、特殊路基处理方法

路基处理的方法有很多，需要根据路基土的地质特征而确定。对于特殊土路基，由于各自具有不同于一般路基土的工程地质性质，如软弱土的高压缩性、杂填土的不均匀性、黄土的湿陷性、膨胀土的胀缩性等。对特殊土路基的处理，除了一些通用的加固方法外，已产生和形成了一些适应处理特殊土路基特性的各自的专门技术和方法，以及各自的路基处理设计施工规范、规程、检测技术和验收评定标准等。

1.软土地区路基施工

在施工开始之前，应调查收集沿线的地形、地貌、工程地质、水文地质、气象等资料，按照《公路工程地质勘察规范》(JTJ 064—1998)的有关规定，采用适宜的勘探方法进行综合勘探试验和现场原位测试，并进行统计与分析，为设计提供可靠的软土物理力学性质指标。

软土地区路基的处理方法主要有：砂(砾)垫层、真空预压、真空堆载联合预压、碎石桩、水泥粉煤灰碎石桩、Y 形沉管灌注桩、薄壁筒型沉管灌注桩、强夯和强夯置换等。这些方法都是近年来在公路工程施工中所取得的成功经验。

1)真空预压、真空堆载联合预压

真空预压法施工由排水系统、抽真空系统及密闭系统三个部分组成。排水系统包括竖向排水通道和横向排水通道，即在需要加固的软土内先设置砂井或袋装砂井或塑料板桩等竖向排水通道，在地面铺设砂垫层作横向排水通道；抽真空系统：在砂垫层中埋设主管、滤管，安装主管的出膜装置，安装抽真空装置，构成抽真空系统；密闭系统：铺设密封膜，施工密封沟，深部土层密封，处理加固过程中的地表裂缝，构成密闭系统。

真空预压法加固路基的基本原理是利用薄膜密封技术，在膜下形成真空，使薄膜内外产生一个气压差，路基在等向气压差作用下进行排水固结。在固结完成时，路基的真空压力就全部转化为有效应力。由于真空预压荷载是等向的，路基中不产生剪应力，故路基不会发生剪切破坏，所以真空荷载可一次性施加，而不必像堆载预压那样要分级加载。因此，真空预压法可大大地缩短预压时间。

真空预压法与排水板堆载预压法相比，其主要优点是加荷时间短、工艺简单、造价低，路基不存在失稳问题，通常在设计荷载不超过 80kPa 的路基上采用是较适宜的。

真空堆载联合预压时，先按真空预压的要求进行抽气，当真空度稳定后，在膜上铺放编织布等保护材料，将所需的堆载加上并继续抽气，直至满足工程要求为止。真空堆载联合预压是使用真空预压法不能满足设计要求时，再使用堆载法增加预压荷载，使路基加固达到设计要求。

2)碎石桩

碎石桩法就是利用一个产生水平向振动的管状设备，以高压水流，边振边冲，在软弱黏性土路基中成孔，在孔内分批填入碎石加以振密制桩，桩体与周围黏性土形成复合路基，使得路基承载力增大，变形减小，抗液化能力增强，这种加固技术也称为振冲置换法。该法具有如下优点：技术可靠、机具设备简单、施工方便等。另外，与排水固结法相比，该法加固施工期短，可以采用快速连续加载方法施工路堤，对缩短工期十分有利。

碎石桩施工前通过成桩试验，得出冲孔、清孔、制桩深度和时间、冲水量、水压、压入碎石量及电流的变化等施工参数。碎石桩施工的主要机具有：振冲器、吊机或施工专用平车和水泵。振冲器的型号应与桩径、桩机长及加固工程离周围建筑物距离相适应。应配备适用的供水设备，出口水压应为 400～600kPa，流量为 20～30m^3/h。起重机械起吊能力应大于 100～200kN。

振动水冲法施工工艺如下：整平原地面→振冲器定位→成孔→清孔→加料并振密→关机停水→振冲器移位。

(1)整平原地面。

(2)定位。起吊振冲器，对准桩位，检查水压、电压和振冲器的空载电流是否正常。

(3)成孔。打开水源，启动振冲器，以 1～2m/min 速度下沉，最大电流不超过“额定电流”值，一旦发现超过时，必须减慢振冲器下沉速度。必要时停止下沉往上提升，借助高压水冲松土层后继续下沉，使其在压力水的冲击作用和振动作用下贯入地层至设计深度。

(4)清孔。成孔后，孔内泥浆稠度大，为排出孔内稠浆，振冲器在加固深度以上 300～500mm 时停留约 1min，借助压力水将泥浆排出。振冲器上提速度为 5～6m/min。

(5)洗孔。重复成孔、清孔步骤 1～2 次，对于深厚淤泥有时要重复 3 次(这叫洗孔)，最后一次振冲器停留在孔底 1min 让水把泥浆带出孔外，待孔内水清时，将振冲器提出孔口等待加料。

(6)制桩。采用连续加料法自下而上逐段制桩，每次填料数量根据土质条件而定，一般每填料 0.15～0.5m，将振冲器沉至填料中进行振实。当振冲器工作电流达到密实电流时迅速提起，再继续加料、振密，如此反复直至孔口，并记录填料数量、时间、振冲器电流值等。

(7)关机停水。振冲器完成一根碎石桩后，即关机停水。

(8)移位。移位至下一桩位施工。桩的施工次序一般是“由里向外”或“一边推向另一边”(图 9-1)，这样有利于挤走部分软土。对抗剪强度很低的黏性土路基，为减少制桩时对原土的扰动，宜用间隔跳打的方式施工。当加固区毗邻其他建筑物时，为减少对建筑物的振动影响，宜按图 9-1d)所示的次序施工。

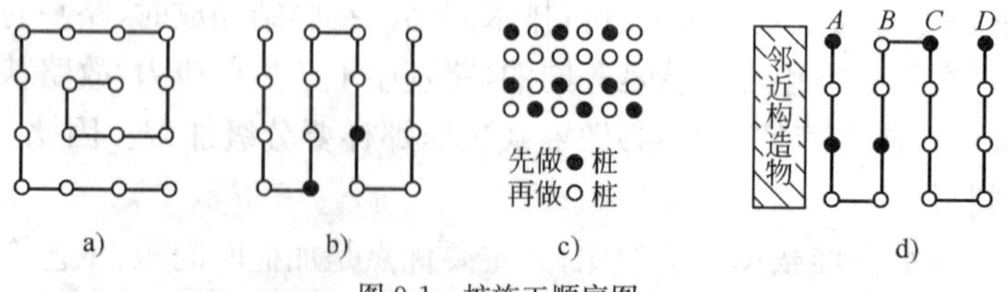

图 9-1　桩施工顺序图

a)由里向外；b)一边推向另一边；c)间隔跳打；d)建筑物附近施工次序

3)Y形沉管灌注桩

Y形沉管灌注桩是由传统的沉管灌注桩(圆形)发展而来的一种异形沉管灌注桩。根据"同等截面,多边形边长之和大于圆形周长"的原理,桩侧表面积增加,摩阻力相应增加,即等长等体积的Y形沉管灌注桩比传统的圆形沉管灌注桩侧面积增大、单桩承载力提高。

Y形沉管灌注桩实施的关键,在于桩模内设置了中隔板。沉管灌注桩的桩模,在沉灌成桩过程中承受的是压缩和挤涨频繁变换的交变荷载,由于非圆形桩模断面与圆形桩模相比周边存在节点,交变荷载在节点处产生的应力集中会导致节点焊缝早期疲劳破坏。而中隔板的设置使应力集中区和焊缝位置错开,从而避免了节点焊缝早期疲劳破坏。另外,中隔板在临近出口处设有渐变段,逐步过渡到与桩模外形一致,不会影响Y形桩的成型。Y形振动沉管灌注桩是一项加固软土路基的全新施工工艺,根据现场施工经验总结出了"静压沉桩、轻振拔桩、逐斗加料、分级提升"的施工措施。

施工工艺流程:桩靴(尖)埋设→移动桩机→桩管对准桩尖中心→桩机挺杆垂直度调整→加压和振动沉管至全设计高程→第一次投料(混凝土)→振动5～10s后边轻振边拔管→第二次投料(混凝土)→间歇振动拔管至地面→检查桩顶高程→土工格栅混凝土承台顶板浇捣。

4)强夯法

强夯法,即"强力夯实法",也被称为"动力固结法"。它是将很重的夯锤从高处自由落下,给土体以冲击和振动,从而提高路基的强度,降低土体的压缩性。它是在重锤表层夯实法的基础上发展起来而又与重锤表层夯实法不同的一项加固技术。强夯法施工主要适用于处理碎石土、砂土、低饱和度的粉土与黏土、湿陷性黄土、素填土和杂填土等路基。

路基经强夯后,土体强度提高过程可分为4个阶段:①夯击能量转化,同时伴随强制压缩或振密(包括气体的排出,孔隙水压力上升),在强夯的瞬时发生;②土体液化或土体结构破坏,具体表现为土体强度降低或抗剪强度丧失;③排水固结压密,表现为渗透性能改变,土体裂隙发展,土体强度提高;④触变恢复并伴随固结压密,包括自由水又变成薄膜水,土的强度继续提高,但要在强夯终止后很长时间才能达到。

强夯施工工艺流程:平整场地→铺砂→夯点的定位→试夯→吊机就位进行强夯→强夯过程的场地处理→施工质量的控制→隔振要求。

强夯施工结束后,间隔一定时间再进行质量检验,对于碎石土和砂土路基间隔1～2周,对低饱和度的粉土和黏性土路基为2～4周。质量检验方法可根据土质选用原位测试和室内土质试验。对于重要工程应增加检验项目,也可做现场大型荷载试验。

5)强夯置换法

强夯置换法施工与一般强夯法的施工基本类似,施工使用的机具设备、操作步骤也基本相同,因此,强夯施工的一般作法在强夯置换法中同样适用,只是在夯击过程中不断地加入散体材料并进行夯实。两者的区别是:前者属路基土质改良为均质路基,后者属路基加固为复合路基。

强夯置换是强夯用于加固饱和软黏土路基的方法。强夯置换法的加固机理与强夯法不同,它利用重锤高落差产生的高冲击能将碎石、片石、矿渣等性能较好的材料强力挤入路基中,在路基中形成一个一个的粒料墩,墩与墩间土形成复合路基,以提高路基承载力,减小沉降,对墩周土体作用同强夯法。在强夯置换过程中,土体结构破坏,路基土体产生超孔隙水压力,但随着时间的增加,土体结构强度会得到恢复,粒料墩一般都有较好的透水性,有利于土体中超孔隙水压力消散产生固结。强夯置换法的施工,可分为墩柱式强夯置换法和整体式强夯置换法两种施工方法。

6)薄壁筒型沉管灌注桩

薄壁筒型沉管灌注桩是近年开发的一种路基处理新技术,又称振动沉模大直径现浇桩。它吸收了振动管桩、振动沉管桩和振动沉模薄壁防渗墙等技术的优点,具有桩身强度高、直径大、有效加固深度大、单桩承载力高、施工工艺简单、可操作性强、质量较易控制等优点。同时薄壁筒型沉管灌注桩也可以直接支承在砂砾层或风化岩层中,起到支承—摩擦桩的作用。按照工程设计的需要可以配置钢筋笼薄壁筒型沉管灌注桩,也可以是素混凝土薄壁筒型沉管灌注桩。桩长可以单节一次性成桩,也可以是接管型多节长桩(目前实际工程最长已达 40m)。壁厚为 80～200mm,桩径为 0.6～2m,在工程需要及地质条件许可条件下,还可发展出更长、直径更大的桩型。混凝土薄壁沉管桩复合地基具有挤密作用、竖向加筋作用和垫层作用。它适用于下卧层中有良好持力层的淤泥质黏土、素填土、砂土、粉砂土、高液限及低液限黏土。

薄壁筒型沉管灌注桩加固机理,采取自动排土振动灌注成桩技术,依靠沉腔上部锤头的振动力将内外双层钢套管所形成的环形腔体在活瓣桩靴的保护下打入预定的设计深度,在腔体内现浇混凝土,然后振动拔管,在环形区域中土体与外部土体之间便形成混凝土管桩。在桩顶设置褥垫层和土工格栅以保证桩土共同承载,并调整桩与桩间土的竖向及水平荷载分担比例,减少基底应力集中问题(图 9-2)。

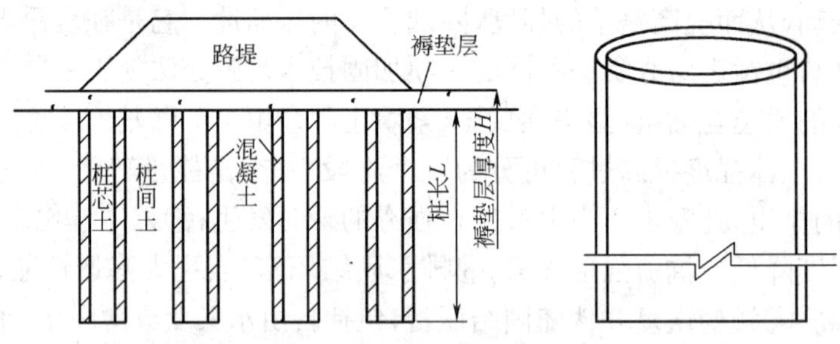

图 9-2 薄壁振冲管桩剖面示意图

它的施工程序:平整场地→放桩位→振动沉模现浇管桩机就位→捆绑混凝土腔模颌板→振动加压挤土成孔→灌注混凝土→振捣→拔管提升→再浇筑混凝土→再振捣→制桩完成→拔出管模。

薄壁筒型沉管灌注桩质量检测:桩基及复合地基的检测应在成桩 28d 后进行;桩间土的检测则应视地基土层和孔隙水压力的消散情况而定,黏土应在成桩 3～4 周后进行,对于砂土地基可在成桩 1 周后进行。

(1)桩基质量检测方法:现场开挖检查,数量不少于 3 根;桩基静载试验,试验数为总数的 1%,且不少于 3 根;管桩钻芯检测,数量不少于 3 根;基桩低应变动力检测,应在桩体上取 4 个测点,检测数量视情况而定。

(2)桩间土的检测方法:桩间土的检测方法与其他竖向加筋复合地基相同,可通过荷载板试验、动力触探、静力触探、标贯试验进行。

(3)复合地基的检测:复合地基主要通过载荷板试验进行检测。

7)水泥粉煤灰碎石桩

水泥粉煤灰碎石桩(简称 CFG 桩)是在碎石桩的基础上发展起来的。由于桩体中加入了水泥和粉煤灰形成了高粘结强度的桩,从而改善了碎石桩的刚性,不仅能很好地发挥全桩的侧摩阻作用,同时,也能很好地发挥其端阻作用,CFG 桩和桩间土、垫层一起形成复合路基。

CFG 桩施工一般采用振动沉管机械设备，因此施打顺序对成桩质量影响较大。根据经验，一般采用隔桩跳打，此时很少发生打桩时桩径被挤小或缩径现象，所以打桩顺序一定要合理。另外，由于断桩或缩径与地表隆起及桩顶的位移有直接联系，所以施工中应注意对地表和已打桩顶位移的测量。一般桩顶位移超过 10mm 时，需要对桩体进行开挖查验。为保证桩体质量，混合料一定要均匀，且投料要充分。混合料坍落度一般宜为 100mm 左右。

2. 膨胀土路基处理

膨胀土根据其膨胀率大致可分为强、中、弱 3 级，一般在设计文件中有规定，也可取样通过土工试验而定。根据土的自由膨胀率 F_s，膨胀土可分为弱膨胀土：$40\% \leqslant F_s < 65\%$，中等膨胀土：$65\% \leqslant F_s < 90\%$，强膨胀土：$F_s > 90\%$。

强膨胀土难以捣碎压实，故《公路路基施工技术规范》(JTG F10—2006)规定不应作为路基填料。对于中、弱膨胀土，经处理(一般掺石灰)可作为路床填料，用作高速公路路面底基层石灰土也有成功实例。要求处治后的中、弱膨胀土的塑性指数降到满足施工要求，便于粉碎压实，浸水 CBR 强度符合表 9-2 的要求。

膨胀土地区的路基施工，应避开雨季，并加强现场排水，保证路基不被水浸泡。而且开挖后各道工序要紧密衔接，连续施工，路基填筑后不应间隔太久或越冬后再施工路面。在因故中断施工或受水浸泡时，导致表面呈现松散状的一层，待做下层之前务必做翻松处理，使之与新的一层成为整体。此时碾压保持最佳含水率，土层的松铺厚度不超过 30cm，土块应击碎至粒径 5cm 以下，掺灰处理时土块应击碎至粒径 15mm 以下。增加压实度的检测频率，宜按规定的检测频率增加 1 倍。膨胀土填筑的路基应及时碾压。直接使用膨胀土作路基填料，当填至离路基设计高程 1.0m 时，应停止填筑，改用符合规定强度要求的非膨胀或改性土填至路基设计高程，并严格压实。如当年不能铺筑路面，作为封层的填筑高度不宜小于 30cm，并做成不小于 2%的横坡。膨胀土路堤不宜过高，一般在 3.0m 以内；如超过 3.0m 则必须考虑沉降稳定；如超过 6.0m 则应考虑预留沉降和路基加宽。应对膨胀土路基施以跟踪观测，以便及时发现问题进行处理。填高不足 1.0m 时，必须挖掉地表下 30～60cm 的膨胀土，换填非膨胀性土或掺灰处理。当 $F_s \geqslant 60\%$时，挖方路槽底面以下 0.8m 深度内，应采用良性土或改性土换填。改善土的掺灰量最佳配比，应以其掺加石灰后膨胀总率不超过 0.7%为宜，接近零为最佳。地表为潮湿土时，必须挖掉湿软土层，换填碎石或砂砾。

挖土地段，当开挖至距路床顶面以上 30cm 时，应停止向下开挖，即用粒料、改性土或非膨胀土分层回填，并按技术要求分层压实。当 F_s 在 40%～60%时，路槽底面以下不小于 50cm 深度内，应用三级以上石灰对土进行改性处理。挖方路段边坡不宜一次开挖到设计线，开挖时边坡预留厚度 30～50cm，待挖方基本完成时再削去预留部分，并立即砌护坡，全封闭防护。对膨胀土路堤必须进行处理，即从路槽、路肩到边沟，全面进行封水处理。方法有浆砌片石防护、包心填筑法和土工膜封闭法。

膨胀土路堑施工前，先开挖截水沟并铺设浆砌圬工，其出口应延伸至桥涵进出口，防止水流冲蚀坡面或渗入坡体。截水沟一般应在路堑边缘以外 10～15m。膨胀土路段边沟应较一般土质路基的边沟适当加宽加深。边沟外侧须设一定宽度的平台，以保护坡脚免受浸湿，同时防止坡面剥落堵塞边沟。

台阶式高边坡，应在每一级平台内侧设截水沟并及时浆砌，以截排坡面水。平台内侧截水沟与坡脚之间宜设一定宽度的平台，以利边坡稳定。

综上所述，膨胀土公路路基施工重点要处理好两个问题：一是水的控制，要先排水后施工，施工过程及以后的防水排水措施要可靠；二是膨胀土的加固处理使膨胀土稳定的问题。

3. 湿陷性黄土路基处理

湿陷性黄土是黄土的一种，在一定压力作用下，受水浸湿后，土的结构被迅速破坏，发生显著的湿陷变形，使结构物产生大幅度沉降、开裂、倾斜，甚至严重影响其安全和使用。根据湿陷量的大小，将自重湿陷性黄土地基和非自重湿陷性黄土地基各分为Ⅰ、Ⅱ、Ⅲ级，作为地基设计及处理的依据。因此，对湿陷性黄土路基应有可靠的判定方法和全面的认识，并采取正确的工程措施，防止或消除它的湿陷性。

湿陷性黄土路基处理的目的是改善土的性质和结构，减小土的渗水性及压缩性，控制其湿陷性的发生，部分或全部消除它的湿陷性。在明确路基湿陷性黄土层的厚度、湿陷性类型和等级后，应结合结构物的工程性质、施工条件和材料来源等，采取必要的措施，对路基进行处理，满足结构物在安全、使用方面的要求。

在黄土地区修筑结构物，应首先考虑选用非湿陷性黄土路基，它比较经济和可靠。如确定基础在湿陷性黄土路基上，应尽量利用非自重湿陷性黄土路基，因为这种路基的处理要求比自重湿陷性路基低。

消除路基的部分湿陷性主要是处理基础底面以下适当深度的土层，因为这部分土层的湿陷量一般占总湿陷量的大部分。因此这样处理后，虽发生少部分湿陷也不致影响结构物的安全和使用。处理厚度视结构物类别，土的湿陷等级、厚度，基底压力大小而定，一般对非自重湿陷性黄土为1～3m，自重湿陷性黄土路基为2～5m。

常用的处理湿陷性黄土路基的方法有灰土（或素土）垫层、重锤夯实、强夯、石灰桩、素土桩挤密法、预浸水处理等，可根据路基湿陷类型、等级、结构物要求等条件选用。

1）灰土（或素土）垫层处理湿陷性黄土地基

将基底以下湿陷性土层全部挖出或挖至预计的深度，然后以灰土（3∶7）或素土（就地挖出的黏质土）分层回填，分层夯实。它消除了垫层范围内的湿陷性，减轻或避免了地基附加压力产生的湿陷，施工简易，效果显著，适用于处理厚度较小的湿陷性黄土。Ⅰ级湿陷性黄土段落构造物基底多采用超挖80cm素土回填压实再换填30～50cm灰土（3∶7）垫层。

2）重锤夯实处理湿陷性黄土地基

重锤夯实法适用于地下水位以上的湿陷性黄土，重锤夯实能增加土的密实度，减少或消除地基土的湿陷变形，并可提高地基承载力。强夯的有效加固深度，可用修正后的梅纳公式估算：

$$h = \alpha\sqrt{M \cdot H} \tag{9-1}$$

式中：h——强夯的有效加固深度，m；

α——修正系数，取值范围为0.34～0.80；

H——夯锤自由落下的高度，m；

M——夯锤质量，t。

一般采用锤重100～200kN，落距10～20m夯击湿陷性黄土，可消除4～8m深度内黄土的湿陷性。

3）灰土（或素土）挤密桩处理湿陷性黄土地基

灰土（或素土）挤密地基是桩间挤密土和填夯的桩体组成的人工复合地基。沉桩时土的侧向挤密效应，单桩的影响半径通常为1.0～1.5倍的桩径。挤密桩通过桩与桩之间的挤密效果的叠加使桩与桩间土共同作用,以保持地基的稳定性。灰土(或素土)桩承担的荷载是通过桩的摩擦力向桩周围的土传递,其深度一般不超过6～10倍桩径。

施工中采用沉管法成孔,使用柴油打夯机,锤重力25kN,落距250cm。桩孔填夯采用安装在自卸汽车上行走的偏心轮夹杆式夯实机,夯锤重力1 000kN,落距100cm,每分钟击40～50次。

灰土(或素土)挤密桩可处理厚度较大的湿陷性黄土,最大处理深度可达15m。实践证明复合地基承载力较高,施工操作方便且经济。

4. 冻土路基处理

冻土在寒季就像冰一样冻结并发生膨胀,建在上面的路基就会被冻胀的冻土顶得隆起;到了夏季,冻土会融化而导致体积缩小,路基又会随之陷下去。随着季节的变换,冻土的冻结和融化反复交替地出现,就会产生许多特殊的自然地质现象,如冻胀、融沉、冻裂、冰椎、冻融分选、融冻泥流等,对道路交通安全造成威胁。下面介绍几种冻土路基施工的处治方法。

1)碎石及片石护坡

路堤填筑完成后,在其两侧铺设碎石或片石,表层的碎石或片石中存在孔隙,能够阻止热量进入路基而不影响路基内热量的散发。同时,由于孔隙中空气的对流作用,使路基中热量得以散失,从而促进多年冻土的上限向上发展,不使冻土融化,保证冻土路基的稳定。这是一种单向导热措施,因此也是主动防护措施。

路堤填筑完成后,在其两侧铺设0.8m厚的碎石或铺设0.8m、1.2m两种厚度的片石进行护坡。碎石护坡工程采用汽车倾填后人工刷坡的施工方法,片石护坡工程采用汽车倾填后人工铺设的施工工艺。碎石及片石护坡除了主要有维持或抬升路基下多年冻土上限的作用外,还具有加固角砾土路基边坡的作用,可以防止高原急雨冲刷边坡,节省了边坡支护工程。

2)铺设复合材料挡水板

在既有线路路基两侧,铺设SPRE高分子复合防水卷材。由于SPRE挡水板的阻挡,使地下水不再渗入基底,消除了热源,基底地温降低,使正温区消失。挡水板直立铺设,下部挡水板必须深入多年冻土上限下0.5m,上端露出地面不小于0.2m。挡水板开挖基坑时间选择在10月～11月秋冬季节或3月～4月开春季节,这时的地温低,开挖后基坑外围融化圈较小,对冻土破坏较小。挡水板基坑应尽量采用人力开挖,减少基坑暴露时间,防止挡水沟曝晒和雨水浸泡。铺设挡水板两侧应同时分层回填并夯实,其路基侧应尽可能回填黏性土,所有填料均应粉碎后填筑,保证填筑密实与填筑质量。

3)通风管路基

在路堤中埋设通风管,利用通风管的通风作用能有效为路堤提供冷能,保护多年冻土,维护冻土路基的稳定。现场用的通风管从材质上分有PVC管和钢筋混凝土管2种,都具有较高的抗拉、抗剪强度,埋设在路堤中具有加筋作用,可防止路基出现裂缝。

4)铺设保温材料

在路堤中铺设保温材料,能防止多年冻土中的冷能向外散发和阻止大气中的热量进入多年冻土,并隔断降水进入基底多年冻土层,从而防止路基出现融化沉降和冻胀,保护多年冻土路基。现场使用的保温材料有聚苯乙烯泡沫塑料(EPS)和聚氨脂(PU)。

施工应选择在10月～11月秋冬季节或3月～4月开春季节,雨雪天不宜铺设,更不宜浇筑接缝。上下垫层应采用中砂,砂中不得含有杂草、垃圾及粒径大于10mm的石块等杂质,含泥量不得大于5%。下垫层要平整坚实,无高低坑洼和机械错痕印,相对密度不小于0.7。上垫层采用人工铺摊，人工整平。

5)热棒技术

热棒(无芯重力式热管、热虹吸管)是一种高效热导装置，具有独特的单向传热性能：热量只能从地面上端传输，反向不传热。热棒上部是散热叶片，置于大气中。表面涂有防腐涂层，下部埋入地基多年冻土中，称为蒸发段。热棒内部高压充入液态氮，两端存在温差时，利用液态氮汽化，沿管上升至冷凝段，与较冷的管壁接触放出汽化潜热，冷凝成液态；在重力作用下，冷凝液态氮沿管壁流回蒸发段再吸热蒸发，往复循环，将集中的热量传送、释放到大气中，从而降低了多年冻土的温度，以防止多年冻土发生融化，提高路基稳定性。

5. 盐渍土路基处理

盐渍土与一般土不同之处在于它的溶陷性、盐胀性和腐蚀性。天然状态下的盐渍土，在土的自重应力或附加压力作用下，受水浸湿时产生变形的特性称作盐渍土的溶陷性。盐渍土的膨胀性，是指在硫酸盐渍土中，由于硫酸钠结晶时吸收 10 个水分子，而造成体积膨胀的特性。盐渍土对路面或土基的腐蚀，一般属于结晶性质的腐蚀。腐蚀大致可分为物理腐蚀与化学腐蚀 2 种。对于地下水位深或地下水位变化幅度大的地区，物理腐蚀相对显著，而在地下水位浅，并且变化幅度小的地区，化学腐蚀作用显著。

路堤填料应符合表 9-4 的要求。

盐渍土地区路堤用料的可用性

表 9-4

公路等级		高速公路、一级公路			二级公路			三、四级公路	
土类及盐渍化程度 \ 填土层位		0～0.80m	0.80～1.5m	1.5m 以下	0～0.80m	0.80～1.5m	1.5m 以下	0～0.80m	0.80～1.5m
细粒土	弱盐渍土	×	○	○	□1	○	○	○	○
	中盐渍土	×	×	○	□1	○	○	□3	○
	强盐渍土	×	×	□1	×	□2	□3	×	□1
	过盐渍土	×	×	×	×	×	□2	×	□2
粗粒土	弱盐渍土	×	□1	○	□1	○	○	□1	○
	中盐渍土	×	×	□1	×	□1	○	×	□4
	强盐渍土	×	×	×	×	×	□2	×	□2
	过盐渍土	×	×	×	×	×	□2	×	×

注：○-可用；×-不可用；□-部分可用；□1-氯盐渍土及亚氯盐渍土可用；□2-强烈干旱地区氯盐渍土及亚氯盐渍土经过论证可用；□3-粉土质(砂)、黏土质(砂)不可用；□4-水文地质差时的硫酸盐渍土及亚硫酸盐渍土不可用。强烈干旱地区的盐渍土经过论证酌情选用。

1)盐溶路基处理方法

盐渍土盐溶路基处理的目的，主要在于通过改善土的物理力学性质，以消除或减少路基因浸水而引起的溶陷现象。

(1)浸水预溶法

浸水预溶法适用于厚度不大或渗透性较好的盐渍土。将待处理土基预先浸水，在渗透过程中易溶盐溶解，并渗流到较深的土层中，易溶盐的溶解破坏了土颗粒之间的原有结构，在土自重压力下产生压密。对以砂、砾石土和渗透性较好的非饱和黏性土为主的盐渍土，土体结构疏松，具有大孔隙结构特征，在浸水后，胶结土颗粒的盐类被溶解，土体中一些小于孔隙的土颗粒落入孔隙中，土层发生溶陷。对以砂土为主的盐渍土，天然状态下砂颗粒直径多数大于

100μm，而这些砂颗粒中很多是很小的土颗粒经盐胶结而成的集粒，遇水后，盐类被溶解，导致由盐胶结而成的集粒还原成细小土粒，填充孔隙，因而土体产生溶陷。一些文献指出，浸水预溶可消除溶陷量的70%～80%，通过浸水预溶可改善路基溶陷等级，具有效果较好，施工方便，成本低等优点。

(2)强夯法

单纯的强夯对含盐结晶较多的砂石类土处理效果不好，但对于含盐结晶不多、孔隙比较大的非饱和低塑性土，用强夯处理盐渍土的溶陷性，还是比较成功的。采用强夯的处理方法可有效地改良土基的土体结构，减少孔隙率，从而达到减少溶陷沉降量的目的。

(3)浸水预溶加强夯法

浸水预溶加强夯法一般用于厚度较大、渗透性较好的盐渍土，处理深度取决于预溶深度和夯击能量。由于浸水预溶后土基中含水率增大，压缩性提高，承载力降低。可通过强夯处理改善土体结构提高路基土强度，也可进一步增大路基土密实度、减小浸水溶陷性。预浸水深度根据盐渍土层厚度要求确定，强夯处理的有效深度不宜小于预浸水深度。

(4)换土垫层法

对于溶陷性较高，但不很厚的盐渍土采用换土垫层方法消除其溶陷性是较为可靠的方法。即把基础下一定深度范围内的盐渍土挖除，如果盐渍土层较薄，可全部挖除，然后回填不含盐的砂石、灰土等替换盐渍土层，分层压实。

2)盐胀路基处理方法

盐渍土盐胀路基处理的目的，主要在于通过改善土的物理力学性质，以消除或减少路基因环境变化而产生的盐胀现象，防止由盐胀作用而使路面或结构层产生破坏。盐渍土盐胀路基处理的原则应从改善土基的盐、水、温度等条件入手，以削弱土基盐胀量或不均匀变形的能力。

(1)换土垫层法

对于盐胀性较大，但厚度不大的盐渍土可以采用换土垫层法。在条件许可时，可全部或部分清除，进行换填级配砂石或碎石等粗颗粒土。

(2)盐化处理

对于含盐量很高、土层较厚的盐渍土，其他方法难以处理，且地下水位较深时，可以采用盐化处理法。即在硫酸盐渍土中掺入氯盐能减少膨胀，当土中的 Cl^{-1}/SO_4^{-2} 的比值增大到6倍以上时，抑制硫酸盐渍土膨胀的效果最为显著。在硫酸盐渍土中掺入氯盐之所以能减少膨胀，是因为硫酸钠在氯盐溶液中其溶解度随氯盐溶液浓度增加而减小。

(3)化学处理

在硫酸盐渍土中加入一定量的化学制剂，利用化学反应使易溶的硫酸钠转变为难溶或中溶的硫酸盐.以达到改良盐胀路基的效果。

(4)隔断处理

在公路处理盐胀危害时采用加土工布进行隔断处理，其做法是在新土基的一定层位中设置永久性的隔断层，以彻底隔断盐分的向上迁移。隔断层材料采用塑料薄膜，沥青胶砂、淋膜编织布等。埋置深度满足两个基本条件：一是隔断层下的盐土所产生的盐胀量小于允许胀量值；二是满足防冻层需要的最小厚度。

3)盐腐蚀路基处理方法

在判明腐蚀等级的基础上，按下列原则考虑制定防腐蚀方案：先提高建筑材料自身的抗腐蚀能力，包括水泥及砖石品种的选择、提高水泥用量、降低水灰比、增加混凝土厚度等；选用混凝土外加剂时，以氯盐为主的腐蚀环境，配筋材料应采用钢筋阻锈剂；以硫酸盐为主的腐蚀环境，可酌情选用抗硫酸盐水泥、减水剂、密实剂、防硫酸盐添加剂等；在以上措施尚不能满足防腐要求时，应采取内、外防护相结合的措施，即在以上措施的基础上，在建筑物外表面进行涂履、渗透、隔离等处理，如加防腐涂料、浸透层、玻璃钢、砌筑耐蚀砖板、涂聚合物防腐砂浆等；防腐措施的重点部位应是建筑物接近地表的区段以及干、湿交替和冻融循环的部位。

6.采空区路基施工

采空区：地下固体矿床开采后的中间及其围岩失稳而产生位移、开裂、破碎垮落，导致上层岩层整体下沉、弯曲而引起的地表变形和破坏的地区或范围，统称采空区。

公路采空区(空洞)：公路经过的各类矿床采空区(或地下岩溶、土洞、地下工程等)。

采空区路基施工，应做好地质、水文调查工作。一般大型矿区均做过勘探工作，有大量资料可供使用。有关的基础资料，如各种地质图、开采时间、水文观测以及顶板管理办法等资料应尽量搜集齐全。小窑开采以前，一般很少进行地质勘探工作，收集资料主要向有关单位调查访问，必要时进行工程地质调绘、物探和钻探工作。

1)处治范围

开挖回填处理的浅采空区，其处治长度为公路轴向采空区实际分布长度，处治宽度为路基底面宽度或构筑物的宽度，处治深度为底板风化岩位置。

其他采空区治理范围按下述规定取值：处治长度为公路轴向采空区实际分布长度；当采空区的厚度较大、地表变形破坏严重时，处治长度应增加覆岩移动角的影响宽度；处治深度为地面至采空区(或煤层)底板以下不应小于3m。

处治宽度由路基底面宽度、维护带宽度、采空区覆岩影响宽度三部分组成。

倾斜岩层且路线与岩层走向平行或斜交时：

$$L = D + 2d + \left(2h\cot\varphi + \frac{H}{\cot\beta} + \frac{H}{\cot\gamma}\right) \tag{9-2}$$

水平岩层及倾斜岩层且路线与岩层走向垂直时：

$$L = D + 2d + 2(h\cot\varphi + H\cot\delta) \tag{9-3}$$

式中：L——垂直公路轴线的水平方向宽度，m；

D——公路路基底面宽度，m；

d——路基围护带一侧的宽度(一般取10m)，m；

H——采空区上覆基岩厚度，m；

h——松散层厚度，m；

φ——松散层移动角，°；

δ——走向方向采空区上覆基岩移动角，°；

β——上山方向采空区上覆基岩移动角，°；

γ——下山方向采空区上覆基岩移动角，°。

2)处治措施

公路采空区设计应根据采空区的形成时间、埋深、采空厚度、采煤方法、顶板岩性及其力学性质、水文地质、工程地质条件等选择治理方案。治理方案主要有开挖回填、充填、桥跨和注浆4种。

(1)开挖回填

开挖回填方法是对路基下浅层或挖方地段路基边坡上的采空区先进行开挖，然后采用干浆或浆砌方式回填。该方法可用于治理公路路基浅层、高边坡地段等，以保证路基、边坡地段的稳定。另外，对于路基挖方边坡上的采空区宜采用开挖回填方案。

(2)充填

对于煤层开采后顶板尚未垮落的采空区，可采用非注浆充填方案，包括干砌片石、浆砌片石、井下回填、钻孔干湿料回填等方案。

干砌片石、浆砌片石适用于采空区未完全塌落、空间较大、埋深小、通风良好，并具备人工作业和材料运输条件的采空区治理。一般路段的路基用干砌片石回填，抗压强度不应低于10MPa；对有构筑物的路段，应用浆砌片石，抗压强度不应低于15MPa。

(3)桥跨

桥跨方法是以桥的形式跨越采空区不稳定的路段，桥的墩台应在稳定的岩体中。对于煤层开采规模较小、开采深度小于100m的采空区，可采用桥跨方案。

(4)注浆

对于煤层开采规模较大、开采深度(埋深)小于250m的采空区，宜采用全充填注浆方法。对于埋深大于250m的采空区，宜根据其开采特征、水文地质、工程地质条件及其对公路工程的危害程度等因素，确定是否采用全充填注浆方法。

不同的处治方法分别适用于不同的采空区工程地质条件及公路工程的要求。但是，有时在一个采空区(空洞)内，各个地段的顶板岩石性质、埋藏深度、冒落及其对采空区充填程度不同，有的顶板未冒落，采空区未被充填，有的半充填，有的全部被充填；这样，采空区的不同部位就具有2种或2种以上不同的施工条件，因此，对于不同地段(或条件)就需要采用不同的施工方法。也就是说，同一个采空区，由于各地段的地质、采矿及工程地质条件的差异，此时应针对采空区的具体情况，将这几种方案联合使用。

第三节　主要处理方法的检测

目前各种路基处理方法已在公路工程中广泛应用，并取得了显著的技术效果和经济效益。鉴于地质条件、路堤荷载条件和施工条件的复杂性，一般还难以对每种处理方法进行严密的理论分析，还不能在设计时作精确的计算与设计，往往只能通过施工过程中的监测和施工完成后的质量检验来保证工程质量。因此，为了保证工程质量，需要在原体工程上进行测试，对施工和运用期的效果进行严格的监测。检验施工方案的正确性，作出符合实际的评价并取得可靠的参数。因此施工监测就成为路基路堤施工的重要环节。

一、试验工程方案制订

试验工程必须在施工前编制试验研究大纲，制订详尽的试验研究计划。试验研究大纲应包括：试验工程的位置确定，试验工程应达到的目的，试验工程的内容、施工工艺要求、组织机构、时间安排等。

1. 试验工程的位置确定

试验工程应选择在地质、地貌及工程要求有代表性的场地，对沿线地质条件变化较大的情况，应考虑几种典型场地；对选定的场地，应进行补充勘察，并进行土工试验，应保证勘察成果具有足够的可靠性和代表性；试验场地应尽量选在主线上，且施工方便。

2. 试验内容

对于同类路基问题，应考虑不同的路基处理方法、试验区段以便比较，确定最经济、有效的方法。对某种路基处理方法，应设置不同施工参数试验区段。对路基处理施工机械、建筑材料、质量检验方法等进行比较研究。对于设计上提出必须解决的问题，在试验时应安排专门试验内容。此外还应考虑路基处理发展的需要，进行一些探索性试验内容。另外，试验内容的设置应因地制宜。

二、试验工程监测

为保证工程质量，特别是高等级公路，必须对试验工程的施工过程实行动态监测，因为试验工程监测是确保试验工程达到预定目的的必要手段。

常用监测项目及其目的见表 9-5。

常用监测项目及其目的 表 9-5

监测项目		使用仪器	监测目的
沉降	地表沉降	地表型沉降仪(沉降板)	地表以下土体沉降总量(常规观测项目)
	路基深层沉降	深层沉降标	路基某一层位以下沉降量(按需要设置)
	路基分层沉降	深层分层沉降标	路基不同层位分层沉降量(按需要设置)
水平位移	地面水平位移	水平位移边桩	测定路堤侧向地面水平位移量并监测地面沉降或隆起量，用于稳定监测(常规观测项目)
	路基土体水平位移	地下水平位移标(测斜仪、管)	观测路基各层位土体侧向位移量，用于稳定监测和了解土体各层侧向变位以及附加应力增加过程中的变化发展情况(常规观测项目)
应力	路基孔隙水压力	孔隙水压力仪	观测路基孔隙水压力变化，分析路基土固结情况
	土压力	土压力计(盒)	测定测点位置的土压力及其分布情况
	承载力	载荷试验仪	一般用于路基或桩的承载能力测定，粉喷桩路基应作此项观测
其他	地下水位	地下水位观测计	观测路基处理后地下水位的变化情况，校验孔隙水压力计读数
	出水量	单孔出水量计	检测单个竖向排水量，了解路基排水情况

三、沉降观测

沉降观测在公路施工、竣工验收以及竣工后的监测监控等过程中，除了具有安全预报、科学评价及检验施工质量等功能外，更重要的是在各个工期实施中，通过沉降观测数据对施工中出现的问题，能够得到及时处理和纠正，以防患于未然，特别是软土路基路段，实施沉降观测尤其显得重要。

1. 准备工作

1)布设边桩点

无论是公路路线的放样还是实施沉降观测，边桩布点是施工过程中经常采取的方法。因为：①布设的中桩点有时会影响道路施工且极易被破坏；②在路基填筑过程中，由于路堤的荷载作用，使路堤坡脚处可能产生水平位移和垂直位移，选用边桩点实施沉降观测更能反映路基的侧向变形。边桩点的布设应根据路基及路堤场地条件确定，一般布设在填土比较高的路堤段，包括软土路基填方段和结构物的两端。布置的点与中线平行，点的位置能反映该段的沉降特性，一般沿路基两侧对称布设。

在路基填筑过程中，由于路堤的荷载作用，使路堤坡脚处产生水平位移和垂直位移，因此要在路堤坡脚处设置若干位移桩。位移桩长度为 100～200cm，断面为 10cm×10cm 的方桩打入路基内。桩的入土深度随土基软硬程度不同而异，以不被踩动为原则。位移桩的布置根据路基及路堤场地条件确定，一般从路堤坡脚起，在垂直于路中心线方向每隔 2～3m 布设 5 个位移桩，并用经纬仪定线方法使 5 个桩在一条直线上，最后用小钉在木桩上标定桩位。为了观测水平位移，在位移桩的延长线上设置 2 个固定桩 A、B(AB 为 20～30m)。每次观测时，安置经纬仪于 A 点，后视 B 点，倒转望远镜观测 5 个桩是否在一直线上，否则量出偏出直线的垂距(即横向位移)。用钢尺丈量固定点 A 到各位移桩的距离，两期观测的距离差为纵向位移。钢尺丈量时要记上气温，以便进行气温修正。用水准仪测量位移桩的垂直位移，用首次观测的高程减去第 i 次观测的高程即为垂直位移。

2)布设沉降板

软土路基一般每隔 200m 埋设 1 个沉降观测点，非软土路基每隔 1 000m 埋设 1 个。沉降板由 1 根直杆(直径为 20～30mm 的钢管或自来水管)和 600mm×600mm×9mm 的沉降钢板组成。直杆用 3 根斜钢筋焊接在沉降板上，沉降板埋设在路基的底面或砂垫层下。为了使沉降杆不受破坏，杆长应随填土升高而逐段接高。每段接管的长度为 20～30mm，两端有螺纹接头与空心管连接。观测时，每段接管的顶面应有相邻两期的观测高程。也就是说，第一段接管埋设好后，随即测量管顶高程，作为第一期观测值。待填筑一层土后，先在原顶管面处观测高程，作为第二期观测值。随即接上第二段接管，观测管顶高程。这样，循序逐节升高，计算出每期观测的沉降量。为了不使填压的土质嵌入空心螺纹管内，每段接管应套上一段塑料圆管，圆管的高度略高于接管顶面，圆管的直径略大于水准尺的宽度。套管顶面盖上一个圆盖板，盖板中心穿一段红布线条，以便下次测量找出沉降点位。

3)布设测斜管

分层沉降观测点应沿铅垂线方向在各层土内布设。点数与深度应根据分层分布情况确定，原则上每一土层设一点，最浅的点位应在基础底下，最深的点位应在超过压缩层理论厚度处，或在压缩性低的砾石或岩石层上。分层沉降仪由分层沉降管、磁环、波纹管和沉降仪组成。在路基中间打孔至持力层，根据地质情况在相应深度处安装磁环，下好沉降管后用膨胀土封孔，使磁环和地层同步沉降，用分层沉降仪测量各磁环位置，分别计算各地层的沉降量。

2. 沉降观测的精度指标及频率

1)沉降观测的精度指标

通常确定沉降观测的精度指标有 3 条标准：一是根据沉降量的大小确定精度指标；二是探讨沉降观测中误差与建筑物允许变形值的比值关系；三是采用规范中规定的固定值。就公路软土路基的沉降量来说，沉降量的变化是相当复杂的，它与设计总沉降量的大小、观测频率、软基厚度、路基处理的方法、填土高度、沉降控制的方法以及沉降趋于稳定状态等因素有关。所谓稳定状态有 2 方面的含义：一是路槽层完成后，经过一定时间预压，若连续 2 个月实测沉降速率小于 5mm/月时称为路基稳定；二是路基稳定后，进行底基层、基层和油面层施工时，若连续 2 个月实测沉降速率小于 3mm/月时称为路面层稳定。显然，若考虑稳定状态时的小沉降量(3～5mm/月)，则要求很高的观测精度，应采用精密的仪器和方法进行沉降观测。

2)沉降观测的频率

沉降观测的频率取决于沉降量的大小、加载方法和观测目的等。通常要求观测的次数既能反映出沉降变化的过程,又不遗漏变化的时刻。对路堤填筑期,随着土的荷载加大,沉降速率较大,观测频率应大一些,一般每填 1～2 层或 7～10d 观测 1 次;对预压期,该段沉降的特点,先是发生较大的沉降量,经过 1 个转折点后,很快趋于缓和,因此预压初期的观测频率为 7～10d 观测 1 次,以后则每个月观测 1～2 次;对路面施工期,一般为每做一层观测 1 次,若下层与上层施工间隔较长,则增补隔月观测一次。

3.沉降观测的外业

为了提高沉降观测精度,按如下要求进行操作:

(1)每期观测做到 4 个固定:固定观测人员;固定仪器及水准尺;固定后视尺读数;固定测站及转点。在实际工作中,由于路堤逐层升高,导致测站位置难以固定。在首次观测时,将水准仪大致安置在路中心线处,使前、后视距满足要求,读取一个前视距离作为固定值。这样在以后各期观测中仪器安置于相同位置,既固定了测站,又不必在每次观测时读取前、后视距。

(2)观测时必须携带尺垫,严禁用砖石或不设尺垫作为转点。

(3)一测站观测高差必须用红、黑面(或基、辅面)读数。

当沉降量较大时,可用五等水准代替四等水准测量。这里所指的五等水准,其操作方法与三、四等水准测量完全相同。

(4)每次观测结束后,应及时填写沉降观测记录表,并应在记录手簿中填上观测时的荷载名称。

对于沉降量,“+”号表示下沉;“－”号表示上升。在沉降观测中,上升情况一般不会出现,除非在等、超载土下卸时,由于路基的回弹可能出现上升的“－”值。因此,在卸土完毕后,随即进行观测,以便积累路堤土回弹的观测资料。必须注意:当计算的沉降量出现－1mm 或－2mm 时,表明测量误差所致。如出现较大的“－”值(－3mm 以上)则表明相邻两期观测中必有一期的观测误差较大,必要时对近期的结果进行复测,如无问题,说明前一期的结果有问题,可在下一期的观测中进行判别。

4.沉降观测的成果整理

成果整理时,首先检查手薄中的数据和计算是否正确,观测限差是否符合要求,文字说明是否齐全。然后将观测数据填入观测记录表,计算两期观测的沉降量和累计沉降量,为了清楚地表示时间、填土高度和沉降量之间的关系,绘制沉降点的时间—填土高度—沉降量的关系曲线。

四、土体内部沉降观测

目前沉降观测使用最多的是电磁式分层沉降仪。它的基本原理是在钻孔的不同深度埋设铁环,当探头(内置电磁振荡线圈)经过铁环时(进、出瞬间),磁场能量变化发出声音,由此确定铁环的位置。现场工作图见图 9-3。

电磁式分层沉降仪由 2 大部分组成:测量系统和跟踪系统。测量系统包括沉降仪、钢卷尺(内置电缆)、探头和三角架,跟踪系统包括沉降管和沉降环。分层沉降仪主要技术指标是:

(1)测量深度:50m 或 100m;

(2)灵敏度:1mm;

(3)标尺误差:<1mm/10m;

(4)密封性能:>1MPa。

沉降管的埋设步骤:

(1)在测点钻孔。钻孔直径一般为 108~125mm,最好用全断面取土器成孔,不可用水冲,钻孔斜角小于 1/100。

(2)下沉降管。注意接头连接与密封。

(3)下沉降环。按设计要求每间隔一定距离放置沉降环(土体中一般每隔 2.0m 放置 1 个)。从下往上,用送环器沿管壁下放,到规定深度后放开叉簧片,使其固定于土体中。

(4)每埋一个沉降环,及时进行回填,直至上一个沉降环位置。

(5)整个钻孔沉降环埋设结束,进行第一次测量,记录下环的初始位置,并及时测量孔口高程。

(6)作好埋设记录,内容包括:工程名称、观测孔编号、孔深、孔口坐标、高程、沉降环数量、初始位置、主要埋设人员、日期等。

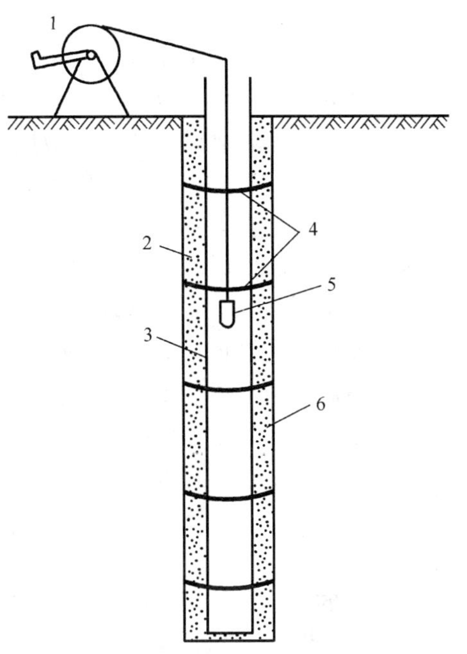

图 9-3 电磁式沉降仪工作图

1-测试仪;2-充填物;3-沉降管;4-沉降环;5-探头;6-钻孔

沉降环测试要点:每次必须测量孔口高程,对每一沉降环均应重复测量,应同一人、同一仪器测量同一只孔。

五、孔隙水压力观测

孔隙水压力现场观测时可根据测点孔隙水压力—时间变化曲线,反算土的固结系数、推算该点不同时间的固结度,从而推算强度增长,并确定下一级施加荷载的大小,因而可用来控制加荷速率。孔隙水压力计形式有多种,大体上可分为 3 类,即气压式、水压式和电感式。孔隙水压力计类型的选择,应根据工程测试的目的、土层的渗透性质和测试期的长短等条件,选用封闭式(电测式、流体压力式)或开口式(包括各种开口测量管、水位计)。仪器的精度、灵敏度和量程必须满足测试要求。

1. 测试孔和测点的布设

测试孔和测点的布设,应根据测试目的与要求,结合场地地质周围环境和作业条件综合考虑确定,在垂直方向上测点应根据应力分布特点和地层结构布设。一般每隔 2~5m 布设 1 个测点;当分层设置时,每个测试孔每层应不少于 1 个测点。

2. 孔隙水压力计的埋设

孔隙水压力计埋设方法应根据测试孔、测点布设的数量及土的性质等条件,选用钻孔埋设法、压入埋设法和填埋法。在软弱土层中埋设单个孔隙水压力计时,宜采用压入埋设法。应根据埋设深度和压入难易程度,或直接将孔隙水压力计缓慢压入预定深度,或钻进成孔到埋设预定深度以上 0.5~1m 处,再将孔隙水压力计压到预定深度,其上孔段用隔水填料全部填实封严。

3. 量测工作

必须准确测定孔隙水压力初始值,埋设结束后,即逐日定时量测,以观测初始值的稳定性;

稳定值应符合连续3天读数差:电测式液压式小于2kPa,气压式小于10kPa,水位计小于5cm;初始值应取稳定后读数的平均值或中值。测定方式应根据孔隙水压力变化规律,采用跟踪、逐日或多日等不同的观测频率,孔隙水压力上升期间,应逐日定时测定,当上升值接近控制标准时,应进行跟踪观测;孔隙水压力消散期间的观测,可根据工程要求和消散规律确定测定方式;每次量测,均应及时作好记录,完整填写日报表;应绘制孔隙水压力与时间及荷载等有关因素关系曲线图;测试过程中应随时计算、校核、分析测试数据,当出现异常值时,应及时复测,并分析原因,提出意见和建议。

4.成果资料整理与报告书编写

孔隙水压力测试成果应对原始资料进行检查、分析,确认无误后,及时进行汇总整理,并与其他观测资料综合分析后编写测试报告书。测试报告书内容应根据测试任务要求、工程特点、环境和地质条件等确定,其主要内容应包括:测试目的和要求,工作量及进度,工程概况及周围环境概述,场地水文、工程地质条件,布设与量测,成果资料的综合分析等。

六、土压力测量

路基中的应力测试,是测定土体在受力情况下土压力和孔隙水压力值及其消散速度和程度,以便计算路基土的固结度,推算土体强度随时间变化的规律,控制施工速度。此外,利用现场测量来验证理论计算,无论是对理论的发展,还是对实际工程的建造和使用均有很大的意义。土压力计是测定土压力的一种专门仪器。

1.土压力计的结构形式

土压力计按其原理结构来分,有液压式、气压平衡式、电气式(包括差动电阻式、电阻应变式、电感式等)、钢弦式等。目前国内常用的有钢弦式和差动电阻式。

1)钢弦式土压力计

钢弦式土压力计,由承受土压力的膜盒和压力传感器组成,见图9-4。压力传感器是一根张拉的钢弦,一端固定在薄膜的中心上,另一端固定在支承框架上。土压力作用于膜盒上,膜盒变形,使膜盒中的液体介质产生压力,液体介质将压力传递到传感器的薄膜上,薄膜中心产生挠度δ,钢弦的长度发生变化,自振频率f随之发生变化。测定钢弦的自振频率,换算出土压力值。

2)差动电阻式土压力计

差动电阻式土压力计又称卡尔逊仪,由测头部分和测量部分2部分组成,见图9-5。测头部分包括外力作用的感应部件(膜盒)和电转换部件(电阻应变计),测量部分是指示器(比例电桥)。

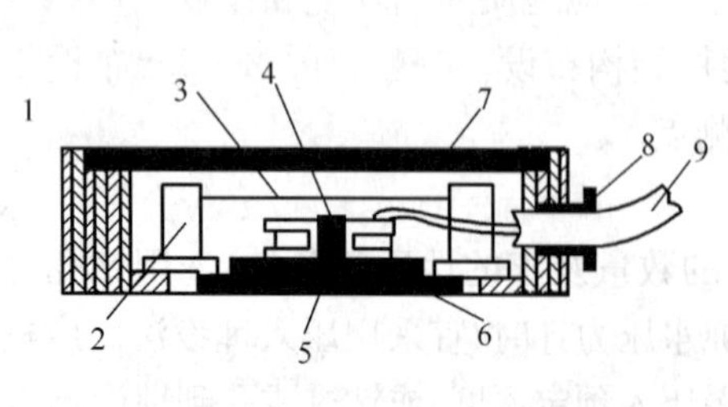

图9-4 钢弦式土压计示意图

1-外壳;2-钢弦柱;3-钢弦;4-铁芯;5-底座;6-弹性薄膜;7-盖板;8-密封塞;9-电缆

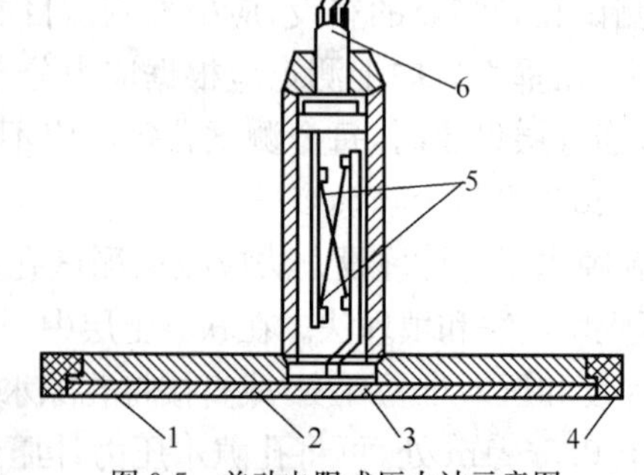

图9-5 差动电阻式压力计示意图

1-受压板;2-传压油;3-次膜;4-护圈;5-敏感元件;6-引出电缆

2. 埋设要点

(1)埋设土压力计时,应该注意对土体的扰动、与结构物固定的程度(接触式土压力计)、膜盒与土的接触情况(土的粒径、全面接触或局部接触等),并作详细记录。

(2)土中土压力计的埋设方法如图 9-6 所示。特别要注意的是,回填土的性状应与周围土体一致,否则,会引起土压力的重新分布。用图 9-6c)的方法埋设时,其标定方法也应一样,否则,标定资料不好利用。

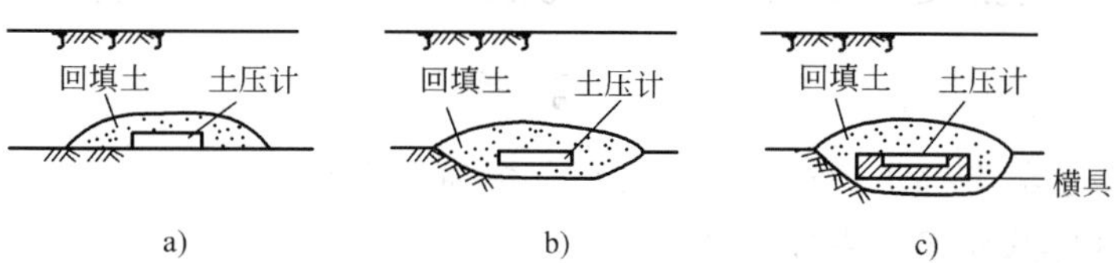

图 9-6　土中土压力计埋设方法

(3)接触式土压力计埋设方法,应根据不同工程对象采用不同的方法。在结构物侧面安装土压力计时,应在混凝土浇筑到预定高程处,将土压力计固定到预测的位置上,土压力计承压面必须与结构物表面齐平。在结构物基底上埋设土压力计时,可先将土压力计埋设在预测的混凝土块内,整平地面,然后将土压力计放上,并将预制块浇筑在基底内。

(4)除膜盒的埋设外,电缆线的埋设也是至关重要的,否则,在施工中容易遭受破坏。各测头电缆按一定路线集中于观测站中,并将土压力计的编号、规格及埋设位置、时间等记入考证表内。

3. 观测和资料整理

1)差动电阻式土压力计

(1)将比例电桥安放平稳,逐个接通集线箱上各个电缆插头,按操作步骤测读电阻值及电阻比。

(2)测量时,在调节电桥平衡过程中,如检流计指针有反常情况,或与前次观测值相差很大时,应中止观测,进行检查。检查内容有:电桥本身、集线箱接线处是否接触良好、总电阻和分线电阻等。

(3)将观测的数据记入记录计算表中。出厂时及埋设前的电阻比只能作参考,在仪器埋设后,应重新选定基准值。选择基准值时,应先画出最初几天的电阻比、温度的变化过程线,并进行必要的修正,消除明显的观测误差。

(4)将观测及计算的数据,以土压力为纵坐标,时间为横坐标绘制土压力变化过程线。为了便于资料分析,在同一张图上绘出建筑物施工及孔隙水压力变化过程线。

2)钢弦式土压力计

(1)钢弦式土压力计的观测,一般采用频率接收器。频率接收器主要由标准钢弦、荧光屏和测微旋钮等组成,工作原理如图 9-7 所示。近来已采用数字显示。

(2)按动电钮,交流电源向土压力计内电磁铁输入瞬时脉冲电流,起振钢弦。同时,电钮接通标准钢弦的

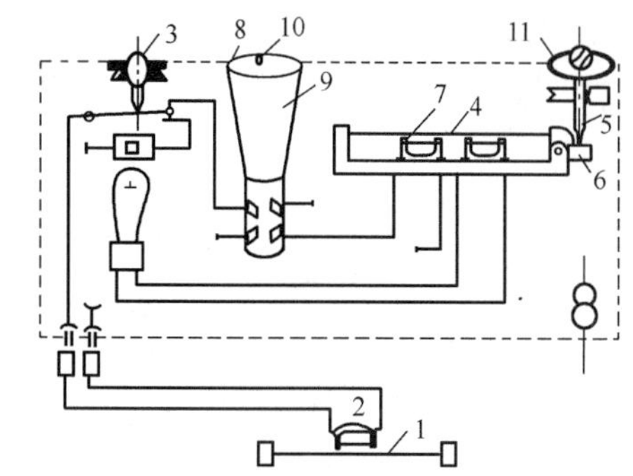

图 9-7　频率器工作原理图

1-土压力计内钢弦;2-土压力计内磁铁;3-电钮;4-标准钢弦;5-测微螺旋;6-杠杆装置;7-电磁铁;8-荧光屏;9-电子射线管;10-椭圆形成像;11-测微圆盘

电磁铁电路,标准钢弦也起振。电磁振荡通过电子射线管,反映到荧光屏上。调节测微螺旋,通过杠杆装置改变标准钢弦的张力,使其振荡平稳地变化。当两钢弦同频率振动时,荧光屏上的成像由椭圆变成一条静止的直线,这时从测微圆盘上的刻度读出频率数,从而换算出土压力计所受的应力。

(3)观测后,及时整理资料,并绘制土压力变化过程曲线。

思考题

1.特殊路基主要有哪几种?它们一般分布在哪些区域?

2.软土地区路基处理方法有哪些?

3.膨胀土路基应该怎样进行处理?

4.湿陷性黄土路基一般如何进行处理?

5.冻土路基的处理方法有哪些?

6.盐渍土具有溶陷性、盐胀性和腐蚀性,不同性质的盐渍土路基处理方法是否相同?

7.简述采空区路基处理方法中注浆法的适用范围。

8.软土路基施工检测的常见项目有哪些?

9.土压力计按其原理结构可以分成哪几类?

第十章 路面抗滑性能检测

DISHIZHANG

第一节　路面抗滑性能的影响因素及抗滑标准

路面抗滑性能是指路面抵抗车辆轮胎受到制动时沿路面表面滑移的能力。路面抗滑性能是反映路面安全性能最重要的一个指标。若路面抗滑能力不足时，汽车起动，会发生空转打滑现象；汽车在弯道上行驶，会产生横向滑移；紧急制动，所需的制动距离就会增大。因此，对于路面来说，抗滑性能是一项非常重要的质量评定指标。

一、影响路面抗滑性能的因素

具有一定粗糙度的路面是保证汽车在道路上安全行驶的必要条件。评价路面粗糙度的指标很多，通常采用的是摩擦系数。路面的摩擦系数越大，粗糙度就越好。摩擦系数大小主要取决于三方面的因素：轮胎特性、路面表面特性和气候条件。

对于影响路面抗滑性能的因素分析如下：

1.轮胎特性

在相同结构的路面上，由于轮胎特性不同其摩擦系数也不同。轮胎的磨耗量在一定程度上影响摩擦系数的大小。在潮湿路面上行驶时，轮胎表面形状不同引起路面上排水效果不同，轮胎表面花纹深度对抗滑性能有影响。轮胎的橡胶性质、尺寸对摩擦系数也有影响，轮胎的直径增加和宽度减小对轮胎的摩擦系数均有一定程度的影响。另外，轮胎的接触压力、轮重等变化时，也会引起摩擦系数的变化。车速增加，摩擦系数减小，车速对潮湿路面的抗滑性能影响特别大。

2.路面表面特性

不同的路面类型，其摩擦系数值有一定的差异，但在干燥状态下路面的摩擦系数差异不大。当路表处于潮湿状态，特别是路表与轮胎之间形成水膜时，摩擦系数要小得多。温度对摩擦系数也有影响，一般随着路面温度的升高，摩擦系数相应减小。

路表面细构造指路面表层石料表面水平方向0.5mm以下，垂直方向0.2mm以下的表面纹理。不同种类的石料在经磨光后其摩擦力大小有明显的差别，细构造越大，石料抗滑能力越好。在任何条件下，细构造对路面的抗滑性能均有一定的影响，尤其在低速行车条件下，细构造对抗滑性能的影响更为显著。

路表面粗构造指路面表层深度大于 0.5mm 的构造，或称为路表面的凹陷与凸起。粗构造主要反映了路面排水能力的大小，对临界水膜厚度有决定性的作用，因此，粗构造对高速行车、潮湿条件下路面的抗滑性能起主要作用。粗构造的大小决定于路面表面层沥青混合料集料特性，它包括颗粒尺寸、级配、形状及棱角性。有棱角、表面粗糙、形状接近立方体的集料，其摩擦系数要比圆滑的集料大得多。

3. 气候条件

气候条件影响路面的抗滑性能，其影响主要来自于路面上的水膜及季节性变化。

影响水膜厚度的因素有很多，水膜的厚度与路面排水状况、路线设计要素及降雨速度关系密切，对车辆而言，存在一个与轮胎花纹和车速相关的临界水膜厚度，超过这个临界值，行车就可能产生水漂，此时，路面的抗滑作用将不再起作用。

季节性的影响主要来自于温度及路面的洁净程度。研究表明，轮胎与路面的摩擦力受温度影响较大，随着温度降低，橡胶轮胎的摩擦系数将提高。当路面表面受粉尘污染时，将导致路面构造深度的减小，从而使路面抗滑能力降低。路面上的结冰与积雪，均会使路面摩擦系数降低。因为轮胎与路面正常的接触条件被隔断，而变成了轮胎与冰、雪的接触。由于冰和雪的摩擦系数很低，通常在 0.1～0.3 之间，因此在结冰或积雪的路面上行车是非常危险的。路面上的脏物，如矿粉末、污泥及松散砂粒、汽车滴下的油类、轮胎磨耗的胶粉也会对摩擦系数产生影响。

上述各因素均对路面抗滑性有一定的影响，但它们综合在一起对抗滑性能的影响是十分复杂的。

二、路面抗滑标准

路面的抗滑能力不足给行车带来的危险性，主要表现在三个方面：汽车的制动距离增长，侧滑危险增大，方向控制失灵。因此，为了减少公路交通事故，特别是雨天的交通事故，需要提高路面的抗滑能力。

影响路面抗滑性能的因素较多，主要有石料的抗滑性能，即石料磨光值 PSV(Polished Stone Value)，如石灰岩、花岗岩、砂岩的磨光值分别为 43、59、62，它既影响低速行车下路面的抗滑能力，也影响高速行车下路面的抗滑能力，在正常施工条件下，就影响幅度而言，影响幅度达 30%～50%。因此，应当选用抗滑性能好的集料(即强度高、耐磨耗、表面粗糙、有棱角、接近立方体等)作面层集料，并采用优质沥青或掺配添加剂(包括掺水泥或掺石灰处理酸性石料等)。路面的宏观构造是影响高速行车下路面抗滑能力的一个因素，影响幅度为 20%～30%。路表构造深度是指一定面积的路表面凹凸不平的开口空隙的平均深度，即宏观构造深度，用 TD 表示，单位为 mm。路面粗构造大，高速行车下的路表水能迅速排除，保证轮胎与石料直接接触，路面的抗滑性能就好；反之，路面粗构造小，表面易形成水膜，路面的抗滑性能就差。关于路面抗滑条件的控制指标各国间不太一致，有的国家采用单一的指标，有的则采用多项指标，但总的趋势是抗滑标准从单项指标向多项指标发展，这是因为多项指标的抗滑标准更能保证高速行车的安全。

《公路沥青路面设计规范》(JTG D50—2006)中规定：在设计高速公路、一级公路的沥青表面层时，应选用抗滑、耐磨石料，其石料磨光值应大于 42。沥青路面表层抗滑性能指标有：

1. 路面摩擦系数

路面摩擦系数是反映在较高速行车条件下路面的抗滑综合指标。高速公路、一级公路宜在竣工后第一个夏季采用摩擦系数测定车，以(50±1)km/h的车速测定横向力系数SFC。

2. 路面宏观构造深度

路面宏观构造深度主要反映路面表面的排水性能，与潮湿、高速行车条件下的路面抗滑性能密切相关。应在路面竣工后第一个夏季用铺砂法或激光构造深度仪测定。

高速公路、一级公路的沥青面层抗滑标准见表10-1，其他公路的沥青表面不作具体要求。

沥青表面抗滑标准　　表10-1

指　　标	竣 工 验 收 值		
	横向力系数SFC	摆值 F_B(BPN)	构造深度TD(mm)
规定值	≥54	≥45	≥0.55

对于水泥混凝土路面，抗滑性能以路表构造深度为指标，其竣工验收值为：高速公路、一级公路不应低于0.8mm，其他各级公路不应低于0.6mm。对于降雨量在500mm以下的地区，可适当降低。

构造深度的检测(铺砂法)频率按每200m一处。

第二节　路面构造深度测定方法

一、手工铺砂法

手工铺砂法的基本原理是：将已知体积的砂在路面表面上摊成一定范围的圆，计算嵌入凹凸不平的表面空隙中的砂的体积与所覆盖面积之比，从而求得路面的构造深度，用TD表示，单位为mm。

手工铺砂法适用于测定沥青路面及水泥混凝土路面表面构造深度，用以评定路面表面的宏观构造、排水性能及抗滑性能。这是目前工程上最为基本，也是最为常用的方法。

1. 仪器设备

(1)人工铺砂仪：由量砂筒、摊平板组成，如图10-1所示。

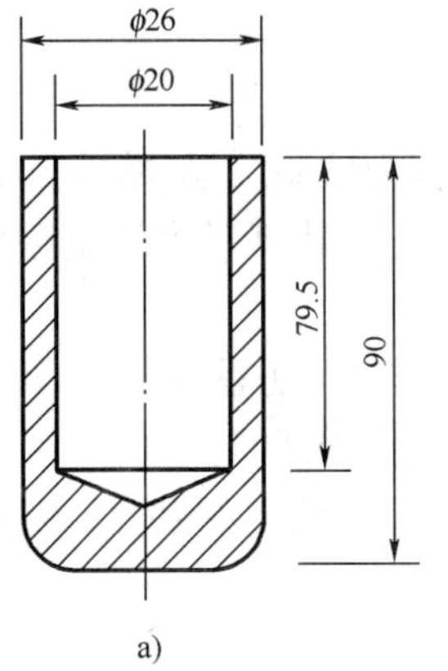

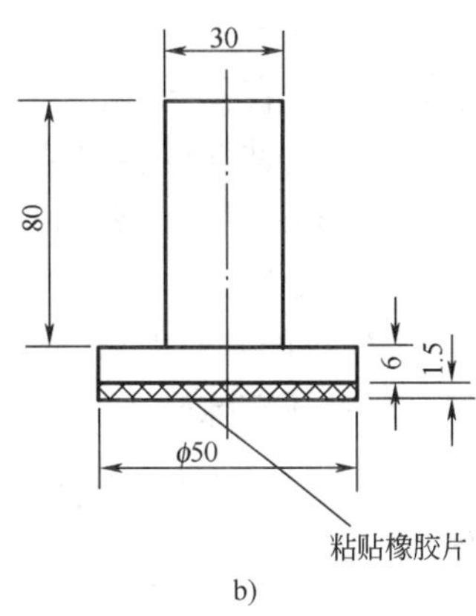

图10-1　人工铺砂仪(尺寸单位：mm)

a)量砂筒；b)摊平板

①量砂筒：一端是封闭的，内径 ϕ20mm，外径 ϕ26mn，总高 90mm，容积为 25mL±0.15mL。可通过称量砂筒中水的质量以确定其容积 V，并调整其高度，使其容积符合高度要求。带有一专门的刮尺，可将筒口量砂刮平。

②摊平板：摊平板为木制或铝制，直径 50mm，底面粘一层厚 1.5mm 的橡胶片，上面有一圆柱把手。

③刮平尺：可用 30cm 钢板尺代替。

(2)量砂：足够数量的干燥洁净的匀质砂，粒径 0.15～0.3mm。

(3)量尺：钢板尺、钢卷尺或采用专门的构造深度尺。

(4)装砂容器(小铲)、扫帚或毛刷、挡风板、标志板、小红旗等。

2. 准备工作

(1)量砂准备：取洁净的细砂晾干、过筛，取 0.15～0.3mm 的砂置于适当的容器中备用。量砂只能在路面上使用一次，不宜重复使用。

(2)确定测点：对测试路段按随机取样选点的方法确定测点所在横断面位置。测点应选在车道的轮迹带上，距路面边缘不应小于 1m。

3. 试验步骤

(1)用扫帚或毛刷将测点附近的路面清扫干净，面积不小于 300mm×300mm。

(2)用小铲装砂，沿筒壁向量筒中注满砂，手提量筒上方，在硬质路面上轻轻叩打 3 次，使砂密实，补足砂面，用钢尺一次刮平。注意不可直接用量筒装砂，以免影响量砂密度的均匀性。

(3)将砂倒在路面上，用底面粘有橡胶片的推平板，由里向外重复做摊铺运动，稍稍用力将砂细心地尽可能地向外摊开，使砂填入凹凸不平的路表面空隙中，尽可能将砂摊成圆形，并不得在表面上留有浮动的余砂。注意摊铺时不可用力过大或向外推挤。

(4)用钢板尺测量所构成圆的两个垂直方向的直径，取其平均值，准确至 5mm。

(5)按以上方法，同一处平行测定不少于 3 次，3 个测点均位于轮迹带上，测点间距 3～5m。该处测定位置以中间测点的位置表示。注意，对同一处，应该由同一个试验员进行测定。

路面表面构造深度测定结果按下式计算：

$$\mathrm{TD}=\frac{1\,000V}{\pi D^2/4}=\frac{31\,831}{D^2} \tag{10-1}$$

式中：TD——路面表面构造深度，mm；

V——砂的体积，25cm^3；

D——摊平砂的平均直径，mm。

每一处均取 3 次路面构造深度测定结果的平均值作为试验结果，精确至 0.1mm。当平均值小于 0.2mm 时，试验结果以“<0.2mm”表示。同时还要计算每个评定路段路表构造深度的平均值、标准差、变异系数等。

一般来说，手工铺砂法误差较大，其原因很多，例如装砂的方法无标准，致使量筒中的砂紧密程度不一样，影响砂量；还有摊砂用的摊平板无标准，更主要的是砂摊开到多大程度为止，无明确规定，故各人掌握不一样。为了克服手工铺砂法掌握不统一的缺点，对同一处，应该由同一个试验员进行测定。

二、电动铺砂仪法

电动铺砂仪测定路面表面构造深度适用于测定沥青路面及水泥混凝土路面表面构造深

度，用以评定路面表面的宏观构造。

1.仪器设备

(1)电动铺砂仪：利用可充电的直流电源，将量砂通过砂漏铺设成宽度 50mm、厚度均匀一致的器具，如图 10-2 所示。

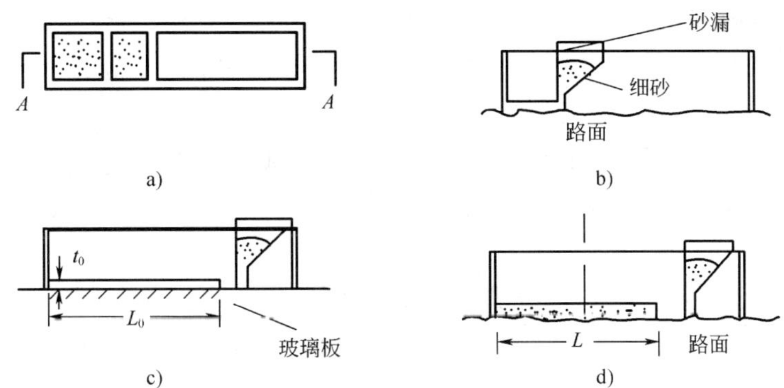

图 10-2 电动铺砂仪

a)平面图；b)A—A 断面；c)标定；d)测定

(2)量砂：足量的干燥洁净的匀质砂，粒径为 0.15～0.3mm。

(3)标准量筒：容积 50mL。

(4)玻璃板：面积大于铺砂仪，厚 5mm。

(5)直尺、扫帚、毛刷、标志板、小红旗等。

2.准备工作

(1)量砂准备：取洁净的细砂，晾干，过筛，取 0.15～0.3mm 的砂置于适当的容器中备用。量砂只能在路面上使用一次，不宜重复使用。

(2)确定测点：对测试路段按随机取样选点的方法，决定测点所在横断面的位置。测点应选在车道的轮迹带上，距路面边缘应不小于 1m。

3.电动铺砂仪标定

(1)将铺砂仪平放在玻璃板上，将砂漏移至铺砂仪端部。

(2)使灌砂漏斗口和量筒口大致齐平。通过漏斗向量筒中缓缓注入准备好的量砂至高出量筒成尖顶状，用直尺沿筒口一次刮平，其容积为 50mL。

(3)使漏斗口与铺砂仪砂漏上口大致齐平。将砂通过漏斗均匀倒入砂漏，漏斗前后移动，使砂的表面大致齐平，但不得用任何其他工具刮动砂。

(4)开动电动机，使砂漏向另一端缓缓运动，量砂沿砂漏底部铺成图 10-3 所示的宽 50mm 的带状，待砂全部漏完后停止。

(5)按图 10-3 由 L_1 及 L_2 的平均值计算量砂的摊铺长度 L_0，精确至 1mm。

$$L_0 = (L_1 + L_2)/2 \quad (10\text{-}2)$$

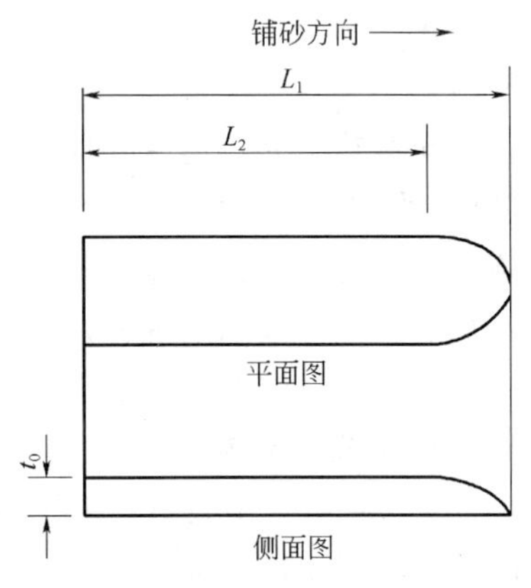

图 10-3 确定 L_0 的方法

(6)重复标定 3 次，取平均值决定 L_0，精确至 1mm。

标定应在每次测试前进行，用同一种量砂，由承担测试的同一试验员进行。

4. 测试步骤

(1)将测试地点用毛刷刷净，面积大于铺砂仪。

(2)将铺砂仪沿道路纵向平稳地放在路面上，将砂漏移至端部。

(3)按电动铺砂仪标定工作中(2)～(5)相同的步骤，在测试地点摊铺 50mL 量砂，按图 10-3 的方法量取摊铺长度 L_1 及 L_2，由式(10-3)计算 L，准确至 1mm。

$$L = (L_1 + L_2)/2 \tag{10-3}$$

(4)按以上方法，同一处平行测定不少于 3 次，3 个测点均位于轮迹带上，测点间距 3～5m。该处的测点位置以中间测点的位置表示。

5. 计算

(1)铺砂仪在玻璃板上摊铺的量砂厚度 t_0(mm)为：

$$t_0 = \frac{V}{BL_0} \times 1\,000 = \frac{1\,000}{L_0} \tag{10-4}$$

式中：t_0——量砂在玻璃板上摊铺的标定厚度，mm；

V——量砂体积，50mL；

B——铺砂仪铺砂宽度，50mm；

L_0——玻璃板上 50mL 量砂摊铺的长度，mm。

(2)路面构造深度按下式计算：

$$\mathrm{TD} = \frac{L_0 - L}{L} \cdot t_0 = \frac{L_0 - L}{L \cdot L_0} \times 1\,000 \tag{10-5}$$

式中：TD——路面构造深度，mm；

L——路面上 50mL 量砂摊铺的长度，mm。

(3)每一处均取 3 次路面构造深度测定结果的平均值作为试验结果，准确至 0.1mm。其他要求同手工铺砂法。

电动铺砂法与手工铺砂法虽然原理相同，但测定方法有差别，手工铺砂法是将全部砂都填入凹凸不平的空隙中了，而电动铺砂法是在与玻璃板上摊铺后比较求得的，所以两法测定的构造深度存在差异。电动铺砂法的标定十分重要，测试时的做法应与标定时一样，因此必须用同一种砂，由同一位试验员操作。

三、车载式激光构造深度仪法

车载式激光构造深度仪测定路面构造深度试验方法适用于各类车载式激光构造深度仪在新建、改建路面工程质量验收和无严重破损病害及无积水、积雪、泥浆等正常行车条件下测定，连续采集路面构造深度，但不适用于带有沟槽构造的水泥混凝土路面构造深度的测定。数据采集、传输、记录和处理分别由专用软件自动控制进行。

1. 测试系统及技术要求

1)测试系统构成

测试系统由承载车辆、距离传感器、激光传感器和主控制系统组成。主控制系统对测试装置的操作实施控制，完成数据采集、传输、存储与计算过程。测试系统承载车辆要符合测试要求。

2)测试系统基本技术要求

最大测试速度≥50km/h，采样间隔≤10mm，传感器测试精度为 0.1mm，距离标定误差＜

0.1%，系统工作环境温度为0～60℃。

2. 准备工作

(1)校准测试系统各传感器。

(2)距离测量装置现场安装要牢固。

(3)打开系统电源，启动控制程序，检查各部分的工作状态。

3. 测试步骤

(1)按规定的预热时间对测试系统预热。

(2)测试车停在测试起点前50～100m处，启动测试系统程序，按照测试路段的现场技术要求设置所需的测试状态。

(3)驾驶员应按测试速度范围驾驶测试车，避免急加速和急减速，急弯路段应放慢车速，沿正常行车轨迹驶入测试路段。

(4)进入测试路段后，测试人员启动系统的采集和记录程序，在测试过程中必须及时准确地将测试路段的起终点和其他需要特殊标记的位置输入测试数据记录中。

(5)当测试车辆驶出测试路段后，测试人员停止数据采集和记录，并恢复仪器各部分至初始状态。

(6)检查测试数据文件是否符合要求，否则需要重新测试。

(7)关闭测试系统电源，结束测试。

(8)激光构造深度仪测值与铺砂法构造深度值相关性标定试验。

①选择构造深度分别在0～0.3mm、0.3～0.55mm、0.55～0.8mm、0.8～1.2mm范围的4个各长100m的试验路段。试验前将路面清扫干净，并在起终点作上标记。

②在每个试验路段上沿一侧行车轮迹用铺砂法测试至少10点的构造深度值，并计算平均值。

③驾驶测试车以30～50km/h速度驶过试验路段，并且保证激光构造深度仪的激光传感器探头沿铺砂法所测构造深度的行车轮迹运行，计算试验路段的构造深度平均值。

④建立两种方法的相关关系式，要求相关系数不小于0.97。

4. 报告

(1)路段构造深度平均值、标准差。

(2)提供激光构造深度仪测值与铺砂法构造深度测值在选定测试条件下的相关关系式及相关系数。

第三节　路面摩擦系数测定方法

一、摆式仪测定路面摩擦系数试验方法

用手提摆式仪测定路面抗滑性能由英国道路和运输研究所发明，并逐渐在世界各国使用，BPN是British Pendulum Number的缩写，即摆式仪的刻度。此方法是目前世界各国广泛采用的抗滑性能测试法，它具有结构简单、操作方便、数据稳定的优点。BPN值主要取决于石料磨光值PSV，且两者有良好的相关性：BPN=(PSV)×0.51+25.2。

摆式仪测定路面摩擦系数的试验方法适用于以摆式摩擦系数测定仪(摆式仪)测定沥青路面、标线或其他材料试件的抗滑值，用以评定路面或路面材料试件在潮湿状态下的抗

滑能力。

1. 仪器准备

(1)摆式仪:形状及结构如图 10-4 所示,摆及摆的连接部分总重量 1 500g±30g,摆动中心至摆的重心距离 410mm±5mm,测定时摆在路面上滑动长度为 126mm±1mm,摆上橡胶片端部距摆动中心的距离为 510mm±2mm,橡胶片对路面的正向静压力为 22. 2N±0. 5N。

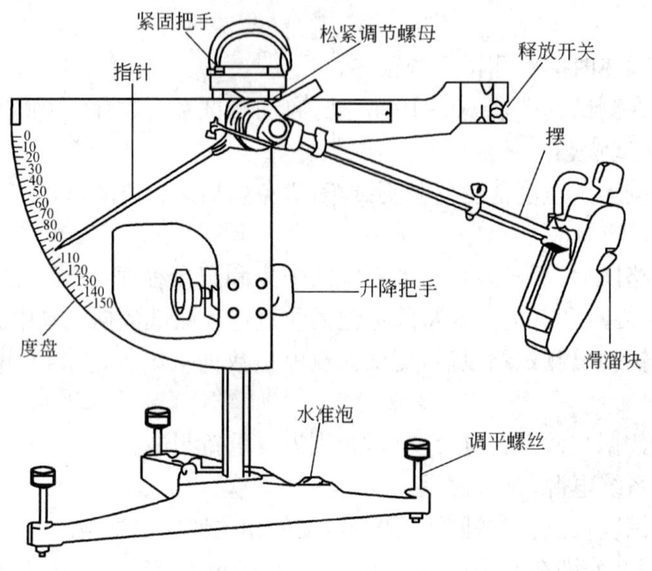

图 10-4 摆式仪结构示意图

(2)橡胶片:当用于测定路面抗滑值时,其尺寸为 6. 35mm×25. 4mm×76. 2mm,橡胶质量应符合表 10-2 的要求。

橡胶物理性质技术要求 表 10-2

温度(℃)	0	10	20	30	40
弹性(%)	43～49	58～65	66～73	71～77	74～79
硬度(IR)	55±5				

当橡胶片使用后,端部在长度方向上磨耗超过 1. 6mm 或边缘在宽度方向上磨耗超过 3. 2mm,或有油类污染时,应立即更新橡胶片。新橡胶片应先在干燥路面上测试 10 次后再用于测试。橡胶片的有效使用期从出厂日期起算为 12 个月。

(3)滑动长度量尺:长 126m。

(4)喷水壶。

(5)硬毛刷。

(6)路面温度计:分度不大于 1℃。

(7)皮尺或钢卷尺、扫帚、粉笔、标志板、小红旗等。

2. 准备工作

(1)检查摆式仪的调零灵敏度,并定期进行仪器的标定。当用于路面工程检查验收时,仪器必须重新标定。

(2)对测试路段按随机取样选点的方法选定测点。测点应选在行车车道的轮迹处,距路面边缘不应小于 1m,并用粉笔作出标记。测点位置与铺砂法一一对应。

3. 测试步骤

1)清洁路面

用扫帚将测点处的路面打扫干净。

2)仪器调平

(1)将仪器置于路面测点上,并使摆的摆动方向与行车方向一致。

(2)转动底座上的调平螺母,使水准泡居中。

3)调零

(1)放松紧固把手,转动升降把手,使摆升高,并能自由摆动,然后旋紧紧固把手。

(2)将摆向右运动固定在右侧悬臂上,使摆处于水平释放位置,并把指针拨至右端与摆杆平行位置。

(3)按下释放开关,使摆向左带动指针摆动,当摆达到最高位置下落时,用手将摆杆接住,此时指针应指零。若不指零时,可稍旋紧或放松摆的调节螺母,重复本项操作,直至指针指零。调零允许误差为±1BPN。

4)校核滑动长度

(1)让摆自由悬挂,松开固定把手,转动升降把手,使摆下降。同时,提起举升柄使摆向左侧移动,然后放下举升柄使橡胶片下缘轻轻触地,紧靠橡胶片摆放滑动长度量尺,使量尺左端对准橡胶片下缘;再提起举升柄使摆向右侧移动,然后放下举升柄将使橡胶片下缘轻轻触地,检查橡胶片下缘应与滑动长度量尺的右端齐平。

(2)若齐平,则说明橡胶片两次触地的距离(滑动长度)符合126mm的规定要求。

(3)若不齐平,升高或降低摆或仪器底座的高度。微调时用旋转仪器底座上的调平螺母调整仪器底座高度的方法比较方便,但需注意水准泡居中。

(4)重复上述操作,直至滑动长度符合126mm的规定。

应注意在校核滑动长度时,应以橡胶片长边刚刚接触路面为准,不可借摆的力量向前滑动,以免标定的滑动长度与实际不符。

5)路面测试

(1)将摆固定在右侧悬臂上,使摆处于水平释放位置,并把指针拨至右端与摆杆平行位置。

(2)用喷壶的水浇洒测试路面,并用硬毛刷刮除表面泥浆杂质,使路面处于湿润状态。

(3)按下右侧悬臂上的释放开关,使摆在路面滑过,指针即可指示出路面的摆值,但第一次测定不作记录。当摆杆回落时,用手接住摆,右手提起举升柄使滑块升高,将摆向右运动,并使摆杆和指针重新置于水平释放位置。

(4)重复步骤(3)的操作测定5次,并读记每次测定的摆值,即BPN。单点测定的5个值中最大值与最小值的差值不得大于3,如大于3,应检查产生的原因,并再次重复上述各项操作直至符合规定为止。取5次测定的平均值作为单点的路面抗滑值(即摆值BPN_t),取整数。

(5)在测点位置上用温度计测定潮湿路面的温度,准确至1℃。

(6)每一个测点由3个单点组成,即需按以上方法在同一测点处平行测定3次,3个测点均位于轮迹带上,测点间距3～5m。该处的测点位置以中间测点的位置表示。每一处均取3次测定结果的平均值作为该测点的代表值,准确至1。

4. 抗滑值的温度修正

当路面温度为t(℃)时,测得的摆值为BPN_t必须按下式换算成标准温度20℃的摆值BPN_{20}:

$$BPN_{20} = BPN_t + \Delta BPN \tag{10-6}$$

式中：BPN_{20}——换算成标准温度 20℃的摆值，BPN；

BPN_t——路面温度 t 时测得的摆值，BPN，t 为测定的路面潮湿状态下的温度(℃)；

ΔBPN——温度修正值，按表 10-3 采用，在中间温度时，可用内插法计算。

温 度 修 正 值

表 10-3

温度(℃)	0	5	10	15	20	25	30	35	40
温度修正值 ΔBPN	−6	−4	−3	−1	0	+2	+3	+5	+7

5. 报告

(1)测试日期、测点位置、天气情况、喷水后潮湿路面的温度，并描述路面类型、外观、结构类型等。

(2)路面单点测定值 BPN_t 经温度修正后的 BPN_{20}、3 次测定的平均值。

(3)每一个评定路段(不小于 5 个测点)路面抗滑值的平均值、标准值、变异系数。

(4)精度要求是同一个测点、同一人重复 5 次测定的差值不大于 3BPN。

二、动态旋转式摩擦系数测定仪测定路面摩擦系数试验方法

动态旋转式摩擦系数测试仪是日本制造的一种测试路面摩擦系数的装置，英文为 Dynamic Friction Tester，简称 DF 仪。其试验过程中一次测试就可得到不同速度下的摩擦系数，结构简单，使用可靠。我国目前已有单位在使用该设备，其与摆式仪和 SCRIM 系统均有良好的相关性。

1. 仪具与材料技术要求

1)动态旋转式摩擦系数测试仪

动态旋转式摩擦系数测试仪如图 10-5 所示，包括控制器、测试仪和记录仪。测试仪的主要部件是一个平面平行于测试表面的转盘，有三个橡胶滑块安装在转盘下方。测试时，当转盘加速到一定转速后放到被测试表面，使橡胶滑块与测试路面接触，在摩擦力的作用下转盘被减速，测出由滑块所产生的力矩，并由此计算出摩擦系数。测量范围为 20～80km/h 的模拟车速下摩擦系数 0～1 的值。在现场测试时需要通过车辆的蓄电池(DC 12V)为其提供电源。测试仪并配有洒水装置，用于潮湿测试表面。记录仪可以是 X—Y 记录仪或便携式计算机。

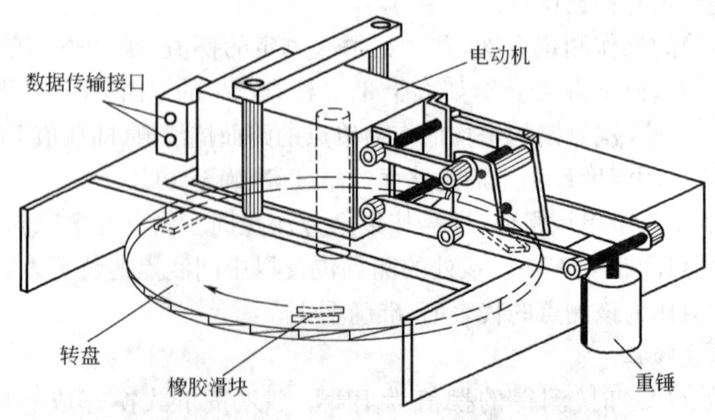

图 10-5 动态旋转式摩擦系数测试仪示意图

2)橡胶滑块

橡胶滑块用簧片固定在转盘上。每个滑块的固定压力为11.8N。滑块的外形尺寸为6mm×16mm×20mm。滑块与测试表面的接触压力为150kPa。滑块橡胶的肖氏硬度为58±2。

水桶、扫帚等。

2.准备工作

(1)检查测试仪。将测试仪中的测试盘上固定橡胶滑块的螺丝拧紧。如果橡胶滑块厚度小于3mm,应及时更换。

(2)检查控制器和X—Y记录仪。将控制器上的电源线与车辆电源正确连接,开通控制器和X—Y记录仪电源,检查后保证其能工作正常。X—Y记录仪应备好记录纸和记录笔,如果记录笔笔尖过粗,应及时更换。

3.测试步骤

(1)用车辆将动态旋转式摩擦系数测试仪运到测试路段,选择轮迹上一块较为平坦且均匀的路面作为测试点,尽量避免坑槽或突粒。用扫帚将其清扫干净,将测试仪放到测试点上。测试仪的摆放方向应便于底部排水管将水排向测试点的方向。

(2)将测试仪与控制器正确连接,将灌满清水的水桶通过水管与测试仪的进水管连接,并将水桶放在高于测试仪处。将记录纸按照要求平铺在X—Y记录仪上。将控制器上的电源线与车辆电源正确连接。为保证车辆蓄电池保持平稳电压,应将车辆怠速运转。

(3)按顺序开通控制器电源开关及X—Y记录仪电源开关,启动记录笔,通过X、Y坐标调节器将记录笔调整至记录纸原点坐标。

(4)开通控制器测试电源开关,下压测试仪电磁铁的开关,此时测试盘提升旋转。开通水桶的开关,向测试点开始喷水。检查X—Y记录仪,通过X、Y坐标调节器调节记录笔沿坐标轴行走。

(5)检查控制器的时速表,调节水量。当时速表达到90km/h的时候,关闭测试电源开关和水桶开关,测试盘降落到路面上进行测试,记录笔在记录纸上开始记录。

(6)测试仪的测试盘停止转动,记录笔在记录纸上记录直至回到原点,测试结束。

按照上述方法在同一测试点测试3次,同一测试点测试的3次结果的差值应不大于0.1个单位。每一处取3次测试结果的平均值作为试验结果,准确至0.01。

4.报告

(1)路面单点测定值、现场温度、3次的平均值。

(2)评定路段路面摩擦系数的平均值、标准差、变异系数。

第四节　路面横向力系数测定与摩擦系数试验方法

评价路面抗滑能力的指标有好几种,铺砂法测定的是构造深度,它是一种宏观粗糙度,主要取决于矿料级配。摆式仪测定的路面抗滑值与集料的微观粗糙度有关,同时又受到橡胶片与路面接触面积的影响,同种材料铺筑的路面构造深度大的摆值可能反而小,一般认为它只反映行车速度低时的路面抗滑性能;而摩擦系数测定车测定的则是一个综合指标,它反映较高速度下的路面抗滑值,二者并无明显的相关关系,所以更受到重视。

国际上通行的测定路面摩擦系数车有两大类,一类是以英国SCRIM为代表,测定横向力系数，它广泛用于西欧一些国家；另一类是美国、日本等使用的纵向摩擦系数测定车。横向力系数在表示车辆在路面上制动时路面抗力的同时，还表征车辆在路面上发生侧滑的抗力。在我国，侧向滑溜是交通事故的主要形式。纵向摩擦系数主要表示车辆在路面上沿行车方向制动时的路面抗力，与高速公路的制动距离关系更为密切。两者有所不同，又有一定的关联。下面分别介绍单轮式和双轮式横向力系数测试系统测定路面摩擦系数试验方法。

一、单轮式横向力系数测试系统测定路面摩擦系数试验方法

本方法使用的是国内通行的横向力摩擦系数测定车，它是按照英国 SCRIM 原型研制的。横向力系数（Sideway Force Coefficient）指与行车方向成 20°偏角的测试轮以一定速度行驶时，专用轮胎与潮湿路面之间的测试轮轴向摩擦阻力与垂直荷载的比值，简称 SFC，无量纲。

本试验方法适用于工作原理和结构与 SCRIM 测试车相同的横向力系数测试系统在新建、改建路面工程质量验收和无严重坑槽、车辙等病害的正常行车条件下测定，连续采集路面的横向力系数，数据的采集、传输、记录和处理分别由专用软件自动控制进行。

1. 测试系统组成

测试系统由承载车辆、距离测试装置、横向力测试装置、供水装置和主控制系统组成，如图 10-6 所示。主控制系统除实施对测试装置和供水装置的操作控制外，同时还控制数据的传输、记录与计算等。横向力系数测试系统的承载车辆应有能够固定和安装测试、储供水、控制和记录等系统的载货车底盘，并具有在水罐满载状态下最高车速大于 100km/h 的性能。

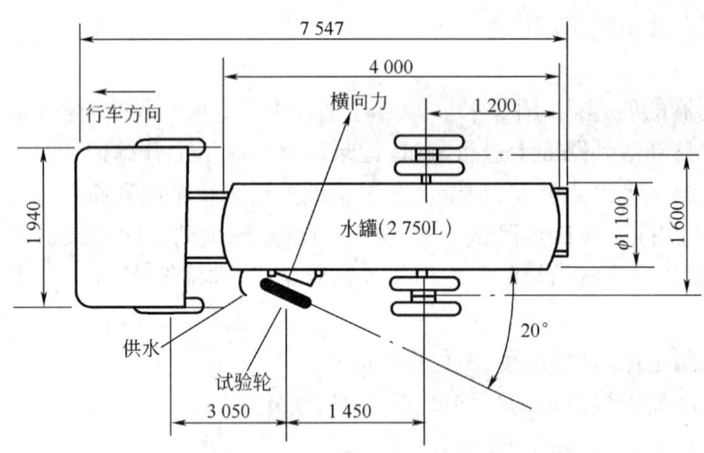

图 10-6　单轮式横向力系数测试系统构造图（尺寸单位：mm）

2. 测试系统技术要求和参数

(1)测试轮胎类型为光面天然橡胶充气轮胎，规格为 3.00/20，标准气压为 350kPa±20kPa，测试轮偏置角为 19.5°～21°，测试轮静态垂直标准荷载为 2 000N±20N。

(2)拉力传感器：非线性误差<0.05%，有效量程 0～2 000N。

(3)距离标定误差：<2%。

3. 准备工作

(1)每个测试项目开始前或连续测试超过 1 000km 后必须进行测试系统的标定，记录标定

数据并存档。

(2)检查测试车轮胎气压,应达到车辆轮胎规定的标准气压。

(3)检查测试轮胎磨损情况,当其直径比新轮胎减小达 6mm(也即胎面磨损 3mm)以上或有明显磨损裂口时,必须立即更换新轮胎。更换的新轮胎在正式测试前应试测 2km。

(4)检测测试轮胎气压,应达到 350kPa±20kPa 的要求。

(5)拧紧测试轮固定螺栓,将测试轮放到正常测试时的位置,并能够沿两侧滑柱上下自由升降。

(6)根据测试里程的需要向水罐加注清洁测试用水。洒水位置应在测试轮触地面中点沿行驶方向向前 400mm±50mm 处,洒水宽度应为中心线两侧各不小于 75mm。

(7)将控制面板电源打开,检查各项控制功能键、指示灯是否正常,技术参数选择要符合要求。

4. 测试步骤

(1)测试前,对系统进行通电预热。

(2)进入测试路段前应将测试轮胎降至路面上,预跑约 500m。

(3)按照设备的规定和测试路段的现场技术要求设置所需的测试状态。

(4)驾驶员在进入测试路段前应保持车速在规定的测试速度范围内,沿正常行车轨迹驶入测试路段。

(5)进入测试路段后,测试人员启动系统的采集和记录程序。在测试过程中必须及时准确地将测试路段的起终点和其他需要特殊标记点的位置输入测试数据记录中。

(6)当测试车辆驶出测试路段后,测试人员停止数据采集和记录,提升测量轮并恢复仪器各部分至初始状态。检查数据文件是否完整,内容是否正常,否则需要重新测试。

(7)关闭测试系统电源,结束测试。

5. SFC 值的修正

1)SFC 值的速度修正

测试系统的标准测试速度范围规定为 50km/h±4km/h,其他速度条件下测试的 SFC 值必须通过公式(10-7)转换至标准速度下的等效 SFC 值。

$$SFC_{标} = SFC_{测} - 0.22(v_{标} - v_{测}) \tag{10-7}$$

式中:$SFC_{标}$——标准测试速度下的等效 SFC 值;

$SFC_{测}$——现场实际测试速度条件下的 SFC 测试值;

$v_{标}$——标准测试速度,取值 50km/h;

$v_{测}$——现场实际测试速度。

−0.22 的含义:测试速度是影响 SFC 值大小的重要因素。通过对 8 条不同 SFC 值水平下的试验路段分别以 40km/h、50km/h、……、80km/h 等 5 组测试速度的重复试验,得到相关性较好的回归方程。由于所得回归方程的斜率都相近且修正值幅度一般较小,故近似取为常数−0.22,代入回归方程可计算得出标准速度下的 SFC 值。

2)SFC 值的温度修正

测试系统的标准现场测试路面温度范围为 20℃±5℃,其他路面温度条件下测试的 SFC 值必须通过表 10-4 转换至标准温度下的等效 SFC 值。系统测试要求路面温度控制在 10℃～60℃范围内。

SFC 值温度修正 表 10-4

温 度	10	15	20	25	30	35	40	45	50	55	60
修正	−3	−1	0	+1	+3	+4	+6	+7	+8	+9	+10

6. 不同类型摩擦系数测试设备间相关关系对比试验

不同类型摩擦系数测试设备的测值应换算成 SFC 值后方能使用，所以制动式摩擦系数测试设备和其他类型横向力式测试设备在使用时必须和 SCRIM 系统进行对比试验，建立测试结果与 SCRIM 系统测值——SFC 值的相关关系。

1)试验条件

(1)按 SFC 值 0～30、30～50、50～70、70～100 的范围选择 4 段不同摩擦系数的路段，路段长度可为 100～300m。

(2)对比试验路段地面应清洁干燥，地面温度应在 10～30℃范围内，天气条件宜为晴天无风。

2)试验步骤

(1)测试系统和需要进行对比试验的其他类型设备分别按上述"4. 测试步骤"规定准备就绪。

(2)两套设备分别以 40km/h、50km/h、60km/h、70km/h、80km/h 的速度在所选择的 4 种试验路段上各测试 3 次，3 次测试的平均值的绝对差值不得大于 5，否则重测。

(3)两种试验设备设置的采样频率差值不应超过 1 倍，每个试验路段的采样数据量不应少于 10 个。

3)试验数据处理

(1)分别计算出每种速度下各路段 3 次测试结果的总平均值和标准差，超过 3 倍标准差的值应予以舍弃。

(2)用数理统计的回归分析方法建立试验设备测值与速度的相关关系式，相关系数 R 不得小于 0.95。

(3)建立不同速度下试验设备测值 SFC 的相关关系式，相关系数 R 不得小于 0.95。

7. SFC 代表值

根据《公路工程质量检验评定标准(土建工程)》(JTG F80/1—2004)中相关规定，横向力摩擦系数使用代表值进行工程质量评定，按公式(10-8)计算 SFC 代表值。

$$\mathrm{SFC_r} = \overline{\mathrm{SFC}} - \frac{t_\alpha}{\sqrt{N}}S \tag{10-8}$$

式中：$\mathrm{SFC_r}$——SFC 代表值；

$\overline{\mathrm{SFC}}$——平均值；

S——标准差；

N——数据个数；

t_α——t 分布表中随自由度($N-1$)和置信水平 α(保证率)而变化的系数。

单边置信水平 $t_\alpha/\sqrt{N}$，保证率为 95%、90%时的值如表 7-5 所示。高速公路、一级公路的保证率为 95%，其他公路为 90%。

8. 报告

(1)测试路段名称及桩号、公路等级、测试日期、天气情况、路面在潮湿状态下的路面温度，以及描述路面结构类型及外观等。

(2)报告应包括横向力系数 SFC 的平均值、标准差、代表值及现场测试速度和温度。

二、双轮式横向力系数测试系统测定路面摩擦系数试验方法

Mu—Meter 摩擦系数测试系统是英国制造的一种横向力摩擦系数的测试设备，其测试机构、传感器测力方向、轮胎尺寸和气压、荷载重量等均与 SCRIM 测试车不同。Mu—Meter 具有体积小、价格低等优点。

本方法适用于工作原理和结构与 Mu—Meter 相同的摩擦系数测试系统在新建、改建路面工程的质量验收和无严重坑槽、车辙等病害的正常行车条件下，测定沥青路面或水泥混凝土路面的摩擦系数。数据采集、传输、记录和处理分别由专用软件自动控制进行。

1. 测定系统组成

测试系统主要由牵引车、供水系统、测量机构(包括荷载传感器)、电子控制和数据处理系统、标定装置等组成，如图 10-7 和图 10-8 所示。牵引车最高行驶车速应大于 80km/h，车辆后部可安装专用拖挂的装置，车辆应配备警灯及相关警示标志。

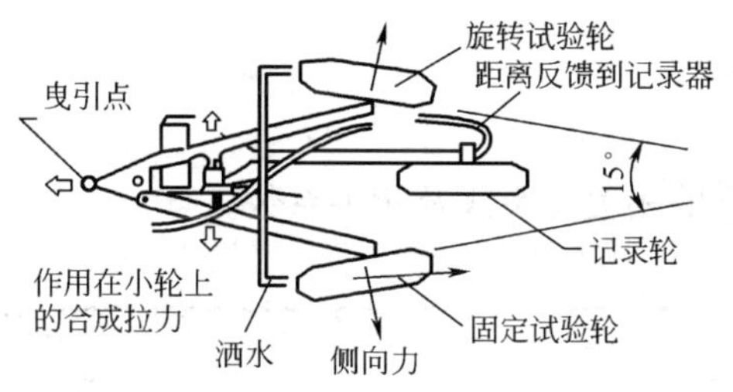

图 10-7 双轮式横向力系数测试系统平面示意图

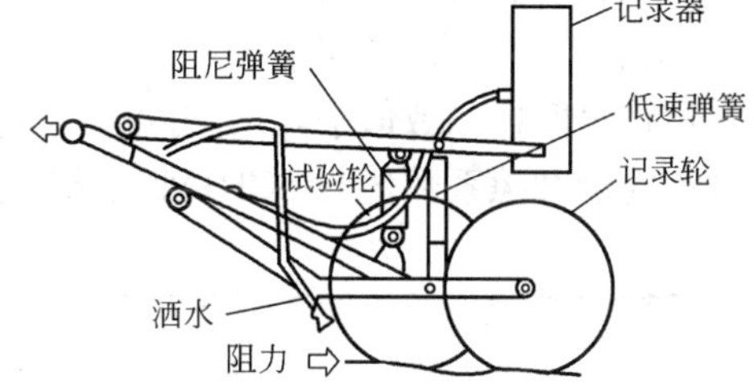

图 10-8 双轮式横向力系数测试系统侧视示意图

2. 测试系统技术要求和参数

(1)测试仪总质量：256kg。

(2)单轮静态标准荷载：1.27kN。

(3)测试轮夹角：15°。

(4)测试轮标准气压：70kPa±3.5kPa。

(5)测试轮规格：4.00/4.80—8 光面轮胎。

(6)洒水量：路面水膜厚度 0.5～1.0mm。

(7)测试速度范围：40～60km/h。

3. 准备工作

(1)对测试系统进行标定。将专门的标定板放在地面上，人工将测试仪从板上拖拉 3 遍，系统自动判断标定是否通过，标定通过后才能用于路面测试。

(2)测试前，预热 10min 左右，并检查汽油机是否能正常工作，机油是否需要更换。

(3)测试仪及洒水车轮胎胎压应满足测试要求，测试应带上气压表和充气泵，以便随时检查测试车轮胎气压是否正常，必要时应及时补气。系统各部分轮胎气压要求如下，摩擦测试轮：70kPa±3.5kPa；距离记录轮：210kPa±13.7kPa。

(4)降下测试轮，打开水阀检查水流情况是否正常，水流是否符合要求。检查仪表等，各项指数正常后，升起测试轮。

(5)将牵引车及洒水车、测试仪及控制线路连接线依次连好后，拔出测试车插销，打开电脑

进入测试状态，同时发动汽油机，打开水阀，准备测试。

4. 测试步骤

(1)在测试路段起点前约 500m 处停车，开机预热时间不少于 10min。

(2)将车辆驶向测试路段，提前 100～200m 处打开水阀，降下测试轮。测试时的车速为 40～60km/h，测试过程中应保持匀速。

(3)测试过程中如遇数值异常或其他特征点，应及时通过控制程序作好标记，以备后查。当测试完成时，停止测试，存储数据文件。

5. 测试数据处理

测定的摩擦系数数据存储在计算机磁盘中。测试系统提供数据处理程序软件，可计算和打印出每一个计算区间的摩擦系数值、行程距离、行驶速度、统计个数、平均值及标准差，同时还可打印出摩擦系数的变化图。

6. 数据类型相关性转换

Mu—Meter 测试路面的横向力摩擦系数，其测试结果与 SFC 值之间具有良好的相关关系，参考 SCRIM 的方法应进行相关性试验，Mu—Meter 的测试结果转换为标准 SFC 值后才可进行相关的质量检验和评价。

7. 报告

(1)路段摩擦系数值平均值、标准差、变异系数。

(2)提供摩擦系数值与 SCRIM 系统测值所建立的相关关系式及相关系数。

思考题

1. 路面的表面抗滑能力不足会造成什么后果？

2. 影响路面抗滑性的主要因素有哪些？

3. 何谓路表构造深度？试推导电动铺砂法路表构造深度的计算公式。

4. 车载式激光构造深度仪测定路面构造深度试验方法适用范围是什么？简述测试步骤。

5. 电动铺砂仪测定路面构造深度与手动铺砂法测定的路面构造深度一样吗？为什么？

6. 摆式仪测定路面摩擦系数时如何校核滑动块长度？

7. 简述路面横向摩擦系数测定的步骤。

第十一章 DISHIYIZHANG 路面外观检测与沥青路面渗水系数测定

第一节 路面破损检测

一、路面破损的分类

1.沥青路面的破损类型

为便于分析破损原因，进行预测，沥青路面的破损分为以下类型：

(1)裂缝类，包括龟裂、块裂及各类单根裂缝等。

(2)变形类，包括车辙、沉陷、壅包、波浪等。

(3)松散类，包括掉粒、松散、剥落、脱皮等引起的集料散失现象、坑槽等。

(4)其他类，包括泛油、磨光及补坑等。

裂缝是路面最主要的破坏形式之一，是评价路面状况及使用性能的主要指标。裂缝数量的描述通常采用定性与定量相结合的方法，定性分为轻度、中等、严重三个等级，定量计算采用裂缝率和裂缝度。

龟裂也称网裂，指裂缝与裂缝连接成龟甲纹状的不规则裂缝，且其短边长度不大于40cm者；在路面纵向有平行密集的裂缝，虽未成网，但其距离不大于30cm者，亦属龟裂。块裂为沥青路面的不规则裂缝，裂缝与裂缝连接成网，其短边长度大于40cm、但长边长度小于3m。龟裂与块裂裂缝测定均以面积m^2计。

单根裂缝是指裂缝之间互不连接，或虽有连接但距离在3m以上者，可以细分为横向裂缝、纵向裂缝、接头裂缝、施工裂缝等，裂缝测定以长度m计。横向裂缝的方向与路面中心线大体垂直，是由于沥青路面温度收缩、路面横向施工接缝、沥青路面下的裂缝(基层裂缝或旧路面裂缝)引起的反射性裂缝等引起的裂缝。纵向裂缝的方向与路面中心线大体平行，是由于沥青路面低温收缩、纵向施工接缝、路面车辙边缘等引起的。接头裂缝是指路面与桥梁、涵洞、通道等人工构造物的接头处因沉降产生的裂缝。施工裂缝是由于施工接缝引起在横向或纵向施工接缝处产生的裂缝。边缘裂缝(亦称啃边)是指靠路肩边缘由于冻胀、基层或路基的承载力不足引起的纵向局部性开裂，根据严重程度计算裂缝的长度或面积。

2. 水泥混凝土路面的破损类型

(1)板面开裂类，包括板角断裂(折角、隅裂)、D型裂缝、纵向裂缝、横向裂缝、断板等。

(2)接缝类，包括接缝材料损坏、边角剥落、唧泥、错台、拱起等。

(3)表面类，包括表面网状细裂缝、层状剥落、起皮、露骨、集料磨光、坑洞等。

(4)其他类，如板块沉陷等。

破损严重程度可分为轻微、中度、严重三种。

水泥混凝土路面的伸缩缝两侧在一定范围内产生多道裂缝，呈D字形，且呈不断扩展趋势，严重时裂缝产生的小块可能脱落或错位移动，D型裂缝是典型的耐久性裂缝。由纵向和横向裂缝发展而产生的已完全折断成两块及两块以上水泥混凝土面板的现象称为断板。唧泥(唧浆)是指因裂缝或接缝损坏，导致水进入基层，使材料软化形成泥浆，在荷载作用下从缝中或板边缘挤出的现象。接缝材料损坏是指接缝材料不足或挤出、结合料老化、丧失黏结力、接缝脱开或无接缝料、缝被砂石尘土填塞等现象，可细分为横向接缝损坏及纵向接缝损坏。边角剥落是指板边或纵横向接缝两侧0.6m范围内的碎裂，严重时可能形成材料散失。

二、沥青路面破损调查方法

1. 调查时间的选择

根据目的选择各类破损调查的时间。如对强度不足或疲劳引起的荷载性裂缝(龟裂)，宜在春季或雨季最不利季节之后调查；对由于温度收缩引起的非荷载性裂缝(块裂及横向裂缝)，宜在冬季以后观测；对车辙、壅包、波浪等热稳性变形，宜在夏季观测；对松散类破损宜在雨季观测。也可在规定的同一时间观测。需要时还可定期观测，以了解破损情况。为便于裂缝观测，宜选择在雨后(或预先洒水)路表已干但尚有水迹的时机观测。

2. 仪器设备

(1)量尺：钢卷尺、皮尺、钢尺等。

(2)破损记录纸(毫米方格纸)。

(3)高速摄影车或其他高效测试设备。

(4)粉笔、扫帚、小红旗及安全标志等。

3. 准备工作

(1)选择测试路段并量测其路面的长度及宽度，计算测试路段总面积(A)。

(2)在毫米方格纸上按比例绘制破损记录方格，填好里程桩号。

(3)若路面不清洁妨碍观测时，应用扫帚清扫路面。

(4)观测前应通报交通管理部门，观测时应有专人指挥交通(必要时可封闭交通)，并设置交通安全标志等以确保观测车及观测者的安全。

4. 调查步骤

(1)采用自动摄影车测试时，进行连续摄影或录像，然后用计算机检测裂缝等各类破损数量。

(2)当为人工检测时，由2～4人组成一组，沿路面仔细观察路面各类破损情况。若观测裂缝时，一般以逆光观测较为清楚，对不明显的裂缝，可在裂缝位置用粉笔作出标记。

(3)目测或用量尺测量测试路段的路面上各类破损的长度或范围，准确至0.1m。

(4)对壅包、波浪、沉陷等变形类损坏除记录面积外，尚应测记壅起高度或下陷深度。

(5)记录破损位置(桩号)，就地在方格纸上按比例描绘破损图，记录破损类别。

(6)根据需要，拍摄照片或录像备查。

5. 计算

测试路段的沥青路面各类破损长度或面积按表 11-1 分类统计。

沥青路面破损调查统计表 表 11-1

路段桩号________ 路面面积 A________ 路面结构________ 天 气________

检 测 者________ 计 算 者________ 校 核 者________ 检测日期________

破损类型		数量			裂缝度	裂缝率	破损率	壅起最大高度	下陷最大深度	破损原因	处理建议
		长度(m)	面积(m^2)	加权换算面积(m^2)	(m/km^2)	(m^2/km^2)	(%)	(cm)	(cm)		
裂缝	龟裂										
	块裂										
	横裂										
	纵裂										
	水泥板接缝的反射缝										
	边缘裂缝(啃边)										
变形	车辙										
	壅包										
	波浪										
	沉陷										
松散	掉粒、剥落、松散										
	脱皮										
	坑槽										
其他	泛油										
	磨光										
	补坑										

路面的裂缝率是指路面裂缝总面积与测定区间路面总面积的比值，用 C_k 表示，单位 $m^2/1\,000m^2$。

沥青路面的裂缝率为：

$$C_k = \frac{C_A + 0.3L}{A} \tag{11-1}$$

式中：L——单根裂缝的总长度，m；

C_A——龟裂及块裂的总面积，m^2；

A——测试路段路面面积，以 1 000 m^2 计；

0.3——将单根裂缝长度换算成面积的影响系数。

路面的裂缝度是指路面裂缝长度与测定区间路面总面积的比值，用 C_d 表示，单位 m/km^2。在没有龟裂和块裂的路面上，沥青路面横向裂缝或纵向裂缝等单根裂缝应按式(11-2)、式(11-3)计算裂缝度，总裂缝度按式(11-4)计算：

$$C_{1d} = \frac{\sum L_1}{A} \tag{11-2}$$

$$C_{2d}=\frac{\sum L_2}{A} \tag{11-3}$$

$$C_d=C_{1d}+C_{2d}+\cdots \tag{11-4}$$

式中：C_{1d}——沥青路面横向裂缝的裂缝度，m/km^2；

C_{2d}——沥青路面纵向裂缝的裂缝度，m/km^2；

$\sum L_1$——横向裂缝总长度，m；

$\sum L_2$——纵向裂缝总长度，m。

沥青路面发生各种类型破损的换算面积与检测区域总面积的百分比称为沥青路面的破损率，按式(11-5)计算：

$$DR=\frac{\sum\sum A_{ij}K_{ij}}{A}\times 100\% \tag{11-5}$$

式中：DR——沥青路面的破损率，%；

A_{ij}——路面各种损坏类型严重程度的累计面积，m^2；

i——破损类别；

j——破损严重程度，可分为轻微、中度、严重三个等级；

K_{ij}——路面各种损坏类型及不同严重程度的权值，根据有关规范规定选用，如无规定时均取为1；

A——检测路段路面面积，m^2。

新建沥青混凝土和沥青碎石面层，其表面应平整密实，无明显碾压轮迹，搭接处紧密、平顺，不应有泛油、松散、裂缝、粗细集料集中等现象。对于高速公路和一级公路，有上述缺陷的面积之和不得超过受检面积的0.03%，其他公路不得超过0.05%。

新建沥青贯入式(或沥青上拌下贯式)和沥青表面处治面层，表面应平整密实，无明显碾压轮迹，不应有松散、裂缝、油包、油丁、波浪、泛油等现象。有上述缺陷的面积之和不超过受检面积的0.2%。

三、水泥混凝土路面破损调查方法

本方法适用于测定水泥混凝土路面的路面板开裂、接缝损坏等各种破损情况，供路面质量管理与验收、建立路面管理系统和决定路面维修方案时使用。仪器设备与沥青路面破损调查方法相同。

1. 准备工作

(1)选定路段并量测其路面的长度及宽度。

(2)如路面不清洁妨碍观测时，可用扫帚清扫裂缝附近路面。

为便于观测，宜选择在雨后路面已干但裂缝尚有水迹的时机观测。观测时应有专人指挥交通(需要时可封闭交通)，并设置交通安全标志等以确保观测者的安全。

2. 调查步骤

(1)沿路面纵向1～2人负责一块混凝土板宽度，仔细观察裂缝长度及破损面积，准确至0.1m。对伸缩缝接缝处的破坏及边角部已成块的破坏都应单独记录条数、面积。其中接缝拱起还应记录高度。

(2)记录板块号、破损位置，在方格纸中按比例绘制裂缝及破损情况图。

(3)根据需要，拍摄照片或录像备查。

3. 计算

检测路段路面的各类破损长度或面积，按表 11-2 分类统计。

水泥混凝土路面破损调查统计表　　　　表 11-2

路段桩号________　路面面积 A________　路面结构________　天　气________

检 测 者________　计　算　者________　校 核 者________　检测日期________

破损类型		坏板数（条）	坏缝数（条）	数量			裂缝度（m/km²）	裂缝率（m²/km²）	断板率（%）	坏缝率（m/km）	坏板率（%）
				长度（m）	面积（m²）	高差（m）					
板面裂缝	板角断裂	块									
	D 型裂缝	块									
	纵向裂缝	块									
	横向裂缝	块									
	纵向断板	块									
	横向断板	块									
接缝损坏	接缝材料损坏		条								
	边角剥落	块	条								
	唧泥		条								
	错台		条								
	拱起		条								
表面缺陷	网状细裂缝	块									
	层状剥落、起皮	块									
	露骨（骨料磨光）	块									
	坑洞	块									
其他	板块沉陷	块									

水泥混凝土路面的裂缝度及裂缝率为：

$$C_d=\frac{\sum L}{A} \tag{11-6}$$

$$C_k=\frac{\sum C_A}{A} \tag{11-7}$$

式中：C_d——水泥混凝土路面的裂缝度，m/km²；

C_k——水泥混凝土路面的裂缝率，m²/km²；

C_A——板角裂缝、D 型裂缝及完全碎裂的总面积，m²；

$\sum L$——水泥混凝土路面板的纵向裂缝、横向裂缝总长度，m；

A——测试路段的总面积，以 1 000 m² 计。

已折断成 2 块及 2 块以上的水泥混凝土路面板的块数与路面板总块数的比值，称为断板率，以百分数表示，按下式计算：

$$B_D=\frac{D}{S}\times 100\% \tag{11-8}$$

式中：B_D——水泥混凝土路面的断板率，%；

D——已完全折断成 2 块及 2 块以上的水泥混凝土路面板总数；

S——调查路段的路面板总块数。

水泥混凝土路面的横向伸缩缝、纵向接缝发生破坏的总长度与缝的总长度之比称为坏缝率，用 J_k 表示，按下式计算：

$$J_k=\frac{\sum J_{1c}+\sum J_{2c}}{J_1+J_2} \tag{11-9}$$

式中：J_k——水泥混凝土路面的坏缝率，m/km；

$\sum J_{1c}$——水泥混凝土路面的横向伸缩缝破坏的总长度，m；

$\sum J_{2c}$——水泥混凝土路面的纵向接缝破坏的总长度，m；

J_1——检测路段的横向伸缩缝的总长度，以 1 000m 计；

J_2——检测路段的纵向接缝的总长度，以 1 000m 计。

已发生破损的水泥混凝土路面板的块数与路面板总块数的比值，称为坏板率，以百分数计，用 B_K 表示。坏板包括已发生板面开裂、断板、接缝损坏、表面缺陷、板块沉陷等各种板的损坏情况。坏板率计算如下：

$$B_K=\frac{\sum\sum A_{ij}K_{ij}}{S}\times 100\% \tag{11-10}$$

式中：A_{ij}——水泥混凝土板各种损坏分别严重程度的累计换算板数，i 表示破损类别，j 表示破损严重程度，可分为轻微、中度、严重三个等级；

K_{ij}——水泥混凝土板各种损坏类型及不同严重程度的权值，根据有关规范规定选用，如无规定时均取为 1；

S——调查路段路面板总块数。

新建水泥混凝土路面，混凝土板的断裂块数：高速公路和一级公路不得超过评定路段混凝土板总数的 2‰，其他公路不得超过 4‰。对断裂板应采取适当措施予以处理。混凝土板表面的脱皮、印痕、裂纹、石子外露和缺边掉角等病害现象，高速公路、一级公路上述缺陷的面积不得超过受检面积的 2‰，其他公路不得超过 3‰，并且要求接缝填筑饱满密实，路面侧石直顺，曲线圆滑。

第二节　路面错台与沥青路面车辙检测

一、路面错台检测

路面错台是路面常见的损坏形式，它是产生跳车的主要原因。本方法适用于测试路面在人工构造物端部接头、水泥混凝土路面或桥梁的伸缩缝以及沥青路面裂缝两侧由于沉降所造成的错台(台阶)高度，以评价路面行车舒适性能(跳车情况)，并为计算维修工作量提供依据。

在检测之前，应选择需要测定的断面，记录检测位置及桩号，并描述发生错台的原因。未经注明的，错台的测定位置以行车道错台最大处纵断面为准，根据需要也可以其他代表性纵断面为测定位置。

1. 仪器设备

皮尺、精密水准仪、3m 直尺、钢板尺、钢卷尺、粉笔等。

2. 检测方法

1)构造物端部由于沉降造成的接头错台的测定

(1)将精密水准仪架在距构造物端部不远的路面平顺处调平。

(2)从构造物端部无沉降或鼓包的断面位置起，沿路线纵向用皮尺量取一定距离，作为测点，在该处立起塔尺，测量高程。再向前量取一定距离，作为测点，测量高程。如此重复，直至无明显沉降的断面为止。无特殊需要，从构造物端部起的 2m 内应每隔 0.2m 测量 1 次，2～5m 宜每隔 0.5m 量测 1 次，5m 以上可每隔 1m 量测 1 次，由此得出沉降纵断面及最大沉降值，即最大错台高度 D_m，准确至 1mm。

2)水泥混凝土路面或桥梁伸缩缝或横向开裂造成的接缝错台、裂缝错台的测定

按前述方法 1)用水准仪测定接缝或裂缝两侧一定范围内的道路纵断面，确定最大错台位置及高度 D_m，准确至 1mm。

当发生错台变形的范围不足 3m 时，可在错台最大位置沿路线纵向用 3m 直尺架在路面上，其一端位于错台高出的一侧，另一端位于无明显沉降变形处，作为基准线。用钢板尺或钢卷尺每隔 0.2m 量取路面与基准线之间高度 D，同时测记最大错台高度 D_m，准确至 1mm。

以测定的错台读数 D 与各测点的距离绘成纵断面图作为测定结果。图中应标明相应断面的设计纵断面高程，最大错台的位置与高度 D_m，准确至 1mm。

新建水泥混凝土路面错台的测定：按每条胀缝 2 点，每 200m 抽纵、横接缝各 2 条，每条 2 点进行；高速、一级公路允许偏差为 2mm，其他公路允许偏差为 3mm。

3. 测试报告

(1)路线名、测定日期、天气情况。

(2)测定地点、桩号、路面及构造物概况。

(3)道路交通情况及造成错台的原因初步分析。

(4)最大错台高度 D_m 及错台纵断面图。

二、沥青路面车辙检测

车辙是路面经汽车反复行驶产生流动变形、磨损、沉陷后，在车行道行车轨迹上产生的纵向带状辙槽，车辙深度以 mm 计。

车辙是路面常见的损坏形式，尤其对实行渠化交通的汽车专用公路更为重要。出现车辙的主要原因是行车荷载的多次重复作用，路基和路面各层永久变形的逐步积累。车辙是高级沥青路面的主要破坏形式之一。因为这类路面的使用寿命较长，即使每次行车荷载作用产生的残余变形量很小，而多次重复作用累积起来的残余变形总和也将会较大，足以影响车辆的正常行驶。

1. 仪器设备

(1)路面横断面仪：如图 11-1 所示，其长度不小于一个车道宽度，横梁上有一位移传感器，可自动记录横断面形状，测试间距小于 200mm，测试精度 1mm。

(2)路面横断面尺：如图 11-2 所示，为硬木或金属制直尺，刻度间距 5cm，长度不小于一个车道宽度。顶面平直，最大弯曲不超过 1mm，两端有把手及高度为 10～20 cm 的支脚，两支脚的高度相同。

(3)激光或超声波车辙仪：包括多点激光或超声波车辙仪、线激光车辙仪和线扫描激光车辙仪等类型，通过激光测距技术或激光成像和数字图像分析技术得到车道横断面相对高程数

据，并按规定模式计算车辙深度。激光或超声波车辙仪有效测试宽度要求不小于 3.2m，测点不少于 13 点，测试精度 1mm。

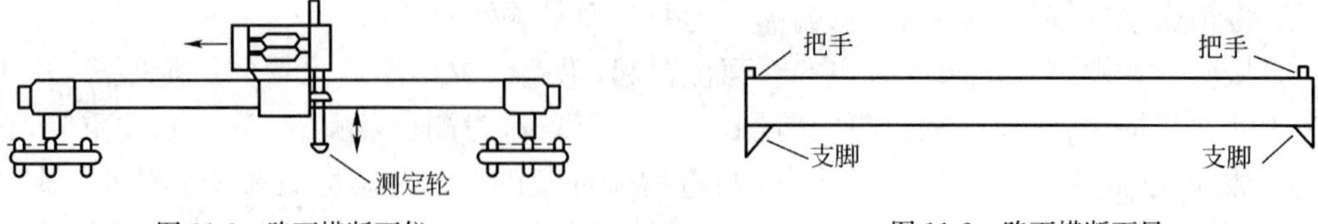

图 11-1 路面横断面仪　　图 11-2 路面横断面尺

(4)量尺：钢板尺、卡尺、塞尺，量程大于车辙深度，刻度至 1mm。

(5)皮尺、粉笔等。

2.检测方法

车辙测定的基准测量宽度应符合下列规定：

①对高速公路及一级公路，以发生车辙的一个车道两侧标线宽度中点到中点的距离为基准测量宽度。

②对二级及二级以下公路，有车道区画线时，以发生车辙的一个车道两侧标线宽度中点到中点的距离为基准测量宽度；无车道区画线时，以形成车辙部位的一个设计车道的宽度作为基准测量宽度。

以一个评定路段为单位，用激光车辙仪连续检测时，测定断面间隔不大于 10m。用其他方法非连续测定时，在车道上每隔 50m 作为一测定断面，用粉笔画上标记进行测定。根据需要也可在行车道上按随机选点法选取测定断面，在特殊需要的路段如交叉口前后可予以加密。

1)采用路面横断面仪测定方法

(1)将路面横断面仪就位于测定断面上，方向与道路中心线垂直，两端支脚立于测定车道的两侧边缘，记录断面桩号。

(2)调整两端支脚高度，使其等高。

(3)移动横断面仪的测量器，从测定车道的一端移至另一端，绘出断面形状。

2)采用路面横断面尺测定方法

(1)将路面横断面尺就位于测定断面上，两端支脚置于测定车道两侧。

(2)沿横断面尺每隔 20cm 取一点，用量尺垂直立于路面上，用目光平视测记横断面尺顶面与路面之间的距离，准确至 1mm。如断面的最高处或最低处明显不在测定点上应加测该点距离。

(3)记录测定读数，绘出断面图，最后连接成圆滑的横断面曲线。

(4)当不需要测定横断面，仅需要测定最大车辙时，亦可用不带支脚的横断面尺架在路面上由目测确定最大车辙位置，用尺量取。

3)采用激光或超声波车辙仪的测试方法

(1)将检测车辆就位于测定区间起点前。

(2)启动检测系统并设定参数。

(3)启动车辙和距离测试装置，开动测试车沿车道轮迹位置且平行于车道线平稳行驶，测试系统自动记录出每个横断面和距离数据。

(4)到达测定区间终点后，结束测定。

(5)系统处理软件按照图 11-3 规定的模式通过各横断面相对高程数据计算车辙深度。由于造成车辙的原因不同(沥青混合料推挤流动、压密、路基压实、沉降)以及车轮横向分布的不同,车辙形状是不同的。图 11-3 的横断面图概括了不同形状及不同程度的车辙。

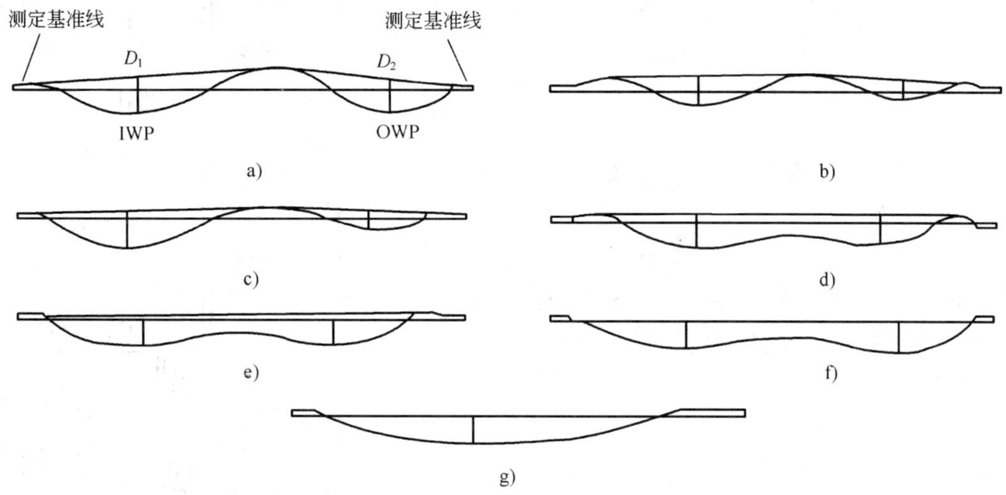

图 11-3　不同形状、不同程度的路面车辙示意图

注:IWP、OWP 分别表示内侧轮迹带和外侧轮迹带

3. 测定结果计算整理

根据断面线按图 11-3 通常为其中之一种形式的方法画出横断面图及顶面基准线。

在图上确定车辙深度 D_1 及 D_2,读至 1mm,以其中最大值作为断面的最大车辙深度。求取各测定断面最大车辙深度的平均值作为评定路段的平均车辙深度。

4. 报告

(1)采用的测定方法。

(2)路段描述,包括里程桩号、路面结构及横断面、使用年限、交通情况等。

(3)各测定断面的横断面图。

(4)各测定断面的最大车辙深度表。

(5)各评定路段的最大车辙深度及平均车辙深度。

第三节　沥青路面渗水系数测定

沥青路面渗水性能是反映路面沥青混合料级配组成的一个间接指标,也是沥青路面水稳定性的一个重要指标。如果整个沥青面层均透水,则水势必进入基层或路基,使路面承载力降低。相反,如果沥青面层中有一层不透水,而表层能很快透水,则又不致形成水膜,对抗滑性能有很大好处,同时还能减少噪声。在人行道或公园道路,降雨通过面层直接进入土层,也很有益处,故透水型沥青混合料路面已受到重视。沥青路面渗水系数已成为评价路面性能的一个重要指标。

路面渗水系数是指在规定的水头压力条件下,单位时间内渗入路面规定面积的水的体积,用 C_w 表示,单位为 mL/min。

1. 仪器设备

(1)路面渗水仪:如图 11-4 所示,由盛水量筒、支架、底座、细管和压重铁圈等组成。盛水量筒为透明有机玻璃,内径 50mm,容积 600mL,表面有刻度,在 100mL 和 500mL 处有粗标线,下

方通过 ϕ10mm 的细管与底座相接，中间有一开关。量筒通过支架与底座联结，底座下方开口内径 ϕ150mm，外径 ϕ220mm。不锈压重铁圈内径 ϕ160mm，共需 2 个，每个重约 5kg。

(2)水筒、大漏斗、秒表、水、粉笔、塑料圈、刮刀、扫帚等。

(3)密封材料：防水腻子、油灰或橡皮泥。

2. 准备工作

在测试路面的行车道上，按随机取样选点法选择测试位置，每一个检测路段应测定 5 个点。用扫帚清扫表面，并用刷子将路面表面的杂物刷去，用粉笔画上测试标记。

3. 测试步骤

(1)将塑料圈置于路面表面的测点上，用粉笔分别沿塑料圈的内侧和外侧画上圈，在外环和内环之间的部分为用密封材料进行密封。用密封材料进行密封处理时，注意不要使密封材料进入内圈。如果密封材料进入内圈，必须用刮刀将其刮掉，然后再将搓成拇指粗细的条状密封材料摞在环状密封区域的中央，并且摞成一圈。

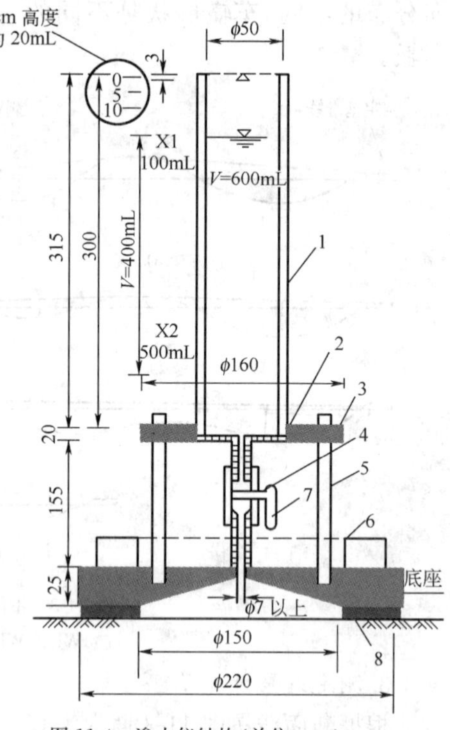

图 11-4　渗水仪结构(单位：mm)

1-透明有机玻璃筒；2-螺纹连接；3-顶板；4-阀；5-立柱支架；6-压重铁圈；7-把手 8-密封材料

(2)将渗水仪放在路面表面的测点上，使渗水仪的中心尽量和圆环中心重合，然后略微用力将渗水仪压在条状密封材料表面，再将配重加上，以防压力水从底座与路面间流出。

(3)将开关关闭，向量筒中注满水，然后打开开关，使量筒中的水流下，排出渗水仪底部内的空气。当量筒中水面下降速度变慢时，用双手轻压渗水仪使渗水仪底部的气泡全部排出。关闭开关，并再次向量筒中注满水。

(4)将开关全部打开，水开始从细管下部流出。待水面下降至 100mL 刻度线时，立即开动秒表，每间隔 30s，读记仪器管中的刻度一次，至水面下降到 500mL 刻度线时为止。测试过程中，若水从底座与密封材料间渗出，说明底座与路面密封不好，应移至附近干燥路面处重新操作。若水面下降速度很慢，则测得 3min 的渗水量即可停止；如果水面下降速度较快，在不到 3min 的时间内到达了 500mL 刻度线，则记录到达了 500mL 刻度线时的时间；若水面下降至一定程度后基本保持不动，说明路面基本不透水或根本不透水，在报告中注明。

(5)按以上步骤在同一个检测路段选择 5 个测点测定渗水系数，取其平均值，作为检测结果。

沥青路面的渗水系数按式(11-11)计算。计算时以水面从 100mL 刻度线下降至 500mL 刻度线所需要的时间为标准，若渗水时间过长，亦可采用 3min 通过的水量计算：

$$C_w=\frac{V_2-V_1}{t_2-t_1}\times 60 \tag{11-11}$$

式中：C_w——路面渗水系数，mL/min；

V_1——第 1 次计时时的水量，mL，通常为 100mL；

V_2——第 2 次计时时的水量，mL，通常为 500mL；

t_1——第 1 次计时的时间，s；

t_2——第 2 次计时的时间，s。

路面渗水系数试验记录见表 11-3。

路面渗水系数试验记录　　表 11-3

路段桩号__________　路面类型__________　试验日期__________

试 验 者__________　计 算 者__________　校 核 者__________

测试地点		路况描述	量筒读数(mL)							渗水系数(mL/min)	备注
桩号	横距(m)	0	30″	1′	1′30″	2′	2′30″	3′			
测点数		频率(点/km)				渗水系数规范要求					
平均渗水系数(mL/min)		最大渗水系数(mL/min)				合格率(%)					

思考题

1. 路面破损的分类有哪些？
2. 沥青路面破损调查方法的调查时间如何选择？
3. 什么是沥青路面的裂缝度、裂缝率？
4. 什么是水泥混凝土路面的断板率、坏板率？
5. 什么是车辙？车辙测定的基准测量宽度应符合哪些规定？
6. 什么是路面渗水系数？简述测试步骤。

第十二章 路基路面强度与弯沉检测

DISHIERZHANG

第一节 CBR 值试验技术

CBR 又称加州承载比，是 California Bearing Ratio 的缩写，由美国加利福尼亚州公路局首先提出来，用于评定路基土和路面材料的强度指标。由于该法简便，试验数据稳定，因而在国外多采用 CBR 作为路面材料和路基土的设计参数。

一、路基土 CBR 值室内试验技术

对于粒径在 20mm 以内(最大粒径不得超过 40mm 且含量不超过 5%)的各种土质路面基层、底基层材料，在试验室内用规定的试筒制成标准试件，在路面材料强度仪上进行承载比试验，即可测定材料的 CBR 值。所谓 CBR 值的意义是：

$$\mathrm{CBR}=\frac{\text{试验荷载单位压力}}{\text{标准荷载单位压力}}\times 100 \tag{12-1}$$

标准荷载单位压力是指标准碎石上当贯入杆(端面直径 50mm 的金属柱)达到贯入量时的荷载单位压力。试料贯入量达到 2.5mm 的标准压力为 7.0MPa，贯入量为 5mm 的标准压力为 10.5MPa。

1. 试验原理

试验时，按路基施工时的最佳含水率及压实度要求在试筒内制备试件；为了模拟材料在使用过程中的最不利状态，加载前泡水 4 昼夜；在浸水过程中及贯入试验时，在试件顶面施加荷载板以模拟路面结构对土基的附加应力；在贯入试验中，材料的承载能力越高，对其压入一定贯入深度所需施加的荷载越大。

2. 主要仪器设备

(1)圆孔筛：孔径 40mm、20mm 及 5mm 筛各 1 个。

(2)试筒：内径 152mm、高 170mm 的金属圆筒；套环，高 50mm；筒内垫块，直径 151mm、高 50mm；夯击底板，同击实仪。试筒的形式和主要尺寸如图 12-1 所示。

(3)夯锤和导管：夯锤的底面直径 50mm，总质量 4.5kg。夯锤在导管内的总行程为

450mm，夯锤的形式和尺寸与重型击实试验法所用的相同。

(4)贯入杆：端面直径 50mm、长约 100mm 的金属柱。

(5)路面材料强度仪或其他载荷装置：量程不小于 50kN，能调节贯入速度至每分钟贯入 1mm，可采用测力计式，如图 12-2 所示。

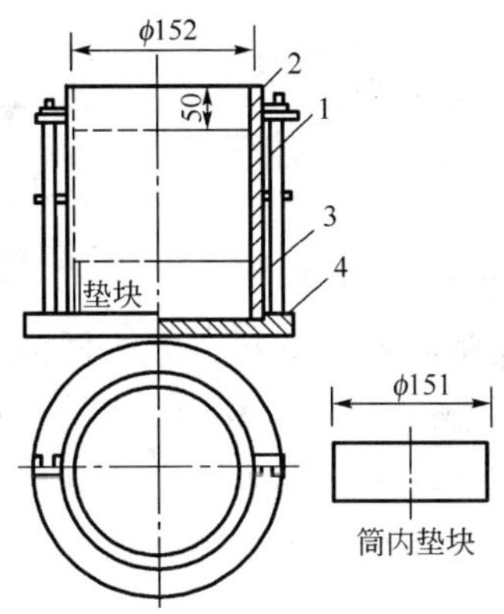

图 12-1 承载比试筒(尺寸单位：mm)

1-试筒；2-套环；3-拉杆；4-夯击底板

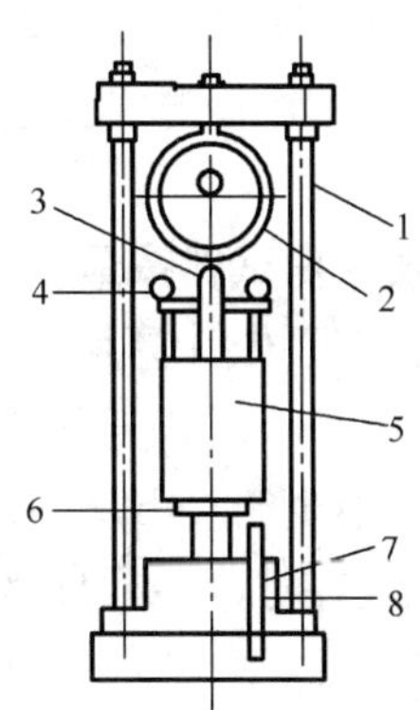

图 12-2 手摇测力计式荷载装置示意图

1-框架；2-量力环；3-贯入杆；4-百分表；5-试件；6-升降台；7-蜗轮蜗杆箱；8-摇把

(6)百分表：3 个。

(7)试件顶面上的多孔板(测试件吸水时的膨胀量)，如图 12-3 所示。

(8)多孔底板(试件放上后浸泡水中)。

(9)测膨胀量时支承百分表的架子，如图 12-4 所示。

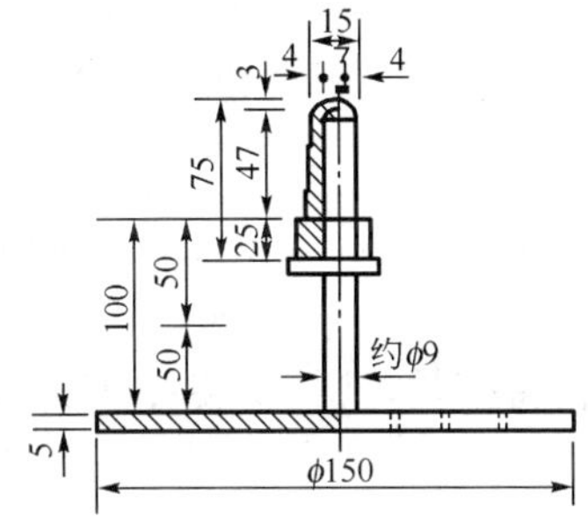

图 12-3 带调节杆的多板孔(尺寸单位：mm)

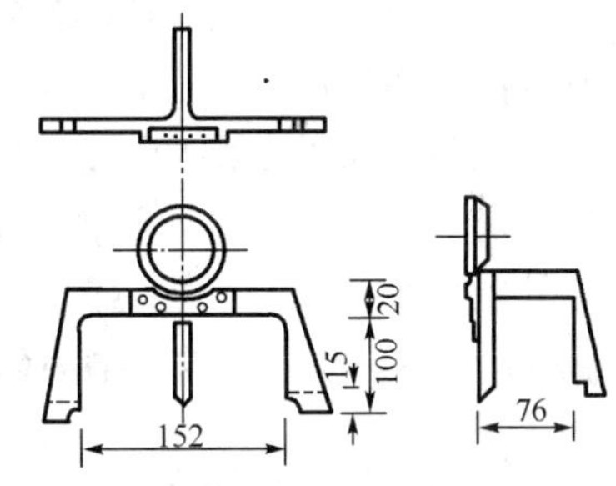

图 12-4 膨胀量测定装置(尺寸单位：mm)

(10)荷载板：直径 150mm，中心孔眼直径 52mm，每块质量1.25kg，共 4 块；并沿直径分为 2 个半圆块，如图 12-5 所示。

(11)水槽：浸泡试件用，槽内水面高出试件顶面 25mm。

(12)台秤，感量为试件用量的 0.1%；拌和盘；直尺；滤纸；脱模器等与击实试验相同。

3. 试样

(1)将具有代表性的风干试料(必要时可在 50℃烘箱内烘干)，用木碾捣碎，但应尽量注意不使土或粒料的单个颗粒破碎。土团均应捣碎到通过 5mm 的筛孔。

(2)采取代表性的试料 50kg，用 40mm 筛筛除大于 40mm 的颗粒，并记录超尺寸颗粒的百分数。将已过筛的试料按四分法取出约 25kg，再用四分法将取出的试料分成 4 份，每份质量 6kg，供击实试验和制试件之用。

(3)在预定做击实试验的前一天,取有代表性的试料测定其风干含水率。

4.检测步骤

(1)称试筒本身质量 m_1,将试筒固定在底板上,将垫块放入筒内,并在垫块上放一张纸,安上套环。

(2)用 1 份试料做击实试验求试料的最大干密度和最佳含水率。

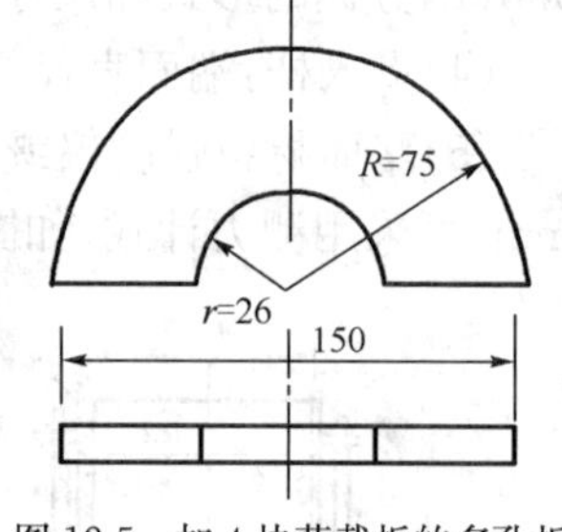

图 12-5 加 4 块荷载板的多孔板（尺寸单位:mm）

(3)将其余 3 份试料按最佳含水率制备 3 个试件,将 1 份试料铺于金属盘内,按事先计算得的该份试料应加的水量均匀地喷洒在试料上。用小铲将试料充分拌和到均匀状态,然后装入密闭器或塑料口袋内浸润备用。浸润时间:重黏土不少于 24h,轻黏土可缩短到 12h,砂土可缩短到 1h,天然砂砾可缩短到 2h 左右。制备每个试件时,都要取样测定试料的含水率。需要时,可制备 3 种干密度试件。如每种干密度试件制 3 个,则共制 9 个试件。每层击数分别为 30、50 和 98 次,使试件的干密度从低于 95%到等于 100%的最大干密度。这样,9 个试件共需试料约 55kg。

(4)将试筒放在坚硬的地面上,取备好的试样分 3 或 5 次倒入筒内(视最大粒径而定)。按五层法时,每层需试样约 900g(细粒土)～1 100g(粗粒土);按三层法时,每层需要试样 1 700g 左右(其量应使击实后的试样高出 1/3 筒高 1～2mm)。整平表面,并稍加压紧,然后按规定的击数进行第一层试样的击实。击实时锤应自由垂直落下,锤迹必须均匀分布于试样面上,每一层击实完后,将试样层面“拉毛”然后再装入套筒。重复上述方法进行其余每层试样的击实。大试筒击实制件完成后,试样不宜高出筒高 10mm。

(5)卸下套环,用直刮刀沿试筒顶修平击实的试件,表面不平整处用细料修补,取出垫块,称量筒和试件的质量 m_2。

(6)泡水测膨胀量的步骤如下:

①在试件制成后,取下试件顶面的破残滤纸,放一张好滤纸,并在上安装附有调节杆的多孔板,在多孔板上加 4 块荷载板,如图 12-5 所示。

②将试筒与多孔板一起放入槽内(先不放水)并用拉杆将模具拉紧,安装百分表,并读取初读数。

③向水槽内放水,使水自由进到试件的顶部和底部,在泡水期间,槽内水面应保持在试件顶面以上约 25mm。通常试件要浸泡 4 昼夜。

④泡水终了时,读取试件上百分表的终读数,并用下式计算膨胀量:

$$\text{膨胀量}=\frac{\text{泡水后试件高度变化}}{\text{原试件高}(=120\text{mm})}\times 100 \tag{12-2}$$

⑤从水槽中取出试件,倒出试件顶面的水,静置 15min,让其排水,卸去附加荷载和多孔板、底板和滤纸,并称其质量 m_3,以计算试件的湿度和密度的变化。

(7)贯入试验。

①将泡水试验终了的试件放到路面材料强度试验仪的升降台上,调整偏球座,使贯入杆与试件顶面全面接触,在贯入杆周围放置 4 块荷载板。

②先在贯入杆上施加 45N 荷载,然后将测力和测变形的百分表的指针都调至零点。

③加荷使贯入杆以 1～1.25mm/min 的速度压入试件,同时测记三个百分表的读数。记录测力计内百分表某些整读数(如 20、40、60)时的贯入量,并注意使贯入量为 250×10^{-2}mm

时，能有 5 个以上的读数。因此，测力计内的第一个读数应是贯入量 30×10^{-2}mm 左右。

5. 结果整理

(1)以单位压力(p)为横坐标，贯入量(L)为纵坐标，绘制 p—L 关系曲线，如图 12-6 所示。图上曲线 1 是合适的，曲线 2 开始段是凹曲线，需要进行修正。修正时，在变曲率点引一切线，与纵坐标交于 O'点，即为修正后的原点。

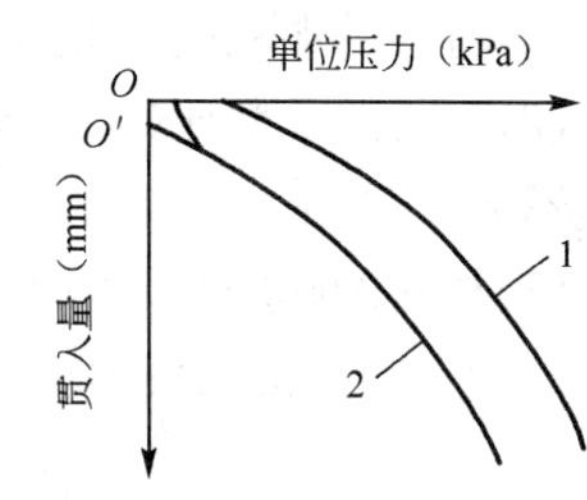

图 12-6 单位压力与贯入量的关系曲线

(2)一般采用贯入量为 2.5mm 时的压力与标准压力之比作为材料的承载比(CBR)，即：

$$CBR=\frac{p}{7.0}\times100 \tag{12-3}$$

式中：CBR——承载比，%；

p——贯入量为 5mm 时的单位压力，MPa。

贯入量为 5mm 的承载比按式(12-3)计算：

$$CBR=\frac{p}{10.5}\times100 \tag{12-4}$$

式中：p——贯入量为 5mm 时的单位压力，MPa。

如贯入量为 5mm 时的承载比大于 2.5mm 时的承载比，则试验要重做。如结果仍然如此，则采用 5mm 时的承载比。

(3)试件的湿密度

$$\rho=\frac{m_2-m_1}{2\,177} \tag{12-5}$$

式中：ρ——试件的湿密度，g/cm^3，计算至 0.01；

m_2——试筒和试件合质量，g；

m_1——试筒的质量，g；

2 177——试筒的容积，cm^3。

(4)试件的干密度

$$\rho_d=\frac{\rho}{1+0.01w} \tag{12-6}$$

式中：ρ_d——试件的干密度，g/cm^3，计算至 0.01；

w——试件的含水率，%。

(5)泡水后试件的吸水量

$$w_a=m_3-m_2 \tag{12-7}$$

式中：w_a——泡水后试件的吸水量，g；

m_3——泡水后试筒和试件的合质量，g；

m_2——试筒和试件的合质量，g。

6. 数据处理

如根据 3 个平行试验结果计算得的承载比变异系数 C_v 大于 12%，则去掉 1 个偏离大的值，取其余 2 个结果的平均值。如 C_v 小于 12%，且 3 个平行试验结果计算的干密度偏差小于 $0.03g/cm^3$，则取 3 个结果的平均值。如 3 个试验结果计算的干密度偏差超过 $0.03g/cm^3$，则去掉 1 个偏离大的值，取其余 2 个结果的平均值。

7. 试验报告

(1)材料的颗粒组成,最佳含水率(%)和最大干密度(g/cm^3)。

(2)材料的承载比(%),承载比小于 100%,相对偏差不大于 5%;承载比大于 100%:相对偏差不大于 10%。

(3)材料的膨胀量(%)。

试验记录表格如表 12-1 和表 12-2 所示。

贯入试验记录表 表 12-1

最大干密度：　　最佳含水率：　　量力环校正系数 C：　　(N/0.01mm) 贯入杆面积 A：　(cm^2)				
荷载测力计读数 R	单位压力(MPa) $p=C\times R/A$	百分表读数(0.01mm)		贯入量 l (mm)
		左	右	
l=2.5mm 时 p=　　(MPa), CBR=p/7.0×100=　　(%) l=5mm　时 p=　　(MPa), CBR=p/10.5×100=　　(%)				

膨胀量试验记录表 表 12-2

	试 验 次 数		1	2	3
膨胀量	筒号				
	泡水前试件高度(mm)	①			
	泡水后试件高度(mm)	②			
	膨胀量(%)	(②−①)/①			
	平均膨胀量(%)				
密度	筒质量(g)	④			
	筒+试件质量(g)	⑤			
	筒体积(cm^3)	⑥			
	湿密度 (g/cm^3)	⑦=(⑤−④)/⑥			
	含水率 w(%)				
	干密度(g/cm^3)	⑦/(1+0.01w)			
	平均干密度(g/cm^3)				
吸水量	泡水后筒+试件质量(g)	⑧			
	吸水量(g)	⑧−⑤			
	平均吸水量(g)				

二、路基现场 CBR 值测试方法

1. 测试原理

在道路路基施工现场,用载重汽车作为反力架,通过千斤顶连续加载,使贯入杆匀速压入土基。为了模拟路面结构对土基的附加应力,在贯入杆位置安放荷载板。路基强度越高,贯入量为 2.5mm 或 5.0mm 时的荷载越大,即 CBR 值越大。

2. 主要仪器设备

(1)荷重装置:加装有铁块或集料等重料的载重汽车,后轴重力不小于 60kN,在汽车大梁的后轴之后设有一加劲横梁作反力架用。

(2)现场测试装置:如图 12-7 所示,由千斤顶(机械或液压)、测力计(测力环或压力表)及球座等组成。千斤顶可将贯入杆的贯入速度调节成 1mm/min。测力计的容量不小于土基强度,测定精度不小于测力计量程的 1/100。

(3)贯入杆:直径为 50mm、长约 200mm 的金属圆柱体。

(4)承载板:每块质量为 1.25kg,直径为 150mm,中心孔眼直径为 52mm,不小于 4 块,并沿直径分为 2 个半圆块。

(5)贯入量测定装置:由图 12-7 中所示的平台及百分表组成,百分表量程 20mm,精度 0.01 mm,数量 2 个,对称固定于贯入杆上,端部与平台接触。平台跨度不小于 50cm。应当注意的是,此设备也可用 2 台贝克曼梁弯沉仪代替。

(6)细砂:洁净干燥的细干砂,粒径0.3~0.6mm。

(7)铁铲、盘、直尺、毛刷、天平等。

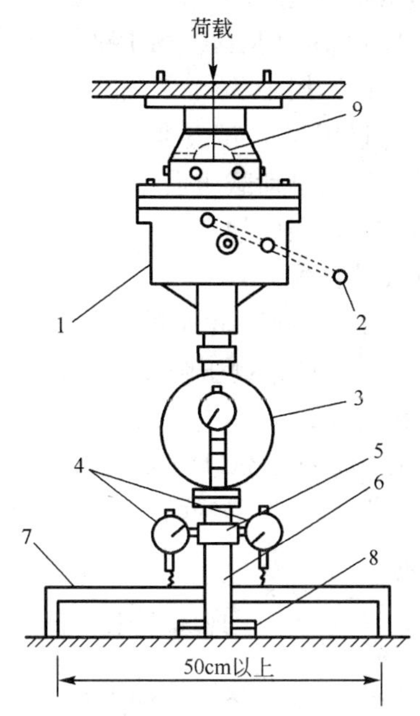

图 12-7　现场 CBR 测试装置示意图

1-加载千斤顶;2-手柄;3-测力环;4-百分表;5-百分表夹持具;6-贯入杆;7-平台;8-承载板;9-球座

3. 准备工作

(1)在试验地点直径约 30cm 范围的表面找平,用毛刷刷净浮土。如表面为粗粒土时,应撒布少许洁净的干砂填平,但不能覆盖全部土基,避免形成夹层。

(2)装置测试设备,按图 12-7 安装贯入杆及千斤顶,千斤顶顶在汽车后轴上且调节至高度适中。贯入杆应与土基表面紧密接触。

(3)安装贯入量测定装置,将支架平台、百分表(或 2 台贝克曼梁弯沉仪)按图 12-7 安装好。

4. 测试步骤

(1)在贯入杆位置安放 4 块 1.25kg 的分开成半圆的承载板(共 5kg)。

(2)施加初始荷载 45N,调节测力计及贯入量百分表,调零,记录初始读数。

(3)起动千斤顶,使贯入杆以 1mm/min 的速度压入土基。当相当于贯入量为 0.5mm、1.0mm、1.5mm、2.0mm、2.5mm、3.0mm、4.0mm、5.0mm、6.5mm、10.0mm 及 11.5 mm 时,分别读取测力计读数。根据情况,也可在贯入量达 6.5 mm 时结束试验。应当注意的是,用千斤顶连续加载,2 个贯入量百分表及测力计均应在同一时刻读数。当 2 个百分表读数不超过平均值的 30%时,以平均值作为贯入量;当 2 个表的读数差值超过平均值的 30%时,应停止试验。

(4)卸除荷载,移去测定位置。

(5)在试验点下取样,测定材料的含水率。取样数量如下:最大粒径不大于 4.75mm,试样数量约 120g;最大粒径不大于 19.0 mm,试样数量约 250g;最大粒径不大于 31.5mm,试样数量约 500g。

(6)在紧靠试验点旁边的适当位置,用灌砂法或环刀法等测定土基的密度。绘制贯入量与单位压力关系曲线,CBR 值的确定方法与室内法基本相同。

应当注意,道路现场条件下测定的 CBR 值,因土基的含水率和压实度与室内试验条件不同,也未经泡水,故与室内试验 CBR 值不一样。应通过试验,寻找两者之间的关系,换算为室内试验 CBR 值后,再用于路基施工强度检验或评定。

5.计算

(1)用贯入试验得到的等级荷载重数除以贯入断面积(19.625cm^2),得到各级压强(MPa),绘制荷载压强-贯入量曲线,如图 12-8 所示。当图中曲线在起点处有明显凹凸的情况时,应在曲线的拐弯处作切线延长进行修正,以与坐标轴相交的 O' 作原点,得到修正后的压强-贯入量曲线。

(2)从压强-贯入量曲线上读取贯入量为 2.5mm 及 5.0mm时的荷载压强 p_1,按式(12-8)计算现场 CBR 值。CBR 一般以贯入量2.5mm时的测定值为准,当贯入量5.0mm时的 CBR 大于2.5mm时的 CBR 时,应重新试验,如重新试验,结果仍然如此时,则以贯入量 5.0mm 时的 CBR 为准。

$$现场\ CBR(\%)=\frac{p_1}{p_0}\times 100 \tag{12-8}$$

式中:p_1——荷载压强,MPa;

p_0——标准压强,MPa,当贯入量为 2.5mm 时取为 7MPa,当贯入量为 5.0mm 时取为 10.5MPa。

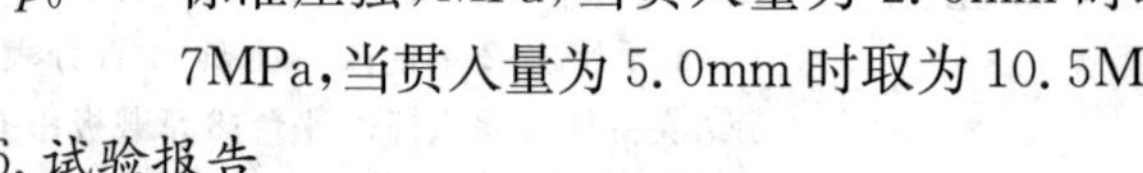

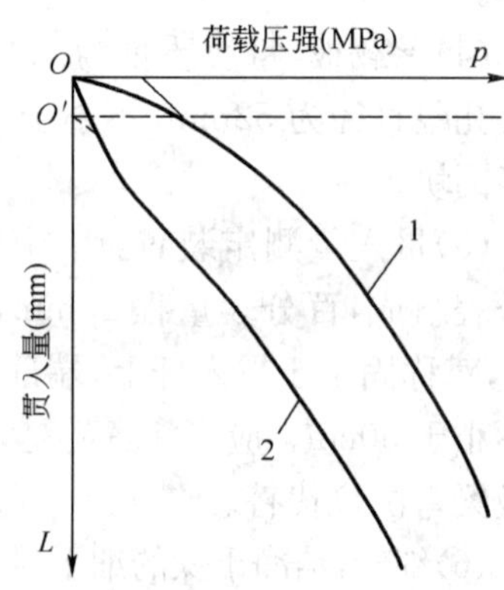

图 12-8 荷载压强-贯入量关系曲线

6.试验报告

(1)土基含水率(%);

(2)测点的干密度(g/cm^3);

(3)现场 CBR 值及相应的贯入量。

试验记录如表 12-3 所示。

现场 CBR 值测定记录表 表 12-3

路线和编号: 测定层次: 承载板直径(cm):			路面结构: 测定日期: 年 月 日			
	预定贯入量(mm)	贯入量百分表读数(0.01mm)			测力计读数	压强 MPa
		1	2	平均		
加载记录	0					
	0.5					
	1.0					
	1.5					
	2.0					
	2.5					
	3.0					
	3.5					
	4.0					

续上表

<table>
<tr><td rowspan="4">现场 CBR 计算</td><td colspan="6">贯入断面面积：　　　cm²</td></tr>
<tr><td colspan="6">相当贯入量 2.5mm 时的荷载压强，标准压强＝7MPa　$CBR_{2.5}$＝　　　（%）</td></tr>
<tr><td colspan="6">相当贯入量 5.0mm 时的荷载压强，标准压强＝10.5MPa　CBR_5＝　　　（%）</td></tr>
<tr><td colspan="6">试验结果现场 CBR＝　　　（%）</td></tr>
<tr><td rowspan="3">含水率计算</td><td>序号</td><td>湿土重(g)</td><td>干土重(g)</td><td>水重(g)</td><td>含水率(%)</td><td>平均含水率(%)</td></tr>
<tr><td>1</td><td></td><td></td><td></td><td></td><td></td></tr>
<tr><td>2</td><td></td><td></td><td></td><td></td><td></td></tr>
<tr><td rowspan="3">密度计算</td><td>序号</td><td>试样湿重(g)</td><td>试样干重(g)</td><td>体积(cm^3)</td><td>干密度(g/cm^3)</td><td>平均干密度(g/cm^3)</td></tr>
<tr><td>1</td><td></td><td></td><td></td><td></td><td></td></tr>
<tr><td>2</td><td></td><td></td><td></td><td></td><td></td></tr>
</table>

第二节　回弹弯沉测试方法

一、概　　述

国内外普遍采用回弹弯沉值来表示路基路面的承载能力，回弹弯沉值越大，承载能力越小，反之则越大。通常所说的回弹弯沉值是指在规定的标准轴载作用下，路基或路面表面轮隙位置产生的总垂直变形（总弯沉）或垂直回弹变形值（卸荷后的回弹弯沉），以 0.01mm 为单位。在路表测试的回弹弯沉值可以反映路基、路面的综合承载能力。回弹弯沉值不仅用于路面结构的设计中（设计回弹弯沉），也用于施工控制及施工验收中（竣工验收弯沉值），同时还用在旧路补强设计中。它是道路工程的一个基本参数，回弹弯沉值的正确测试具有重要的意义。

路面设计中，设计弯沉值是根据设计年限内一个车道上预测通过的累计当量轴次、公路等级、面层和基层类型而确定的路面弯沉设计值。竣工验收弯沉值是检验路面是否达到设计要求的指标之一。当路面厚度计算以设计弯沉值为控制指标时，则验收弯沉值应小于或等于设计弯沉值。

二、弯沉值的测试方法

弯沉值的测试方法较多，目前应用最多的是贝克曼梁法，在我国已有成熟的经验，但由于其受测试速度等因素的限制，各国都对快速连续或动态测定进行了研究，现在用得比较普遍的有法国洛克鲁瓦式自动弯沉仪、由丹麦等国家发明并几经改进形成的落锤式弯沉仪（FWD）、美国的振动弯沉仪等。

三、贝克曼梁法

贝克曼梁法用于测定各类路基、路面的回弹弯沉，用以评定其整体承载能力，可供路面结构设计使用。本方法测定的路基、柔性路面的回弹弯沉值可供交工和竣工验收使用。本方法测定的路面回弹弯沉可为公路养护管理部门制订养路修路计划提供依据。沥青路面的弯沉以标准温度 20℃时为准，在其他温度（超过 20℃±2℃范围）测试时，对厚度大于 5cm 的沥青路面，弯沉值应进行温度修正。

1. 仪具与材料

(1)测试车:单后轴、单侧双轮的载重车,其标准轴荷载、轮胎尺寸、轮胎间隙及轮胎气压等主要参数应符合表 12-4 的要求。

测定弯沉的标准参数 表 12-4

标准轴载等级	BZZ—100
后轴标准轴载 P(kN)	100±1
一侧双轮荷载(kN)	50±0.5
轮胎充气压力(MPa)	0.70±0.05
单轮传压面当量圆直径(cm)	21.30±0.5
轮隙宽度	应满足自由插入弯沉仪侧头的测试要求

(2)路面弯沉仪:由贝克曼梁、百分表及表架组成,其中贝克曼梁由铝合金制成,上有水准泡,其前臂(接触路面)与后臂(装百分表)长度比为 2∶1。弯沉仪长度有 2 种:一种全长3.6m,另一种加长的弯沉仪全长 5.4m,后者适于在半刚性基层沥青路面或水泥混凝土路面上测定。弯沉值采用百分表量得,也可用自动记录装置进行测量。弯沉仪构造图如图 12-9 所示。

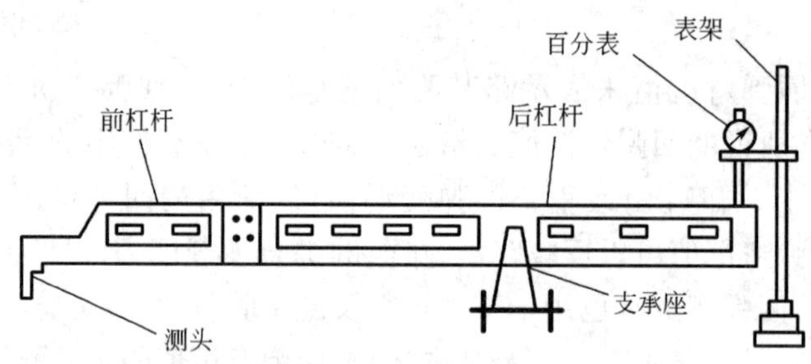

图 12-9 弯沉仪构造图

(3)接触式路面温度计:分度不大于 1℃。

(4)皮尺、口哨、白油漆或粉笔、指挥旗等。

2. 试验方法与步骤

1)试验前准备工作

(1)检查并保持测定用标准车的车况及制动性能良好,轮胎内胎符合规定充气压力。

(2)向汽车车槽中装载(铁块或集料),并用地磅称量后轴总质量,应符合要求的轴重规定,汽车行驶及测定过程中,轴重不得变化。

(3)测定轮胎接地面积:在平整光滑的硬质路面上用千斤顶将汽车后轴顶起,在轮胎下方铺一张新的复写纸,轻轻落下千斤顶,即在方格纸上印上轮胎印痕,用求积仪或数方格的方法测算轮胎接地面积,精确至 0.1cm²。

(4)检查弯沉仪百分表测量灵敏情况。

(5)当在沥青路面上测定时,用路表温度计测定试验时气温及路表温度(一天中气温不断变化,应随时测定),并通过气象台了解前 5d 的平均气温(日最高气温与最低气温的平均值)。

(6)记录沥青路面修建或改建时材料、结构、厚度、施工及养护等情况。

2)测试步骤

(1)在测试路段布置测点,其距离随测试需要而定。测点应在路面行车车道的轮迹带上,并用白油漆或粉笔画上标记。

(2)将试验车后轮轮隙对准测点后约 3～5cm 处的位置上。

(3)将弯沉仪插入汽车后轮之间的缝隙处,与汽车方向一致;梁臂不得碰到轮胎,弯沉仪测头置于轮隙中心前方 3～5cm 处,并安装百分表于弯沉仪的测定杆上;百分表调零,用手指轻轻叩打弯沉仪,检查百分表是否稳定回零。弯沉仪可以是单侧测定,也可以双侧同时测定。

(4)测定者吹哨发令指挥汽车缓缓前进,百分表随路面变形的增加而持续向前转动。当表针转动到最大值时,迅速读取初读数 L_1。汽车仍在继续前进,表针反向回转,待汽车驶出弯沉影响半径(3m 以上)后,吹口哨或挥动红旗指挥停车,待表针回转稳定后读取终读数 L_2。汽车前进的速度宜为 5km/h 左右。

(5)令汽车驶至下一测点,重复(2)～(4)步骤,测完所有点。

(6)将各点读取的数值记录到回弹弯沉试验记录表中(表 12-5)。

回弹弯沉试验记录 表 12-5

路线名称: 试验车型号: 气温: 路面温度:
单轮当量圆直径: 后轴重: 车轮单位压力:
检验者: 计算者: 校核者: 检验日期:

编号	测点桩号	百分表读数(0.01mm)				支点变形修正值(0.01mm) $(L_3-L_4)\times6$	温度修正系数 K	回弹弯沉(0.01mm)	路况修况	计算结果
		初读数 L_1		终读数 L_2						
		左	右	左	右					
										弯沉平均值 $\overline{L}=$ 标准差 $S=$ 代表弯沉值 $L_1=$

3. 弯沉仪的支点变形修正

(1)当采用长度为 3.6m 的弯沉仪对半刚性基层沥青路面、水泥混凝土路面等进行弯沉测定时,有可能引起弯沉仪支座处变形,因此测定时应检验支点有无变形。此时应用另一台检验用的弯沉仪安装在测定用的弯沉仪的后方,其测点架于测定用弯沉仪的支点旁。当汽车开出时,同时测定 2 台弯沉仪的弯沉读数,如检验用弯沉仪百分表有读数,即应该记录并进行支点变形修正。当在同一结构层上测定时,可在不同的位置测定 5 次,取平均值,以后每次测定时以此作为修正值。支点变形修正的原理如图 12-10 所示。

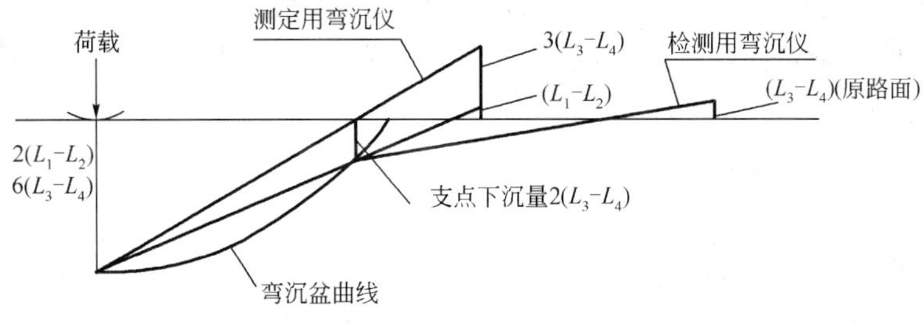

图 12-10 弯沉仪支点变形修正原理

(2)当采用长 5.4m 的弯沉仪测定时，可不进行支点变形修正。

4. 结果计算及温度修正

(1)因为弯沉仪的杠杆比是 2∶1，故测点的回弹弯沉值按式(12-9)计算：

$$L_T=(L_1-L_2)\times 2 \quad (12\text{-}9)$$

式中：L_T——在路面温度为 T 时的回弹值，0.01mm；

L_1——车轮中心临近弯沉仪测头时百分表的最大读数即初读数，0.01mm；

L_2——汽车驶出弯沉影响半径后百分表的最大读数即终读数，0.01mm。

若是 2 台弯沉仪，则每测点弯沉值为

$$L_T=\frac{L_{T左}+L_{T右}}{2} \quad (12\text{-}10)$$

式中：$L_{T左}$——左侧车轮的弯沉值；

$L_{T右}$——右侧车轮的弯沉值；

其余符号意义同前。

弯沉仪支点变形修正值为：

$$L_T=(L_3-L_4)\times 6 \quad (12\text{-}11)$$

式中：L_3——车轮中心临近弯沉仪测头时检验用弯沉仪的最大读数，0.01mm；

L_4——汽车驶出弯沉影响半径后检验用弯沉仪的终读数，0.01mm。

(2)进行弯沉仪支点变形修正时，路面测点的回弹弯沉值按式(12-12)计算：

$$L_T=(L_1-L_2)\times 2+(L_3-L_4)\times 6 \quad (12\text{-}12)$$

式中：符号意义同前。

此式适用于弯沉仪支座处有变形，但百分表架处路面已无变形的情况。

(3)沥青面层厚度大于 5cm 且路面温度超过 20℃±2℃范围时，回弹弯沉值应进行温度修正，温度修正有以下 2 种方法。

其一：查图法

①测定时的沥青层平均温度按式(12-13)计算：

$$T=(T_{25}+T_m+T_e)/3 \quad (12\text{-}13)$$

式中：T——测定时沥青层平均温度，℃；

T_{25}——根据 T_0 由图 12-11 决定的路表下 25mm 处的温度，℃，T_0 为测定时路表温度与测定前 5d 日平均气温的平均值之和，日平均气温为日最高气温与最低气温的平均值；

T_m——根据 T_0 由图 12-11 决定的沥青层中间深度的温度，℃；

T_e——根据 T_0 由图 12-11 决定的沥青层底面处的温度，℃。

②不同基层的沥青路面弯沉值的温度修正系数 K，根据沥青平均温度 T 及沥青层厚度，分别由图 12-12 及图 12-13 求取。

③沥青路面回弹弯沉值按式(12-14)计算：

$$L_{20}=L_T\times K \quad (12\text{-}14)$$

式中：L_{20}——换算为 20℃时的沥青路面回弹弯沉值，0.01mm；

L_T——测定时沥青面层内平均温度为 T 时的回弹弯沉值，0.01mm；

其余符号意义同前。

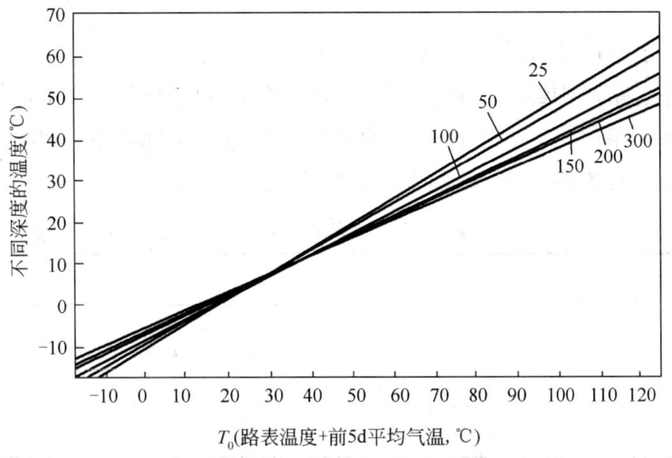

注:线上的数字为从路表向下的不同深度(mm)

图 12-11　沥青层平均温度的决定

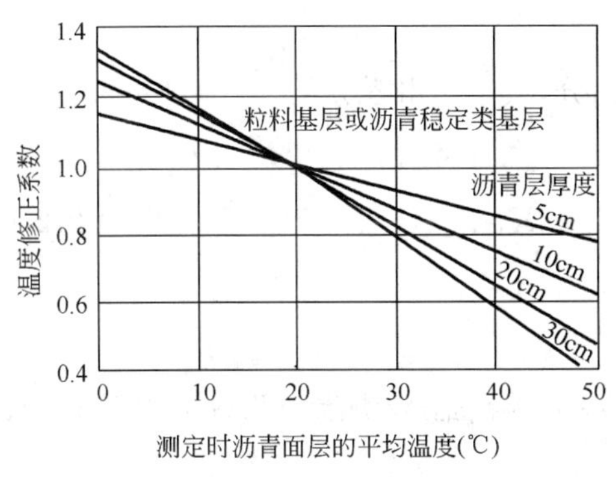

图 12-12　路面弯沉温度修正系数曲线(适用于粒料基层及沥青稳定基层)

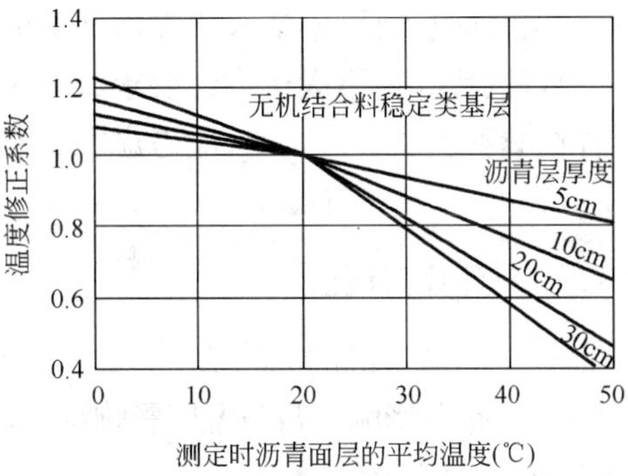

图 12-13　路面弯沉温度修正系数曲线(适用于无机结合稳定的半刚性基层)

其二:经验计算法

①测定时的沥青面层平均温度 T 按式(12-15)计算:

$$T=a+bT_0 \tag{12-15}$$

式中:T——测定时沥青面层平均温度,℃;

a——系数,$a=-2.65+0.52h$;

b——系数,$b=0.62-0.008h$;

T_0——测定时路表温度与前 5d 平均气温之和,℃。

②沥青路面弯沉的温度修正系数 K 按下式计算:

当 $T\geqslant 20$℃时

$$K=e^{\left(\frac{1}{T}-\frac{1}{20}\right)h} \tag{12-16}$$

当 $T<20$℃时

$$K=e^{0.002h(20-T)} \tag{12-17}$$

式中:h——沥青面层厚度,cm。

③沥青路面回弹弯沉值按式(12-14)计算。

5. 结果评定

(1)按式(12-18)计算每一个评定路段的代表弯沉:

$$L_r = \bar{L} + Z_\alpha S \tag{12-18}$$

式中：L_r——一个评定路段的代表弯沉，0.01mm；

$\bar{L}$——一个评定路段内经各项修正后的各测点弯沉的平均值，0.01 mm；

S——一个评定路段内经各项修正后的全部测点弯沉的标准差，0.01 mm；

Z_α——与保证率有关的系数，见表 12-6。

保证率系数 Z_α 表 12-6

层　位	Z_α	
	高速公路、一级公路	其他
沥青面层	1.645	1.5
路基	2.0	1.645

(2)计算平均值和标准差时，应将超出 $\bar{L}\pm(2\sim3)S$ 的弯沉特异值舍弃。对舍弃的弯沉值过大的点，应找出其周围界限，进行局部处理。用 2 台弯沉仪同时进行左右轮弯沉值测定时，应按 2 个独立测点计，不能采用左右 2 点的平均值。

(3)弯沉代表值不大于设计要求的弯沉值时得满分，大于时得零分。

若在非不利季节测定时，应考虑季节影响系数。

$$l_0 = (\bar{l}_0 + Z_\alpha S) K_1 K_2 K_3 \tag{12-19}$$

式中：l_0——计算弯沉值；

$\bar{l}_0$——测量弯沉的平均值；

K_1、K_2——季节影响系数与湿度影响系数，可查《公路沥青路面设计规范》(JTG D50—2006)；

K_3——温度影响系数；

其余符号意义同前。

四、自动弯沉仪法

利用贝克曼梁测定路面回弹弯沉值操作简便，应用广泛，我国路面设计及检测的标准方法和基本参数都是建立在这种试验方法基础之上的。但是，这种试验方法整个测试过程全是人工操作，测试结果受人为因素的影响较大，而且测速慢。

自动弯沉仪是测定路面弯沉值的高效自动化设备，可对路面进行高密集点的强度测量，适用于路面施工质量控制、验收及路面养护管理。

1. 仪具与材料

自动弯沉仪：由承载车、测量机架及控制系统、位移、温度和距离传感器、数据采集与处理系统等基本部分组成，如图 12-14 所示，它安装在测试车底盘下面，测臂夹在后轴轮隙中间。汽车运行时测量机构提起，离开路面。

自动弯沉仪的承载车辆应为单后轴、单侧双轮组的载重车，其标准条件参见贝克曼梁测定路基路面回弹弯沉试验方法中 BZZ—100 车型的标准参数。

测试系统基本技术要求和参数：

(1)位移传感器分辨率：0.01mm；

(2)位移传感器有效量程：≥3mm；

(3)设备工作环境温度：0～60℃；

(4)距离标定误差：≤1%。

2. 方法与步骤

(1)将自动弯沉仪测定车开到检测路段的测定车道(一般为行车道)，测点应在路面行车车道的轮迹带处。

(2)汽车到达测试地点第一个测点位置后，按下列步骤放下测量机构：

①关闭汽车发动机；

②松开离合器转盘；

③放下测量头，测量头位于测定梁(后轴)前方的一定距离；

④放下后支点，勾好手把；

⑤放下测量架，销好把手；

⑥放下导向机构；

⑦插上仪器与汽车的连接销杆或开动液压转向同步系统；

⑧检查钢丝绳一定要在离合器的槽内；

⑨启动汽车发动机，在操作键盘上按动离合器开关，竖测量机构于最前端。

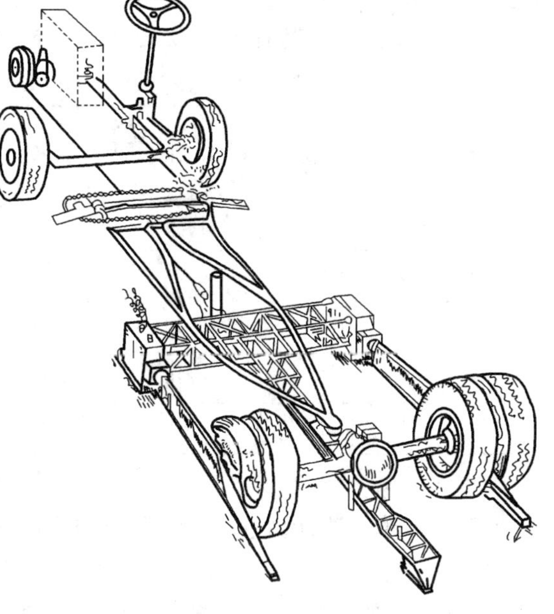

图 12-14　自动弯沉仪测量设备

(3)开始测试时，汽车以一定速度行进，测量头连续检测汽车后轴左右轮隙下产生的路面瞬间弯沉。通过测定梁支点的位移传感器将位移转换为电信号，并传送到数据记录器，待汽车后轮通过测量头后，监程器上显示弯沉盆或弯沉峰值，打印机输出弯沉峰值及测定距离。当第一点测定完毕后，车辆前面的牵引装置以 2 倍于汽车行进速度的速度把测量机构拉到测定轮前方，汽车继续行进，到达下一测点时，开始第二点测定，周而复始地向前测定。汽车在整个测试过程中应保持在规定的速度范围内稳定行驶，标准的行车速度应为 3.0～3.5km/h，在标准速度下的测试步距不应大于 10m。

(4)数据采集

①显示器显示弯沉盆或弯沉峰值。测定过程中按相应的功能键，显示器屏幕即可显示每一测点的总弯沉盆，当测定一段距离后，再按此键，将显示路段总弯沉均匀程度的弯沉峰值柱状图。

②打印机输出。在测定车测定工作时，应打印出测点位置和左右弯沉峰值。

(5)测定结束后，汽车停止前进，按下列步骤收起测量机构：

①先提起导向机构；

②提起测量架机构；

③提起后支点；

④最后挂起测头。

3. 数据处理

(1)测定结果应按计算区间输出计算结果，计算区间长度可根据道路等级和测试要求确定，标准的计算区间为 100m。

(2)在测定时，随着打印机输出的同时，应将数据用文件方式同时记录在磁带或硬盘上，长期保存。通过计算机输出计算结果，包括每一个计算区间的平均总弯沉值、标准差、代表总弯沉值，示例如表 12-7 所示。其中代表总弯沉值按式(12-18)计算，如已进行过自动弯沉仪总弯沉与贝克曼梁回弹弯沉对比试验，则可据此计算出相应的回弹弯沉值。

按计算区间列出的总弯沉测定示例表 表 12-7

记录号	路线号	公里桩	百米桩	平均总弯沉值(0.01mm)	标准差(0.01mm)	代表总弯沉(0.01mm)
1	107	1376	100	41	19.256	79
2	107	1 376	200	45	9.916	65
3	107	1 376	300	55	18.442	92
4	107	1 376	400	57	12.739	82
5	107	1 376	500	42	9.096	60

注：本表计算区间为 100m，代表总弯沉按平均总弯沉加 2 倍标准差计算。

(3)按上节方法计算一个评定路段的平均值、标准差、变异系数、代表总弯沉值。

4. 自动弯沉仪与贝克曼梁弯沉对比试验步骤

(1)针对不同地区选择某种路面结构的代表性路段 4 段，进行 2 种测定方法的对比试验，以便将自动弯沉仪测定的总弯沉换算成贝克曼梁测定的回弹弯沉值。测定路段的长度为 300～500m，并应使测定的弯沉值有一定的变化幅度。

(2)对比试验步骤

①采用同一辆自动弯沉仪测定车，使测定车型、荷载大小和轮胎作用面积完全相同。

②用油漆标记对比路段起点位置。

③用自动弯沉仪方法进行测定，同时隔 3 个测试步距或 20m 用油漆仔细标出每一测点的位置。

④30min 后在每一标记位置用贝克曼梁定点测定回弹弯沉。

⑤逐点对应计算两者的相关关系，得出回归方程式，相关系数不得小于 0.95。

5. 报告

报告应包括：按一个计算区间列出总弯沉测定表及弯沉峰值柱状图；每一个评定路段的全部测点总弯沉的平均值、标准差、变异系数及代表弯沉；如与贝克曼梁弯沉仪进行了对比试验，尚应报告相关关系式、相关系数及换算的回弹弯沉。

五、FWD 检测技术

FWD(Falling Weight Deflect Meter)是当今国际上普遍应用的路面结构强度无损检测仪器，其主要作用是测定路面各结构层的强度和刚度。该设备为美国 1988 年开始实施的战略公路研究计划(SHRP)的路面长期跟踪观测与使用性能研究中统一规定采用。

FWD 特点是：使用方便、安全、测试快速、节省人力，模拟实际情况施加动态荷载，可以准确地测出多点弯沉(弯沉盆)，适应于长距离、连续测定；测试过程中无破损，且可进行多级加载；其测量结果比较精确，且信息量大；采用计算机自动采集数据，实现自动化；数据采集及数据处理分析高度一体化，配备最完善的分析及计算软件，为路面检测、评估、补强、路面设计及养护管理提供科学、客观与准确的数据和方案。

FWD一般可记录3方面数据:①落锤点最大弯沉;②以落锤点为中心的弯沉盆曲线;③弯沉盆各点随时间变化的时程曲线。这些数据为进一步分析路面各结构层强度,反算模量提供资料。

FWD在道路检测中的优越性,主要表现在2个方面:一是根据弯沉盆反算路面结构各层的模量,研究路面材料在使用过程中的性能优化,提供设计参数;二是以FWD的弯沉盆作为指标,评价路面整体强度,为养护管理提供依据。

1.测试仪器介绍

FWD根据落锤形式分为单锤和复锤2种。所谓单锤,是落锤直接冲击路面,测定的荷载时程曲线为双峰曲线;复锤是落锤首先冲击一个橡胶垫,然后再作用于路面上,得到的荷载时程曲线为一条光滑的抛物线。在路面模量反算分析中可将双峰曲线根据能量等效的原理转化为光滑的抛物线。

FWD根据运载形式不同分为车载式和拖挂式(图12-15)2种。一般情况下,拖挂式较为常用,故在此以该种仪器为例来叙述其主要结构和功能、特点。

图12-15 拖挂式FWD

拖挂式FWD设备以拖车形式拖挂在测试车后,主要由落锤机械液压系统、位移测试系统及计算机控制和数据采集系统等部分组成。其中,落锤机械系统由落锤、机电装置、液压驱动等组成;位移测试系统由7~11个高精度的位移传感器及相应的电子元件组成;计算机控制和数据采集系统由一台微机、相应的软件、各种控制液压和数据传输的控制线组成。

2.基本原理

FWD是通过一定质量的重物自由落下锤击一块具有一定刚性的承载板作用于路面,然后通过按一定间距布置的传感器测定路表的变形响应(即所谓的弯沉盆)(图12-16)。

先将测定车开到测定地点,把一切准备工作做好后,工作人员在驾驶室操作测定按钮;将液压升降架放下,测架随之落到路面,操纵按钮,使液压升降架上的电磁铁去磁,与测架脱钩,升起液压架,此时测架的6个速度传感器至待测状态。与前述同时,操作落锤系统液压部分,使击板下垂到路面,同样也处于待测状态。

此时按下按钮,电磁铁去磁,落锤与吸铁脱钩,自由下落,击至铁板。此时,6个速度传感器同时记录到下沉时候的速度,送入数据处理装置,并对速度进行积分,得到中心弯沉值与弯沉盆,然后存储、打印与数字显示。

由国外实践经验表明,丹麦的落锤弯沉仪,一点要测3次,取最后1次作为测量结果。

因为，经过 2 次锤击后，各种部件，特别是弯沉盆测梁与击板均处于正常测试状态，这样处理会提高测试精度。实质上，最后 1 次可以视为无形中的“3 次平均值”。在上述 3 次复测期间，每 1 次锤击的时间间隔大概为 1～2min。如果复测时间间隔过短，即路面正在回弹恢复阶段，随即锤击第 2 次，会产生检测失真。当然，时间间隔也不能过长，过长会影响检测效率。

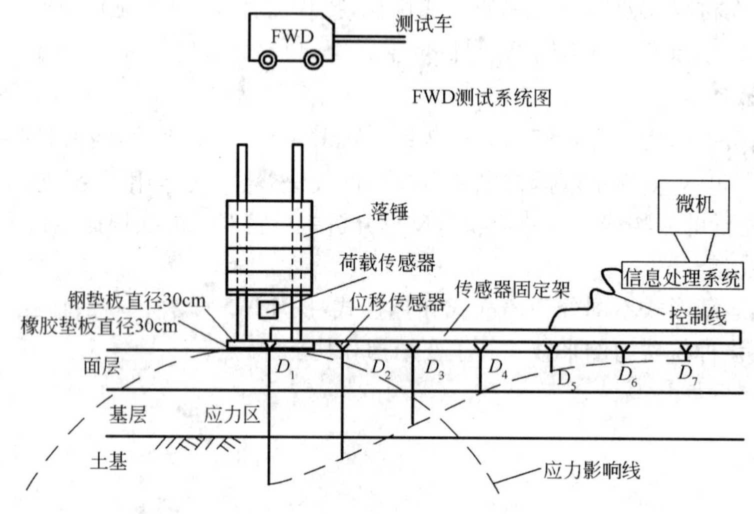

图 12-16 FWD 工作原理示意图

3. 仪器设备

(1)荷载发生装置：重锤的质量及落高根据使用目的与道路等级选择，荷载由传感器测定，如无特殊需要，重锤的质量为 200kg±10kg，可产生 50kN±2.5kN 的冲击荷载。承载板宜为十字对称分开成 4 部分且底部固定有橡胶片的承载板，承载板的直径为 300mm。

(2)弯沉检测装置：由一组高精度位移传感器组成，传感器可为差动变压器式位移计 LVDT。自中心开始，承载板沿道路纵向设置，隔开一定距离布设 1 组传感器，传感器总数不少于 7 个，必须包括 0、30、60、90 四点，根据需要及设备性能决定。

(3)运算及控制装置：能在冲击荷载作用的瞬间内，记录冲击荷载及各个传感器所在位置测点的动态变形。

(4)牵引装置：牵引 FWD 并安装运算及控制装置的车辆。

4. 评定道路承载能力的方法与步骤

1)准备工作

(1)调整重锤的质量及落高，使重锤的质量及产生的冲击荷载符合要求。

(2)在测试路段的路基或路面各层表面布置测点，其位置或距离随测试需要而定，当在路面表面测定时，测点宜布置在行车车道的轮迹带上，测试时，还可利用距离传感器定位。

(3)检查 FWD 的车况及使用性能，用手动操作检查，各项指标符合仪器规定要求。

(4)将 FWD 牵引至测定地点，将仪器打开，进入工作状态，牵引 FWD 行驶的速度不宜超过 50km/h。

(5)对位移传感器按仪器使用说明书进行标定，使之达到规定的精度要求。

2)测定方法

(1)承载板中心位置对准测点,承载板自动落下,放下弯沉装置的各个传感器。

(2)启动落锤装置,落锤瞬即自由落下,冲击力作用于承载板上,又立即自动提升至原来位置固定。同时,各个传感器检测结构层表面变形,记录系统将位移信号输入计算机,并得到峰值,即路面弯沉,同时得到弯沉盆。每一测点重复测定应不少于3次,除去第1个测定值,取以后几次测定值的平均值作为计算依据。

(3)提起传感器及承载板,牵引车向前移动至下一个测点,重复上述步骤进行测定。

5.落锤式弯沉仪与贝克曼梁弯沉仪对比试验步骤

1)路段选择

选择结构类型完全相同的路段,针对不同地区选择某种路面结构的代表性路段,进行两种测定方法的对比试验,以便将落锤式弯沉仪测定的动弯沉换算成贝克曼梁测定的回弹弯沉值。选择的对比路段长度为300~500m,弯沉值应有一定的变化幅度。

2)对比试验步骤

(1)采用与实际使用相同且符合要求的落锤式弯沉仪及贝克曼梁弯沉仪测定车。落锤式弯沉仪的冲击荷载应与贝克曼梁弯沉仪测定车的后轴双轮荷载相同。

(2)用油漆标记对比路段起点位置。

(3)布置测点位置,用贝克曼梁定点测定回弹弯沉。测定车开走后,用粉笔以测点为圆心,在周围画一个半径为15cm的圆,标明测点位置。

(4)将落锤式弯沉仪的承载板对准圆圈,位置偏差不超过30mm,进行测定。2种仪器对同一点弯沉测试的时间间隔不应超过10min。

(5)逐点对应计算两者的相关关系。通过对比试验得出回归方程式,回归方程式中相关系数应不小于0.95。

6.报告

报告应包括下列内容:各测点的最大弯沉及弯沉盆测定数据;每一个评定路段全部测点弯沉的平均值、标准差、变异系数及代表弯沉;如与贝克曼梁弯沉仪进行了对比试验,尚应报告相关关系式、相关系数和换算的回弹弯沉。

第三节 回弹模量试验检测方法

路基的回弹模量是公路设计中一个必不可少的参数,我国现有规范已给出了不同的自然区划和土质的回弹模量的推荐值,但由于路基回弹模量的改变将会影响路面设计的厚度,所以建议有条件时最好直接测定,而且随着施工质量的提高,回弹模量值的检验将会作为控制施工质量的一个重要指标。适用于在室内对无机料结合稳定土(包括稳定细粒土、中粒土)试件进行抗压回弹模量测定。

一、仪器设备

圆孔筛、试模、脱模器、反力框架(400kN以上)或液压千斤顶(200~500kN)、养生室(能恒温恒湿)、水槽(深度大于试件高度50mm)、天平(感量0.01g)、杠杆式压力仪或其他加载量程大于1.5kN的仪器、承载板(直径37.4mm,面积11 cm^2)、千分表(2只)、加载设备、变形测试装置(也可以直接利用直径为152mm的击实筒的底座)。

二、试 件 制 备

(1)将具有代表性的风干试料捣碎并过筛，把粗粒土中大于 40mm 的颗粒、中粒土中大于 25mm 或 20mm 的颗粒、细粒土中大于 10mm 的颗粒除去备用。

(2)按含水率测定要求及方法取有代表性的试料测定其风干含水率。

(3)按击实试验确定无机结合料混合料的最佳含水率和最大干密度。

(4)对于稳定细粒土和中粒土的试件，应分别做 13 个和 19 个试件，并使试验结果的偏差系数分别不超过 20%和 25%。如不能满足上述规定，则还应按允许误差 10%和概率 90%重新计算增加试件数量。

(5)在浸润(时间要求：黏性土 12～24h，粉性土 6～8h，砂性土、砂砾土、红土砂砾、级配砂砾 4h，含土少的其他粒料 2h 以上)的试料中，加入预定数量的水泥或石灰并拌和均匀，按无机结合料无侧限抗压强度试验要求进行试件制作并养生。

注意：对有水泥的混合料应在 1h 内完成试件，超过 1h 的混合料应作废。其他结合料稳定土混合料虽不受此限，但也应尽快制成试件。

三、试 验 方 法

测定回弹模量的方法，目前国内常用的主要有：承载板法、贝克曼梁法和其他间接测试方法(如贯入仪测定法和 CBR 测定法)。

(一)承载板法

承载板法是在现场土基表面，通过承载板对土基逐级加载、卸载的方法，测出每级荷载下相应的土基回弹变形值，经过计算求得土基回弹模量。

回弹模量是路基强度的一种指标，根据弹性半空间体布氏理论，计算路基回弹模量公式如下：

$$E_0 = \frac{\pi}{4}D(1-\mu^2)\times\frac{p}{l} \tag{12-20}$$

式中：p——单位压力，MPa；

D——承载板直径，mm；

l——相应于单位压力 p 的回弹形变，mm；

μ——泊松系数，可取 0.25。

1. 仪具与材料

(1)加载设施：载有铁块或集料等重物、后轴重力不小于 60kN 的载重汽车 1 辆。在汽车大梁的后轴之后约 80cm 处，附设加劲小梁 1 根作反力架。汽车轮胎充气压力为 0.5MPa，如图 12-17 所示。

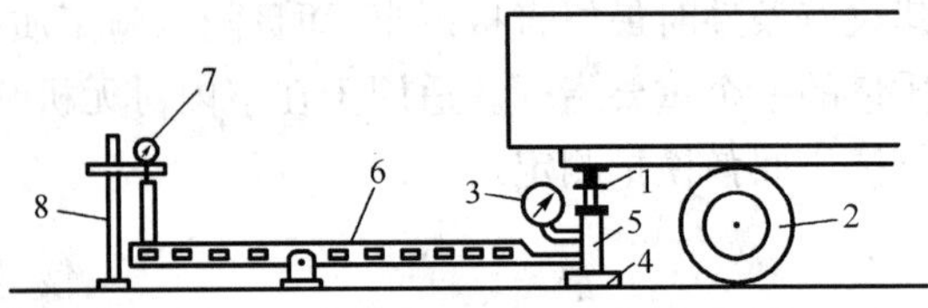

图 12-17　承载板试验示意图

1-支承小横梁；2-汽车后轮；3-千斤顶油压表；4-承载板；5-千斤顶；6-弯沉仪；7-百分表；8-表架

(2)现场测试装置，由千斤顶、测力计(测力环或压力表)及球座组成，如图 12-18 所示。

(3)刚性承载板 1 块，板厚 20mm，直径为 30cm，直径两端设有立柱和可以调整高度的支座供安放弯沉仪测头，承载板放在土基表面上。

(4)路面弯沉仪 2 台，由贝克曼梁、百分表及其支架组成。

(5)液压千斤顶 1 台，80～100kN，装有经过标定的压力表或测力环，其容量不小于土基强度，测定精度不小于测力计量程的 1/100。

(6)秒表、水平尺、细砂、毛刷、垂球、镐、铁锹、铲等。

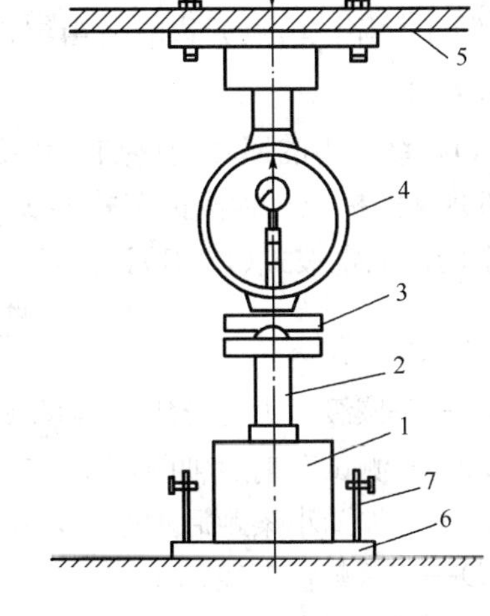

图 12-18　承载板测试装置图

1-加载千斤顶；2-钢圆筒；3-钢板及球座；4-测力计；5-加劲横梁；6-承载板；7-立柱及支座

2. 试验前准备工作

(1)根据需要选择有代表性的测点，测点应位于水平的路基上，土质均匀，不含杂物。

(2)仔细平整土基表面，撒干燥洁净的细砂填平土基凹处，砂子不可覆盖全部土基表面，避免形成一层。

(3)安置承载板，并用水平尺进行校正，使承载板置水平状态。

(4)将试验车置于测点上，在加劲小梁中部悬挂垂球测试，使之恰好对准承载板中心，然后收起垂球。

(5)在承载板上安放千斤顶，上面衬垫钢圆筒，并将球座置于顶部与加劲横梁接触。如用测力环时，应将测力环置于千斤顶与横梁中间，千斤顶及衬垫物必须保持垂直，以免加压时千斤顶倾倒发生事故并影响测试数据的准确性。

(6)安放弯沉仪，将 2 台弯沉仪的测头分别置于承载板立柱的支座上，百分表对零或其他合适的初始位置上。

3. 测试步骤

(1)用千斤顶开始加载，注视测力环或压力表，至预压 0.05MPa，稳压 1min，使承载板与土基紧密接触，同时检查百分表的工作情况是否正常，然后放松千斤顶油门卸载，稳定 1min，将指针对零或记录初始读数。

(2)测定土基的压力-变形曲线。用千斤顶加载，采用逐级加载卸载法，用压力表或测力环控制加载量，荷载小于 0.1MPa 时，每级增加 0.02MPa，以后每级增加 0.04MPa 左右。为了使加载和计算方便，加载数值可适当调整为整数。每次加载至预定荷载后，稳定 1min，立即读记 2 台弯沉仪百分表数值，然后轻轻放开千斤顶油门卸载至 0，待卸载稳定 1min 后，再次读数，每次卸载后百分表不再对零。当 2 台弯沉仪百分表读数之差小于平均值的 30%时，取平均值；如超过 30%，则应重测。当回弹变形值超过 1mm 时，即可停止加载。

(3)各级荷载的回弹变形和总变形，按以下方法计算：

回弹变形 L=(加载后读数平均值－卸载后读数平均值)×弯沉仪杠杆比

总变形 L'=(加载后读数平均值－加载初始前读数平均值)×弯沉仪杠杆比

(4)测定汽车总影响量 a。最后一次加载卸载循环结束后，取走千斤顶，重新读取百分表初读数，然后将汽车开出 10m 以外，读取终值数，2 只百分表的初、终读数差之平均值乘弯沉仪杠杆比即为总影响量 a。

(5)在试验点下取样，测定材料含水率。取样数量为：最大粒径不大于 4.75mm，试样数量约 120g；最大粒径不大于 19.0mm，试样数量约 250g；最大粒径不大于 31.5mm，试样数量约 500g。

(6)在紧靠试验点旁边的适当位置,用灌砂法、环刀法或其他方法测定土基的密度。

4.计算

(1)各级压力的回弹变形加上该级的影响量后,则为计算回弹变形值。表 12-8 是以后轴重力 60kN 的标准车为测试车的各级荷载影响量的计算值。当使用其他类型测试车时,各级压力下的影响量按式(12-21)计算:

$$a_i = \frac{(T_1 + T_2)\pi D^2 p_i}{4T_1 Q} a \tag{12-21}$$

式中:a_i——该级压力的分级影响量,0.01mm;

T_1——测试车前后轴距,m;

T_2——加劲小梁距后轴距离,m;

D——承载板直径,m;

Q——测试车后轴重力,N;

p_i——该级承载板压力,MPa;

a——总影响量,0.01mm。

各级荷载影响量　　表 12-8

承载板压力(MPa)	0.05	0.10	0.15	0.20	0.30	0.40	0.50
影响量	0.06a	0.12a	0.18a	0.24a	0.36a	0.48a	0.60a

(2)将各级计算回弹变形值点绘于标准计算纸上,排除显著偏离的异常点并绘出顺滑的 p—L 曲线,如曲线起始部分出现反弯,应按图 12-19 所示修正原点 O,O' 是修正后的原点。

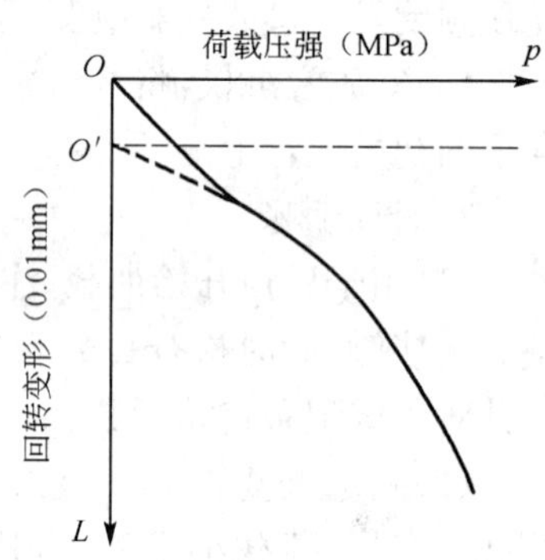

图 12-19　修正原理示意图

(3)按式(12-22)计算相应于各级荷载下的土基回弹模量值:

$$E_i = \frac{\pi}{4} D(1 - \mu_0^2) \times \frac{p_i}{l_i} \tag{12-22}$$

式中:E_i——相应于各级荷载下的路基回弹模量,MPa;

μ_0——土的泊松比;

D——承载板直径,30cm;

p_i——承载板压力,MPa;

l_i——相对于荷载时的回弹变形,cm。

(4)取结束试验前的各回弹变形值按线性回归方法由式(12-23)计算土基回弹模量 E_0 值:

$$E_0 = \frac{\pi}{4} D(1 - \mu_0^2) \times \frac{\sum p_i}{\sum l_i} \tag{12-23}$$

5.报告

应记录下列结果:试验时所采用的汽车类型;近期天气情况;试验时土基的含水率(%);土基密度和压实度;相应于各级荷载下的土基回弹模量 E_i 值;土基回弹模量 E_0 值(MPa)。

试验采用的记录如表 12-9 所示。

承载板测定记录表 表 12-9

路线和编号：						路面结构：				
测定层次：						测定用汽车型号：				
承载板直径(cm)：						测定日期：　年　月　日				
千斤顶读数	荷载 P(kN)	承载板压力 P(MPa)	百分表读数(0.01mm)			总变形 (0.01mm)	回弹变形 (0.01mm)	分级影响量 (0.01mm)	计算回弹变形 (0.01mm)	E_i (MPa)
			加载前	加载后	卸载后					
总影响量 a(0.01m)										
土基回弹模量 E_0 值(MPa)										

(二)贝克曼梁法

贝克曼梁法是通过对路面结构分层测定所得的回弹弯沉值，根据弹性体系垂直位移理论解，反算路面各结构层的材料回弹模量值。此方法适用于在土基、厚度不小于 1m 的粒料整层表面，也适用于在旧路表面测定路基路面的综合回弹模量。

1. 准备工作

(1)选择洁净的路基表面、路面表面作为测点，在测点处作好标记并编号。

(2)无结合料粒料基层的整层试验段(试槽)应符合下列要求：

①整层试槽可修筑在行车带范围内或路肩及其他合适处，也可在室内修筑，但均应适于用汽车测定弯沉。

②试槽应选择在干燥或中湿路段处，不得铺筑在软土基上。

③试槽面积不小于 3m×2m，厚度不宜小于 1m。铺筑时，先挖 3m×2m×1m(长×宽×深)的坑，然后用待测定的同一种路面材料按有关施工规定的压实层厚度分层铺筑并压实，直至顶面，使其达到要求的压实度标准。同时应严格控制材料组成，配比均匀一致，符合施工质量要求。

④试槽表面的测点间距可按图 12-20 布置在中间 2m×1m 的范围内，可测定 23 点。

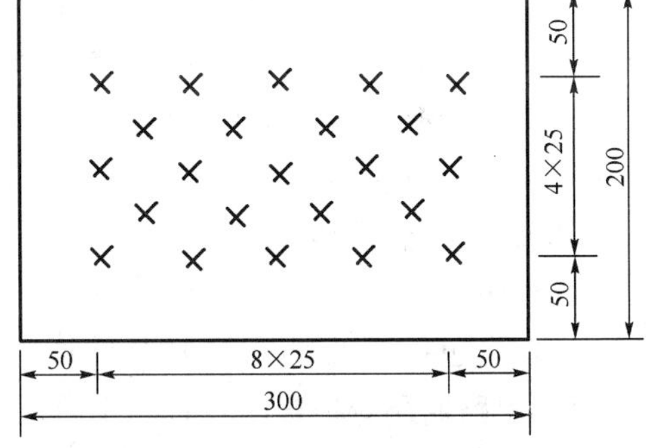

图 12-20　试槽表面的测点布置(尺寸单位：cm)

2. 测试步骤

按前述方法选择适当的标准车，实测各测点处的路面回弹弯沉值 L_i。如在旧沥青面层上测定时，应读取温度，并按规定的方法进行测定弯沉值的温度修正，得到标准温度 20℃时的弯沉值。

3. 计算

(1)计算全部测定值的算术平均值、单次测量的标准差和自然误差：

$$\bar{L}=\frac{\sum L_i}{n} \tag{12-24}$$

$$S=\sqrt{\frac{\sum(L_i-\bar{L})^2}{n-1}} \tag{12-25}$$

$$r_0=0.675\times S \tag{12-26}$$

式中：$\overline{L}$——回弹弯沉的平均值，0.01mm；

S——回弹弯沉测定值的标准差，0.01mm；

r_0——回弹弯沉测定值的自然误差，0.01mm；

L_i——实测各点处的路面回弹弯沉值，0.01mm；

n——测点总数。

(2)计算各测点的测定值与算术平均值的偏差值 $d_i = L_i - \overline{L}$，并计算较大的偏差与自然误差之比 d_i / r_0。当某个测点观测值 d_i / r_0 的值大于表12-10中的极限值时应舍弃该测点，然后重新计算其余各测点的算术平均值($\overline{L}$)及标准差(S)。

相应于不同观测次数的 d/r 极限值 表12-10

N	5	10	15	20	50
d/r	2.5	2.9	3.2	3.3	3.8

(3)按下式计算代表弯沉值：

$$L_r = \overline{L} + S \tag{12-27}$$

式中：L_r——计算代表弯沉；

$\overline{L}$——舍弃不符合要求的测点后，其余各测点弯沉的算术平均值；

S——舍弃不符合要求的测点后，其余各测点弯沉的标准差。

(4)按下式计算土基、整层材料的回弹模量(E_1)或旧路的综合回弹模量：

$$E_1 = \frac{2p\delta}{L_r}(1-\mu^2)\alpha \tag{12-28}$$

式中：E_1——计算的土基、整层材料的回弹模量或旧路的综合回弹模量，MPa；

p——测定车轮的平均垂直荷载，MPa；

δ——测定用标准车双圆荷载单轮传压面当量圆的半径，cm；

μ——测定层材料的泊松比；

α——弯沉系数，为0.712；

其余符号意义同前。

4.报告

报告应包括弯沉测定表、计算的代表弯沉、采用的泊松比及计算得到的材料回弹模量 E_1 等，对沥青路面还应报告测试时的路面温度。

(三)其他间接测试方法

土基回弹模量也可用长杆贯入综合次数法和CBR间接推算法来求算。长杆贯入综合次数法是利用长杆贯入仪，试验时记录测头击入土中每10cm所需的锤击次数，直至贯入土中80cm为止。综合贯入次数是按布氏公式以距路基表面深度为5cm、15cm、25cm、35cm、45cm、55cm、65cm和75cm时压应力略加调整作为各层的权数。

综合贯入次数 N_{80} 计算式为：

$$N_{80} = (20N_1 + 12N_2 + 7N_3 + 4N_4 + 2.5N_5 + 2N_6 + 1.5N_7 + N_8)/50 \tag{12-29}$$

路基回弹模量 E_0 可按式(12-30)计算：

$$E_0 = K \times N_{80} \tag{12-30}$$

式中：K——试验确定系数，一般为12～20；

N_{80}——综合贯入次数。

思 考 题

1. 简述室内 CBR 值测定过程及试验结果的确定。
2. 现场 CBR 值测定时应注意哪些问题?
3. 贝克曼梁、自动弯沉仪和 FWD 仪测定的弯沉值有何区别?
4. 如何考虑弯沉仪支点变形对测定结果的影响?
5. 简述承载板法测定回弹模量的测试过程。
6. 路基回弹模量的检测方法有哪些?
7. 贝克曼梁法测定回弹模量步骤与结果计算如何确定?

第十三章 沥青混合料试验方法

DISHISANZHANG

作为高等级道路路面的主要结构形式之一，沥青路面以其表面平整、坚实、无接缝、行车平稳、舒适、噪音小等优点，在国内外得到广泛的应用。为了保证高等级公路在高速、安全、经济和舒适4个方面的功能要求，沥青混合料除了要具备一定的力学强度外，还应满足高温稳定性、低温抗裂性、耐久性、抗滑性等各项技术要求。因此在设计和施工过程中，应对沥青结合料和沥青混合料的各项性能进行准确的检验，以确保沥青路面的工程质量。

第一节 沥青的分类和技术性能

一、沥青材料概述

沥青是一种结构和组成都极其复杂的有机混合物，由一些极其复杂的高分子碳氢化合物及其非金属(氧、硫、氮等)衍生物所组成的混合物。

(1)按沥青在自然界中获得的方式可分为地沥青和焦油沥青，而地沥青又包括天然地沥青和石油地沥青等，焦油沥青包括煤沥青、木沥青、页岩沥青等。其中石油沥青在土木工程中是最常用的。石油沥青按其制造沥青的石油基属可分为石蜡基沥青、中间基沥青和环烷基沥青等。

(2)按原有成分中所含石蜡数量的多少划分成石蜡基沥青(含蜡量>5%)、沥青基沥青(含蜡量<2%)和混合基沥青(含蜡量2%～5%)等。

(3)按状态可分为液体沥青和黏稠沥青等。

(4)按交通标准可分为重交通沥青、轻交通沥青和中交通沥青等。

(5)按使用的道路等级和层位可分为A级沥青、B级沥青和C级沥青等。

(6)按加工方法不同可分为直馏沥青、氧化沥青、裂化沥青和溶剂脱沥青等。

二、石油沥青的技术指标

1.黏滞性

石油沥青的黏滞性是反映沥青材料内部阻碍其相对流动的一种特性，同时也反映了沥青软硬、稀稠的程度，是划分沥青等级的主要技术指标。

工程上，液体石油沥青的黏滞性用黏滞度（也称标准黏度）指标表示，它表征了液体沥青在流动时的内部阻力；对于半固体或固体的石油沥青则用针入度指标表示，它反映了石油沥青抵抗剪切变形的能力。

黏滞度是在规定温度 t（通常为 20℃、25℃、30℃或 60℃），规定直径 d（为 3mm、5mm 或 10mm）的孔流出 50mL 沥青所需的时间秒数 T，常用符号“$C_t^d T$”表示。

黏稠石油沥青的针入度是在规定温度（25℃）条件下，以规定质量（100g）的标准针，经历规定时间（5s）内贯入试样中的深度（1/10mm 为 1 度）表示，用符号 $P_{(25℃,100g,5s)}$ 表示。显然，针入度值越小，表明黏度越大。

2. 塑性

塑性指石油沥青在外力作用时产生变形而不破坏，除去外力后，仍保持变形后形状的性质。它是沥青性质的重要指标之一。

石油沥青的塑性与其组分有关。石油沥青中树脂含量较多，且其他组分含量又适当时，则塑性较大。影响沥青塑性的因素有温度和沥青膜层厚度，温度升高，则塑性增大，膜层愈厚则塑性愈高。反之，膜层越薄，则塑性越差，当膜层薄至 1μm，塑性几乎消失，即接近于弹性。在常温下，塑性较好的沥青在产生裂缝时，也可能由于特有的黏塑性而自行愈合。因此塑性也反映了沥青开裂后的自愈能力。沥青的塑性对冲击振动荷载有一定吸收能力，并能减小摩擦时的噪声，故沥青是一种优良的道路路面材料。

石油沥青的塑性用延度指标表示。沥青延度是把沥青试样制成“∞”字形标准试件（中间最小截面积 $1cm^2$），在规定速度（5cm/min）和规定温度（25℃）下被拉断时的伸长长度，以 cm 为单位。延度愈大，塑性愈好。

3. 温度敏感性

温度敏感性是指石油沥青的黏滞性和塑性随温度升降而变化的性能。

在相同的温度变化间隔里，各种沥青黏滞性及塑性变化幅度是不相同的，工程要求沥青随温度变化而产生的黏滞性及塑性变化幅度较小，即要求温度敏感性较小。所以温度敏感性是沥青性质的重要指标之一。

常用软化点指标来评价沥青温度敏感性。软化点是指沥青由固态转变为具有一定流动性膏体的温度，可采用环球法测定。它是把沥青试样装入规定尺寸（直径约 16mm，高约 6mm）的铜环内，试样上放置一标准钢球（直径 9.53mm，质量 3.5g），浸入水或甘油中，以规定的升温速度（5℃/min）加热，使沥青软化下垂。当沥青下垂量达 25.4mm 时的温度（℃），即为沥青软化点，符号为 $T_{R\&B}$。软化点越高，表明沥青的耐热性越好，即温度稳定性越好。

针入度、延度和软化点是评价黏稠石油沥青工程性能的 3 大指标。

通常石油沥青中地沥青质含量多，在一定程度上能够减小其温度敏感性。在工程使用时往往加入滑石粉、石灰石粉或其他矿物填料来减小其温度敏感性。沥青中含蜡量较多时，会增大其温度敏感性。多蜡沥青不能用在直接暴露于阳光和空气中的土木工程结构，是因为其沥青温度敏感性大，当温度不太高（60℃左右）时会发生流淌，在温度较低时又容易变硬开裂。

针入度指数是应用针入度和软化点试验结果来表征沥青感温性的一种指标，表示软化点之下的沥青感温性，用 PI 表示，可按式（13-1）计算：

$$\mathrm{PI}=\frac{30}{1+50A}-10 \tag{13-1}$$

式中：PI——针入度指数；

A——针入度温度感应系数，由沥青的针入度和软化点确定：

$$A = \frac{\lg 800 - \lg P_{(25℃,100g,5s)}}{T_{R\&B} - 25} \tag{13-2}$$

式中：$P_{(25℃,100g,5s)}$——在25℃、100g、5s条件下的针入度，0.1mm；

$T_{R\&B}$——环球法测定的软化点，℃。

针入度指数愈大，表明沥青对温度的敏感性愈小，即在温度升高时，沥青状态改变的程度较小。表现为夏季高温时沥青不易变软，有一定的抗车辙变形能力；但另一方面冬季沥青较硬，开裂的可能性增加。所以沥青PI<－2时，沥青的温度敏感性大；PI>＋2时，温度敏感性较低。为了兼顾高低温要求，一般宜选用针入度指数PI为－1～＋1的沥青作为路用沥青。

针入度指数的计算依据是在沥青达到软化点时的针入度值为800(0.1mm)的假设。实际上很多沥青在软化点时的针入度值并不是800(0.1mm)，为求得真实的针入度指数，可通过测定数个不同温度下的针入度，采用数学回归的方法计算得到。

4.黏附性

沥青克服外界不利影响因素(如环境对沥青的老化、水对沥青膜的剥离等)在集料表面的附着能力称为沥青的黏附性。黏附性直接影响沥青路面的使用质量和耐久性，是评价沥青技术性能的一项重要指标。

沥青黏附性的好坏首先与沥青自身特点密切相关，随着沥青稠度的增加或沥青中一些类似沥青酸的活性物质的增加，其黏附性加大。同时，集料的亲水性程度也直接决定着沥青和集料之间黏附性的优劣，憎水碱性石料的黏附性优于亲水酸性石料，所以采用石灰岩集料拌制的沥青混合料，其黏附性明显好于花岗岩沥青混合料。

目前常用水煮法或水浸法即通过一定条件下集料表面的沥青膜抵御水的剥离能力试验来评价沥青与集料之间粘附性好坏。

5.耐久性

路用沥青在储运、加热、拌和、摊铺、碾压、交通荷载和自然因素的作用下，会产生一系列的物理化学变化，从而使沥青逐渐改变其原有性能而变硬变脆，使沥青的路用性能明显变差，这种变化称为沥青的老化。当今修筑的高等级沥青路面，其设计寿命要长达10年以上，因此要求沥青材料具有较好的抗老化性，即良好的耐久性，它是评价沥青路用性能的又一重要指标。

沥青的老化过程是诸多因素共同作用的结果，将直接导致沥青变硬变脆，引起沥青路面开裂，产生道路病害。

当在拌和装置中与热矿质集料拌和时，沥青结合料承受了短期的老化，而沥青路面在承受环境和其他因素的综合作用下，会持续承受长期老化。目前使用蒸发损失试验和薄膜烘箱试验来估计热拌沥青混合料在拌和装置中发生的短期老化，前者适用于中、轻交通的道路石油沥青，后者适用于重交通道路石油沥青。将加热后的试样按规定方法进行针入度或延度、软化点等各项薄膜加热试验和残留物的相应试验，以此评价沥青的抗老化性能。

6.施工安全性

粘稠沥青在使用时必须加热，当加热到一定温度时，沥青材料中挥发的油分蒸气与周围空气组成混合气体，此混合气体遇火则发生闪火。若继续加热，油分蒸气和饱和度也继续增加。由于此种蒸气与空气组成的混合气体遇火极易燃烧，而引发火灾，因此，为保证施工安全和全面评价石油沥青的质量，应了解石油沥青的溶解度，必须测定沥青加热闪火和燃烧的温度，即所谓闪点和燃点。

溶解度是指石油沥青在三氯乙烯、四氯化碳或苯中溶解的百分率，以表示石油沥青中有效物质的含量，即纯净程度。那些不溶解的物质会降低沥青的性能（如黏性等），应把不溶物视为有害物质（如沥青碳或似碳物）而加以限制。

闪点是指加热沥青至挥发出的可燃气体和空气的混合物，在规定条件下与火焰接触，初次闪火（有蓝色闪光）时的沥青温度（℃）。

燃点是指加热沥青产生的气体和空气的混合物，与火焰接触能持续燃烧 5s 以上时沥青的温度（℃）。燃点通常比闪点约高 10℃。地沥青质含量越多，闪点和燃点相差愈大；液体沥青由于轻质成分较多，闪点和燃点相差很小。

闪点和燃点的高低表明沥青引起火灾或爆炸的可能性大小，它关系到运输、储存和加热使用等方面的安全性。石油沥青在熬制时，一般温度为 150～200℃，因此通常控制沥青的闪点应大于 230℃。为安全起见，沥青加热时还应与火焰隔离。

三、石油沥青技术指标检测

1. 沥青取样法

在生产厂、储存或交货验收地点为检查沥青产品质量的好坏，常常需要采集各种沥青材料的样品。

进行沥青性质常规检验的取样数量为：黏稠或固体沥青不少于 1.5kg；液体沥青不少于 1L；沥青乳液不少于 4L。进行沥青性质非常规检验及沥青混合料性质试验所需的沥青数量，应根据实际需要确定。

1）测试仪器

（1）盛样器：根据沥青的品种选择。液体或黏稠沥青采用广口、密封带盖的金属容器（如锅、桶等）；乳化沥青采用广口、带盖的聚氯乙烯塑料桶；固体沥青可用塑料袋，但需有外包装，以便携运。

（2）沥青取样器：金属制、带塞，塞上有金属长柄提手，形状如图 13-1 所示。

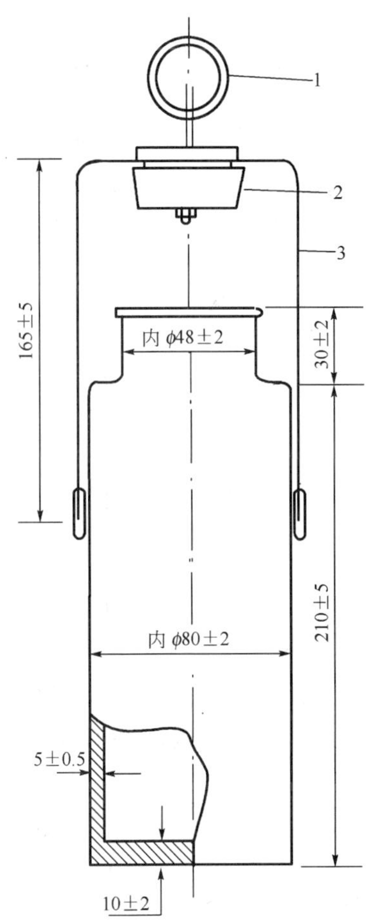

图 13-1　沥青取样器（尺寸单位：mm）
1-吊环；2-聚四氟乙烯塞；3-手柄

2）测试方法与步骤

检查取样器和盛样器是否干净、干燥，盖子是否配合严密。使用过的取样器或金属桶等盛样容器必须洗净、干燥后方可使用。对供质量仲裁用的沥青试样，应采用未使用过的新容器存放，并由供需双方人员共同取样，取样后双方在密封上签字盖章。

（1）从储油罐中取样。在无搅拌设备的储罐中取样时，如果是液体沥青或经加热已经变成流体的黏稠沥青，应先关闭进油阀和出油阀，然后再取样。用取样器在液面上、中、下位置（液面高各为 1/3 等分处，但距罐底不得低于总液面高度的 1/6）各取规定数量样品。每层取样后，取样器应尽可能倒干净。当储罐过深时，也可在流出口按不同流出深度分 3 次取样。当储罐中有搅拌设备时，从沥青层的中部取规定数量试样。对于静态存取的沥青，不能仅从罐顶用小桶取样，也不能仅从罐底阀门流出少量沥青取样。将取出的3个样品充分混合后取规定数量样品作为试样进行检验，也可分别进行检验。

(2)从槽车、罐车、沥青洒布车中取样。设有取样阀时，可旋开取样阀，待流出至少4kg或4L后再取样，取样阀如图13-2所示。仅有放料阀时，待放出全部沥青的一半时再从顶盖处取样。

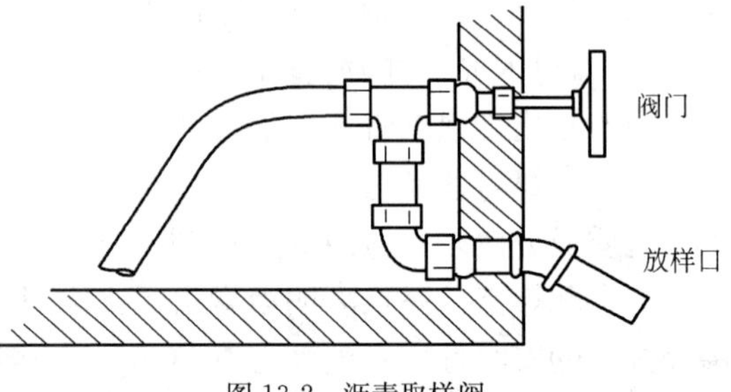

图13-2 沥青取样阀

(3)在装料或卸料过程中取样。在装料或卸料过程中取样时，要按时间间隔均匀地取至少3个规定数量样品，然后将这些样品充分混合后作为试样进行检验，也可分别进行检验。

(4)从沥青储存池中取样。储存池中的沥青应待加热熔化后，经管道或沥青泵流至沥青加热锅之后再取样。按时间间隔每锅均匀地至少取3个样品，然后将这些样品充分混匀后再取规定数量作为试样进行检验，也可分别进行检验。

(5)从沥青运输船取样。沥青运输船到港后，应分别从每个沥青仓的不同部位取3个样品，混合在一起作为样品进行检验。在卸油过程中取样时，应根据卸油量均匀的分3次从卸油口或管道途中的取样口取样，然后混合作为一个样品进行检验。

(6)从沥青桶中取样。若是同一批产品，可随机取样；若不是同一批产品，应根据桶数按照表13-1规定或按总桶数的立方根随机选出沥青桶数。将沥青桶加热至沥青全部熔化后，按罐车取样方法取样。若沥青桶不便加热，考虑到沥青桶中可能漏进去水，并且沥青桶上下部质量可能不均匀，应在桶高的中部将桶凿开取样，但样品应在距桶壁5cm以上的内部凿取，并采取措施防止样品散落地面沾有尘土。

选取沥青样品桶数 表13-1

沥青桶总数	选 取 桶 数	沥青桶总数	选 取 桶 数
2～8	2	217～343	7
9～27	3	344～512	8
28～64	4	513～729	9
65～125	5	730～1 000	10
126～216	6	1 001～1 331	11

沥青热态长期静放会有轻度的分离，仅从储罐顶面用小桶取样的方法在实际操作过程中是不允许的。需要加热的石油沥青试样不得装入纸袋、纸箱、塑料袋中，以免沥青化开时混入杂物或塑料成分，影响试验结果。

(7)固体沥青取样。固体沥青应在表面以下及容器侧面以内至少5cm处取样。如果沥青能够打碎，可用干净的工具将沥青打碎后取中间部分作为试样；如果沥青是软塑的，可用干净的热工具切割取样。

3)试样存放

(1)所有需加热的沥青试样除液体沥青、乳化沥青外，必须存放在密封带盖的金属容器中，严禁灌入纸袋、塑料袋中存放。试样应存放在阴凉干燥处，同时注意防止试样受污染，并应在容器外面标明试样来源、品种、取样日期、地点及取样人。

(2)冬季乳化沥青试样要采取防冻措施。

(3)试样需加热取用时，应一次取够一批试验所需的数量装入另一盛样器，其余试样密封保存，应尽量减少重复加热取样。质量仲裁样品的检验，重复加热的次数不得超过2次。

(4)由于沥青进库后保管不善，从沥青桶盖处进水，不仅增加了脱水工序，而且试样经常因脱水加热发生老化，导致产品质量检验不合格(通常是针入度变小)，因此在保管沥青及取样时必须注意防水问题。

2.沥青试样准备方法

1)测试仪器

(1)烘箱：200℃，装有温度调节器。

(2)加热炉具：电炉或其他燃气炉(丙烷石油气、天然气)。

(3)石棉垫：不小于炉具上面积。

(4)滤筛：筛孔孔径0.6mm。

(5)沥青盛样器皿：金属锅或瓷坩埚。

(6)温度计：0～100℃及200℃，分度为0.1℃。

(7)天平：称量2 000g，感量不大于1g；称量100g，感量不大于0.1g。

(8)乳化剂、1 000mL烧杯、玻璃棒、溶剂、洗油、棉纱等。

2)测试方法与步骤

(1)热沥青试样制备

①每个样品的数量根据需要决定，常规测定应不少于600g。将装有试样的盛样器带盖放入恒温烘箱中，当试样中含有水分时，烘箱温度80℃左右，加热至沥青全部熔化后，放在可控温的砂浴、油浴、电热套上加热脱水至无泡沫为止，时间不得超过30min，并用玻璃棒轻轻搅拌。当试样中无水分时，烘箱温度宜为135℃左右。同时应该特别注意沥青试样不能直接采用电炉或煤气炉明火加热，如不得已采用应加放石棉垫。

②将沥青通过0.6mm的滤筛过滤，不等冷却立即一次性灌入各项试验的模具中。根据需要也可将试样分别装入擦拭干净并干燥的一个或数个沥青盛样器中，数量应满足一批试验项目所需的沥青样品并有富余。

③在灌模过程中，沥青温度如有下降，可将其放入烘箱中适当加热，但反复加热的次数不能超过2次，以防沥青老化影响试验结果。应该注意在灌模过程中不要反复搅动沥青，同时应避免混进气泡。灌模剩余的沥青应立即清洗干净，不能重复使用。

(2)乳化沥青试样制备

晃动盛样器使乳化沥青试样上下混合均匀，试样数量较少时，应将盛样器上下倒置数次，使其均匀，将试样倒出要求数量，装入盛样器或烧杯中。

当乳化沥青在试验室自行配制时，可按下列步骤进行：

①按上述方法准备热沥青试样，根据所需的沥青乳液质量及沥青、乳化剂、水的比例计算各种材料的数量。

沥青用量按式(13-3)计算：

$$m_b = m_E \times P_b \tag{13-3}$$

式中：m_b——所需的沥青质量，g；

m_E——乳液总质量,g;

P_b——乳液中沥青含量,%。

乳化剂用量按式(13-4)计算:

$$m_e = m_E \times P_E / P_e \tag{13-4}$$

式中:m_e——乳化剂用量,g;

P_E——乳液中乳化剂的含量,%;

P_e——乳化剂浓度,即乳化剂中有效成分含量,%;

其余符号意义同前。

水的用量按下式(13-5)计算:

$$m_w = m_E - m_E \times P_b \tag{13-5}$$

式中:m_w——配制乳液所需水的质量,g;

其余符号意义同前。

②称取所需的乳化剂量放入 1 000mL 烧杯中,向盛有乳化剂的烧杯中加入所需的水,应将乳化剂中所含的水份扣除掉。

③将烧杯放到电炉上加热至乳化剂完全溶解,并不断搅拌,如需调整 pH 值可加入适量的外加剂,将溶液加热到 40~60℃。在容器中称取准备好的沥青并加热到 120~150℃。

④开动乳化机,用热水预热乳化机几分钟,然后把热水排净。将预热的乳化剂倒入乳化机中,随即将预热的沥青徐徐倒入,待全部沥青乳液在机中循环 1min 后放出,进行各项试验或密封保存。在倒入沥青过程中,应随时观察乳化情况,如出现异常,应立即停止倒入沥青,并把机中的沥青乳化剂混合液放出。

3. 沥青针入度试验

描述沥青的温度敏感性用针入度指数 PI,应在 15℃、25℃、30℃等 3 个或 3 个以上温度条件下测定针入度后按规定的方法计算得到,若 30℃时的针入度值过大,可用 5℃的针入度代替。当量软化点 T_{800} 是相当于沥青针入度为 800(0.1mm)时的温度,用以评价沥青的高温稳定性。当量脆点 $T_{1.2}$ 是相当于沥青针入度为 1.2(0.1mm)时的温度,用以评价沥青的低温抗裂性能。

1)测试仪器

(1)针入度仪:凡能保证针和针连杆在无明显摩擦下垂直运动,并能指示针贯入深度准确至 0.1mm 的仪器均可使用。针和针连杆组合件总质量为 50g±0.05g,另附 50g±0.05g 砝码 1 只,试验时总质量为 100g±0.05g。

(2)标准针由硬化回火的不锈钢制成,洛氏硬度为 HRC(54~60),表面粗糙度 R_a(0.2~0.3μm),针及针杆总质量 2.5g±0.05g,针杆上应打印有号码标志,针应设有固定用装置盒(筒),以免碰撞针尖,每根针必须附有计量部门的检验单,并定期进行检验。

(3)盛样皿:金属制,圆柱形平底。小盛样皿的内径 55mm,深 35mm(适用于针入度小于 200);大盛样皿内径 70mm,深 45mm(适用于针入度 200~350);对针入度大于 350 的试样需使用特殊盛样皿,其深度不小于 60mm,试样体积不少于 125mL。

(4)盛样皿盖:平板玻璃,直径不小于盛样皿开口尺寸。

(5)平底玻璃皿:容量不少于 1L,深度不少于 80mm,内设有不锈钢三脚支架,使盛样皿稳定。

(6)恒温水槽:容量不少于 10L,控温的准确度为 0.1℃。水槽中应设有一带空的搁架,位于水面下不得少于100mm，距水槽底不得少于50mm处。

(7)温度计：0～50℃，分度为0.1℃。

(8)溶剂：三氯乙烯等。

(9)秒表、电炉或砂浴、石棉网、金属锅或瓷把坩埚等。

2)测试方法与步骤

(1)制备试样，按试验要求将恒温水槽调节至试验温度25℃或15℃、30℃(5℃)等，保持稳定。

(2)将试样注入盛样皿中，应保证高度超过预计针入度值10mm，为了防止灰尘落入应及时盖上盖。在15～30℃室温中冷却1～1.5h(小盛样皿)、1.5～2h(大盛样皿)或2～2.5h(特殊盛样皿)后，移入保持试验温度±0.1℃的恒温水槽中1～1.5h(小盛样皿)、1.5～2h(大盛样皿)或2～2.5h(特殊盛样皿)。

(3)调整针入度仪使之能够正常工作，然后按照试验要求加上附加砝码。

(4)取出盛样皿移入水温控制在试验温度±0.1℃(可用恒温水槽中的水)的平底玻璃皿中的三脚支架上，试样上表面距水层表面的距离不少于10mm。

(5)将盛有试样的平底玻璃皿置于针入度仪的平台上，并慢慢放下针连杆，用适当位置的反光镜或灯光反射观察，使针尖恰好与试样表面接触。拉下刻度盘的拉杆，使其与针连杆顶端轻轻接触，调节刻度盘或深度指示器归零。

(6)开动秒表，在指针指向5s的瞬间，用手紧压按钮，使标准针自动下落贯入试样，经规定时间，停压按钮使针停止移动。当采用自动针入度仪时，计时与标准针落下贯入试样同时开始，至5s时自动停止。拉下刻度盘拉杆与针连杆顶端接触，读取刻度盘指针或位移指示器的读数，准确至0.5(0.1mm)。

(7)同一试样平行试验不得少于3根，各测试点之间及与盛样皿边缘的距离不应少于10mm，每次试验后应将盛有盛样皿的平底玻璃皿放入恒温水槽，使平底玻璃皿中水温保持试验温度。每次试验应换一根干净标准针或将标准针取下用蘸有三氯乙烯溶剂的棉花或布擦干净。

(8)测定针入度大于200的沥青试样时，至少用3根标准针，每次试验后将针留在试样中，直至3次平行试验完成后，方能将针取出。

(9)测定针入度指数PI时，按同样的方法在15℃、25℃、30℃(或5℃)3个温度条件下分别测定沥青的针入度。

3)测试结果

根据测试结果按照下面的方法计算针入度指数、当量软化点及当量脆点。

(1)公式计算法

对不同温度条件下测试的针入度值取对数、令 $y=\lg P$，$x=T$，按式(13-6)的针入度对数与温度的直线关系，进行 $y=a+bx$ 一元一次方程的直线回归，求取针入度温度指数 $A_{\lg Pen}$。

$$\lg P=K+A_{\lg Pen}\times T \tag{13-6}$$

式中：T——不同试验温度，相应温度下的针入度；

K——回归方程的常数项；

$A_{\lg Pen}$——回归方程系数。

按式(13-6)回归时必须进行相关性检验，当温度条件为3个时，直线回归相关系数 R 不得小于0.997(置信度95%)，否则，试验无效，应重做。

按式(13-7)计算沥青的针入度指数 PI,并记为 PI_{lgPen}。

$$PI_{lgPen}=\frac{20-500A_{lgPen}}{1+50A_{lgPen}} \tag{13-7}$$

按式(13-8)计算沥青的当量软化点 T_{800}。

$$T_{800}=\frac{\lg 800-K}{A_{lgPen}}=\frac{2.9031-K}{A_{lgPen}} \tag{13-8}$$

按式(13-9)计算沥青的当量脆点 $T_{1.2}$。

$$T_{1.2}=\frac{\lg 1.2-K}{A_{lgPen}}=\frac{0.0792-K}{A_{lgPen}} \tag{13-9}$$

按式(13-10)计算沥青的塑性温度范围 ΔT。

$$\Delta T=T_{800}-T_{1.2}=\frac{2.8239}{A_{lgPen}} \tag{13-10}$$

(2)诺模图法

这种方法不能检验针入度对数与温度直线回归的相关系数,主要是供快速草算时使用。将 3 个或 3 个以上不同温度条件下测试的针入度绘于图 13-3 的针入度—温度关系诺模图中,按最小二乘法法则绘制回归直线,将直线向两端延长,分别与针入度为 800(0.1mm)及 1.2(0.1mm)的水平线相交,交点的温度即为当量软化点 T_{800} 和当量脆点 $T_{1.2}$。以图中 O 点为原点,绘制回归直线的平行线,与 PI 线相交,读取交点处的 PI 值即为该沥青的针入度指数。

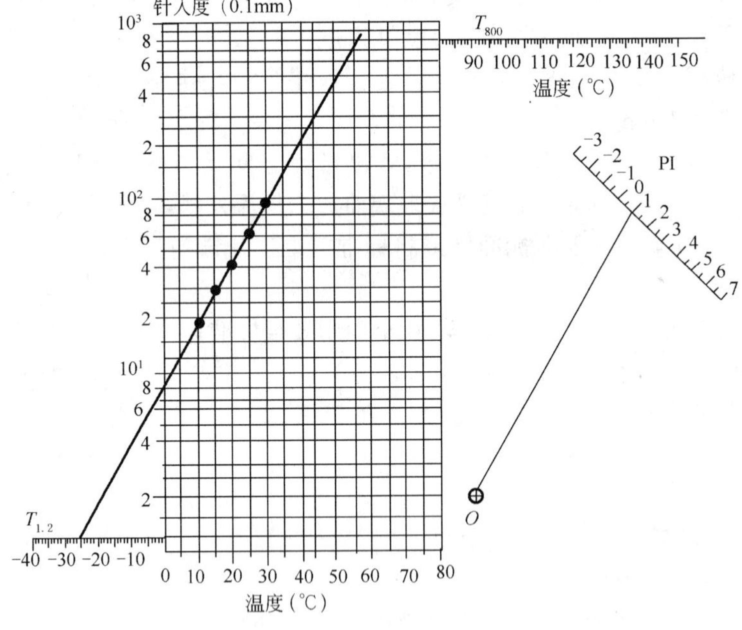

图 13-3 针入度—温度关系诺模图

4)测试报告

在测试报告中应记录标准温度(25℃)时的针入度 T_{25} 以及其他试验温度 T 所对应的针入度 P 并计算针入度指数 PI、当量软化点 T_{800}、当量脆点 $T_{1.2}$,当采用公式计算法时,试验应标明按式(13-6)直线回归的相关系数 R。

同一试样 3 次平行试验结果的最大值和最小值之差在允许偏差范围内时,以 3 次试验结果的平均值取整数作为针入度的试验结果,以 0.1mm 为单位。当试验值不符合偏差要求时,试验应重新进行。

针入度(0.1mm)	允许差值(0.1mm)
0～49	2
50～149	4
150～249	12
250～500	20

当试验结果小于50(0.1mm)时，重复性试验的允许差为2(0.1mm)，复现性试验的允许差为4(0.1mm)。当结果等于或大于50(0.1mm)时，重复性试验的允许差为平均值的4%，复现性试验的允许差为平均值的8%。

4. 沥青延度试验

试验温度与拉伸速率可根据要求采用，通常采用的试验温度为25℃、15℃、10℃或5℃，拉伸速度为5cm/min±0.25cm/min，低温采用的拉伸速度为1cm/min±0.05cm/min，应在报告中注明。

1)测试仪器

(1)延度仪：将试件浸没于水中，能保持规定的试验温度及按照规定拉伸速度拉伸试件且试验时无明显振动的延度仪均可使用，其形状及组成如图13-4所示。

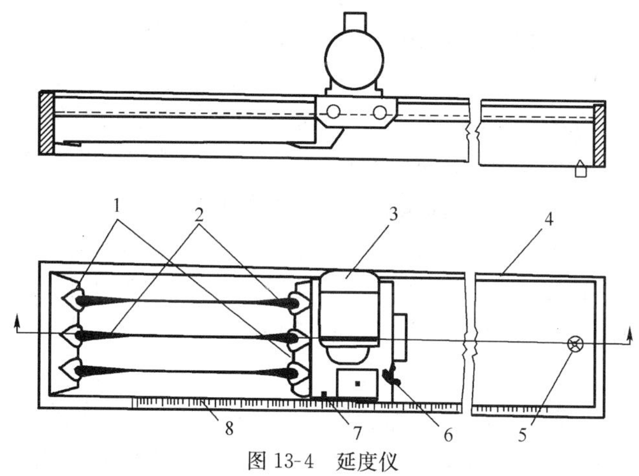

图13-4 延度仪

1-试模；2-试样；3-电机；4-水槽；5-漏水孔；6-开关柄；7-指针；8-标尺

(2)试模：黄铜制，由两个端模和两个侧模组成，其形状及尺寸如图13-5所示。试模内表面粗糙度 R_a(0.2μm)，当装配好后可浇铸成表13-2所规定尺寸的试样。试模底板由玻璃板或磨光的铜板、不锈钢板组成，表面粗糙度 R_a(0.2μm)。

延度试样尺寸(单位：mm)　　表13-2

总　　长	74.5～75.5
中间缩颈部长度	29.7～30.3
端部开始缩颈处宽度	19.7～20.3
最小横断面宽	9.9～10.1
厚度(全部)	9.9～10.1

(3)甘油滑石粉隔离剂(甘油与滑石粉的质量比2：1)。

(4)温度计：0～50℃，分度为0.1℃。

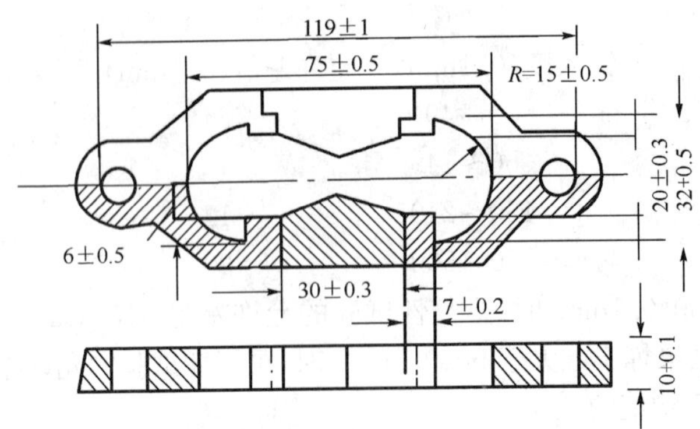

图 13-5　延度试模(尺寸单位:mm)

(5)砂浴或其他加热炉具。

(6)恒温水槽:容量不少于 10L,控制温度的准确度为 0.1℃,水槽中应设有带孔搁架,搁架距水槽底不得少于 50mm。试件浸入水中深度不小于 100mm。

(7)平刮刀、石棉网、酒精、食盐等。

2)测试方法与步骤

(1)在试模的内表面刷隔离剂,并在试模底板上安装好。

(2)将准备好的试样从试模的一端至另一端往返数次缓缓注入模中,最后略高出试模,灌模时应注意不要混入气泡。

(3)试件在室温中冷却 30～40min,然后置于规定试验温度±0.1℃的恒温水槽中 30min 后取出,整平试件使沥青面与试模面齐平。将试模连同底板再浸入规定试验温度的水槽中 1～1.5h。

(4)检查延度仪延伸速度是否符合要求,然后调节移动滑板归零。向延度仪内注水,并保温使其达到试验温度±0.5℃。

(5)将保温后的试件连同底板移入延度仪的水槽中,然后将盛有试样的试模自玻璃板或不锈钢板上取下,将试模两端的孔分别套在滑板及槽端固定板的金属柱上,并取下侧模。水面距试件表面的距离不应小于 25mm。

(6)开动延度仪,并注意观察试样的延伸情况。同时应注意,在试验过程中,水温应始终保持试验温度,且仪器不得有振动,水面不得有晃动,当水槽采用循环水时,应暂时中断循环,停止水流。在试验中,如发现沥青细丝浮于水面或沉入槽底时,则应在水中加入酒精或食盐,调整水的密度与试样相近后,重新进行试验。

(7)试件拉断时,读取读数,以 cm 表示,在正常情况下,试件延伸时应成锥尖状,拉断时实际断面接近于零。如不能得到这种结果,则应在报告中注明。

3)测试报告

同一试样每次平行试验不少于 3 个,如 3 个测定结果均大于 100cm,试验结果记作">100cm";如有特殊要求也可分别记录实测值。如 3 个测定结果中,有 1 个以上的测定值小于 100cm 时,并且最大值或最小值与平均值之差满足重复性试验精密度要求,即当试验结果小于 100cm 时,重复性试验的允许差为平均值的 20%;复现性试验的允许差为平均值的 30%。则取 3 个测定结果平均值的整数作为延度试验结果,若平均值大于 100cm,记作">100cm";若最大值或最小值与平均值之差不符合重复性试验精密度要求时,试验应重新进行。

5. 沥青软化点试验

常用软化点指标来评价沥青温度敏感性。软化点是指沥青由固态转变为具有一定流动性青体的温度，可采用环球法测定。

1)测试仪器

(1)软化点试验仪：如图 13-6 所示，由下列部件组成。

钢球：直径 9.53mm，质量 3.5g±0.05g。

试样环：黄铜或不锈钢等制成，形状尺寸如图 13-7 所示。

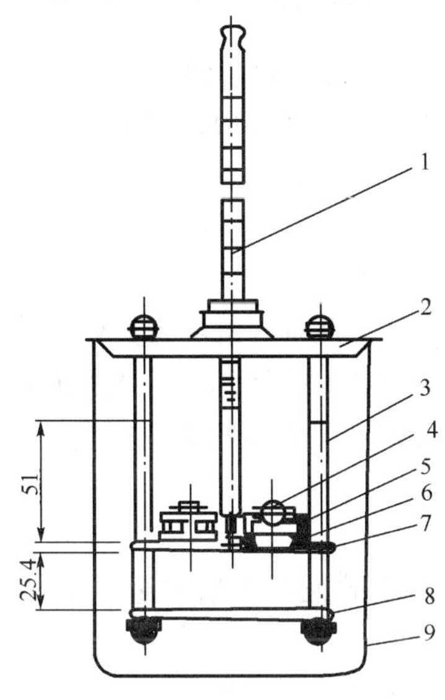

图 13-6 软化点试验仪(尺寸单位：mm)

1-温度计；2-上盖板；3-立杆；4-钢球；5-钢球定位环；6-金属环；7-中层板；8-下底板；9-烧杯

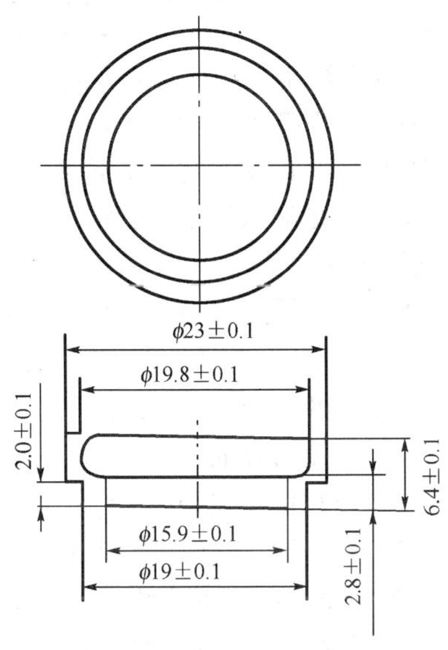

图 13-7 试样环(尺寸单位：mm)

钢球定位环：黄铜或不锈钢制成，形状尺寸如图 13-8 所示。

金属支架：由 2 个主杆和 3 层平行的金属板组成。上层为一圆盘，直径略大于烧杯直径，中间有一圆孔，用以插放温度计。中层板形状尺寸如图 13-9 所示，板上有 2 个孔，各放置金属环，中间有一小孔可支持温度计的测温端部。一侧立杆距环上面 51mm 处刻有水高标记。环下面距下层底板为25.4mm，而下底板距烧杯底不少于 12.7mm，也不得大于 19mm。3 层金属板和 2 个主杆由 2 个螺母固定在一起。

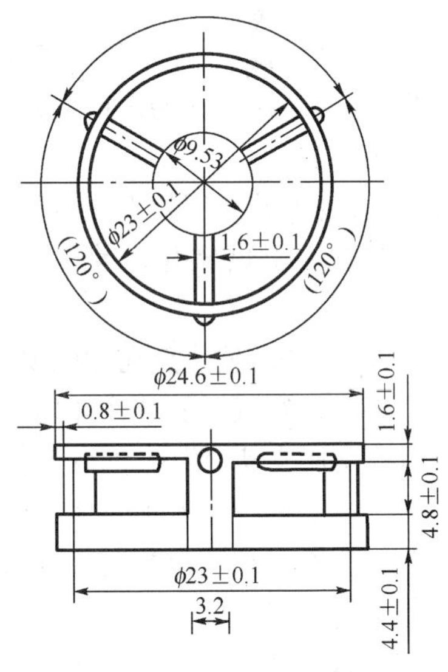

图 13-8 钢球定位环(尺寸单位：mm)

耐热玻璃烧杯：容量 800～1 000mL，直径不小于 86mm，高不小于 120mm。

温度计：0～80℃，分度为 0.5℃。

(2)环夹：由薄钢条制成，用以夹持金属环，以便刮平表面，形状、尺寸如图 13-10 所示。

(3)恒温水槽：控温的准确度为 0.5℃。

(4)试样底板：金属板，表面粗糙度应达 Ra(0.8μm)或玻璃板。

(5)甘油滑石粉隔离剂(甘油与滑石粉的质量比为 2：1)。

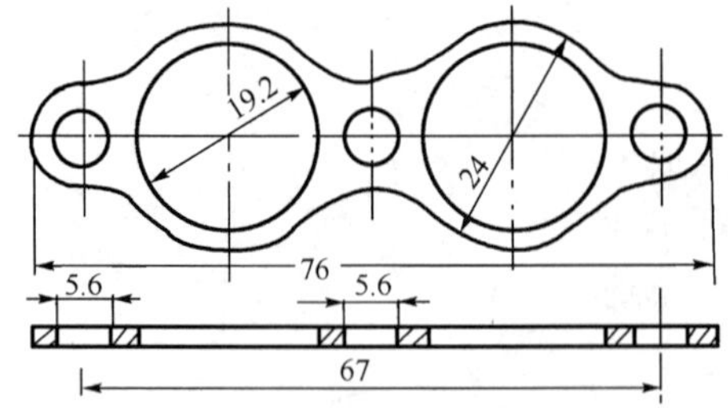

图 13-9　中层板(尺寸单位:mm)

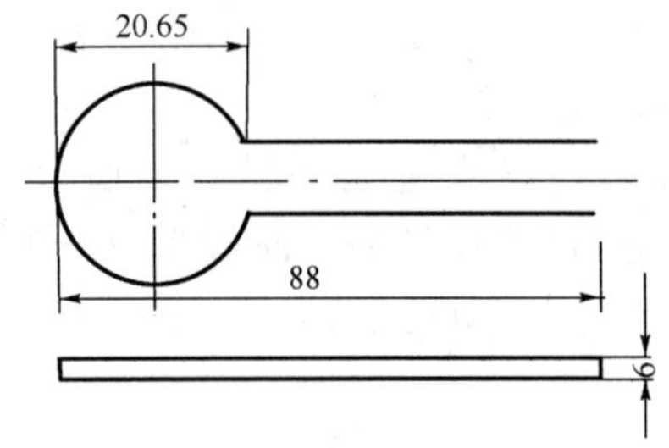

图 13-10　环夹(尺寸单位:mm)

(6)装有温度调节器的电炉或其他加热炉具(液化石油气、天然气等)。应采用带有振荡搅拌器的加热电炉,振荡子置于烧杯底部。

(7)新煮沸过的蒸馏水、石棉网、平直刮刀等。

2)测试方法与步骤

(1)将试样环置于涂有甘油滑石粉隔离剂的试样底板上,将准备好的沥青试样徐徐注入试样环内至略高出环面为止。如估计试样软化点高于 120℃,则试样环和试样底板(不用玻璃板)均应预热至 80～100℃。试样在室温冷却 30min 后,用环夹夹着试样杯,并用热刮刀刮除环面上的试样,使与环面齐平。

(2)当试样软化点在 80℃以下时:

①将装有试样的试样环连同试样底板置于 5℃±0.5℃水的恒温水槽中至少 15min,同时将金属支架、钢球、钢球定位环等也置于水槽中。

②在烧杯内注入新煮沸并冷却至 5℃的蒸馏水,水面略低于立杆上的深度标记。

③从恒温水槽中取出盛有试样的试样环放置在支架中层板的圆孔中,套上定位环,然后将整个环架放入烧杯中,调整水面至深度标记,并保持水温为 5℃±0.5℃。环架上任何部分不得附有气泡。将 0～80℃的温度计由上层板中心孔垂直插入,使端部测温头底部与试样环下面齐平。

④将盛有水和环架的烧杯移至放有石棉网的加热炉具上,然后将钢球放在定位环中间的试样中央,立即开动振荡搅拌器,使水微微振荡,并开始加热,调整杯中水温在 3min 内达到每分钟上升 5℃±0.5℃,并保持这个上升速度不变。在加热过程中,应记录每分钟上升的温度值,如温度上升速度超出此范围,则试验应重做。

⑤试样受热软化逐渐下坠,当其与下层底板表面接触时,应立即读取温度,准确至 0.5℃。

(3)当试样软化点在 80℃以上时:

①将装有试样的试样环连同试样底板置于装有 32℃±1℃甘油的恒温水槽中至少 15min,同时将金属支架、钢球、钢球定位环等也置于甘油中。

②在烧杯内注入预先加热至 32℃的甘油,其液面略低于立杆上的深度标记。

③从恒温水槽中取出装有试样的试样环,按上述③～⑤的方法进行测定,准确至 1℃。

3)测试报告

当试样软化点小于 80℃时,重复性试验的允许差为 1℃,复现性试验的允许差为 4℃。当试样软化点等于或大于 80℃时,重复性试验的允许差为 2℃,复现性试验的允许差为 8℃。

同一试样平行试验的次数不应少于 2 次,若测定值的差值符合上述要求时,取其平均值作为软化点试验结果,准确至 0.5℃。

第二节 沥青混合料的分类和技术性能

沥青混合料是一种黏弹塑性材料，具有良好的力学性能、一定的高温稳定性和低温抗裂性，修筑路面不需设置接缝，行车较舒适，而且施工方便、速度快，能及时开放交通，并可再生利用。因此，沥青混合料是高等级道路修筑中的一种主要路面材料。

一、沥青混合料的分类

沥青混合料是由沥青、粗集料、细集料和矿粉以及外加剂等所组成的多相结构。由于组成材料质量的差异和数量比例的不同，可形成不同的组成结构，并表现为不同的力学性能。沥青混合料的分类可以根据矿质混合料级配、集料的最大粒径、结构组成等进行划分。

沥青混合料类型如表 13-3 所示。

热拌沥青混合料类型 表 13-3

沥青混合料类型		最大粒径（mm）	公称最大粒径（mm）	级配类型与设计空隙率（%）		
				密级配		开级配
				3～5	3～4	＞18
AC	砂粒式	9.5	4.75	AC—5		
	细粒式	13.2	9.5	AC—10		
		16	13.2	AC—13		
	中粒式	19	16	AC—16		
		26.5	19	AC—20		
	粗粒式	31.5	26.5	AC—25		
SMA	细粒式	13.2	9.5		SMA—10	
		16	13.2		SMA—13	
	中粒式	19	16		SMA—16	
		26.5	19		SMA—20	
OGFC	细粒式	13.2	9.5			OGFC—10
		16	13.2			OGFC—13

二、沥青混合料的使用范围

沥青混合料的种类可以根据交通性质、路面结构、现有材料、施工地区的气候条件和施工条件等因素加以选择。

热拌沥青混合料用途最广，适用于任何交通量的道路，可用于路面的上层、下层和整平层，也可以用于修建基层。一般剩余空隙率较大的沥青碎石（砾石），只用于修建路面的下层或整平层，路面上层应采用空隙率较小的沥青混凝土铺筑。粗粒式沥青混合料只用于修建路面的下层，它的粗糙表面有助于与上层牢固结合。中粒式沥青混合料主要用于修建路面上层和中层式面层，这种混合料修筑路面表面非常粗糙，可以保证汽车轮胎与路面之间有可靠的摩擦力。细粒式沥青混合料广泛用于修建路面上层，这种混合料具有较大均匀性、足够的抗挤能力，可以防止壅包、波浪和其他剪切变形的发生。只要沥青混合料中有足够数量坚硬、耐磨的碎石，就能使路面具有必要的粗糙。砂粒式沥青混合料仅用于路面的封层和表面处治，由于颗粒过小，该沥青混合料层厚以 10mm 为宜，过厚容易发生推挤和壅包现象。

三、沥青混合料的技术标准

《公路沥青路面施工技术规范》(JTG F40—2004)对热拌沥青混合料的马歇尔试验技术指标如表 13-4 所示，同时提出了密级配沥青混凝土马歇尔试验技术要求(表 13-5)；沥青稳定碎石混合料马歇尔试验配合比设计技术要求(表 13-6)；SMA 混合料马歇尔试验配合比设计技术要求(表 13-7)；沥青混合料车辙试验动稳定度技术要求(表 13-8)；沥青混合料低温弯曲试验破坏应变(με)技术要求(表 13-9)；沥青混合料水稳定性检验技术要求(表 13-10)；沥青混合料试件渗水系数技术要求(表 13-11)；SMA 配合比设计检验指标(表 13-12)。

热拌沥青混凝土马歇尔试验技术标准 表 13-4

项　目		沥青混合料类型	高速公路、一级公路、城市快速路、主干线	其他等级公路及城市道路	行人道路
击实次数(次)		沥青混凝土 沥青碎石、抗滑表层	两面各 75 两面各 50	两面各 50 两面各 50	两面各 35 两面各 35
技术指标	1. 稳定度 MS(kN)	I 型沥青混凝土 II 型沥青混凝土、抗滑表层	>7.5 >5.0	>5.0 >4.0	>3.0 —
	2. 流值 FL(0.1mm)	I 型沥青混凝土 II 型沥青混凝土、抗滑表层	20～40 20～40	20～45 20～45	2～5 —
	3. 空隙率(VV)(%)	I 型沥青混凝土 II 型沥青混凝土、抗滑表层 沥青碎石	3～6 4～10 >10	3～6 4～10 >10	3～6 —
	4. 沥青饱和度(vvA)	I 型沥青混凝土 II 型沥青混凝土、抗滑表层	70～85 60～75	70～85 60～75	75～90 —
	5. 残留稳定度(MS)(%)	I 型沥青混凝土 II 型沥青混凝土、抗滑表层	>75 >70	>75 >70	>75 —

密级配沥青混凝土马歇尔试验技术标准 表 13-5

(本表适用于公称最大粒径≤26.5mm 的密级配沥青混凝土)

试验指标		单位	高速公路、一级公路				其他等级公路	行人道路
			夏炎热区(1-1、1-2、1-3、1-4 区)		夏热区及夏凉区(2-1、2-2、2-3、2-4、3-2 区)			
			中轻交通	重载交通	中轻交通	重载交通		
击实次数(双面)		次	75				50	50
试件尺寸		mm	φ101.6mm×63.5mm					
空隙率 VV	深约 90mm 以内	%	3～5	4～6	2～4	3～5	3～6	2～4
	深约 90mm 以下	%	3～6		2～4	3～6	3～6	—
稳定度 MS 不小于		kN	8				5	3

续上表

试验指标		单位	高速公路、一级公路				其他等级公路	行人道路
			夏炎热区（1－1、1－2、1－3、1－4区）		夏热区及夏凉区（2－1、2－2、2－3、2－4、3－2区）			
			中轻交通	重载交通	中轻交通	重载交通		
流值FL		mm	2～4	1.5～4	2～4.5	2～4	2～4.5	2～5
矿料间隙率VMA（%）不小于	设计空隙率（%）	相应于以下公称最大粒径(mm)的最小VMA及VFA技术要求						
		26.5	19	16	13.2	9.5	4.75	
	2	10	11	11.5	12	13	15	
	3	11	12	12.5	13	14	16	
	4	12	13	13.5	14	15	17	
	5	13	14	14.5	15	16	18	
	6	14	15	15.5	16	17	19	
沥青饱和度VFA（%）		55～70	65～75			70～85		

注：1. 对空隙率大于5%夏炎热区重载交通路段，施工时应至少提高压实度1个百分点。

2. 当设计空隙率不是整数时，由内插法确定要求的VMA最小值。

3. 对改性沥青混合料，马歇尔试验的流值可适当放宽。

沥青稳定碎石混合料马歇尔试验配合比设计技术要求 表13-6

试验指标	单位	密级配基层（ATB）	半开级配面层（AM）	排水式开级配磨耗层OGFC	密级配基层（ATB）	排水式开级配基层（ATPB）
公称最大粒径	mm	26.5mm	等于或小于26.5mm		等于或大于31.5mm	所有尺寸
马歇尔试件尺寸	mm	ϕ101.6mm×63.5mm			ϕ152.4mm×95.3mm	
击实次数（双面）	次	75	50	50	112	75
空隙率（VV）	%	3～6	6～10	不小于18	3～6	不小于18
沥青饱和度（VFA）	%	55～70	40～70	—	55～70	—
稳定度不小于	kN	7.5	3.5	3.5	15	—
流值	mm	1.5～4	—	—	实测	—
密级配基层ATB的矿料间隙率VMA不小于（%）		设计空隙率（%）	ATB—40	ATB—30	设计空隙率（%）	ATB—25
		4	11	11.5	4	12
		5	12	12.5	5	13
		6	13	13.5	6	14

注：在干旱地区，可将密级配沥青稳定碎石基层的空隙率适当放宽到8%。

SMA混合料马歇尔试验配合比设计技术要求 表13-7

试验项目	单位	技术要求	
		不使用改性沥青	使用改性沥青
马歇尔试件尺寸	mm	ϕ101.6mm×63.5mm	
马歇尔试件击实次数	—	两面击实50次	

续上表

<table>
<tr><td rowspan="2">试验项目</td><td rowspan="2">单位</td><td colspan="2">技术要求</td></tr>
<tr><td>不使用改性沥青</td><td>使用改性沥青</td></tr>
<tr><td>空隙率(VV)</td><td>%</td><td colspan="2">3～4</td></tr>
<tr><td>矿料间隙率 VMA 不小于</td><td>%</td><td colspan="2">17.0</td></tr>
<tr><td>粗集料骨架间隙率 VCA_{max},不大于</td><td>—</td><td colspan="2">VCA_{DRC}</td></tr>
<tr><td>沥青饱和度(VFA)</td><td>%</td><td colspan="2">75～85</td></tr>
<tr><td>稳定度不小于</td><td>kN</td><td>5.5</td><td>6.0</td></tr>
<tr><td>流值</td><td>mm</td><td>2～5</td><td>—</td></tr>
<tr><td>谢伦堡沥青析漏试验的结合料损失</td><td>%</td><td>不大于 0.2</td><td>不大于 0.1</td></tr>
<tr><td>肯塔堡飞散试验的混合料损失或浸水飞散试验</td><td>%</td><td>不大于 20</td><td>不大于 15</td></tr>
</table>

注:1. 对集料坚硬不易击碎,通行重载交通的路段,也可将击实次数增加为双面 75 次。

2. 对高温稳定性要求较高的重交通路段或炎热地区,设计空隙率允许放宽到 4.5%,VMA 允许放宽到 16.5%(SMA—16)或 16%(SMA—19),VFA 允许放宽到 70%。

3. 试验粗集料骨架间隙率 VCA 的关键性筛孔,对 SMA—19、SMA—16 是指 4.75mm,对 SMA—13、SMA—10 是指 2.36mm。

4. 稳定度难以达到要求时,容许放宽到 5.0kN(非改性)或 5.5kN(改性),但动稳定度检验必须合格。

沥青混合料车辙试验动稳定度技术要求 表 13-8

<table>
<tr><td colspan="2">气候条件与技术指标</td><td colspan="9">相应于下列气候分区所要求的动稳定度(次/mm)</td></tr>
<tr><td colspan="2" rowspan="3">七月平均最高气温(℃)及气候分区</td><td colspan="4">＞30</td><td colspan="4">20～30</td><td>＜20</td></tr>
<tr><td colspan="4">1. 夏炎热区</td><td colspan="4">2. 夏热区</td><td>3. 夏凉区</td></tr>
<tr><td>1-1</td><td>1-2</td><td>1-3</td><td>1-4</td><td>2-1</td><td>2-2</td><td>2-3</td><td>2-4</td><td>3-2</td></tr>
<tr><td colspan="2">普通沥青混合料,不小于</td><td colspan="2">800</td><td colspan="2">1 000</td><td>600</td><td colspan="3">800</td><td>600</td></tr>
<tr><td colspan="2">改性沥青混合料,不小于</td><td colspan="2">2 400</td><td colspan="2">2 800</td><td>2 000</td><td colspan="3">2 400</td><td>1 800</td></tr>
<tr><td rowspan="2">SMA 混合料</td><td>非改性,不小于</td><td colspan="9">1 500</td></tr>
<tr><td>改性,不小于</td><td colspan="9">3 000</td></tr>
<tr><td colspan="2">OGFC 混合料</td><td colspan="9">1 500(一般交通路段)、3 000(重交通量路段)</td></tr>
</table>

注:1. 如果其他月份的平均最高气温高于七月时,可使用该月平均最高气温。

2. 在特殊情况下,如钢桥面铺装、重载车特别多或纵坡较大的长距离上坡路段、厂矿专用道路,可酌情提高动稳定性的要求。

3. 对因气候寒冷确需使用针入度很大的沥青(如大于 100),动稳定性难以达到要求,或因采用石灰岩等不很坚硬的石料,改性沥青混合料的动稳定性难以达到要求等特殊情况,可酌情降低要求。

4. 为满足炎热地区及重载车要求,在配合比设计时采取减少最佳沥青用量的技术措施时,可适当提高试验温度或增加试验荷载进行试验,同时增加试件的碾压成型密度和施工压实度要求。

5. 车辙试验不得采用二次加热的混合料,试验必须检验其密实度是否符合试验规程的要求。

6. 如需对公称最大粒径等于和大于 26.5mm 的混合料进行车辙试验,可适当增加试件的厚度,但不宜作为评定合格与否的依据。

沥青混合料低温弯曲试验破坏应变(με)技术要求　　表 13-9

气候条件与技术指标	相应于下列气候分区所要求的破坏应变(με)								
年极端最低气温(℃)及气候分区	<－37.0		－21.5～－37.0			－9.0～－21.5		>－9.0	
	1. 冬严寒区		2. 冬寒区			3. 冬冷区		4. 冬温区	
	1-1	2-1	1-2	2-2	3-2	1-3	2-3	1-4	2-4
普通沥青混合料，不小于	2 600		2 300			2 000			
改性沥青混合料，不小于	3 000		2 800			2 500			

沥青混合料水稳定性检验技术要求　　表 13-10

气候条件与技术指标		相应于下列气候分区的技术要求(%)			
年降雨量(mm)及气候分区		>1 000	500～1 000	250～500	<250
		1. 潮湿区	2. 湿润区	3. 半干区	4. 干旱区
浸水马歇尔试验残留稳定度(%)，不小于					
普通沥青混合料		80		75	
改性沥青混合料		85		80	
SMA 混合料	普通沥青	75			
	改性沥青	80			
冻融劈裂试验的残留强度比(%)，不小于					
普通沥青混合料		75		70	
改性沥青混合料		80		75	
SMA 混合料	普通沥青	75			
	改性沥青	80			

沥青混合料试件渗水系数(mL/min)技术要求　　表 13-11

混合料类型	渗水系数技术要求(mL/min)
密级配沥青混凝土，不大于	120
SMA 混合料，不大于	80
OGFC 混合料，不小于	实测

SMA 配合比设计检验指标　　表 13-12

检 验 项 目	单位	当不使用改性沥青时	当使用改性沥青时
谢伦堡沥青析漏试验的结合料损失	%	不大于 0.2	不大于 0.1
肯塔堡飞散试验的混合料损失(20℃)	%	不大于 2.5	不大于 15
构造深度	mm	0.8～1.3	

注：对 SMA 混合料，除按表 13-7～表 13-10 规定的项目进行配合比设计检验外，尚应按表 13-12 所列项目进行检验，其中谢伦堡沥青析漏试验在最高施工温度条件下进行，无明确规定时，非改性沥青混合料的试验温度为 170℃，改性沥青混合料的试验温度为 185℃。肯塔堡飞散试验的标准试验温度外围 20℃，在多雨潮湿地区，也可进行浸水飞散试验，其标准试验温度为 60℃。各项检验均符合表 13-12 的要求，试验方法采用《公路工程沥青及沥青混合料试验规程》(JTJ 052—2000)进行。

第三节 沥青混合料配合比设计

热拌沥青混合料配合比设计采用沥青混合料马歇尔试验方法，即首先按配合比设计拌制沥青混合料，然后制成规定尺寸试件，经 12h 测定其表观密度、空隙率、沥青饱和度、矿料间隙率等物理指标，然后测定稳定度和流值，必要时还要进行动稳定度校核。

热拌沥青混合料配合比设计包括目标配合比设计、生产配合比设计和生产配合比验证等 3 个阶段，通过配合比设计决定沥青混合料的材料品种、矿料级配及沥青用量。

沥青混合料组成设计包括原材料选择和配合比设计 2 方面的工作，对材料选择侧重于其质量是否能够达到路用性能要求，混合料配合比设计包括矿料级配类型和沥青用量的确定等 2 个方面的内容。

一、配合比设计的要求

(1)根据道路的等级、路面类型和结构层次确定沥青混凝土的矿质混合料级配范围，根据现有的各种矿料筛分结果，用图解法确定各种矿质材料的配合比。

(2)根据矿质混合料类型确定相应的沥青用量范围，通过马歇尔试验确定最佳沥青用量。

(3)根据路用性能，对混合料的级配调整，同时沥青用量要按水稳性和抗车辙性进行校核。

二、矿质混合料的配合比组成设计

矿质混合料配合比组成设计的目的是选配一个具有足够密实度并且有较高内摩阻力的矿质混合料，可以根据级配理论，计算出需要的矿质混合料级配范围。但为了应用已有的研究成果和实践经验，通常是采用规范推荐的矿质混合料级配范围，并按现行规范规定的步骤进行设计。

1. 确定沥青混合料类型

沥青混合料类型根据使用要求、气候特点、交通条件、结构层功能等因素，结合沥青层厚度和当地实践经验综合确定。各国对沥青混合料的公称最大粒径(D)同路面结构层最小厚度(h)的关系均有规定，除前苏联规定矿料公称最大粒径分别为面层厚度的 0.6 倍与底基层厚度的 0.7 倍外，一般均规定为 0.5 倍以下。

我国研究表明：随 h/D 增大，耐疲劳性提高，但车辙量增大；相反 h/D 减少，车辙量也减少，但耐久性降低，特别是在 $h/D<2$ 时，疲劳耐久性急剧下降。因此，建议结构层厚度 h 与最大粒径 D 之比应控制在 $h/D \geq 2.5 \sim 3$。只有控制好结构层厚度与最大公称粒径之比，才能保证摊铺的沥青混合料拌和均匀，达到密实度和平整度的要求，保证施工质量。

2. 确定矿质混合料的级配范围

沥青混合料的设计级配范围按工程设计文件或招标文件的规定执行。当发现设计文件规定的级配明显不合理时，有责任提出修改建议。在经实践证明是合理、且有成功把握的情况下，设计级配范围容许超出规范规定的级配范围。所确定的设计级配范围必须得到主管部门，包括工程设计单位、建设单位和监理单位的认可和批准。设计级配范围一经确定，不得随意变更。

当设计文件无明确规定时，采用规范推荐的矿质混合料级配作为设计级配范围，然后再根据工程所在地的气候条件、交通条件、公路等级、路面类型、混合料所处的层次等因素，对规定的矿料级配范围进行调整，确定其设计级配范围。

3.矿质混合料配合比设计

(1)组成材料的原始数据测定。根据现场取样，对粗集料、细集料和矿粉进行筛析试验，按筛析结果分别绘出各组成材料的筛分曲线，同时测出各组成材料的相对密度，用于计算物理常数。

(2)采用试配法对各种矿料的配合比进行计算，也可采用图解法或电算法。设计的合成级配必须符合设计级配范围的要求，合成的级配曲线，不能有太多的锯齿形交错。当经反复调整后，仍有两个以上的筛孔超出设计级配范围时，应更换原材料重新进行设计。

(3)根据需要，可在确定的设计级配范围内，计算1～3组粗细不同的配合比，使包括0.075mm、2.36mm、4.75mm筛孔在内的较多筛孔的通过量分别接近设计级配范围的上限、中限及下限，但应避免0.3～0.6mm范围内出现驼峰。

(4)在级配曲线上绘制配制的几组设计级配曲线，查看其与最大密度线的接近程度，估计设计级配的VMA值。如果过分接近，VMA可能太小，应调整设计级配，尤其是0.075mm、2.36mm、4.75mm筛孔，使之稍稍偏离最大密度线的两侧，具有适当的VMA值。适宜的VMA值由集料的公称最大粒径按表13-13确定。

最小VMA值 表13-13

集料的公称最大粒径(mm)	37.5	31.5	26.5	19	16	13.2	9.5
最小的VMA值(%)	11	11.5	12	13	13.5	14	15

三、确定沥青用量

按照规范推荐的沥青用量范围预估一个沥青用量，以此为中值，按0.5%间隔递增，确定5个沥青用量分别加入到所设计的矿质混合料中，拌和均匀后制成马歇尔试件，然后按照马歇尔试验方法确定沥青的最佳用量。

对于初步确定的配合比，还要根据设计规定的各项技术指标进行水稳定性、高温稳定性和低温抗裂性等性能的检验，如果各项技术指标均符合要求，此配合比即为试验室配合比。如果不符合要求，应重新进行配合比设计直至各项技术指标均符合要求为止。

第四节　沥青混合料试件的制作方法

不同的试件成型方法对沥青混合料的试验结果有较大的影响，许多国家对道路沥青混合料试件的成型方法进行了研究，认为轮碾法和振动击实法符合路面成型条件，搓揉压实法能够模拟路面成型条件。根据我国的实际情况和国外的发展趋势，本节主要介绍击实法、轮碾法和静压法，同时也介绍了比较先进的搓揉成型法。

一、击　实　法

用击实法制作沥青混合料试件适用于标准击实法或大型击实法制作沥青混合料试件，以供实验室进行沥青混合料物理力学性质试验使用。标准击实法适用于马歇尔试验、间接抗拉试验(劈裂法)等所使用的ϕ101.6mm×63.5mm圆柱体试件的成型。大型击实法适用于ϕ152.4mm×95.3mm的大型圆柱体试件的成型。

沥青混合料配合比设计及在实验室人工制作沥青混合料试件时，试件尺寸应符合试件直径不小于集料公称最大粒径的 4 倍,厚度不小于集料公称最大粒径的 1～1.5 倍的规定。对直径 ϕ101.6mm 的试件,集料公称最大粒径应不大于 26.5mm。对粒径大于 26.5mm 的粗粒式沥青混合料,其大于 26.5mm 的集料应用等量的 13.2～26.5mm 集料代替(替代法),也可采用直径 ϕ152.4mm 的大型圆柱体试件。大型圆柱体试件适用于集料公称最大粒径不大于 37.5mm的情况。实验室成型的一组试件的数量不得少于 4 个,集料较粗时应增加至5～6个。

用拌和厂及施工现场采集的沥青混合料成品试样制作直径 ϕ101.6mm 的试件时,按下列规定选用不同的方法及试件数量:当集料公称最大粒径小于或等于 26.5mm 时,可直接取样(直接法),一组试件的数量通常为 4 个;当集料公称最大粒径大于 26.5mm,但不大于 31.5mm,宜将大于 26.5mm 的集料筛除后使用(过筛法),一组试件数量仍为 4 个,如采用直接法,一组试件的数量应增加至 6 个;当集料公称最大粒径大于 31.5mm 时,必须采用过筛法,过筛的筛孔为 26.5mm。

1. 仪器设备

(1)击实仪。

标准击实仪:由击实锤、ϕ98.5mm 平圆形压实头及带手柄的导向棒组成。用人工或机械将压实锤举起,从 457.2mm±1.5mm 高度沿导向棒自由落下击实,标准击实锤质量4 536g±9g。

大型击实仪:由击实锤、ϕ149.5mm 平圆形压实头及带手柄的导向棒(直径 15.9mm)组成。用机械将压实锤举起,从 457.2mm±2.5mm 高度沿导向棒自由落下击实,大型击实锤质量10 210g±10g。

自动击实仪:自动击实仪是将标准击实锤及标准击实台安装一体,并用电力驱动使击实锤连续击实试件且可自动记数的设备,击实速度为 60 次/min±5 次/min。大型击实法电动击实的功率不小于 250W。

(2)标准击实台:用以固定试模,在 200mm×200mm×457mm 的硬木墩上面有一块 305mm×305mm×25mm 的钢板,木墩用 4 根型钢固定在下面的水泥混凝土板上。木墩采用青冈栎、松或其他干密度为 0.67～0.77g/cm^3 的硬木制成。人工击实或机械击实均必须有此标准击实台。

(3)实验室用沥青混合料拌和机:能保证拌和温度并充分拌和均匀,可控制拌和时间,容量不小于 10L,如图 13-11 所示。搅拌叶自转速度 70～80r/min,公转速度 40～50r/min。

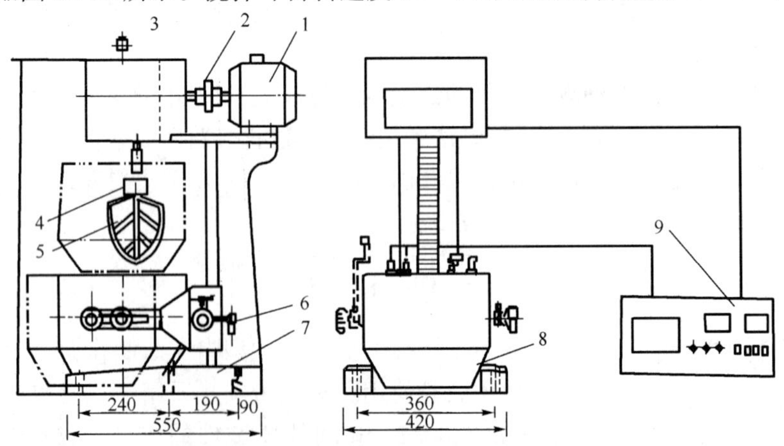

图 13-11　试验室用沥青混合料拌和机(尺寸单位:mm)

1-电机;2-联轴器;3-变速箱;4-弹簧;5-拌和叶片;6-升降手柄;7-底座;8-加热拌和锅;9-温度时间控制仪

(4)脱模器：电动或手动，可无破损地推出圆柱体试件，备有标准圆柱体试件及大型圆柱体试件尺寸的推出环。

(5)试模：由高碳钢或工具钢制成，每组包括内径 101.6mm±0.2mm、高 87mm 的圆柱形金属筒，底座(直径约 120.6mm)和套筒(内径 101.6mm，高 70mm)各 1 个。

大型圆柱体试件的试模与套筒如图 13-12 所示。套筒外径 165.1mm，内径 155.6mm±0.3mm，总高 83mm。试模内径 152.4mm±0.2mm，总高 115mm，底座板厚 12.7mm，直径 172mm。

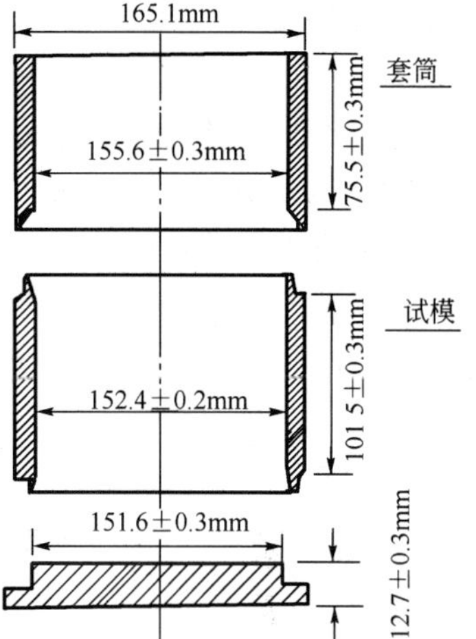

图 13-12　大型圆柱体试件的试模与套筒

(6)天平或电子秤：用于称量矿料的，感量不大于 0.5g；用于称量沥青，感量不大于 0.1g。

(7)烘箱：大、中型各 1 台，装有温度调节器。

(8)温度计：分度为 1℃，宜采用有金属插杆的热电偶沥青温度计，金属插杆的长度不小于 300mm，量程 0～300℃，数字显示或度盘指针的分度 0.1℃，且有留置读数功能。

(9)沥青运动黏度测定设备：毛细管黏度计，赛波特重油黏度计或布洛克菲尔德黏度计。

(10)插刀或大螺丝刀、电炉或煤气炉、沥青熔化锅、拌和铲、标准筛、滤纸(或普通纸)、胶布、卡尺、秒表、粉笔、棉纱等。

2.成型前的准备工作

(1)确定制作沥青混合料试件的拌和与压实温度。

①用毛细管黏度计测定沥青的黏度，绘制黏温曲线。按表 13-14 的要求确定适宜于沥青混合料拌和及压实的黏温曲线。

适宜于沥青混合料拌和及压实的沥青等黏温度　　表 13-14

沥青结合料种类	黏度与测定方法	适宜于拌和的沥青结合料黏度	适宜于压实的沥青结合料黏度
石油沥青(含改性沥青)	表观黏度，T0625 运动黏度，T0619 赛波特黏度，T0623	(0.17±0.02)Pa·s (170±20)mm²/s (85±10)s	(0.28±0.03)Pa·s (280±30)mm²/s (140±15)s
煤沥青	恩格拉黏度，T0622	25℃±3℃	40℃±5℃

②当缺乏沥青黏度测定条件时，试件的拌和及压实温度，可按表 13-15 选用，并根据沥青品种和等级作适当调整。针入度小，稠度大的沥青取高限；针入度大，稠度小的沥青取低限，一般取中值。

沥青混合料拌和及压实温度参照表　　表 13-15

沥青结合料种类	拌和温度(℃)	压实温度(℃)
石油沥青	130～160	120～150
煤沥青	90～120	80～110
改性沥青	160～175	140～170

对改性沥青，应根据改性剂的种类和用量，适当提高其拌和及压实温度，对大部分聚合物改性沥青，需要在基质沥青的基础上提高 15～30℃左右，掺加纤维时，尚应再提高 10℃左右。

③常温沥青混合料的拌和及压实在常温下进行。

(2)在拌和厂或施工现场采集沥青混合料试样时，将试样置于烘箱或加热的砂浴上保温，在混合料中插入温度计测量温度，待混合料温度符合要求后成型。需要适当拌和时可倒入已加热的小型沥青混合料拌和机中适当拌和，时间不超过 1min。但不得用铁锅在电炉或明火上直接加热炒拌。

(3)在试验室人工配制沥青混合料时，材料准备按下列步骤进行：

①将各种规格的矿料置于 105℃±5℃的烘箱中烘干至恒重(一般不少于 4～6h)。根据需要，粗集料可先用水冲洗干净，然后再烘干。也可将粗细集料过筛后用水冲洗再烘干备用。

②分别测定不同粒径规格粗、细集料及填料(矿粉)的各种密度，并测定沥青的密度。

③将烘干分级的粗细集料，按每个试件设计级配要求称其质量，在一金属盘中混合均匀，矿粉单独加热，置于烘箱中预热至沥青拌和温度以上约 15℃(采用石油沥青时通常为 163℃；采用改性沥青时通常需 180℃)备用。一般按一组试件(每组 4～6 个)进行备料，但进行配合比设计时应对每个试件分别备料。当采用替代法时，对粗集料中粒径大于 26.5mm 的部分，以 13.2～26.5mm 粗集料等量代替。常温沥青混合料的矿料不应加热。

④将采集的沥青试样，用恒温烘箱或油浴、电热套熔化加热至规定的沥青混合料拌和温度，但不得超过 175℃。当不得已采用燃气炉或电炉直接加热进行脱水时，必须使用石棉垫隔开。

(4)用沾有少许黄油的棉纱擦净试模、套筒及击实座等，并置于 100℃左右烘箱中加热 1h 备用。常温沥青混合料用试模不用加热。

3. 沥青混合料的拌制

沥青混合料应根据不同的混合料种类采用不同的方法进行拌制。

1)黏稠石油沥青或煤沥青混合料

(1)将沥青混合料拌和机预热至拌和温度以上 10℃左右备用。对试验室试验研究、配合比设计及采用机械拌和施工的工程，严禁用人工炒拌法热拌沥青混合料以防沥青局部过热老化。

(2)将预热的粗细集料倒入拌和机内，并用小铲子适当混合，然后再加入需要数量的已加热至拌和温度的沥青。如沥青已称量在专用容器内，可在倒掉沥青后用一部分热矿粉将沾在容器壁上的沥青擦拭干净，一起倒入拌和锅中。开动拌和机拌和 1～1.5min，然后暂停，加入单独加热的矿粉，继续拌和至均匀为止，并使沥青混合料保持在规定的拌和温度范围内。标准的总拌和时间为 3min。

2)液体石油沥青混合料

将沥青混合料拌和机加热至 55～100℃，然后将所需的矿料倒入其中，注入所需数量的液体沥青，并将混合料边加热边拌和，使液体沥青中的溶剂挥发至 50 %以下。拌和时间应通过试拌来决定。

3)乳化沥青混合料

将每个试件的粗细集料倒入沥青混合料拌和机中，加入所需的用水量。如果是阴离子乳化沥青，则不加水。拌和均匀并使矿料表面完全湿润，再加入所需的沥青乳液，在 1min 内使混合料拌和均匀，然后加入矿粉后迅速拌和，直至混合料拌成褐色为止。

4. 击实法成型试件

(1)称取一个试件所需的的沥青混合料用量(标准马歇尔试件约 1 200g，大型马歇尔试件约 4 050g)。当已知沥青混合料的密度时,可根据试件的标准尺寸计算,并乘以 1.03 得到混合料数量。当一次拌和几个试件时,应将其倒入经预热的金属盘中,用小铲拌和均匀,然后再分成几份,分别取用。在试件制作过程中,为防止混合料温度下降,应连盘放在烘箱中保温。

(2)从烘箱中取出试模及套筒,用沾有少许黄油的棉纱擦拭套筒、底座及击实锤底面。在试模的底座上,垫一张圆形的吸油性小的纸,按四分法从 4 个方向用小铲将混合料铲入试模中,用插刀或大螺丝刀沿周边插捣 15 次,中间 10 次。插捣后将沥青混合料表面整平成凸圆弧面。对大型马歇尔试件,混合料分 2 次加入,每次插捣次数同上。

(3)插入温度计,至混合料中心附近,检查混合料温度。

(4)待混合料温度符合规定的压实温度后,将试模连同底座一起放在击实台上固定,在装好的混合料上面垫一张吸油性小的圆纸,再将装有击实锤及导向棒的压实头插入试模中,然后开启电动机或人工将击实锤从 457mm 的高度自由落下击实规定的次数 75 次,50 次或 35 次。对大型马歇尔试件,击实次数为 75 次(相应于标准击实 50 次的情况)或 112 次(相应于标准击实 75 次的情况)。

(5)试件一面击实完成后,再按同样的方法击实另一面。乳化沥青混合料试件在两面击实完成后,将一组试件在室温下横向放置 24h;另一组试件放在温度为 105℃±5℃的烘箱中养生 24h 后取出再立即两面各击实 25 次。

(6)试件击实结束后,立即用镊子取掉上下面的圆纸,用卡尺量取试件离试模上口的高度并由此计算试件高度。如果高度不符合要求,试件应作废,并按下式调整试件的混合料质量,以保证高度符合 63.5mm±1.3mm(标准试件)或 95.3mm±2.5mm(大型试件)的要求。

调整后混合料质量=要求试件高度×原用混合料质量/所得试件的高度

(7)卸去套筒和底座,将试模横向放置冷却至室温,一般不少于 12h,放在脱模机上脱模。用于作现场马歇尔指标检验的试件,在施工质量检验过程中如急需试验,允许采用电风扇吹 1h 或浸水冷却 3min 以上的方法脱模,但浸水脱模法不能用于测量密度、空隙率等各项物理指标。

(8)将试件放在干燥洁净的平面上备用。

二、轮 碾 法

在试验室制作沥青混合料试件一般采用轮碾法,用于沥青混合料物理力学性质的检验。轮碾法适用于板块状试件 300mm×300mm×50mm(或 40mm)或 300mm×300mm×100mm 的成型,由此板块状试件用切割机切制成棱柱体试件,或在试验室用芯样钻机钻取试样,成型试件的密度应符合马歇尔标准击实密度(100±1)%的要求。

沥青混合料试件制作时的试件尺寸应符合下面的要求:对轮碾板块试件,碾压层厚度不小于公称最大集料粒径的 1~1.5 倍;对切割棱柱体试件,长度不小于公称最大集料粒径的 4 倍,宽度或厚度不小于公称最大集料粒径的 1~1.5 倍;对轮碾成型板厚 50mm 的试件,矿料规格及试件数量应符合击实法的规定,但当试件厚度等于或大于 100mm 时,也可用直接法制作试件。

1.仪器设备

(1)轮碾成型机:如图 13-13 所示,它具有与钢筒式压路机相似的圆弧形碾压轮,轮宽 300mm,压实线荷载为 300N/cm,碾压行程等于试件长度,经碾压后的板块状试件可达到马歇尔试验标准击实密度的(100±1)%。当无轮碾成型机时,可用手动碾代替,手动碾轮宽与试件同宽。备有 10kg 砝码 5 个，以调整载重（手动碾成型的试件厚度不大于 50mm）。在施工现场也可采用压路机代替。

(2)试验室用沥青混合料拌和机：能保证拌和温度并充分拌和均匀，可控制拌和时间，宜采用容量大于 30L 的大型沥青混合料拌和机，也可采用容量大于 10L 的小型拌和机。

(3)试模：由高碳钢或工具钢制成，试模尺寸应保证成型后符合试件尺寸的规定。试验室制作车辙试验板块状试件的标准模如图 13-14 所示，内部平面尺寸为 300mm×300mm、高 50mm(或 40mm)或 100mm。

图 13-13　轮碾成型机

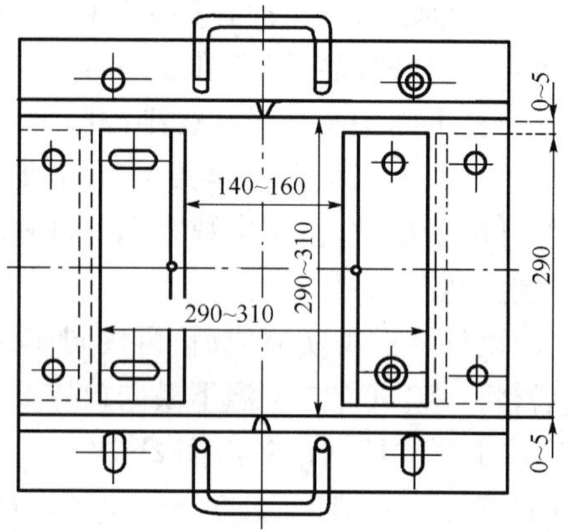

图 13-14　车辙试验试模(尺寸单位：mm)

(4)手动碾压成型车辙试件的试模框架：硬木或钢板制，内部尺寸 300mm×300mm×50mm，平面能与试模边缘齐平。

(5)钻孔取芯机：用电力或汽油机，柴油机驱动，有淋水冷却装置。金刚石钻头的直径根据试件的直径选择（通常为 100mm，根据需要也可为 150mm）。钻孔深度不小于试件厚度，钻头转速不小于 1 000r/min。

(6)小型击实锤：钢制，端部断面 80mm×80mm，厚 10mm，带手柄，总质量 0.5kg 左右。

(7)沥青运动黏度测定设备：布洛克菲尔德黏度计、毛细管黏度计或赛波特黏度计。

(8)台秤、天平或电子秤：称量 5kg 以上时，感量不大于 1g；称量 5kg 以下时，用于称量矿料的感量不大于 0.5g，用于称量沥青的感量不大于 0.1g。

(9)切割机：试验室用金刚石锯片锯石机（单锯片或双锯片切割机）或现场用路面切割机，有淋水冷却装置，其切割厚度不小于试件厚度。

(10)烘箱：大、中型各 1 台，装有温度调节器。

(11)温度计：分度为 1℃，宜采用有金属插杆的热电偶沥青温度计，金属插杆的长度不小于 300mm，量程 0～300℃，数字显示或度盘指针的分度 0.1℃，且有留置读数功能。

(12)干冰：固体 CO_2。

(13)电炉或煤气炉、沥青熔化锅、拌和铲、标准筛、滤纸、胶布、卡尺、秒表、粉笔、垫木、棉纱等。

2. 成型前的准备工作

(1)沥青混合料的拌和与压实温度按照马歇尔稳定度试件成型方法来确定，常温沥青混合料的拌和及压实在常温下进行。

(2)在拌和厂或施工现场采集沥青混合料试样。如混合料温度符合规定要求，可直接用于成型。在试验室人工配制沥青混合料时，按马歇尔稳定度试件成型方法准备矿料及沥青，加热备用，常温沥青混合料的矿料不需加热。

(3)将金属试模及小型击实锤等放入100℃左右的烘箱中加热1h备用，常温沥青混合料用试模不需加热。

(4)按马歇尔稳定度试件成型方法拌制沥青混合料，混合料及各种材料数量由1块试件的体积按马歇尔标准击实密度乘以1.03的系数计算。对试验室试验研究、配合比设计检验及采用机械拌和施工的工程，不得用人工炒拌法拌制沥青混合料。当采用大容量沥青混合料拌和机时，应全量1次拌和；当采用小型混合料拌和机时，可分2次拌和。

3.轮碾法成型试件

1)试验室成型试件

(1)用轮碾成型机制备试件时，试件尺寸通常为300mm×300mm×50mm(或40mm)，也可根据需要采用其他尺寸，但一层碾压的厚度不得超过100mm。

(2)从烘箱中取出试模，装上试模框架，在试模中铺一张裁好的普通纸(可用报纸)，使底面及侧面均被纸隔离。将拌和好的沥青混合料用小铲稍加拌和后，分2次拌和的混合料应倒在一起，同时注意不得散失，均匀地沿试模由边至中按顺序转圈装入试模，中部要略高于四周。

(3)取下试模框架，用预热的小型击实锤由边至中转圈夯实一遍，整平成凸圆弧形。

(4)插入温度计，待混合料稍稍冷却至马歇尔稳定度试验规定的压实温度后碾压，为了保证混合料冷却均匀，试模底下可用垫木支起，在表面铺一张普通纸。

(5)当用轮碾机碾压时，应先将碾压轮预热至100℃左右，如果不加热，应铺牛皮纸。然后，将盛有沥青混合料的试模置于轮碾机的平台上，轻轻放下碾压轮，调整总荷载为9kN或线荷载300N/cm。

(6)启动轮碾机，先在一个方向往返碾压2次，卸荷，再抬起碾压轮，将试件调转方向，再加相同荷载碾压至马歇尔标准密实度(100±1)%为止。试件正式压实前，应通过试压决定碾压次数，一般往返碾压12次左右可达到规定的密实度要求。如试件厚度为100mm时，则应按先轻后重的原则分两层碾压。

(7)当用手动碾碾压时，先用空碾碾压，然后逐渐增加砝码荷载，直至将5个砝码全部加上，进行压实，直至达到马歇尔标准密实度(100±1)%为止。碾压方法及次数应通过试压确定，并压实至无轮迹为止。

(8)压实成型后，揭去表面的纸，用粉笔在试件表面标明碾压方向。将盛有压实试件的试模在室温条件下冷却不少于12h后再脱模。

2)工地上成型试件

(1)采用具有代表性的沥青混合料样品，数量应不少于3个试件的需要量。

(2)按实验室方法称取一个试样混合料数量装入符合规定要求尺寸的试模中，用小锤均匀击实。试模应不妨碍碾压成型。

(3)碾压成型：用小型振动压路机或其他符合要求的压路机进行碾压，在规定的压实温度下，每遍碾压3～4s，约往返25次，使沥青混合料压实密度达到马歇尔标准密实度(100±1)%，也可采用手动碾压成型。应该注意，碾压过程中不能将试模撑开，以免影响试件尺寸。

(4)如将工地取样的沥青混合料送往试验室成型时，混合料必须放在保温桶内，保证其温度不会下降，且在抵达实验室后立即成型。如温度低于规定要求可适当加热至压实温度后，用轮碾成型机成型。若是完全冷却经二次加热重塑成型的试件，必须在试验报告上注明。

4. 切割机成型棱柱体试件

(1)按试验要求规定的试件尺寸，在轮碾成型的板块状试件表面规划切割试件的数目，但边缘 20mm 部分不得使用。

(2)切割顺序如图 13-15 所示，首先在与轮碾法成型垂直的方向，沿 $A—A$ 切割第 1 刀作为基准面，再在垂直的 $B—B$ 方向切割第 2 刀，精确量取试件长度后切割 $C—C$ 使 $A—A$ 及 $C—C$ 切下的部分大致相等。使用金刚石锯片切割时，一定要开放冷却水。

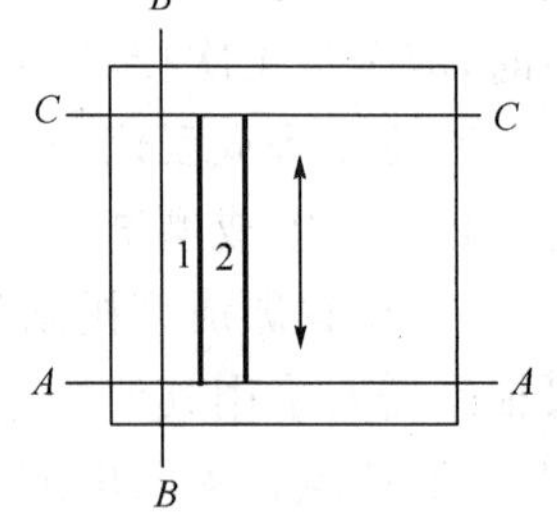

图 13-15　切割棱柱体试件的顺序

(3)仔细量取试件切割位置，按图 13-15 顺碾压方向($B-B$ 方向)切割试件，使试件宽度符合要求。锯下的试件应按顺序放在平玻璃板上排列整齐，然后再切割试件的底面及表面。将切割好的试件立即编号，用于弯曲试验的试件应用胶布贴上标记，保持轮碾机成型时的上下位置，直至弯曲试验时上下方向始终保持不变，试件的尺寸应符合各项试验规格要求。

(4)将完全切割好的试件放在玻璃板上，试件之间留有 10mm 以上的间隙，试件下垫一层滤纸，并经常挪动位置，使其完全风干。如急需使用，可用电风扇或冷风机吹干，每隔 1～2h，挪动试件 1 次，使试件加速风干，风干时间应不小于 24h。在风干过程中，试件的上下方向及排序不能搞错。

5. 试验室钻芯法成型圆柱体试件

(1)将轮碾成型机成型的板块状试件脱模，成型的试件厚度应不小于圆柱体试件的厚度。在板块状试件上距边缘部分不少于 20mm 范围内画出取样标记，根据需要，可选用直径 100mm 或 150mm 的金刚石钻头。

(2)将板块状试件置于钻机平台上固定，钻头对准取样位置。在钻孔位置堆放干冰，使试件迅速冷却。一边开动钻机，一边添加干冰，冷却钻头和试件。如果没有干冰，可开放冷却水，开动钻机，均匀地钻透试块，可在试块下垫上木板以保护钻头。

(3)提起钻机，取出试件吹干备用。

(4)根据需要，可再用切割机切去钻芯试件的一端或两端，达到要求的高度，但必须保证端面与试件轴线垂直且保持上下端平行。

三、静　压　法

在我国，静压法成型是广泛应用于基层材料的成型方法。但由于目前国内不少单位还不具备搓揉或振动成型条件制作抗压圆柱体和三轴压缩试件，对沥青混合料仍采用静压法成型试件。

采用静压法成型沥青混合料试件，可在试验室进行沥青混合料物理力学性质试验。采用静压法成型的试件，均可用振动压实或搓揉成型设备代替，成型试件密度以达到马歇尔标准击实试件密度(100±1)%为宜。试件尺寸应符合试件直径不小于公称最大集料粒径的 4 倍，试件厚度不小于公称最大集料粒径 1～1.5 倍的规定，其矿料规格及试件数量应符合击实法的规定。

1. 仪器设备

(1)实验室用沥青混合料拌和机:能保证拌和温度并充分拌和均匀,可控制拌和时间,拌和机的容量为10L(小型)或30L(大型)。

(2)压力机或带压力表的千斤顶:不小于300kN。

(3)各种试模:包括压头,每种不少于3组,由高碳钢或工具钢制成,试模尺寸应保证成型后符合规定的要求。

抗压试验圆柱体试模:采用ϕ100mm×100mm的试件尺寸时,试模内径与试件直径相同,试模高180mm,上下压头直径100mm,上压头高50mm,下压头高90mm。

三轴试验圆柱体试模:采用ϕ100mm×200mm的试件尺寸时,内径与试件直径相同,试模高300mm,上下压头直径100mm,上压头高50mm,下压头高90mm,试模也可由一个分成两半的内套和一个圆柱形外套组成。

(4)脱模器:电动或手动,可无破损地推出圆柱体试件,备有要求尺寸的推出环。

(5)沥青运动黏度测定设备:毛细管黏度计或赛波特黏度计。

(6)温度计:分度为1℃。宜采用有金属插杆的热电偶沥青温度计,金属插杆的长度应不小于300mm,量程0~300℃,数字显示或度盘指针的分度0.1℃,且有留置读数功能。

(7)台秤、天平或电子秤:称量5kg以上时,感量不大于1g;称量5kg以下时,用于称量矿料的感量不大于0.5g,用于称量沥青的感量不大于0.1g。

(8)烘箱:大、中型各1台,装有温度调节器。

(9)插刀或大螺丝刀、垫块、电炉或煤气炉、沥青熔化锅、拌和铲、标准筛、滤纸或普通纸、胶布、卡尺、秒表、粉笔、棉纱等。

2. 成型前的准备工作

沥青混合料的拌和、压实以及其他要求同轮碾法。按马歇尔稳定度试件成型方法拌制沥青混合料,数量略多于试件质量需要。插入温度计检测温度。待温度符合成型要求时用于装模,通常的装模温度为:石油沥青125℃±5℃,煤沥青105℃±5℃。

3. 成型方法与步骤

(1)按试件要求准确称取混合料数量,应为1个试件的体积与马歇尔标准击实密度的乘积。

(2)从烘箱中取出试模钢筒和承压头,立即在钢筒内部和承压头底面涂很少量的润滑油,并将下承压头置于钢筒中。为使承压头突出钢筒底口2~3cm,下承压头应加垫圈或垫块,并在下承压头上放置一张圆形薄纸。

(3)用小铲将符合成型温度要求的混合料分2次(高为100mm的试件)或3次(高为200mm的试件)仔细铲入钢筒中,随之用插刀沿钢筒周边插捣15次,中间10次。然后,用热铲整平混合料表面。

(4)将温度计插入混合料中心附近,待温度符合规定的压实温度时,垫上一层薄纸并盖好上承压头,同时应注意上下承压头伸出试模的高度应大体相同。

(5)将装有混合料的试模及垫圈(块)放在压力机或千斤顶平台上,加载至1MPa(对ϕ100mm的试件约为7.85kN)后撤去下面的垫圈(块),再逐渐均匀加载至要求的试件高度(约20~30MPa左右),并保持3min后卸载,记录加载大小。

(6)从试模中取出上下承压头后,稍事降温,在未完全冷却时趁热置脱模器上推出试件。成型试件的高度与标准高度的误差不得大于±2.0mm。脱模温度不能太低以免损伤试件。

(7)将试件竖立在平台上,并在室温下冷却24h,测定试件密度、空隙率等物理指标,不符合要求的应作废。

四、搓 揉 法

目前出现了许多新的成型方法，如搓揉法和振动成型法，有条件的单位可用其代替静压法。

1. 仪器设备

搓揉机、压力机、脱模机、烘箱、试模、手铲、捣棒、润滑油以及棉纱等。

2. 试验方法和步骤

(1)用油面纱在试模内壁和压头上涂少量润滑油，然后用手铲将拌和好的一半沥青混合料装入试模内，用捣棒在试模中央和边缘各插捣 20 次，再装入另一半，插捣 20 次。

(2)将试模装在搓揉成型机上，在 1.7MPa 压力下搓揉压实 20 次，石油沥青混合料一般为 110℃。然后将压力增加至 3.4MPa 喷气搓揉压实 150 次。

(3)从搓揉机上取下试模，放在 105℃±5℃烘箱中保温 1.5h 后取出，装在压力机上，以 6mm/min 的速率施加荷载至 56kN，然后整平试件，持荷 2min 后卸载。将试件在不低于 60℃的温度下脱模，然后水平放置在平整干燥的平板上冷却不少于 12h。

(4)测定试件的高度、密度、孔隙率等物理指标。如果不符合要求，试件应重作。

第五节　沥青混合料马歇尔稳定性试验

马歇尔试验是沥青混合料配合比设计和沥青路面施工质量控制中最重要的一个试验方法。为区别试验时浸水条件的不同，分为标准马歇尔试验、浸水马歇尔试验和真空饱水马歇尔试验。

标准马歇尔试验主要用于检测沥青混合料的高温稳定性和抗变形的能力，用稳定度、流值和马歇尔模数等指标表示。浸水马歇尔稳定度试验(根据需要，也可进行真空饱水马歇尔试验)主要用于检验沥青混合料受水损害时抵抗剥落的能力，用残留稳定度来表示，通过测试其水稳定性检验配合比设计的可行性。使用大型试件时称为大型马歇尔试验。应注意的是：马歇尔试验变异性与试件的成型高度关系很大，尤其是空隙率可能相差较大，所以制作试件时要很好的控制试件高度，高度不符合要求时应作废。

一、仪 器 设 备

(1)沥青混合料马歇尔试验仪：对用于高速公路和一级公路的沥青混合料应采用自动马歇尔试验仪，用计算机或 X—Y 记录仪记录荷载—位移曲线，并具有自动测定荷载与试件垂直变形的传感器、位移计，能自动显示或打印试验结果。对 ϕ63.5mm 的标准马歇尔试件，试验仪最大荷载不小于 25kN，读数准确度 100N，加载速率应能保持 50mm/min±5mm/min。钢球直径 16mm，上下压头曲率半径为 50.8mm。当采用 ϕ52.4mm 大型马歇尔试件时，试验仪最大荷载不得小于 50kN，读数准确度为 100N。上下压头的曲率内径为 152.4mm±0.2mm，上下压头间距 19.05mm±0.1mm。大型马歇尔试件的压头尺寸如图 13-16 所示。

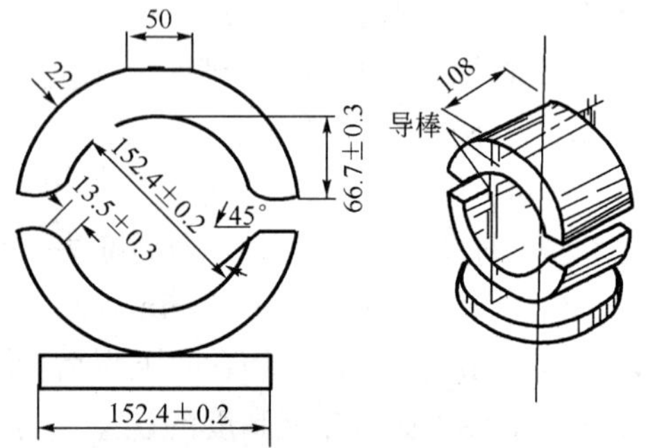

图 13-16　大型马歇尔试验的压头(尺寸单位：mm)

(2)真空饱水容器:包括真空泵及真空干燥器。

(3)恒温水槽:控温准确度为1℃,深度不小于150mm。

(4)温度计:分度为1℃。

(5)天平:感量不大于0.1g。

(6)烘箱、卡尺、棉纱、黄油等。

二、标准马歇尔试验

1.试验前的准备工作

(1)按标准击实法成型马歇尔试件,标准马歇尔试件尺寸应符合直径101.6mm±0.2mm、高63.5mm±1.3mm的要求。对大型马歇尔试件,其尺寸应符合直径152.4mm±0.2mm、高95.3mm±2.5mm的要求。一组试件的数量不得少于4个。

(2)用卡尺在十字对称的4个方向量测离试件边缘10mm处的高度,准确至0.1mm,并取其平均值作为试件的高度。如试件高度不符合试验要求或两侧高度差大于2mm,试件应作废。

(3)测定试件的密度、空隙率、沥青体积百分率、沥青饱和度、矿料间隙率等物理指标。

(4)将水槽调节至规定的试验温度,对黏稠石油沥青或烘箱养生过的乳化沥青混合料为60℃±1℃,对煤沥青混合料为33.8℃±1℃,对空气养生的乳化沥青或液体沥青混合料为25℃±1℃。

2.试验方法与步骤

(1)将试件放在恒温水槽中保温30~40min(标准马歇尔试件)或45~60min(大型马歇尔试件)。试件之间应留有一定间隔,底下应垫起,距容器底部不小于5cm。

(2)将马歇尔试验仪的上下压头放入水槽或烘箱中达到同样温度,然后取出擦拭干净内面。为保证上下压头滑动自如,可在下压头的导棒上涂少量黄油。再将试件取出放在下压头上,盖上上压头,然后装在加载设备上。在上压头的球座上放妥钢球,并对准荷载测定装置的压头。

(3)当采用压力环和流值计时,将流值计安装在导棒上,使导向套管轻轻地压住上压头,同时将流值计读数调零,调整压力环中百分表归零。当采用自动马歇尔试验仪时,将自动马歇尔试验仪的压力传感器、位移传感器与计算机或X—Y记录仪正确连接,调整好适宜的放大比例,并使记录笔对准原点。

(4)启动加载设备,调整加载速度为(50±5)mm/min,用计算机或X—Y记录仪自动记录传感器压力和试件变形曲线并将数据自动存入计算机。

(5)当荷载达到最大值的瞬间,取下流值计,同时读取百分表读数及流值计的流值读数。从恒温水槽中取出试件至测出最大荷载值的时间不超过30s。

三、浸水马歇尔试验方法

浸水马歇尔试验方法与标准马歇尔试验方法的不同之处在于:试件在已达规定温度恒温水槽中的保温时间为48h,其余均与标准马歇尔试验方法相同。

四、真空饱水马歇尔试验方法

试件先放入真空干燥器中,关闭进水胶管,开动真空泵,使干燥器的真空度达到98.3kPa(730mmHg)以上,维持15min;然后打开进水胶管,靠负压进入冷水流使试件全部浸入水中;

浸水 15min 后恢复常压，取出试件再放入规定温度的恒温水槽中保温 48h，其余均与标准马歇尔试验方法相同。

五、试验结果整理

1. 稳定度和流值

马歇尔稳定度是按规定条件采用马歇尔试验仪测定沥青混合料所能承受的最大荷载，以 kN 计，是反映沥青混合料强度的指标。流值是马歇尔试验时相应于最大荷载时试件的竖向变形，以 mm 计，是反映沥青混合料变形的指标。

当采用压力环和流值计试验时，根据压力环标定曲线，将百分表的读数换算成荷载值，或者由荷载测定装置读取的最大值即为试样的稳定度(MS)，以 kN 计，准确至 0.01kN。由流值计和位移传感器测定装置读取的试件垂直变形，即为试件的流值(FL)，以 mm 计，准确至 0.01mm。

当采用自动马歇尔试验仪进行试验时，将计算机采集的数据绘制成压力和试件变形曲线，或由 X—Y 记录仪自动记录的荷载—变形曲线，按图 13-17所示的方法使切线方向延长线与横坐标相交于 O_1，O_1 被称为修正原点，从 O_1 起量取相应于荷载最大值时的变形作为流值(FL)，以 mm 计，准确至 0.1mm。最大荷载即为稳定度(MS)，以 kN 计，准确至 0.01kN。

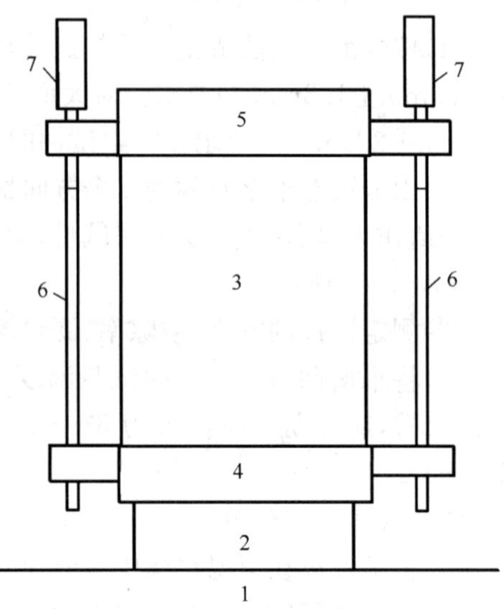

图 13-17　变形量测装置

1-试验机台；2-球座；3-试件；4-下压板；5-上压板；6-顶杆；7-千分表或其他变形量测装置

2. 马歇尔模数

稳定度与流值的比值即为马歇尔模数，该值可以间接的反映沥青混合料的高温稳定性与低温抗裂性。马歇尔模数可按式(13-11)计算：

$$T=\frac{\mathrm{MS}}{\mathrm{FL}} \tag{13-11}$$

式中：T——试件的马歇尔模数，kN/mm；

MS——试件的稳定度，kN；

FL——试件的流值，mm。

3. 浸水残留稳定度

沥青混合料试件浸水 48h 后的稳定度与标准马歇尔稳定度的比值即为残留稳定度，用百分数表示，可按式(13-12)计算：

$$\mathrm{MS}_0=\frac{\mathrm{MS}_1}{\mathrm{MS}}\times 100 \tag{13-12}$$

式中：MS_0——试件的浸水残留稳定度，%；

MS_1——试件浸水 48h 后的稳定度，kN；

其余符号意义同前。

4. 真空饱水残留稳定度

$$\mathrm{MS}'_0=\frac{\mathrm{MS}_2}{\mathrm{MS}}\times 100 \tag{13-13}$$

式中：MS'_0——试件的真空饱水残留稳定度，%；

MS_2——试件真空饱水后浸水 48h 后的稳定度，kN；

其余符号意义同前。

舍弃测定值中与平均值之差大于标准差 k 倍的数据，并以其余测定值的平均值作为试验结果。当试件数目 N 为 3、4、5、6 个时，k 值分别为 1.15、1.46、1.67、1.82。

当采用自动马歇尔试验仪进行试验时，试验结果应附上荷载—变形曲线原件或自动打印结果，并标明马歇尔稳定度、流值、马歇尔模数以及试件尺寸、试件的密度、空隙率、沥青用量、沥青体积百分率、沥青饱和度、矿料间隙率等各项物理指标。

第六节　沥青混合料单轴压缩试验

沥青混合料的单轴压缩试验是对沥青混合料试件施加单轴压缩荷载至破坏的试验，破坏时的最大应力即抗压强度，以 MPa 计，破坏时的垂直变形与试件的高度之比为破坏压缩应变，两者之比为压缩破坏劲度模量，以 MPa 计。

一、圆 柱 体 法

热拌沥青混合料的抗压回弹模量和抗压强度试验采用圆柱体法（直径 100mm±2.0mm，高 100mm±2.0mm）进行测定，加载速率为 2mm/min，用于计算弯沉的抗压回弹模量的标准试验温度为 20℃，用于验算弯拉应力的抗压回弹模量的标准试验温度为 15℃。

1. 仪器设备

(1)万能材料试验机，其他可施加荷载并测试变形的路面材料试验设备均可使用，但必须满足下列条件：

①最大荷载应满足不超过其量程的 80%，且不小于量程的 20%的要求，应采用 100kN，分度值为 100N。具有球形支座，压头可以活动，并与试件紧密接触。

②具有环境保温箱，控温准确度 0.5℃。当缺乏环境保温箱时，试验室应设置空调，控温准确度为 1.0℃。

③能符合加载速率保持 2mm/min 的要求。当采用马歇尔试验仪手动控制时，应事先校正手摇速率，以达到 2mm/min 的加载速率要求。

(2)变形量测装置：抗压试验加载用上下压板，下压板下应有带球面的底座。压板直径为 120mm，在直径 102mm 处有一浅的放置试件的圆周刻印。下压板直径线两侧有立柱顶杆，上压板直径线两侧装有千分表架，表架中心与顶杆中心位置一致(图13-17)。当试验机具有自动测定试件垂直变形或自动测量试件的压力与变形曲线功能时，可以直接使用，不必另外配备变形量测装置。

(3)恒温水槽：用于试件保温，温度能满足试验温度要求，控温精度为±0.5℃，并且水槽内的液体应能循环回流，深度应大于试件高度 50mm。

(4)温度计：分度为 0.5℃。

(5)台秤或天平：感量不大于 0.5g。

(6)2 只千分表(1/1 000mm)、秒表、卡尺等。

2. 试验前的准备工作

(1)用静压法成型沥青混合料试件，也可从轮碾机成型的板块试件上用钻芯机钻取试件。

试件尺寸应符合直径 100mm±2.0mm，高 100mm±2.0mm 的要求，密度应符合马歇尔标准击实密度 100%±1.0%的要求。如有条件，可采用振动压实或搓揉法成型试件。

(2)试件成型后不等完全冷却即可脱模，用卡尺量取试件高度，若最高部位与最低部位的高度差超过 2mm，此试件应作废。用于抗压强度试验的试件数不得少于 3 个，用于抗压回弹模量的一组试件数应为 3～6 个。

(3)将试件在室温条件下静置 24h 后，用卡尺在试件上下两个断面的垂直方向上正确量取试件直径，取四个数的平均值作为试件的计算直径(d)，准确至 0.1mm。用卡尺在试件的 4 个对称位置上正确量取试件高度，取 4 个数的平均值作为试件的计算高度(h)，准确至 0.1mm。

(4)测定试件的密度、空隙率等各项物理指标。

(5)将试件置于规定的试验温度(15℃或 20℃)的恒温水槽中保温 2.5h 以上，保温时试件之间的距离应不小于 10mm。此时压板、底座也应同时保温。在有空调的试验室内测试时，将室温调至要求的温度，试件放置 12h 以上。

(6)使试验机环境保温箱或空调试验室达到要求的试验温度。

3. 试验方法与步骤

1)抗压强度

将下压板、底座置于试验机升降台座上对中，迅速取出试件放在下压板中央刻线位置，加上上压板，以 2mm/min 的加载速率均匀加载直至破坏，读取荷载峰值(P)，准确至 100N。

2)抗压回弹模量

(1)确定加载级别：将测得的抗压强度平均值 P 均匀地分成 10 级荷载，分别取 0.1P、0.2P、0.3P、…、0.7P7 级(可取成接近的整数)作为试验荷载。

(2)将下压板、底座置于试验机升降台座上对中，迅速取出试件放在下压板中央刻线位置，加上上压板，在两侧千分表架上安置千分表，与下压板相应位置的千分表顶杆接触(图 13-18)。如果利用试验机的压力与试件变形自动测试功能时，做好相应的测试准备。

(3)调整试验机台座的高度，使加载顶板与压头中心轻轻接触。

(4)以 2mm/min 速度加载至 0.2P 进行预压保持 1min，观察两侧千分表增值是否接近，若 2 个千分表读数反向或增值差异大于 3 倍，则表明试件是偏心受压，调整球的位置，使两侧千分表读数大致接近，然后卸载，并重复预压 1 次。卸载至零后记录 2 个千分表的原始读数。

(5)以 2mm/min 速度加载至第 1 级荷载(0.1P)，立即读取千分表读数及实际荷载数，并以同样的速率卸载回零，开始启动秒表，待试件回弹变形 30s 后，再次记取千分表读数，加载与卸载 2 次读数之差即为此级荷载下试件的回弹变形(ΔL_i)。然后依次进行第 2、3、…、7 级荷载的加载卸载过程，方法与第 1 级荷载相同，并分别记取千分表读数及实际荷载，得出各级荷载的回弹变形 ΔL_i。

4. 计算

沥青混合料试件的抗压强度按式(13-14)计算。

$$R_c = \frac{4P}{\pi d^2} \tag{13-14}$$

式中：R_c——试件的抗压强度，MPa；

P——试件破坏时的最大荷载，N；

d——试件直径，mm。

按式(13-15)计算各级荷载作用下试件实际承受的压强 q_i。在方格纸上绘制各级荷载的

压强 q_i 与回弹变形 ΔL_i，将 $q_i—\Delta L_i$ 关系绘成一平顺的连续曲线，使之与坐标轴相交得出修正原点，根据此修正原点坐标轴从第 5 级荷载(0.5P)读取压强 q_i 及相应的 ΔL_i。沥青混合料试件的抗压回弹模量按式(13-16)计算。

$$q_i = \frac{4P_i}{\pi d^2} \tag{13-15}$$

$$E' = \frac{q_5 \times h}{\Delta L_5} \tag{13-16}$$

式中：q_i——相应于各级试验荷载 P_i 作用下的压强，MPa；

P_i——施加于试件的各级荷载值，N；

E'——抗压回弹模量，MPa；

q_5——相应于第 5 级荷载(0.5P)时的压强，MPa；

h——试件轴心高度，mm；

$\triangle L_5$——相应于第 5 级荷载(0.5P)时经原点修正后的回弹变形 mm；

其余符号意义同前。

5. 试验报告

(1)当一组试件的测定值中某个测定值与平均值之差大于标准差的 k 倍时，该测定值应舍弃，有效试件数为 N 时的 k 值列于表 13-16。对其余测定值按式(13-17)的 t_α 分布法计算得到供路面设计用的抗压回弹模量值。

$$E = E' - \frac{t_\alpha}{\sqrt{N}}S \tag{13-17}$$

式中：E——供路面设计用的抗压回弹模量值，MPa；

E'——一组试件实测的抗压回弹模量的平均值，MPa；

S——一组试件样品实测值的标准差，MPa；

N——一组试件的有效试件数；

t_α——随保证率而变的系数，对高速公路及一级公路的保证率为 95%，其他等级公路的保证率为 90%。$t_\alpha/\sqrt{N}$值如表 13-16 所列。

有效试件数与 t_α 值的关系　　表 13-16

有效试件数 N	临界值 k	$t_\alpha/\sqrt{N}$	
		保证率 95%	保证率 90%
3	1.15	1.686	1.089
4	1.46	1.177	0.819
5	1.67	0.954	0.686
6	1.82	0.823	0.603
7	1.94	0.734	0.544
8	2.03	0.670	0.500
9	2.11	0.620	0.466
10	2.18	0.580	0.437

(2)试验结果均应注明试件尺寸、成型方法、试验温度、加载速率，以及试验结果的平均值、标准差、变异系数。必要时注明试件的密度、空隙率等物理指标。

二、棱柱体法

棱柱体法单轴压缩试验用于测定热拌沥青混合料在规定温度和加载速率(50mm/min)时受压缩至破坏过程的力学性质。试验温度和加载速率根据有关规定和需要选用。由轮碾法成型的试件尺寸为长 40mm±1.0mm、宽 40mm±1.0mm、高 80mm±2.0mm,若采用其他尺寸,应在测试报告中注明。

1.仪器设备

(1)万能材料试验机或压力机:荷载用传感器测定,最大荷载应满足不超过其量程的 80%且不小于 20%的要求,一般宜采用 40kN,分度值为 100N。具有球形支座,压头可以活动与试件紧密接触,宜具有环境保温箱,控温精度为±0.5℃,加载速度可以选择。试验机宜有伺服系统,在加载过程中速度基本不变。

(2)试件变形测定装置:可采用 LVDT 或电测百分表作为位移计。

(3)数据采集系统或 X—Y 记录仪:能自动采集传感器及位移计的电测信号,在数据采集系统中储存或在 X—Y 记录仪上绘制荷载与试件变形曲线。

(4)恒温水槽或冰箱、烘箱:用于试件保温,能满足试验温度要求,控温精度为±0.5℃。当试验温度低于 0℃时,恒温水槽可采用 1∶1 的甲醇水或防冻液作冷媒介质。恒温水槽的液体应能循环回流。

(5)温度计:分度为 0.5℃。

(6)天平:感量不大于 0.1g。

(7)卡尺、秒表、聚四氟乙烯薄膜、平板玻璃等。

2.试验前的准备工作

(1)在轮碾机成型的板块试件 300mm×300mm×50mm 上最多可切割 18 个长 40mm±1.0mm、宽 40mm±1.0mm、高 80mm±2.0mm 的棱柱体试件。

(2)将试件放在平板玻璃上,用卡尺量取试件的尺寸,长度与宽度取上下 2 个断面的平均值,高度取对称 2 个方向的平均值,准确至 0.1mm。

(3)测定试件的密度、空隙率等各项物理指标。

(4)将试件放入规定试验温度的恒温水槽中保温 1h,如果放在恒温空气箱中,保温时间应不少于 4h,直至试件内部温度达到要求的试验温度±0.5℃为止,保温时试件之间的距离应不小于 10mm。

(5)将试验机环境保温箱调到所要求的试验温度,当加载速率等于或大于 50mm/min 时,可以不使用环境保温箱。

3.试验方法与步骤

(1)取出试件立即放在压力机台座上,上下各垫一张聚四氟乙烯薄膜。将位移计测头支于试件上方的压头上或两侧(用 2 个位移计),支座固定在试验机身上。

(2)将荷载传感器、位移计与数据采集系统或 X—Y 记录仪连接,以 X 轴为位移,Y 轴为荷载,选择适宜的量程后调零。压缩变形可以用 LVDT、电测百分表或类似的位移测定仪器测定。当以高精度电液伺服试验机压头的位移作为压缩变形时,可以由加载速率与 X—Y 记录仪记录的时间求得变形。为正确记录跨中变形曲线,当采用 50mm/min 速率加载时,X—Y 记录仪的 X 轴走纸速度(或扫描速度)应根据温度高低采用 500～5 000mm/min。

(3)立即以规定的加载速率均匀加载直至破坏,同时开动记录仪记录荷载—变形曲线，如图 13-18 所示。当压力机无环境保温箱时，自试件从恒温箱中取出至试验结束的时间应不超过 45s。

4. 试验报告

(1)将图 13-18 中荷载—变形曲线的直线段按图示方法沿切线方向延长与横坐标相交，以此为原点，由图中读取曲线峰值处最大荷载 P_c 及相应于最大荷载处的破坏变形 Δl。

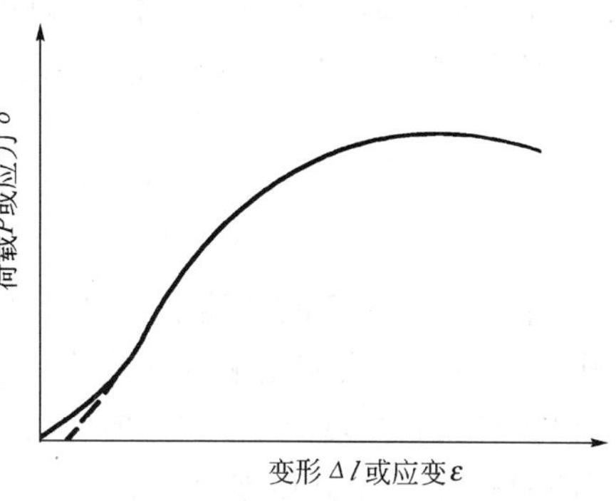

图 13-18　荷载—变形曲线

(2)试件破坏时抗压强度 R_c、压缩应变 ε_c 及压缩劲度模量 S_c，按式(13-18)、式(13-19)和式(13-20)计算。

$$R_c = \frac{P_c}{b \times h} \tag{13-18}$$

$$\varepsilon_c = \frac{\Delta l}{l} \tag{13-19}$$

$$S_c = \frac{R_c}{\varepsilon_c} \tag{13-20}$$

式中：R_c——试件的抗压强度，MPa；

P_c——试件破坏时的最大荷载，N；

b——试件的长度，mm；

h——试件的宽度，mm；

ε_c——试件破坏时的压缩应变；

Δl——试件破坏时的压缩变形，mm；

l——试件的高度，mm；

S_c——试件的压缩破坏劲度模量，MPa。

加载过程中任一时刻的应力、应变、劲度模量均可采用上述方法进行计算，只需读取相应时刻的荷载及变形。

(3)当记录的荷载—变形曲线在小变形区有一定的直线段时，可以试验最大荷载 P_c 的 0.1～0.4范围内的直线段部分的斜率按式(13-21)计算弹性阶段的压缩劲度模量。

$$S'_c = \frac{(P_{c2} - P_{c1}) \times l}{(\Delta l_2 - \Delta l_1) \times b \times h} \tag{13-21}$$

式中：S'_c——试件在弹性阶段的压缩劲度模量，MPa；

P_{c1}、P_{c2}——直线段内两个不同的荷载值，N；

Δl_1、Δl_2——相应于 P_{c1}、P_{c2} 荷载时试件的压缩变形，mm；

其余符号意义同前。

(4)舍弃测定值中与平均值之差大于标准差 k 倍的数据，并以其余测定值的平均值作为试验结果。当试验数目 N 为 3、4、5、6 个时，k 值分别为 1.15、1.46、1.67、1.82。同时在报告中均应注明试件尺寸、成型方法、试验温度和加载速率等。

棱柱体法的试验方法与圆柱体法相同，只是数据处理上有区别，用棱柱体进行压缩试验时，试验机的压力与试件变形由 X—Y 记录仪记录后，有利于数据处理。当仅需要破坏荷载时的抗压强度、破坏应变及抗压劲度模量时，可由破坏时的荷载及变形计算。如果需要其他任何时刻(如开始时弹性阶段)的模量,也可以由曲线上的数据计算得到。而用圆柱体进行试验时,由于高度与直径之比为1∶1,且试件端面影响大,不应按此法计算应变及模量。

第七节　沥青混合料弯曲试验

沥青混合料的弯曲试验是对规定尺寸的小梁试件,在跨中施加集中荷载至断裂破坏的试验,由破坏时的最大荷载求得试件的抗弯强度,以MPa计。由破坏时的跨中挠度求得沥青混合料的破坏弯拉应变,两者之比值为破坏时的弯曲劲度模量以,MPa计。试验温度和加载速率可以根据有关规定和需要进行选用,如果没有特殊要求,一般情况下试验温度为15℃±0.5℃。当用于评价沥青混合料低温拉伸性能时,试验温度为-10℃±0.5℃,不应高于30℃,加载速率应为50mm/min。试件采用轮碾法成型的长250mm±2.0mm、宽30mm±2.0mm、高35mm±2.0mm的棱柱体小梁,其跨径为200mm±0.5mm。

一、仪器设备

(1)万能材料试验机或压力机:荷载由传感器测定,最大荷载应满足不超过其量程的80%且不小于量程的20%的要求,一般宜采用1kN或5kN,分度值为10N。具有梁式支座,下支座中心距200mm,上压头位置居中,上压头及支座为半径10mm的圆弧形固定钢棒,上压头可以活动,并与试件紧密接触。应具有环境保温箱,控温精度为±0.5℃,加载速率可以选择。试验机宜有伺服系统,在加载过程中速度基本不变。

(2)数据采集系统或X—Y记录仪:能自动采集传感器及位移计的电测信号,在数据采集系统中储存或在X—Y记录仪上绘制荷载与跨中挠度曲线。

(3)跨中位移测定装置:LVDT、电测百分表或类似的位移计。

(4)恒温水槽或冰箱、烘箱:用于试件保温,温度范围能满足试验要求,控温精度为±0.5℃。当试验温度低于0℃时,恒温水槽可采用1∶1的甲醇水溶液或防冻液作冷媒介质。恒温水槽中的液体应能循环回流。

(5)天平:感量不大于0.1g。

(6)温度计:分度为0.5℃。

(7)卡尺、秒表、平板玻璃等。

二、试验前的准备工作

(1)在轮碾成型的板块状试件上用切割法制作棱柱体试件,试件尺寸应符合长250mm±2.0mm、宽30mm±2.0mm、高35mm±2.0mm的要求,一块300mm×300mm×50mm的板块最多可切制8根试件。

(2)在跨中和两支点断面用卡尺量取试件的尺寸,当两支点断面的高度差或宽度差超过2mm时,试件应作废。跨中断面取相对两侧的平均值,准确至0.1mm。

(3)测量试件的密度、空隙率等各项物理指标。

(4)将试件放入规定温度的恒温水槽中保温45min或恒温空气浴中保温3h以上,直至试件内部温度达到所规定的试验温度±0.5℃为止。保温时试件应用平板玻璃垫起,试件之间的距离应不小于10mm。

(5)将试验机环境保温箱调至规定的试验温度,当加载速率等于或大于50mm/min时,可以不使用环境保温箱。

(6)准确安放试件支座，使其支点间距为200mm±0.5mm，并使上、下压头保持等距平行，然后固定位置。

三、试验方法与步骤

(1)取出试件立即对称安放在支座上，试件上下方向应与试件成型时方向一致。将位移测定装置安放在梁跨下缘的正中央，支座固定在试验机身上，位移计测头支于试件跨中下缘中央或两侧。选择合适的量程，一般有效量程应大于预计最大挠度的1.2倍。

(2)将荷载传感器、位移计与数据采集系统或 $X—Y$ 记录仪连接，以 X 轴为位移，Y 轴为荷载，选择适宜的量程后调零。跨中挠度可以用LVDT、电测百分表或类似的位移测定仪器测定。当以高精度电液伺服试验机压头的位移作为小梁挠度时，可以由加载速率及 $X—Y$ 记录仪记录的时间求得挠度。当采用50mm/min速率加载时，$X—Y$ 记录仪的 X 轴走纸速度(或扫描速度)应根据温度高低采用500～5 000mm/min。

(3)开动压力机以规定的速率在跨中施加集中荷载，直至试件破坏。记录仪同时记录荷载—跨中挠度的曲线，如图13-19所示。当试验机无环境保温箱时，自试件从恒温箱中取出至试验结束的时间应不超过45s。

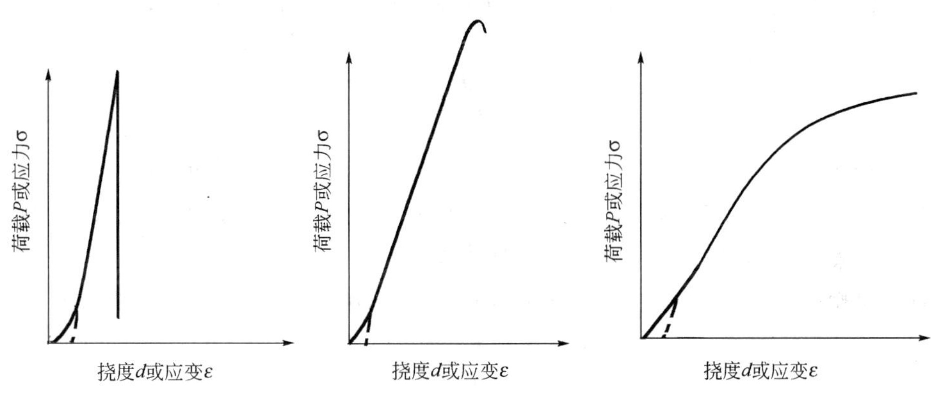

图13-19 荷载—跨中挠度曲线

四、试 验 报 告

(1)将图13-19中的荷载—挠度曲线的直线段按图示方法延长与横坐标相交作为曲线的原点，由图中量取峰值时的最大荷载 P_B 及跨中挠度 d。

(2)按式(13-22)、式(13-23)及式(13-24)计算试件破坏时的抗弯拉强度 R_B、破坏时的梁底最大弯拉应变 ε_B 及破坏时的弯曲劲度模量 S_B，计算时不计小梁的自重。

$$R_B = \frac{3LP_B}{2bh^2} \tag{13-22}$$

$$\varepsilon_B = \frac{6hd}{L^2} \tag{13-23}$$

$$S_B = \frac{R_B}{\varepsilon_B} \tag{13-24}$$

式中：R_B——试件破坏时的抗弯拉强度，MPa；

ε_B——试件破坏时的最大弯拉应变；

S_B——试件破坏时的弯曲劲度模量，MPa；

b——跨中断面试件的宽度，mm；

h——跨中断面试件的高度，mm；

L——试件的跨径，mm；

P_B——试件破坏时的最大荷载，N；

d——试件破坏时的跨中挠度，mm。

(3)加载过程中任一时刻的应力、应变、劲度模量均可按上述方法计算，只要读取相应时刻的荷载及变形即可。当利用记录仪记录荷载—变形曲线时，起点部分进行修正可消除加载开始时压实及支座接触的影响。由于有了荷载与跨中挠度曲线，就可以计算其他时刻的应力、应变、劲度模量。

(4)当记录的荷载—变形曲线在小变形区有一定的直线段时，可以试验最大荷载 P_B 的 0.1～0.4范围内的直线段的斜率计算弹性阶段的劲度模量，或以此范围内各测点的 σ、ε 数据计算的 $S=\sigma/\varepsilon$ 的平均值作为劲度模量。σ、ε 及 S 的计算方法同式(13-22)～式(13-24)。

(5)舍弃测定值中与平均值之差大于标准差 k 倍的数据，并以其余测定值的平均值作为试验结果。当试验数目 N 为 3、4、5、6 个时，k 值分别为 1.15、1.46、1.67、1.82。

(6)试件尺寸、成型方法、试验温度及加载速率等均应在试验报告中注明。

第八节　沥青混合料劈裂试验

沥青混合料的劈裂试验是对规定尺寸的圆柱体试件，通过一定宽度的圆弧形压条施加荷载，将试件劈裂直至破坏的试验。它可用于测定破坏时的间接抗拉强度、极限拉伸应变、破坏劲度模量，又可用于求弹性阶段的劲度模量作为设计参数使用。

圆柱体试件应符合下列要求：最大粒径不超过 26.5mm(圆孔筛 30mm)时，用马歇尔标准击实法成型的试件，直径 ϕ101.6mm±0.25mm、高 63.5mm±1.3mm。从轮碾机成型的板块试件或从道路现场钻取直径 ϕ100mm±2.0mm 或 ϕ150mm±2.5mm、高为 40mm±5.0mm 的圆柱体试件。

试验温度与加载速率可根据有关规定或要求选用，如果没有特殊要求，一般情况下试验温度采用 15℃±0.5℃，但不得高于 30℃，加载速率为 50mm/min。当用于评价沥青混合料低温抗裂性能时，应采用试验温度－10℃±0.5℃，加载速率为 1mm/min。

测定时采用的沥青混合料泊松比 μ 值如表 13-17 所示，其他试验温度的 μ 值由内插法决定。泊松比也可由试验实测的垂直变形及水平变形计算得到，但计算的 μ 值必须在 0.2～0.5 范围内。

劈裂试验使用的泊松比 μ　　表 13-17

试验温度(℃)	≤10	15	20	25	30
泊松比 μ 值	0.25	0.30	0.35	0.40	0.45

一、仪器设备

(1)试验机：能保持规定的加载速率及试验温度的材料试验机，当采用 50mm/min 的加载速率时，也可采用具有相当传感器的自动马歇尔试验仪代替。但必须配置有荷载及试件变形的测定记录装置。荷载由传感器测定，应满足最大测定荷载不超过其量程的 80％且不小于其量程的 20％的要求，一般宜采用 40kN 或 60kN 传感器，测定精密度为 10N。

(2)位移传感器可采用 LVDT 或电测百分表：水平变形宜用非接触式位移传感器测定，其量程应大于预计最大变形的 1.2 倍，通常不小于 5mm，测定垂直变形精密度不低于 0.01mm，测定水平变形的精密度不低于 0.005mm。

(3)数据采集系统或 $X—Y$ 记录仪：能自动采集传感器及位移计的电测信号，在数据采集系统中储存或在 $X—Y$ 记录仪上绘制荷载与跨中挠度曲线。

(4)恒温水槽或冰箱、烘箱：用于试件保温，温度范围能满足试验要求，控温精度为 ±0.5℃。当试验温度低于 0℃时，恒温水槽可采用 1∶1 的甲醇水溶液或防冻液作冷媒介质。恒温水槽中的液体应能循环回流。

(5)压条：如图 13-20 所示，上下各一根，试件直径为 100mm±2.0mm 或 101.6mm±0.25mm时，压条宽度为 12.7mm，内侧曲率半径 50.8mm；试件直径为 150mm±2.5mm 时，压条宽度为 19mm，内侧曲率半径 75mm，压条两端均应磨圆。

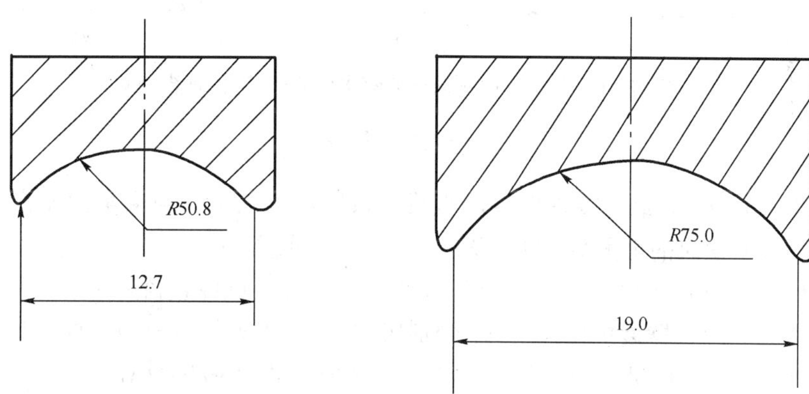

图 13-20　压条形状(尺寸单位：mm)

(6)劈裂试验夹具：下压条固定在夹具上，上压条可上下自由活动。

(7)卡尺、天平、记录纸、胶皮手套等。

二、试验前的准备工作

(1)击实法成型圆柱体试件，测定试件的直径及高度，准确至 0.1mm，在试件两侧通过圆心画上对称的十字标记。

(2)测定试件的密度、空隙率等各项物理指标。

(3)将恒温水槽调至规定的试验温度±0.5℃，将试件浸入恒温水槽不少于 1.5h。当为恒温空气浴时不少于 6h，直至试件内部温度达到要求的试验温度±0.5℃为止。保温时试件之间的距离不少于 10mm。

(4)将试验机环境保温箱调至规定的试验温度，当加载速率等于或大于 50mm/min 时，也可不用环境保温箱。

三、试验方法与步骤

(1)取出试件立即放入试验台的夹具中，上下均应安放圆弧形压条，并与侧面的十字画线对准，上下压条应居中、平行。迅速安装试件变形测定装置，水平变形测定装置应对准水平轴线并位于中央位置，垂直变形的支座与下支座固定，上端支于上支座。

(2)将记录仪与荷载及位移传感器连接，选择好合适的量程及记录速度，当以压力机压头的位移作为垂直变形时，宜采用 50mm/min 加载，记录仪走纸速度根据温度高低可在 500～5 000mm/min选择。

(3)调整数据采集系统或 X—Y 记录仪归零，开动数据采集系统或记录仪，同时启动试验机，以规定的加载速率向试件加载劈裂至破坏。当试验机无环境保温箱时，从恒温水槽中取出试件至试验结束的时间不超过 45s。记录的荷载—变形曲线如图 13-21 所示。

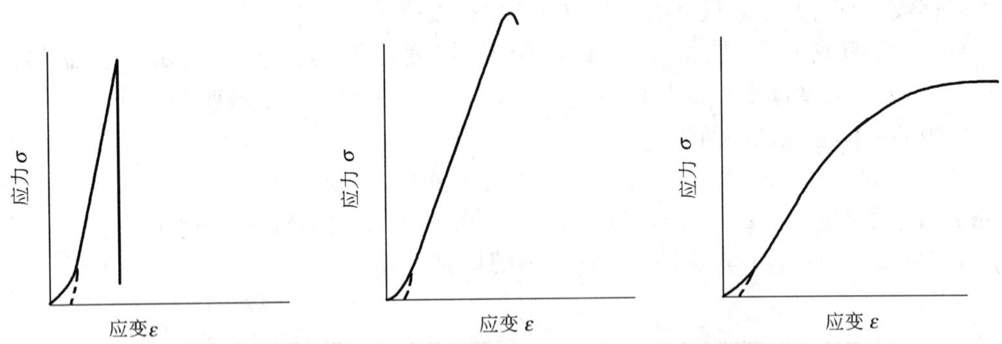

图 13-21　劈裂试验的荷载—变形(水平或垂直变形)曲线

四、试 验 报 告

(1)将图 13-21 中的荷载—变形曲线的直线段按图示方法延长与横坐标相交作为曲线的原点，由图中量取峰值时的最大荷载 P_T 及最大变形(Y_T 或 X_T)。

当试件直径为 100mm±2.0mm、压条宽度为 12.7mm 及试件直径为 150.0mm±2.5mm、压条宽度为 19.0mm 时，劈裂抗拉强度 R_T 分别按式(13-25)及式(13-26)计算，泊松比 μ 、破坏拉伸应变 ε_T 及破坏劲度模量 S_T 按式(13-27)、式(13-28)、式(13-29)计算。

$$R_T = 0.006\,287 P_T / h \tag{13-25}$$

$$R_T = 0.004\,25 P_T / h \tag{13-26}$$

$$\mu = (0.135\,0A - 1.794\,0)/(-0.5A - 0.031\,4) \tag{13-27}$$

$$\varepsilon_T = X_T \times (0.030\,7 + 0.093\,6\mu)/(1.35 + 5\mu) \tag{13-28}$$

$$S_T = P_T \times (0.27 + 1.0\mu)/(h \times X_T) \tag{13-29}$$

式中：R_T——劈裂抗拉强度，MPa；

ε_T——破坏拉伸应变；

S_T——破坏劲度模量，MPa；

μ——泊松比；

P_T——试验荷载的最大值，N；

h——试件高度，mm；

A——试件垂直变形与水平变形的比值 ，$A = Y_T / X_T$；

Y_T——试件相应于最大破坏荷载时的垂直方向总变形，mm；

X_T——按图 13-21 的方法量取的相应于最大破坏荷载时的水平方向总变形，mm。当试验仪测定垂直方向变形 Y_T 或由实测的 Y_T、X_T 计算的 μ 值大于 0.5 或小于 0.2 时，水平变形(X_T)可由表 13-17 规定的泊松比 μ 按式(13-30)求算。

$$X_T = Y_T \times (0.135 + 0.5\mu)/(1.794 - 0.031\,4\mu) \tag{13-30}$$

(2)加载过程中任一时刻的应力、应变、劲度模量均可按上述方法计算，只要读取相应时刻的荷载及变形即可。

(3)当记录的荷载—变形曲线在小变形区有一定的直线段时，可以试验最大荷载 P_T 的 0.1～0.4范围内的直线段部分的斜率计算弹性阶段的劲度模量，或以此范围内各测点的应力 σ、应变 ε 数据计算的 $S=\sigma/\varepsilon$ 的平均值作为劲度模量，并以此作为路面设计的力学参数。

(4)舍弃测定值中与平均值之差大于标准差 k 倍的数据，并以其余测定值的平均值作为试验结果。当试验数目 N 为 3、4、5、6 个时，k 值分别为 1.15、1.46、1.67、1.82。

(5)试件尺寸、成型方法、试验温度、加载速率及采用的泊松比 μ 值均应在试验报告中注明。

(6)关于试验的精密度与允许差，第 18 届道路会议报告提到其变异系数为 5%～10%(重复性)及 10%～20%(复现性)，由于我国尚缺乏这方面的经验和资料，对此暂不作规定，仅规定取所有试验的平均值为测定结果。

第九节　沥青混合料三轴压缩试验

沥青混合料的三轴压缩试验是检验其高温稳定性的一种方法，由闭式三轴试验仪在规定温度及加载条件下，根据其承受不同垂直应力作用下产生相应侧压力的关系，确定沥青混合料的黏结力(MPa)及内摩擦角(°)等抗剪切参数，又称为史密斯三轴试验。一般情况下，试验温度为 60℃(石油沥青)或 38℃(煤沥青)，圆柱体试件直径 100mm±2.0mm、高 200mm±1.5mm，并且要求集料最大粒径应不大于 26.5mm。一组试件的数量不应少于 3 个，取其平均值作为试验结果。

一、仪器设备

(1)闭式三轴压力仪：构造示意如图 13-22 所示。

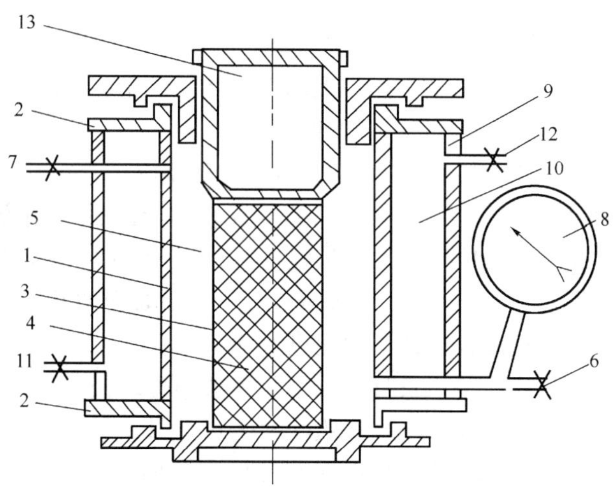

图 13-22　闭式三轴压力室构造示意图(单位：mm)

1-内筒；2-法兰盘(上、下)；3-乳胶套；4-内腔；5-外腔；6-进水阀门；7-出水阀门；8-压力表；9-外筒；10-保温室；11-进水开关；12-出水开关；13-加荷压头

①主体为一个压力室，它由内径 140mm、高 260mm 的有机玻璃圆筒(内筒)，及装置于筒两端各一对带凸缘的钢质法兰盘构成。乳胶膜套在上下凸缘座上，用橡胶垫压紧，乳胶膜将压

力室分为内腔及外腔 2 部分。内腔供放置试件，外腔（即乳胶膜与有机玻璃内筒壁之间）通过进水阀门、带精密压力表的出水阀门与超级恒温水槽相连。在筒的外围有一个内径为 240mm 的有机玻璃外筒，在内外筒之间成为一个保温室，并通过另一组进水开关及出水开关与超级恒温水槽相连。

②精密压力表：量程 1.6MPa，分度 0.01MPa。

③空心压头：高 175mm，底面承压面直径 100mm。

(2)超级恒温水槽：可保温 60℃±0.5℃，有 2 对进出水管。

(3)乳胶套：直径 100mm，长 400mm。乳胶膜必须是未发生老化或粘连的不透气乳胶套。

(4)抽气机或真空泵、装有温度调节器的烘箱、100kN 压力机、温度计、秒表、天平、滤纸、滑石粉、千分表及表架等。

二、试验方法与步骤

(1)圆柱体试件的成型方法采用静压法、搓揉法或振动成型法均可，其尺寸应符合直径 100mm±2.0mm、高 200mm±1.5mm 的要求，密度应符合马歇尔标准击实密度(100±2)%的要求。

(2)用卡尺测定试件的直径和高度，取 4 个对称方向测量的平均值，准确至 0.1mm。并测量试件的密度、空隙率等各项物理指标。

(3)把试件放入温度为 60℃（石油沥青）或 38℃（煤沥青）的烘箱中保温 4～5h，同时将两端开口的乳胶套固定在压力室两端的凸缘法兰盘中，拧紧上下螺丝。

(4)取出试件在表面铺一层滑石粉，并在两端各垫一张圆形滤纸，装入一端密封的乳胶套中。用抽气机排出压力室心座与乳胶套之间的空气及水，将试件连同乳胶套一起放进压力室中心座上。保证乳胶套紧贴心座内壁，空心压头置于试件上。

(5)将保温室连通超级恒温水槽，保证保温室中的水能够循环。将压力室的进出水阀门与超级恒温水槽接通，打开阀门，排出保温套中的空气和残留的冷水后，继续循环 10min。使试件保温达到试验温度，然后关闭出水阀门，逐渐增加水压，当侧压表的侧压力达到 0.02MPa 时，关闭进水阀门。

(6)将三轴压力仪放在压力机平台的中心上，加上球座压头，启动压力机，在试件上预加初始压强 0.02MPa（荷载 160N）。在压头两侧各垂直安装一千分表，用来测试试件的垂直变形。千分表与压头接触，并使千分表位于较大的量程，读记千分表的初始读数。

(7)启动压力机，以 4.0～4.5mm/min 加载速度开始施加垂直荷载，每相邻两级垂直荷载之差为0.15MPa，在每级垂直荷载达到变形速度小于0.025mm/min后持续稳定 3min，读取垂直荷载、侧压力及千分表的读数并记录时间。直至施加的荷载使各级侧压力的变化大致与垂直压力的变化成正比例时为止，此时荷载一般能够达到 1MPa 左右。

(8)在卸载的同时开启进、出口阀门，在压力表回零后拆除压力室与恒温水槽水管，排出保温套中的积水，取出试件。

三、试 验 报 告

(1)在方格纸上以垂直压力为纵坐标，侧压力为横坐标，根据实测数据绘制垂直压力(σ_V)和侧向压力(σ_L)的关系曲线如图 13-23 所示。

(2)将 $\sigma_V-\sigma_L$ 关系曲线的直线部分延长与纵坐标交于 V_0 点，即得截距 I(MPa)，并按式(13-31)计算直线部分的斜率 S：

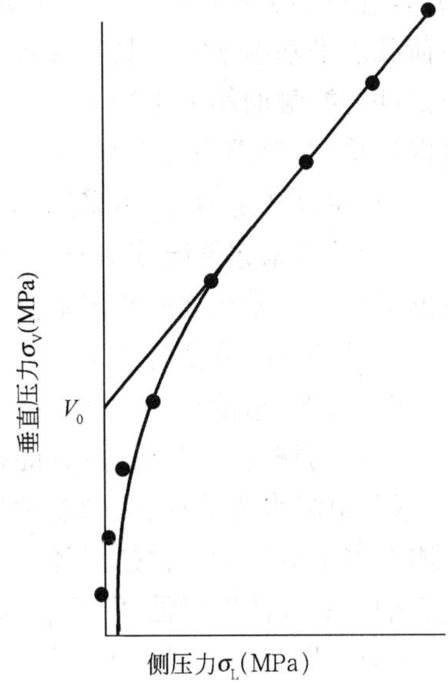

图 13-23 垂直压力与侧压力关系曲线

$$S=\frac{\sigma_{V0}-I}{\sigma_{L0}} \tag{13-31}$$

式中：S——斜率；

σ_{V0}——位于直线上某一点的垂直压力，MPa；

σ_{L0}——相应于垂直压力 σ_{V0} 时的侧压力，MPa；

I——$\sigma_V-\sigma_L$ 曲线的直线部分延长在纵坐标上的截距，MPa。

也可根据 $\sigma_V-\sigma_L$ 曲线取直线部分各点用最小二乘法按式(13-32)、式(13-33)计算斜率 S 及截距 I：

$$S=\frac{\sum\sigma_V\times\sum\sigma_L-n\sum(\sigma_V\times\sigma_L)}{(\sum\sigma_L)^2-n\sum{\sigma_L}^2} \tag{13-32}$$

$$I=\frac{\sum\sigma_L\times\sum(\sigma_V\times\sigma_L)-\sum\sigma_V\sum\sigma_L^2}{(\sum\sigma_L)^2-n\sum{\sigma_L}^2} \tag{13-33}$$

式中：n——实测 $\sigma_V-\sigma_L$ 曲线上所取直线部分点的个数；

其余符号意义同前。

(3)由截距 S 及斜率 I 按式(13-34)、式(13-35)计算黏结力 c 及内摩擦角 ϕ：

$$c=\frac{I}{2\sqrt{N}} \tag{13-34}$$

$$\phi=2(\arctan\sqrt{S}-45°) \tag{13-35}$$

式中：c——试件的黏结力，MPa；

ϕ——内摩擦角，°；

其余符号意义同前。

第十节　沥青混合料弯曲蠕变试验

沥青混合料的弯曲蠕变试验是对规定尺寸的小梁试件，在跨中施加恒定的集中荷载，测定随时间不断增长的蠕变变形。跨中断面下缘的总应变与应力之比为弯曲蠕变柔量，以1/MPa计。在单位应力条件下，变形等速增长的稳定期内单位时间增加的应变值即蠕变速率，以1/s/MPa计。

试验温度根据试验目的或有关规定选用，一般情况下，沥青混合料的低温性能试验时为0℃；高温性能试验时为30～40℃。轮碾成型后切制的小梁试件250mm×30mm×35mm，跨径200mm。

一、仪器设备

(1)蠕变试验机：可采用砝码加载的杠杆式蠕变试验机，也可采用能施加恒定荷载的电液伺服万能材料试验机或压力机。荷载由传感器测定，最大荷载应满足不超过传感器量程的

80%，且不小于量程的20%的要求，宜采用0.2kN，分度值为10N。应保持试验机在加载过程中荷载水平基本不变。具有梁式支座，下支座中心距200mm，上压头位置居中，上压头及支座与试件的接触面均为半径10mm的圆弧形钢棒，上压头可以活动与试件紧密接触。应具有环境保温箱，控温准确度为0.1℃。

(2)位移测定装置：可采用LVDT、电测百分表等。

(3)数据采集系统或 $X—Y$ 记录仪：能自动采集或储存传感器及位移计的电测信号，能在数据采集系统或在 $X—Y$ 记录仪上绘制荷载与跨中挠度随时间变化的曲线。

(4)温度计：分度为0.1℃。

(5)天平：感量不大于0.1g。

(6)万能材料试验机：具有能控温的环境箱，最大荷载为5kN，准确至10N。

(7)恒温水槽：温度范围能满足试验要求，控温准确度为0.1℃。在负温度下试验时，恒温水槽的水中应加少量食盐以降低冰点，或采用1∶1的甲醇(或乙二醇)水溶液作冷媒介质。恒温水槽中的液体应能循环回流使温度一定。

(8)卡尺、秒表、平板玻璃等。

二、试验方法与步骤

(1)在轮碾成型的板块状试件上用切割法制作棱柱体试件，一组试件平行试验的数量不应少于3个。在跨中和2支点断面用卡尺量取试件的尺寸，当2支点断面的高度(或宽度)之差超过2mm时，试件应作废。跨中断面的高度和宽度取相对两侧的平均值，准确至0.1mm。测量试件的密度、空隙率等各项物理指标。

(2)将试件放入规定温度的恒温水槽中保温1h，试件之间的距离应不小于10mm。如果进行高温弯曲蠕变试验，试件必须平放在支起的平板玻璃上。

(3)将试验机环境箱调到规定温度±0.1℃，准确安放支座，测定支点间距为200mm±0.5mm，保证上、下压头钢棒平行等距，然后固定好。

(4)从一组6根试件中随机选取2根试件，在规定温度条件下进行弯曲试验，加载速率为50mm/min。测定试件的破坏荷载 P，求取平均值。以破坏荷载的10%作为弯曲蠕变试验的荷载 P_0。

(5)取出试件立即对称安放在支座上，试件上下方向应与试件成型时方向一致。高温弯曲蠕变试验必须在恒温水槽中进行，低温弯曲蠕变试验可在恒温水槽或试验机的环境箱中进行。将荷载传感器、位移计与数据采集系统或双笔 $X—Y$ 记录仪连接，以 X 轴为时间，Y 轴记录荷载(Y_1)及位移(Y_2)，选择适宜的量程后调零。

(6)在梁跨中安放位移测定装置，跨中挠度可以用LVDT或电测百分表测定。位移计支座固定在试验机机身上。位移计测头支于试件跨中中央(1个位移计)或两侧(用2个位移计)。位移计有效量程应大于预计最大挠度的1.2倍。当采用 $X—Y$ 记录仪记录时间—挠度曲线时，在开始加载后的60s内，记录仪的走纸速度(或扫描速度)应不小于100mm/min，直至试验结束应不小于10mm/min，以保证数据的准确性。

当采用电子数据采集系统记录挠度变形时，在开始加载后的10s内，采样频率应不小于100Hz，此后5min应不小于1Hz，然后以不小于0.2Hz的采样频率直至试验结束。

(7)当采用砝码加载的杠杆式蠕变试验机时，直接不加振动地一次加上要求的砝码荷载 P_0。当采用能施加恒定荷载的电液伺服万能材料试验机或压力机时，开动试验机，以 50mm/min 速率在跨中施以集中荷载达到恒定荷载 P_0。施加荷载均应满足破坏荷载的 10%±1%的要求。

(8)在施加荷载的同时开动记录仪，记录荷载变化过程及跨中挠度曲线，如图 13-24 所示。从施加荷载到变形进入直线稳定发展的时间不应少于 0.5h，直至试件断裂为止。

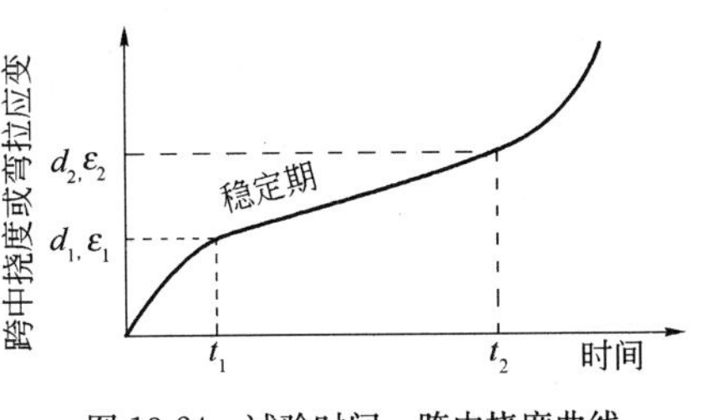

图 13-24　试验时间—跨中挠度曲线

三、试 验 报 告

(1)在试验时间—跨中挠度曲线上按试验数据采样频率读取不同时间 t_i 的跨中挠度 d_i，在时间—挠度曲线进入直线段(稳定期)后，读取直线段起点和终点的时间及变形(t_1、d_1 及 t_2、d_2)。

(2)当进行低温弯曲蠕变试验，并且试验是在试验机环境箱中进行时，不考虑小梁的自重影响，按式(13-36)～式(13-40)计算蠕变弯拉应力 σ_0、梁底弯拉应变 $\varepsilon(t)$ 及弯曲蠕变劲度模量 $S(t)$、弯曲蠕变柔量 $J(t)$、弯曲蠕变速率 ε_s。如果试验温度高于 20℃，不能采用下面的公式进行计算。

$$\sigma_0=\frac{3LF_0}{2bh^2}\times10^{-6} \tag{13-36}$$

$$\varepsilon(t)=\frac{6hd(t)}{L^2} \tag{13-37}$$

$$S(t)=\frac{\sigma_0}{\varepsilon(t)} \tag{13-38}$$

$$J(t)=\frac{1}{S(t)} \tag{13-39}$$

$$\varepsilon_s=\frac{\varepsilon_2-\varepsilon_1}{(t_2-t_1)/\sigma_0} \tag{13-40}$$

式中：σ_0 ——试件的蠕变弯拉应力，MPa；

$\varepsilon(t)$——试件梁底的弯拉应变；

$S(t)$——试件的弯曲蠕变劲度模量，MPa；

$J(t)$——试件的弯曲蠕变柔量，l/MPa；

ε_s ——试件的弯曲蠕变速率，1/s/MPa；

t_1、t_2 ——蠕变稳定期直线段起始点及终点的时间，s；

ε_1、ε_2 ——对应于时间 t_1、t_2 时的蠕变应变；

b——跨中断面试件的宽度，m；

h——跨中断面试件的高度，m；

L——试件的跨径，m；

F_0——试件在试验加载过程中承受的荷载，N；

$d(t)$——试件加载过程中随时间 t 变化的跨中挠度，m。

(3)如果弯曲蠕变试验是在恒温水槽中进行的，应计算小梁的自重，并考虑水的浮力，按式(13-41)～式(13-45)分别计算蠕变弯拉应力 σ_0、梁底弯拉应变 $\varepsilon(t)$ 及弯曲蠕变劲度模量 $S(t)$、弯曲蠕变柔量 $J(t)$、弯曲蠕变速率 ε_s。

$$\sigma_0=\frac{3(2LF_0+qL^2-4qL_1^2)}{4bh^2} \tag{13-41}$$

$$\varepsilon(t)=\frac{24h(2LF_0+qL^2-4qL_1^2)}{(8L^3F_0+5qL^4-24qL^2L_1^2)}d(t)=ad(t) \tag{13-42}$$

$$S(t)=\frac{\sigma_0}{\varepsilon(t)} \tag{13-43}$$

$$J(t)=\frac{1}{S(t)} \tag{13-44}$$

$$\varepsilon_s=\frac{\varepsilon_2-\varepsilon_1}{(t_2-t_1)/\sigma_0} \tag{13-45}$$

式中：σ_0——试件的蠕变弯拉应力，MPa；

$\varepsilon(t)$——试件梁底的弯拉应变；

$S(t)$——试件的弯曲蠕变劲度模量，MPa；

$J(t)$——试件的弯曲蠕变柔量，l/MPa；

ε_s——试件的弯曲蠕变速率，1/s/MPa；

t_1、t_2——蠕变稳定期直线段起始点及终点所对应的时间，s；

ε_1、ε_2——对应于时间 t_1、t_2 时的蠕变应变；

b——跨中断面试件的宽度，m；

h——跨中断面试件的高度，m；

L——试件的跨径，m，一般为 0.2m；

L_1——试件的端部到支点的距离，m，一般为 0.025m；

q——小梁试件单位长度的重量，N/m，由下式计算：

$$q=(D-1)\times b\times h\times 9.81$$

式中：D——沥青混合料密度，t/m^3。

第十一节　沥青混合料冻融劈裂试验

沥青混合料冻融劈裂试验实质上是检验沥青混合料的抗水损害能力，是在规定条件下对沥青混合料进行冻融循环，测定试件在受水损害前后劈裂破坏的强度比。一般情况下，试验温度为 25℃，加载速率为 50mm/min。采用马歇尔击实法成型的圆柱体试件，试件尺寸应符合直径 101.6mm±0.25mm，高 63.5mm±1.3mm 的要求。击实次数为双面各 50 次，集料公称最大粒径不得大于 26.5mm。

一、仪器设备

(1)试验机：能保持规定加载速率的材料试验机，也可采用马歇尔试验仪。试验机负荷应满足最大测定荷载不超过其量程的 80%且不小于其量程的 20%的要求，宜采用 40kN 或 60kN 传感器，读数精密度为 10N。

(2)恒温冰箱：能保持温度为－18℃，当缺乏专用的恒温冰箱时，可采用家用电冰箱的冷冻室代替，控温准确度为 2℃。

(3)恒温水槽：控温准确度为 0.5℃。

(4)压条：上下各一根，试件直径 100mm 时，压条宽度为 12.7mm，内侧曲率半径50.8mm，压条两端均应磨圆。

(5)劈裂试验夹具:下压条固定在夹具上,压条可上下自由活动。

(6)塑料袋、卡尺、天平、记录纸、胶皮手套等。

二、试验方法与步骤

(1)采用击实法成型圆柱体试件,双面击实各 50 次,试件数量不少于 8 个。测定试件的直径及高度,准确至 0.1mm,应符合规定的误差要求。在试件两侧通过圆心画上对称的十字标记。测定试件的密度、空隙率等各项物理指标。

(2)将试件随机分成两组,每组不少于 4 个,将第一组试件放在平台上,在室温下保存备用。将第二组试件在 98.3~98.7kPa(730~740mmHg)真空条件下保持 15min,然后打开阀门,恢复常压,试件在水中放置 0.5h。

(3)取出试件放入装有 10mL 水的塑料袋中,扎紧袋口,然后放入温度为-18℃±2℃的恒温冰箱中冷冻 16h±1h 后取出试件,立即放入温度为 60℃±0.5℃的恒温水槽中,撤去塑料袋,保温 24h。

(4)将第一组和第二组试件全部浸入温度为 25℃±0.5℃的恒温水槽中保温不少于 2h,试件之间的距离不少于 10mm。取出试件立即用 50mm/min 的加载速率进行劈裂试验,得到试验的最大荷载。

三、试验报告

(1)劈裂抗拉强度按式(13-46)及式(13-47)计算。

$$R_{T1} = 0.006\,287 P_{T1}/h_1 \tag{13-46}$$

$$R_{T2} = 0.006\,287 P_{T2}/h_2 \tag{13-47}$$

式中:R_{T1}——未进行冻融循环的第一组试件的劈裂抗拉强度,MPa;

R_{T2}——经受冻融循环的第二组试件的劈裂抗拉强度,MPa;

P_{T1}——第一组试件的试验荷载的最大值,N;

P_{T2}——第二组试件的试验荷载的最大值,N;

h_1——第一组试件的试件高度,mm;

h_2——第二组试件的试件高度,mm。

(2)冻融劈裂抗拉强度比按式(13-48)计算。

$$\text{TSR} = (R_{T2}/R_{T1}) \times 100 \tag{13-48}$$

式中:TSR——冻融劈裂试验强度比,%;

R_{T2}——冻融循环后第二组试件的劈裂抗拉强度,MPa;

R_{T1}——冻融循环的第一组试件的劈裂抗拉强度,MPa。

(3)每个试验温度下,一组试验的有效试件不得少于 3 个,取其平均值作为试验结果。当一组测定值中某个数据与平均值之差大于标准差的 k 倍时,该测定值应舍弃,并以其余测定值的平均值作为试验结果。当试件数目 N 为 3、4、5、6 个时,k 值分别为 1.15、1.46、1.67、1.82。

第十二节　沥青混合料线收缩系数试验

沥青混合料的线收缩系数是沥青路面温度应力计算必不可少的参数,它与沥青路面的温度收缩开裂密切相关。沥青混合料的线收缩系数在不同温度区间内有不同的值,因此用平均收缩系数表示。平均线收缩系数是指在规定的温度区间内，对规定尺寸的棱柱体试件以规定速率降温时的收缩变形与试件长度的比值。

规定尺寸的棱柱体试件是指从轮碾成型的板块状试件上切制的棱柱体试件，试件长200mm±2.0mm、宽20mm±1.0mm、高20mm±1.0mm，温度区间及降温速率可根据当地气候条件决定，通常采用的温度区间为＋10～－20℃，降温速率为5℃/h。

一、仪器设备

(1)收缩仪：殷钢制，如图13-25所示，一端为球形测头，另一端装置千分表或位移计，也可采用能快速准确测定变形的其他仪器。

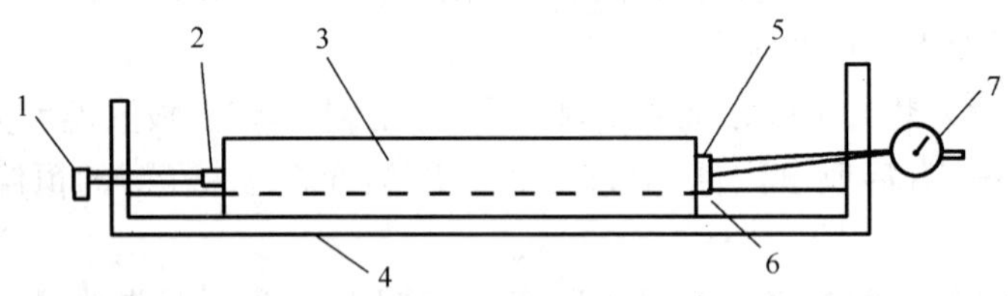

图13-25 沥青混合料收缩试验仪

1-调节螺丝；2-圆铜钉测头；3-试件；4-定位架；5-平铜钉测头；6-定位挡板；7-千分表

(2)高低温循环恒温水槽：装有自动温度控制器，控温准确度为0.1℃，降温速率控制准确度为1℃/h。内部尺寸不小于长30cm、宽20cm及深15cm。

(3)金属测头：长约15mm，直径约5mm，接在试件一端的端部为半球形，接在试件另一端的端部为平面。

(4)冷媒：1∶1甲醇水溶液或防冻液。

(5)温度计：分度为0.1℃。

(6)卡尺：量程为250mm。

(7)天平、铁盘、玻璃板、502黏结剂等。

二、试验方法与步骤

(1)在轮碾成型的板块状试件上切制20mm×20mm×200mm的棱柱体试件，一组试件应不少于3个。用卡尺量测试件的尺寸，长度为对面两次测定的平均值，高度与宽度为两端及中间3处不同方向的平均值，准确至0.1mm，使其长度误差不超过±2mm，高度及宽度误差不超过±1mm。然后测定沥青混合料的密度、空隙率等各项物理指标。

(2)将试件两端正中央粘上金属测头，与千分表接触的一端为平头形测头，另一端为半球测头，用502黏结剂粘牢。注意：测头应准确粘在试件两端的中轴线上，测头平面应与轴线垂直。将黏结好测头的试件放在玻璃板上。

(3)将玻璃板和一组试件移至恒温水槽中，玻璃板的架空高度距底面不少于30mm，各试件之间的距离不少于10mm。在恒温水槽中注入甲醇水溶液作冷媒介质，距试件顶部的距离不应小于20mm，并将水槽调至试验开始温度(＋10℃)，保温30min。在整个试验过程中，试件的上下位置不得颠倒。

(4)恒温后取出试件，一手拔出收缩仪千分表(或位移计)测杆，一手将试件置于试件架的左端紧靠测杆，里侧紧靠定位挡板，右手轻轻松开测杆与测头接触，在无受力状态下读取千分表读数(L_0)作为收缩零点，准确至0.001mm。然后，迅速地将试件放回水槽中。由于试件温度变化很快，千分表读数可能不稳定，因此要求从恒温水槽中取出试件至测出千分表读数的时间应不超过5s。否则，应将试件放回水槽中保温10min左右后再重测。

(5)当一组试件全部测量完后，水槽开始降温，降温速率为5℃/h，直至试验结束温度－20℃，停止降温，并在此条件下保温30min。重复测定，读取最终读数 L_e，准确至0.001mm。

(6)为测定不同温度区间的收缩系数，可每降温10℃并恒温30min后，测定各温度时的试件长度，再继续降温。

三、试验报告

降温区间的平均收缩应变及平均收缩系数按式(13-49)、式(13-50)计算。

$$\varepsilon_e = \frac{L_e - L_0}{L_0} \tag{13-49}$$

$$C = \frac{\varepsilon_e}{\Delta T} \tag{13-50}$$

式中：ε_e ——平均收缩应变；

L_e ——－20℃时试件收缩后的长度，mm；

L_0 ——＋10℃时试件的原始长度，mm；

C ——沥青混合料的平均线收缩系数；

ΔT ——温度区间，从起始温度(＋10℃)至最终温度(－20℃)的差，即为30℃。

如分温度区间测定时，可按式(13-49)及式(13-50)计算各温度区间的收缩系数。以该区间的温度中值为代表温度，由此得出不同温度的收缩系数变化曲线。当测定结果最大值与最小值之差不超过平均值的20%时，取其平均值作为试验结果。

思考题

1. 沥青是如何进行分类的？
2. 什么是针入度指数？其计算依据是什么？
3. 简述沥青结合料的技术性质。
4. 热沥青试样是如何制备的？
5. 沥青混合料的配合比设计包括哪3个阶段？其目的是什么？
6. 沥青针入度检测的基本原理是什么？
7. 矿质混合料配合比是如何进行设计的？
8. 当马歇尔试件高度不合格时，如何进行调整？
9. 什么是稳定度、流值、马歇尔模数和浸水残留稳定度？
10. 简述圆柱体法和棱柱体法沥青混合料单轴压缩试验的异同点。
11. 简述沥青混合料劈裂试验中的泊松比是如何确定的？
12. 沥青混合料试件成型方法主要有哪几种？分别用于哪些试验？
13. 什么是蠕变速率？简述沥青混合料冻融劈裂试验的过程。
14. 沥青混合料线收缩系数试验的目的和适用范围是什么？

第十四章 沥青混合料施工检测

DISHISIZHANG

第一节　热拌沥青混合料施工温度检测

热拌热铺沥青混合料的施工温度，包括拌和温度、摊铺温度、碾压温度等，其质量好坏直接关系到沥青路面的施工质量，因此检测其施工温度是施工质量管理的重点项目之一。

一、检 测 仪 器

检测所需的仪器包括常温至300℃，最小读数1℃的温度计，宜采用有数字显示或度盘指针显示的金属杆插入式热电偶温度计，测杆的长度不小于300mm；棉纱；软布；螺丝刀等。

二、检测方法与步骤

1. 在运料卡车上检测

混合料出厂温度或运输至现场温度应在运料卡车上测试，每车检测1次。当运料卡车的侧面中部有专用的温度检测孔(距底板高约300mm)时，可将插入式温度计直接插入测试孔内进行测试，如图14-1所示。当运料卡车无专用的温度检测孔时，可在混合料堆上部侧面进行测试。在拌和厂检测的为混合料出厂温度，到达运输现场后检测的为现场温度。

测试时，温度计插入深度不小于150mm，当温度不发生变化时，读取温度，准确至1℃，温度计有留置键时，可将温度计拔出后再读数。

2. 摊铺温度检测

混合料摊铺温度应在摊铺机一侧拨料器的前方混合料堆上进行测试，每车检测1次。温度计插入深度在150mm以上，并跟着向前走，如料堆向前滚，拔出后重新插入，当温度不发生变化时，读取温度，准确至1℃。

3. 碾压温度检测

根据需要选择初压开始、复压或终压成形等各个阶段的检测点，将温度计插入路面混合料压实层一半深度，轻轻压紧温度计旁松动的混合料，当温度不发生变化时，读取温度，准确至1℃。如果温度计插入时与沥青混合料有间隙，应再次插入旁边的混合料层中测量以保证测试的准确性。如果插入时有困难，可用螺丝刀插孔后再插入温度计。当温度较低且混合料较硬时，不应用玻璃温度计或玻璃触头的半导体点温计进行测定。

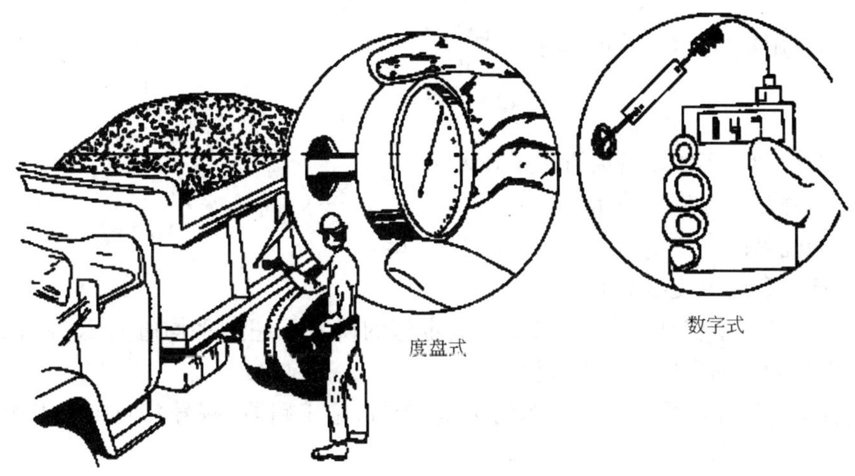

图 14-1　在运料车上测试沥青混合料温度的方法

三、检测报告

在测试报告中应注明每车沥青混合料的出厂温度、到达现场温度、摊铺温度和碾压温度，同时还应注明气候状况、检测时间、层位、检测位置等。应当注意的是，压实温度的测试点一次不得少于 3 个，取其平均值作为检测温度。

第二节　沥青洒布量检测

沥青洒布量是沥青表面处治及贯入法施工最重要的质量指标之一，也是施工质量管理和检查验收的主要项目，因此准确检测其含量就显得十分重要。

一、检测仪器

1. 天平或磅秤：感量不大于 10g。
2. 受样盘：浅搪瓷盘或自制铁皮盘，面积不小于 1 000cm²，也可用硬质牛皮纸代替。
3. 地秤、钢卷尺或皮尺等。

二、检测方法与步骤

(1)称取受样盘或牛皮纸的质量 m_1，准确至 1g；用钢卷尺测量受样盘开口面积或牛皮纸的面积 F，准确至 0.1cm²。

(2)洒布的沥青路段长度根据洒布车的沥青用量确定，在距两端 1/3 长度附近的洒布宽度的任意位置上，放置 2 个搪瓷盘或硬质牛皮纸，并应躲开车轮轨迹。沥青洒布车按正常施工速度和洒布方法喷洒沥青。

(3)将已接受有沥青的搪瓷盘或牛皮纸取走，称取总质量 m_2，准确至 1g。当采用牛皮纸进行测试时，应等沥青稍稍凝固并且四角稍稍抬起时，再取走牛皮纸以防沥青流失。取走搪瓷盘或牛皮纸后留下的空白处再重新补洒。

(4)沥青洒布车喷洒的沥青用量为洒布车喷洒沥青的总质量与洒布总面积的比值。此时洒布车喷洒前后的质量应由地秤称重正确测定，洒布总面积由皮尺测量求得。

三、测 试 报 告

洒布的沥青用量按式(14-1)计算：

$$Q=\frac{m_2-m_1}{F} \tag{14-1}$$

式中：Q——沥青洒布车洒布的沥青用量，kg/m^2；

m_1——搪瓷盘或牛皮纸质量，kg；

m_2——搪瓷盘或牛皮纸与沥青的合计质量，kg；

F——搪瓷盘或牛皮纸的面积，m^2。

计算各搪瓷盘或牛皮纸测定值，当 2 个测定值的误差不超过平均值的 10％时，取 2 个数据的平均值作为洒布沥青用量的报告值。

测试报告中还应注明测试时洒布车的车速、挡数、施工路段(桩号)、洒布沥青用量的逐次测定值及平均值等数据。

第三节　沥青混合料质量总量检测方法

在热拌沥青混凝土路面施工过程中，需要对各层沥青混合料的厚度、矿料级配、油石比及拌和温度进行现场监测。通过拌和厂对混合料生产质量的总量检验，计算摊铺层的平均压实层厚度。将原来的事后检查改为过程控制，是保证沥青混凝土路面施工质量的重要措施。

一、检 测 仪 器

沥青混合料可采用间歇式拌和机或连续式拌和机拌制。高速公路和一级公路宜采用间歇式拌和机生产沥青混合料，拌和机必须配备计算机自动采集及记录打印数据的装置，以进行沥青混合料的总量检验。

二、检测方法与步骤

(1)测试前对拌和机的各种称重传感器逐个认真标定，自动采集、记录打印的结果应经过校验，如与实际数量有差异时应求出修正系数，保证各项施工参数的准确性。

(2)拌和前应设定每拌和一盘沥青混合料的生产量，以及各个热料仓、矿粉、沥青等的标准配合比用量，设定各项施工温度。

(3)拌和过程中由计算机采集每盘混合料的各项数据，由计算机自动处理或者逐盘打印这些数据，进行沥青混合料质量的在线监测。当计算机能够实时监测、自动处理、显示、保存所采集的各项数据时，可以不逐盘打印，而只打印汇总统计值。

(4)计算机必须逐盘采集各项数据，包括矿料级配范围、实际用量、沥青用量以及各种施工温度等，并与设计值及容许的波动范围相比较，评定是否符合要求。如果连续 3 锅以上都出现不合格情况，应对设定值进行适当调整。

三、检 测 报 告

1.沥青混合料总量检验的计算方法

总量检验的报告周期可以是 1 个工作日或 1 个台班。施工停止时，计算机应自动计算并及时打印出各项数据的统计结果。

对沥青混合料的矿料级配，可以打印全部筛孔的结果，如评定其是否符合要求可只打印0.075mm、2.36mm、4.75mm、公称最大粒径、一档较粗的控制性粒径等5个控制性筛孔的结果。并按式(14-2)～式(14-4)计算全过程各种指标的平均值、标准差、变异系数，进行沥青混合料生产质量的总量检验。

$$K_0 = \frac{K_1 + K_2 + \cdots + K_N}{N} \tag{14-2}$$

$$S = \sqrt{\frac{(K_1 - K_0)^2 + (K_2 - K_0)^2 + \cdots + (K_N - K_0)^2}{N-1}} \tag{14-3}$$

$$C_v = \frac{S}{K_0} \tag{14-4}$$

式中：K_0 ——该报告周期的平均值，%；

S ——一个报告周期的测定值的标准差，%；

C_v——一个报告周期的测定值的变异系数，%；

K_1、K_2、…、K_N ——该报告周期内每一盘的测定值，%；

N——该报告周期内总的拌和盘数，其自由度为 $N-1$。

2.计算摊铺层的平均压实厚度

$$H = \frac{\sum m_i}{A \times d} \times 1\,000 \tag{14-5}$$

式中：H ——该评定周期沥青路面摊铺层的平均施工压实厚度，mm；

m_i ——每一盘沥青混合料的质量，t；

i ——依次记录的盘次；

$\sum m_i$ ——一个评定周期内沥青混合料的总生产量，t；

A ——该评定周期沥青路面摊铺层的实际总面积，m^2；

d ——评定周期内摊铺层的现场压实密度的平均值，由钻孔试件的干燥密度(即实验室标准密度乘以压实度)测定得到，t/m^3。

沥青混合料生产过程中的动态质量管理按现行《公路沥青路面施工技术规范》(JTG F40—2004)的方法来进行。沥青混合料过程控制及施工质量总量检验的各种数据图表，必须按要求随工程档案一起存档。

第四节　半刚性基层透层油渗透深度检测方法

半刚性基层在喷洒透层油时，由于渗透深度未达到要求、渗透效果不理想以及工程技术人员对透层油的渗透效果不够重视等原因，已经成为我国沥青路面早期损坏的主要因素之一。因此测定半刚性基层透层油的渗透深度，以评价透层油的渗透效果，对提高沥青路面的使用质量具有重要的意义。

一、检 测 仪 器

路面取芯钻机，与基层材料相同的填补钻孔材料，夯锤等填补钻孔用具，量程不大于200mm、最小刻度1mm的钢板尺，毛刷，量角器，棉布等。

二、检测方法与步骤

(1)在透层油基本渗透或喷洒 48h 后,在测试段内随机钻取直径为 ϕ100mm 或 ϕ150mm、高度不应小于 50mm 的芯样。

(2)用水和毛刷轻轻地除净芯样表面黏附的粉尘,并将芯样晾干至能分辨出芯样侧立面透层油的下渗情况。

(3)用钢板尺或量角器将芯样顶面圆周随机分成约 8 等份,分别量测圆周上各等分点处透层油渗透的深度(mm),估读至0.5mm,分别以 d_i(i=1、2、…、8)表示,如图 14-2 所示。

(4)钻孔时留下的积水应用棉布吸干并将孔中残留物清理干净,采用与基层相同的材料(包括配合比)进行填补,并用夯锤击实。

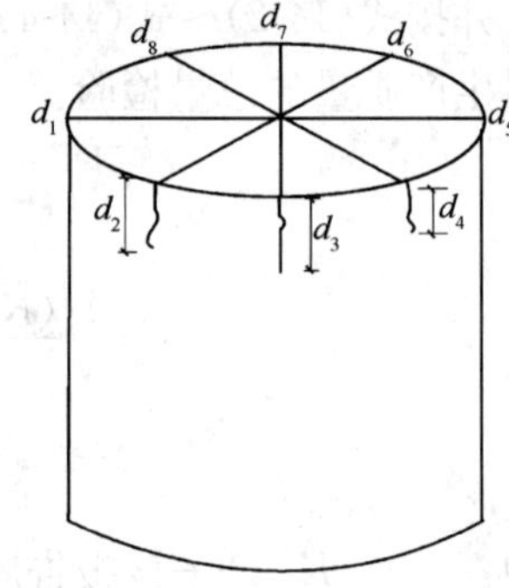

图 14-2　透层油渗透深度测试示意图

三、检 测 报 告

1.单个芯样渗透深度的计算

通过多次试验发现,一个芯样上按顶面圆周 8 等分后的各渗透点表面,可能碰到石料的平均次数约为 3 个,因此在计算单个芯样渗透深度时去掉 3 个最小值后,再取剩余 5 点的算术平均值。

2.测试路段渗透深度的计算

检查频度为每 5 000m^2 取 1 组,每组 3 个芯样,取所有芯样渗透深度的算术平均值作为测试路段的渗透深度。同时在报告中应记录各测点的位置及各个芯样的渗透深度测试值。

思 考 题

1.热拌热铺沥青混合料的施工温度包括哪些测试内容?

2.热拌热铺沥青混合料摊铺温度如何检测?

3.热拌热铺沥青混合料碾压温度如何检测?

4.沥青洒布车喷洒的沥青用量如何计算?

5.沥青混合料质量总量是如何进行检测的?

第十五章 道路工程附属结构物检测技术

DISHIWUZHANG

第一节　道路工程排水设施检测

道路路基路面排水设计应综合规划、合理布局，并与沿线排灌系统相协调，保护生态环境，防止水土流失和污染水源。根据道路等级，结合沿线气象、地形、地质、水文等自然条件，设置必要的地表排水、地下排水、路面内部排水等设施，并与沿线排水系统相配合，形成完整的排水体系。

一、地面排水设施检测方法

常用的路基地面排水设备，包括边沟、截水沟、排水沟、跌水与急流槽等，必要时还有渡槽、倒虹吸及积水池等。这些排水设备，分别设在路基的不同部位，各自的排水功能、布置要求或构造形式，均有所差异。

(一)一般规定

1.边沟的设置和施工

(1)边沟应根据设计并结合地面实际情况设置以保证排水效果的发挥。

(2)边沟槽顶面应高出设计水位0.2m以上，确保满足排水要求。

(3)边沟宜短不宜长，一般最长控制在500m以下，防止水流过于汇集，做到及时疏导，就近分流。

(4)边沟的加固须征得设计部门同意，采取边沟加固措施：土质地段当沟底纵坡大于3%时应采取加固措施；采用干砌片石对边沟进行铺砌时，应选用有平整面的片石，各砌缝要用小石子嵌紧；采用浆砌片石铺砌时，砌缝砂浆应饱满，沟身不漏水；若沟底采用抹面时，抹面应平整压光。

2.截水沟的施工

(1)在无弃土堆的情况下，截水沟的边缘离开挖方路基坡顶的距离以不影响边坡稳定为原则，视土质而定。

在路基上方有弃土堆的情况下，截水沟应距弃土堆坡脚1～5m，弃土堆坡脚距路基挖方坡顶不应小于10m，弃土堆顶部应设2%倾向截水沟的横坡。

山坡上路堤的截水沟距路堤坡脚至少2m，并用挖截水沟的土填在路堤与截水沟之间，修筑向沟倾斜坡度为2%的护坡道或土台，使路堤内侧地面水流入截水沟排出。

(2)截水沟长度超过500m时应选择适当地点设出水口，截水应引至山坡侧的自然沟中或桥涵进水口。截水沟的出水口必须与其他排水设施平顺衔接。

(3)为防止水流下渗和冲刷，截水沟应进行严密的防渗和加固，砌筑过程应注意石块相互挤紧咬接，砂浆饱满，尤其在底部与沟坡转角处防止渗透。

3. 排水沟的施工

(1)应注意排水沟断面尺寸必须做足，防止排水不畅。

(2)排水沟沿路线布设时，距路基坡脚不宜小于3～4m。

(3)当排水沟、截水沟、边沟因纵坡过大产生水流速度大于沟底、沟壁土的容许冲刷流速时，应采取边沟表面加固措施。

4. 跌水与急流槽的施工

(1)跌水与急流槽必须采用浆砌圬工结构，跌水的台阶高度可根据地形、地质等条件决定，多级台阶的各级高度可以不同，其高度与长度之比应与原地面坡度相适应。

(2)急流槽的纵坡不宜陡于1:1.5，同时应与天然地面坡度相配合。当急流槽较长时，槽底可用几个纵坡。一般是上段较陡，向下逐渐放缓。

(3)当急流槽很长时，应分段砌筑，每段不宜超过10m，接头用防水材料填塞，密实无空隙。

(4)急流槽的砌筑应使自然水流与涵洞进出口之间形成一个过渡段，基础应嵌入地面以下，基底要求砌筑抗滑平台并设置端护墙。

5. 拦水缘石的施工

(1)为避免高路堤边坡被路面水冲毁可在路肩上设拦水缘石，将水流拦截至挖方边沟或在适当地点设急流槽引离路基。与高路堤急流槽连接处应设喇叭口。

(2)拦水缘石必须按设计安置就位。

(3)设拦水缘石路段的路肩宜适当加固。

6. 蒸发池的施工

(1)用取土坑作蒸发池时与路基坡脚间的距离不应小于5～10m。面积较大的蒸发池至路堤坡脚的距离不得小于20m，坑内水面应低于路基边缘至少0.6m。

坑底部应做成两侧边缘向中部倾斜0.5%的横坡。取土坑出入口应与所连接的排水沟或排水通道平顺连接。当出口为天然沟谷时，应妥善导入沟谷内，不得形成漫流，必要时予以加固。

(2)蒸发池的容量不宜超过200～300m^3，蓄水深度不应大于1.5～2.0m。池周围可用土埂围护，防止其他水流入池中。

蒸发池的设置不应使附近地区泥沼化及影响当地环境卫生。

(二)检测方法

1. 土沟

土沟包括边沟、截水沟、排水沟等。

基本要求：土沟边坡必须平整、坚实、稳定，严禁贴坡；沟底应平顺整齐，不得有松散土和其他杂物，排水畅通。

实测项目：见表 15-1。

土沟实测项目 表 15-1

项次	检查项目	规定值或允许偏差	检查方法和频率	权值
1	沟底高程(mm)	+0，−30	水准仪：每 200m 测 4 处	2
2	断面尺寸(mm)	不小于设计	尺量：每 200m 测 2 处	2
3	边坡坡度	不陡于设计	尺量：每 200m 测 2 处	1
4	边棱直顺度(mm)	50	尺量：20m 拉线，每 200m 测 2 处	1

外观鉴定：沟底无明显凹凸不平和阻水现象。

2. 浆砌排水沟

浆砌排水沟包括边沟、截水沟、排水沟、跌水、急流槽、水簸箕等其他排水工程。

基本要求：砌体砂浆配合比准确，砌缝内砂浆均匀饱满，勾缝密实；浆砌片(块)石、混凝土预制块的质量和规格应符合设计要求；基础中缩缝应与墙身缩缝对齐；砌体抹面应平整、压光、直顺，不得有裂缝、空鼓现象。

实测项目：见表 15-2。

外观鉴定：砌体内侧及沟底应平顺，沟底不得有杂物。

浆砌排水沟实测项目 表 15-2

项次	检查项目	规定值或允许偏差	检查方法和频率	权值
1	砂浆强度(MPa)	在合格标准内	按《公路工程质量检验评定标准》(JTG F80/1—2004)附录 F	3
2	轴线偏位(mm)	50	经纬仪或尺量：每 200m 测 5 处	1
3	沟底高程(mm)	±15	水准仪：每 200m 测 5 点	2
4	墙面直顺度(mm)或坡度	30 或符合设计要求	20m 拉线、坡度尺：每 200m 测 2 处	1
5	断面尺寸(mm)	±30	尺量：每 200m 测 2 处	2
6	铺砌厚度(mm)	不小于设计	尺量：每 200m 测 2 处	1
7	基础垫层宽、厚(mm)	不小于设计	尺量：每 200m 测 2 处	1

二、地下排水设施检测方法

路基及边坡土体中的上层滞水或埋藏很浅的潜水称为地下水。当地下水影响路基路面强度或边坡稳定时，应设置暗沟(管)、渗沟和检查井等地下排水设施。

常用的路基地下排水设备有盲沟、渗沟和渗井等，其特点是排水量不大，主要是以渗流方式汇集水流，并就近排出路基范围以外。对于流量较大的地下水，应设置专用地下管道予以排除。

由于地下排水设备埋置在地面以下，不易维修，在路基建成后又难以查明失效情况，因此要求地下排水设备牢固有效。

(一)一般原则

1.排水沟和暗沟施工

(1)当地下水位较高、潜水层埋藏不深时,可采用排水沟或暗沟截流地下水及降低地下水位。沟底宜埋入不透水层内,沟壁最下一排渗水孔(或裂缝)的底部宜高出沟底不小于0.2m。

(2)排水沟或暗沟采用混凝土浇筑或浆砌片石砌筑时,应在沟壁与含水地层接触面的高度处,设置一排或多排向沟中倾斜的渗水孔。沟壁外侧应填以粗粒透水材料或土工合成材料作反滤层。沿沟槽每隔10~15m或当沟槽通过软硬岩层分界处时应设置伸缩缝或沉降缝。

2.渗沟施工

(1)渗沟用于疏干潮湿的边坡和引排边坡上局部出露的上层滞水或泉水,并起加固边坡的作用。有填石渗沟、管式渗沟和洞式渗沟3种形式,均应设置排水层(或管、洞)、反滤层和封闭层。

(2)填石渗沟的施工要求如下:

①填石渗沟通常为矩形或梯形,在渗沟的底部和中间用较大碎石或卵石(粒径3~5cm)填筑,在碎石或卵石的两侧和上部,按一定比例分层(层厚约15cm)。填较细颗粒的粒料(中砂、粗砂、砾石),做成反滤层,逐层的粒径比例,大致按4:1递减。砂石料颗粒小于0.15mm的含量不应大于5%。用土工合成材料包裹有孔的硬塑管时,管四周填以大于塑管孔径的等径粒碎、砾石,组成渗沟。顶部作封闭层,用双层反铺草皮或其他材料(如土工合成的防渗材料)铺成,并在其上夯填厚度不小于0.5m的黏土防水层。

②填石渗沟的埋置深度,应满足渗水材料的顶部(封闭层以下)不得低于原有地下水位的要求。当排除层间水时,渗沟底部应埋于最下面的不透水层上。在冰冻地区,渗沟埋深不得小于当地最小冻结深度。

③填石渗沟只宜用于渗流不长的地段,且纵坡不能小于1%,宜采用5%。出水口底面高程,应高出沟外最高水位0.2m。

(3)管式渗沟适用于地下水引水较长、流量较大的地区。当管式渗沟长度为100~300m时,其末端宜设横向泄水管分段排除地下水。

管式渗沟的泄水管可用陶瓷管、混凝土、石棉、水泥或塑料等材料制成,管壁应设泄水孔,交错布置,间距不宜大于20cm。渗沟的高度应使填料的顶面高于原地下水位。沟底垫枕材料一般采用干砌片石,如沟底深入到不透水层时宜采用浆砌片石、混凝土或土工合成的防水材料。

(4)洞式渗沟适用于地下水流量较大的地段,洞壁宜采用浆砌片石砌筑,洞顶应用盖板覆盖,盖板之间应留有空隙,使地下水流入洞内。洞式渗沟的高度要求同管式渗沟。

(5)渗沟的平面布置,除路基边沟下(或边沟旁)的渗沟应按路线方向布置外,用于截断地下水的渗沟的轴线均宜布置成与渗流方向垂直。用作引水的渗沟应布置成条形或树枝形。

(6)渗沟内用作排水和渗水的填充料常用的有碎石、卵石和粗砂等,使用前须经筛选和清洗。

(7)渗沟下部的出水口一般采用干砌片石垛,其作用是支挡渗沟内部的填充料并将渗沟中集引的水排入边沟内。出水口宜设置端墙,端墙下部留出与渗沟排水通道大小一致的排水沟。端墙出口的排水沟应进行加固,防止冲刷。

(8)渗沟的顶部一般用单层干砌片石覆盖，其表面大致与边坡面齐平。渗沟顶部应设置封闭层，封闭层通常采用浆砌片石、干砌片石水泥砂浆勾缝，用黏土夯实，厚约50cm，下面铺双层反铺草皮或铺土工布。寒冷地区沟顶填土高小于冰冻深度时，应设置保温层，并加大出水口附近纵坡。

(9)渗沟排水层(或管、洞)与沟壁之间应设置反滤层。反滤层应选用颗粒大小均匀的砂、石材料分层埋填，相邻两层的颗粒直径比例不宜小于1∶4。

(10)渗沟基底应埋入不透水层，渗沟沟壁的一侧应设反滤层汇集水流，另一侧用黏土夯实或浆砌片石拦截水流。如含水层很厚，沟底不能深入不透水层时，两侧沟壁均应设置反滤层。

(11)渗沟的开挖宜自下游向上游进行，而且各条边坡渗沟要间隔开挖，还要及时回填，不可暴露太久，以免造成坍塌。

(12)分岔形渗沟的分岔部分和拱形渗沟的拱部断面下侧可用黏土填筑，做成防渗层。

(13)为检查维修渗沟，每隔30～50m或在平面转折和坡度由陡变缓处宜设置检查井。检查井一般采用圆形，内径不小于1m，在井壁处的渗沟底应高出井底0.3～0.4m，井底铺一层厚0.1～0.2m的混凝土。井基如遇不良土质，应采取换填、夯实等措施。兼起渗井作用的检查井的井壁，应在含水层范围设置渗水孔和反滤层。深度大于20m的检查井，除设置检查梯外，还应设置安全设备。井口顶部应高出附近地面0.3～0.5m，并设井盖。

3.排水渗井施工

(1)当路基附近的地面水或浅层地下水无法排除，影响路基稳定时，可设置渗井将地面水或地下水经渗井通过不透水层中的钻孔流入下层透水层中排除。

(2)渗井直径为50～60cm，井内填充材料按层次在下层透水范围内填碎石或卵石，上层不透水层范围内填砂或砾石。填充料应采用筛洗过的不同粒径的材料，应层次分明，不得粗细材料混杂填塞，井壁和填充料之间应设反滤层。

(3)渗井离路堤坡脚不应小于10m，渗水井顶部四周(进口部分除外)用黏土筑堤围护，井顶应加筑混凝土盖，严防渗井淤塞。

4.渗池与暗管施工

(1)渗池与暗管通常是由渗池汇集山坡地下水，再由暗管配合排出。这种形式适用于一般寒冷地区和严寒地区，并要求渗池与暗管埋设于当地冰冻线以下的土层中。

(2)渗池多采用矩形，其中间填片石或块石，四周填粗砂、砾石作反滤层，池底及与水源不接触的壁面采用草皮、黏土做成隔水层，渗池顶面应高于含水层顶面20cm，暗管底面应低于含水层底面。

(3)暗管可用陶瓷管、瓦管、混凝土管或塑料管制成，暗管纵坡不得小于0.5%，管底应用碎(砾)石及粗砂垫平，管四周的填土应夯实。

(二)检测方法

1.管节预制

基本要求：所用的水泥、砂、石、水、外加剂和掺合料的质量和规格应符合有关规范的要求，按规定的配合比施工；混凝土应符合耐久性(抗冻、抗渗、抗侵蚀)等设计要求；不得出现露筋和空洞现象。

实测项目：见表15-3。

管节预制实测项目 表 15-3

项次	检 查 项 目	规定值或允许偏差	检查方法和频率	权值
1	混凝土强度(MPa)	在合格标准内	按《公路工程质量检验评定标准》(JTGF80/1—2004)附录 D	3
2	内径(mm)	不小于设计	尺量:2 个断面	2
3	壁厚(mm)	不小于设计壁厚−3	尺量:2 个断面	2
4	顺直度(mm)	矢度不大于 2%管节长	沿管节拉线量、取最大矢高	1
5	长度(mm)	+5、−0	尺量	1

外观鉴定:蜂窝、麻面面积不得超过该面面积的 1%;深度超过 1cm 的必须处理;混凝土表面要平整。

2. 管道基础及管节安装

基本要求:管材必须逐节检查,不得有裂缝、破损;基础混凝土强度达到 5MPa 以上时,方可进行管节铺设;管节铺设应平顺、稳固,管底坡度不得出现反坡,管节接头处流水面高差不得大于 5mm;管内不得有泥土、砖石、砂浆等杂物;管道内的管口缝,当管径大于 750mm 时,应在管内作整圈勾缝;管口内缝砂浆平整密实,不得有裂缝、空鼓现象;抹带前,管口必须洗刷干净,管口表面应平整密实,无裂缝现象;抹带后,应及时覆盖养生;设计中要求防渗漏的排水管须做渗漏试验,渗漏量应符合要求。

实测项目:见表 15-4。

管道基础及管节安装实测项目 表 15-4

<table>
<tr><th>项次</th><th colspan="2">检 查 项 目</th><th>规定值或允许偏差</th><th>检查方法和频率</th><th>权值</th></tr>
<tr><td>1</td><td colspan="2">混凝土抗压强度或砂浆强度(MPa)</td><td>在合格标准内</td><td>按《公路工程质量检验评定标准》(JTGF80/1—2004)附录 D、F</td><td>3</td></tr>
<tr><td>2</td><td colspan="2">管轴线偏位(mm)</td><td>15</td><td>经纬仪或拉线:每两井间测 3 处</td><td>2</td></tr>
<tr><td>3</td><td colspan="2">管内底高程(mm)</td><td>±10</td><td>水准仪:每两井间测 2 处</td><td>2</td></tr>
<tr><td>4</td><td colspan="2">基础厚度(mm)</td><td>不小于设计</td><td>尺量:每两井间测 3 处</td><td>1</td></tr>
<tr><td rowspan="2">5</td><td rowspan="2">管座</td><td>肩宽(mm)</td><td>+10,−5</td><td rowspan="2">尺量、挂边线:每两井间测 2 处</td><td rowspan="2">1</td></tr>
<tr><td>肩高(mm)</td><td>±10</td></tr>
<tr><td rowspan="2">6</td><td rowspan="2">抹带</td><td>宽度(mm)</td><td>不小于设计</td><td rowspan="2">尺量:按 10%抽查</td><td rowspan="2">2</td></tr>
<tr><td>厚度(mm)</td><td>不小于设计</td></tr>
</table>

外观鉴定:管道基础混凝土表面应平整密实,侧面蜂窝不得超过该表面积的 1%,深度不超过 10mm;管节铺设直顺,管口缝带圈平整密实,无开裂脱皮现象;抹带接口表面应密实光洁,不得有间断和裂缝、空鼓。

3. 检查(雨水)井砌筑

基本要求:井基混凝土强度达到 5MPa 时,方可砌筑井体;砌筑砂浆配合比准确,井壁砂浆饱满,灰缝平整;圆形检查井内壁应圆顺,抹面密实光洁,踏步安装牢固;井框、井盖安装必须平稳，井口周围不得有积水。

实测项目：见表 15-5。

检查(雨水)井砌筑实测项目 表 15-5

项次	检查项目	规定值或允许偏差		检查方法和频率	权值
1	砂浆强度(MPa)	在合格标准内		按《公路工程质量检验评定标准》(JTGF80/1—2004)附录 F	3
2	轴线偏位(mm)	50		经纬仪：每个检查井检查	1
3	圆井直径或方井长、宽(mm)	±20		尺量：每个检查井检查	1
4	井底高程(mm)	±15		水准仪：每个检查井检查	1
5	井盖与相邻路面高差(mm)	雨水井	+0，−4	水准仪、水平尺：每个检查井检查	2
		检查井	+4，−0		

外观鉴定：井内砂浆抹面无裂缝；井内平整圆滑。

4. 盲沟

基本要求：盲沟的设置及材料规格、质量等应符合设计要求和施工规范规定；反滤层应用筛选过的中砂、粗砂、砾石等渗水性材料分层填筑；排水层应采用石质坚硬的较大粒料填筑，以保证排水孔隙度。

实测项目：见表 15-6。

盲沟实测项目 表 15-6

项次	检查项目	规定值或允许偏差	检查方法和频率	权值
1	沟底高程(mm)	±15	水准仪：每 10～20m 测 1 处	1
2	断面尺寸(mm)	不小于设计	尺量：每 20m 测 1 处	1

外观鉴定：反滤层应层次分明；进、出水口应排水通畅。

5. 排水泵站

基本要求：地基应具有足够的承载能力，不应扰动基底土壤；井壁混凝土应密实，混凝土强度达到强度标准后方可进行下沉；沉井下沉过程中，应随时注意正位，发现偏位及倾斜时须及时纠正；沉井封底应密实不漏水；水泵、管及管件应安装牢固，位置正确。

实测项目：见表 15-7。

排水泵站(沉井)实测项目 表 15-7

项次	检查项目	规定值或允许偏差	检查方法和频率	权值
1	混凝土强度(MPa)	在合格标准内	按《公路工程质量检验评定标准》(JTG F80/1—2004)附录 D	2
2	轴线平面偏位(mm)	1%井深	经纬仪：纵、横向各 2 处	1
3	垂直度(mm)	1%井深	用垂线检查：纵、横向各 1 处	1
4	底板高程(mm)	±50	水准仪测 4 处	2

外观鉴定：泵站轮廓线条清晰，表面平整。

第二节　道路工程防护与支挡设施检测

一、防护工程检测方法

道路防护工程包括坡面防护与冲刷防护2类，其中坡面防护的方法常采用植物防护和工程防护。

(一)坡面防护

1. 植物防护的一般要求

植物防护是一种施工简单、费用低廉、效果较好的坡面防护措施。它对于坡高不大、边坡比较平缓的土质坡面是一种简易有效的防护设施，其方法有种草、铺草皮和植树。土质边坡防护也可采用拉伸网草皮、固定草种布或网格固定撒种，用土工合成材料进行土质边坡防护的边坡坡度宜在1∶1.0～1∶2.0之间。

种草适用于干草类能生长的土质路堑和路堤边坡，其坡度小于1∶1.25，且高度不高者。草的品种，应适合当地土质和气候条件的根系发达、茎干低矮、枝叶茂盛、生长能力强的多年生草种。不宜种草的坡面，可以铺5～10cm厚的种植土层，土层应与原坡面结合稳固。

当坡面冲刷比较严重，边坡较陡，径流速度大于0.6m/s，容许最大速度为1.8 m/s时，应根据具体条件(坡度与流速等)，分别采用平铺水平叠置、垂直坡面或与坡面成一半坡角的倾斜叠置草皮，还可采用片石边铺砌成方格或拱式边框，方格或框内再铺草皮。

植树适用于各种土质边坡和极严重风化的岩石边坡，边坡坡度不陡于1∶1.5。用在堤岸边的河滩上，用来降低流速，促使泥砂淤积，防止水流直接冲刷路堤。沙漠与雪害地区，防护林带还起阻砂防雪作用。

拉伸网草皮是在土工网或土工垫层等土工合成材料上铺设3～5cm的种植土层，经过撒种、养护后形成的人工草皮。固定草种布(也可称植生带)是在土工织物纺织时将草种固定于土工织物中，然后到现场铺筑以促使草皮生长的一种土工合成材料草皮制品。网格固定撒种是先将土工网固定于需防护的边坡上，然后撒播草种形成草皮的一种边坡防护方法。

2. 工程防护的一般要求

当不适宜采用植物防护或考虑就地取材时，采用砂石、水泥、石灰等矿质材料进行坡面防护是常用的防护形式。它主要有砂浆抹面、灌浆及勾缝或喷浆以及石砌护坡或护面墙等。

抹面防护，适用于尚未严重风化的各种易风化岩石边坡。对此应及时予以封面，以预防风化成灾。

喷浆施工简便，效果较好，适用于易风化但尚未严重风化的岩石边坡，坡面较干燥，厚度一般为5～10cm。喷浆的水泥用量较大，重点工程可选用。

灌浆适用于较坚硬的、裂缝较大较深的岩石路堑边坡；勾缝适用于较硬、不易风化、节理裂缝多而细的岩石路堑边坡。

单层干砌片石护坡适用于土质路堤边坡易受地表水冲刷或边坡经常有少量地下水渗出而产生小型溜坍等病害地段。重要路段或暴雨集中地区的土质高边坡，以及桥涵附近坡面与岩坡、地面排水沟渠等，也可干砌片石加固。

护面墙是浆砌片石的坡面覆盖层，用于封闭各种软质岩层和较破碎的挖方边坡。要求墙面紧贴坡面，表面砌平，厚度可不一。护面墙除自重外，不应承受其他荷重，也不承受墙背土压力。

3. 工程防护设施的检测

1)锥、护坡

基本要求：石料质量、规格应符合有关规定；砂浆所用的水泥、砂、水的质量应符合有关规范的要求，按规定的配合比施工；锥、护坡基础埋置深度及地基承载力应符合设计要求；砌体应咬扣紧密，嵌缝饱满密实；锥、护坡填土密实度应达到设计要求，对坡面刷坡整平后方可铺砌。

实测项目：见表15-8 。

锥、护坡实测项目

表15-8

项次	检 查 项 目	规定值或允许偏差	检查方法和频率	权值
1	砂浆强度(MPa)	在合格标准内	按《公路工程质量检验评定标准》(JTG F80/1—2004)附录F	3
2	顶面高程(mm)	±50	水准仪：每50m检查3点，不足50m时至少2点	1
3	表面平整度(mm)	30	2m直尺：锥坡检查3处，护坡每50m检查3处	1
4	坡角	不陡于设计	坡度尺量：每50m量3处	1
5	厚度(mm)	不小于设计	尺量：每100m检查3处	2
6	底板高程(mm)	±50	水准仪：每50m检查3点	1

外观鉴定：表面平整，无垂直通缝；勾缝平顺，无脱落现象。

2)砌石工程

基本要求：石料质量、规格及砂浆所用材料的质量应符合有关规范的要求；砌块应错缝砌筑、相互咬紧；浆砌时砌块应坐浆挤紧，嵌缝后砂浆饱满，无空洞现象；干砌时不得松动、无叠砌和浮塞。

实测项目：见表15-9 和表15-10 。

外观鉴定：砌体边缘直顺，外露表面平整；勾缝平顺，缝宽均匀，无脱落现象。

3)挖方边坡锚喷防护

基本要求：锚杆、钢筋和土工格栅的强度、数量、质量和规格必须符合设计和有关规范的要求；混凝土及砂浆所用的水泥、砂、石、水和外掺剂必须符合有关规范的要求，按规定的配合比施工；边坡坡度、坡面应符合设计要求；岩面应无风化、无浮石，喷射前必须用水冲洗；钢筋应清除污锈，钢筋网与锚杆或其他锚固装置连接牢固，喷射时钢筋不得晃动；锚杆插入锚孔深度不得小于设计长度的95%，孔内砂浆应密实、饱满；喷射前应做好排水设施，对个别漏水空洞的缝隙应采用堵水措施，确保支护质量；钢筋、土工格栅或锚杆不得外露，混凝土不得开裂脱落；有关预应力锚索的基本要求见桥梁相关规定，锚索非锚固段套管安装位置必须符合设计要求。

浆砌砌体实测项目

表15-9

项次	检 查 项 目		规定值或允许偏差	检查方法和频率	权值
1	砂浆强度(MPa)		在合格标准内	按《公路工程质量检验评定标准》(JTG F80/1—2004)附录F	3
2	顶面高程(mm)	料、块石	±15	水准仪：每20m检查3点	1
		片石	±20		

续上表

项次	检查项目		规定值或允许偏差	检查方法和频率	权值
3	竖直度或坡度	料、块石	0.3%	吊垂线:每20m检查3点	2
		片石	0.5%		
4	断面尺寸(mm)	料石	±20	尺量:每20m检查2处	2
		块石	±30		
		片石	±50		
5	表面平	料石	10	20m直尺:每20m检查	2
	整度(mm)	片石	20	5处×3尺	
		片石	30		

干砌片石实测项目 表15-10

项次	检查项目	规定值或允许偏差	检查方法和频率	权值
1	顶面高程(mm)	±30	水准仪:每20m检查3点	1
2	外形尺寸(mm)	±100	尺量:每20m或自然段,长宽各3处	2
3	厚度(mm)	±50	尺量:每20m检查3处	3
4	表面平整度(mm)	50	20m直尺:每20m检查5处×3尺	2

实测项目:见表15-11。

外观鉴定:混凝土表面密实,不得有突变;与原表面结合紧密,不得起鼓。

锚喷防护实测项目 表15-11

项次	检查项目	规定值或允许偏差	检查方法和频率	权值
1	混凝土强度(MPa)	在合格标准内	按《公路工程质量检验评定标准》(JTG F80/1—2004)附录F	3
2	砂浆强度(MPa)	在合格标准内	按《公路工程质量检验评定标准》(JTG F80/1—2004)附录F	3
3	锚孔深度(mm)	不小于设计	尺量:抽查10%	1
4	锚杆(索)间距(mm)	±100	尺量:抽查10%	1
5	锚杆拔力(kN)	拔力平均值≥设计值,拔力最小值≥0.9设计值	拔力试验:锚杆数1%,且不少于3根	3
6	喷层厚度(mm)	平均厚≥设计厚,60%检查点的厚度≥设计厚,最小厚度≥0.5设计厚,且不小于设计规定	尺量(凿孔)或雷达断面仪:每10m检查1个断面,每3m检查1点	2
7	锚索张拉应力(MPa)	符合设计要求	油压表:每索由读数反算	3
8	张拉伸长率(%)	符合设计规定;设计未规定时采用±6	尺量:每索	2
9	断丝、滑丝数	每束1根,且每断面不超过钢丝总数的1%	目测:逐根(束)检查	2

注:实际工程中未涉及的项目不参与评定。

(二)冲刷防护

1. 冲刷防护的一般要求

流水直接危害沿河、滨海路堤时,必须采取一定的冲刷防护措施。

堤岸防护(直接防护),包括植物防护、石砌防护或抛石与石笼防护,以及必要时设置的支挡(驳岸)等。抛石防护类似在坡脚处设置护脚,不受气候条件限制,路基沉实前后均可施工,季节性浸水或长期浸水亦均可用。抛石垛的边坡坡度,不应陡于抛石浸水后的天然休止角。石笼是用铁丝编制成框架,内填石料,设在坡脚处,以防急流和大风浪破坏堤岸,也可用来加固河床,防止淘刷。石笼防护的优点是具有较好的柔性,而且可利用较小的石料。其缺点是铁丝网易锈蚀,使用期限一般为8～12年。笼内填石的粒径,最小不小于4cm,一般为5～20cm,外层应用大且棱角突出石料,内层可用较小的石块填充。石笼在坡脚处排列,用于防止冲刷淘底时,应平铺并与坡脚线垂直,而且堤岸一端固定,淘刷后可以向下沉落贴于底面;用于防止堤岸边坡冲刷时,则垒码平铺成梯形。单个石笼的大小,以不被相应速度的水流冲动为宜,铺设时须用碎(砾)石垫层铺平,笼底层各角,可用铁棒固定于基底。土工织物软体沉排是在土工织物上以块石或预制混凝土块体为压重的护坡结构。土工织物软体沉排一般适用于水下工程及预计可能发生冲刷的河床和岸坡土面上,主要有单片垫和双片垫两种结构。

2. 冲刷防护设施的检测

1)石笼防护

基本要求:所用材料的规格和质量应符合有关规范的规定;铁丝笼的网眼尺寸应符合设计要求;石笼的坐码或平铺应符合设计要求。

实测项目:见表15-12。

石笼防护实测项目 表15-12

项目	检 测 项 目	规定值或允许偏差	检查方法和频率	权值
1	平面位置(mm)	符合设计要求	经纬仪:按设计图控制坐标检查	1
2	长度(mm)	不小于设计长度－300	尺量:每个(段)检查	1
3	宽度(mm)	不小于设计宽度－200	尺量:每个(段)量5处	1
4	高度(mm)	不小于设计	水准仪或尺量:每个(段)检查5处	1
5	底面高程(mm)	不高于设计	水准仪:每个(段)检查5点	1

外观鉴定:表面整齐,线条直顺,曲线圆滑。

2)导流工程

基本要求:所用材料的规格和质量应符合有关规范的规定;导流堤(坝)的基础埋置深度及地基承载力应符合设计要求。

实测项目:见表15-13。

导流工程实测项目 表15-13

项次	检 查 项 目	规定值或允许偏差	检查方法和频率	权值
1	砂浆强度(MPa)	在合格标准内	按《公路工程质量检验评定标准》(JTG F80/1—2004)附录F	3
2	平面位置(mm)	30	经纬仪:按设计图控制坐标检查	2

续上表

项次	检 查 项 目		规定值或允许偏差	检查方法和频率	权值
3	长度(mm)		不小于设计长度－100	尺量:每个检查	1
4	断面尺寸(mm)		不小于设计	尺量:检查5处	2
5	高程(mm)	基底	不大于设计	水准仪:检查5点	2
		顶面	±30		

外观鉴定:表面规整,线条直顺,曲线圆滑。

二、支挡设施检测方法

支挡设施通常指各类挡土墙。挡土墙是用来支撑天然边坡或人工填土边坡以保持土体稳定的构造物。在公路工程中,它广泛应用于支撑路堤或路堑边坡、隧道洞口、桥梁两端及河流岸壁等。

按照挡土墙的设置位置不同,可分为路肩墙、路堤墙、路堑墙和山坡墙等类型。

路肩墙或路堤墙设置在高填路堤或陡坡路堤的下方,可以防止路基边坡或基底滑动,确保路基稳定,同时可收缩填土坡脚,减少填方数量,减少拆迁和占地面积,以及保护临近线路的原有建筑物。滨河及水库的路堤,在傍水一侧设置挡土墙,可防止水流对路基的冲刷和侵蚀,同时也是减少压缩河床或少占库容的有效措施。路堑挡土墙设置在堑坡的底部,主要用于支撑开挖后不能自行稳定的边坡,同时可减少挖方数量,降低边坡高度。山坡挡土墙设在堑坡上部,用于支挡山坡上可能滑坍的覆盖层,有的也兼有拦石作用。

此外,设置在隧道口或明洞口的挡土墙,可缩短隧道或明洞长度,降低工程造价;设置在桥梁两端的挡土墙,作为翼墙或桥台,起着护台及连接路堤的作用;而抗滑挡土墙则用于防治滑坡。

(一)一般规定

当挡土墙平均墙高 $H \geqslant 6$m 且墙身面积 $A \geqslant 1\ 200\text{m}^2$ 时,为大型挡土墙,可作为分部工程进行评定。其他为一般挡土墙,应作为分项工程进行评定。

大型挡土墙可划分为几个分项工程:大型砌体或混凝土挡土墙可划分为基础和墙身 2 个分项工程。大型加筋土挡土墙可划分为基础、面板预制、面板安装及加筋土挡土墙总体 4 个分项工程。

挡土墙路段的路基压实度可按一般路基要求评定。距加筋土挡土墙面板 1m 范围内的路基压实度,可采用现行《公路加筋土工程施工技术规范》的规定值。

(二)检测方法

1. *砌体挡土墙*

基本要求:料或混凝土预制块的强度、规格和质量应符合有关规范和设计要求;砂浆所用的水泥、砂、水的质量应符合有关规范的要求,按规定的配合比施工;地基承载力必须满足设计要求,基底无积水,基础埋置深度应满足施工规范要求;砌筑应分层错缝,浆砌时坐浆挤紧,嵌填饱满密实,不得有空洞;干砌时不得松动、无叠砌和浮塞;沉降缝、泄水孔、反滤层的设置位置、质量和数量应符合有关规范和设计要求。

实测项目:见表 15-14,表 15-15。

砌体挡土墙实测项目 表 15-14

项次	检 查 项 目		规定值或允许偏差	检查方法和频率	权值
1	砂浆强度(MPa)		在合格标准内	按《公路工程质量检验评定标准》(JTG F80/1—2004)附录 F	3
2	平面位置(mm)		50	经纬仪:每 20m 检查墙顶外边线 3 点	1
3	顶面高程(mm)		±20	水准仪:每 20m 检查 1 点	1
4	竖直度或坡度(%)		0.5	吊垂线:每 20m 检查 2 点	1
5	断面尺寸(mm)		不小于设计	尺量:每 20m 检查 2 个断面	3
6	底面高程(mm)		±50	水准仪:每 20m 检查 1 点	1
7	表面平整度(mm)	块石	20	20m 直尺:每 20m 检查 3 处,每处检查竖直和墙长 2 个方向	1
		片石	30		
		混凝土块、料石	10		

干砌挡土墙实测项目 表 15-15

项目	检 查 项 目	规定值或允许偏差	检查方法和频率	权值
1	平面位置(mm)	50	经纬仪:每 20m 检查 3 点	2
2	顶面高程(mm)	±30	水准仪:每 20m 测 3 点	2
3	竖直度或坡度(%)	0.5	尺量:每 20m 吊垂线检查 3 点	1
4Δ	断面尺寸(mm)	不小于设计	尺量:每 20m 检查 2 处	2
5	底面高程(mm)	±50	水准仪:每 20m 测 1 点	2
6	表面平整度(mm)	50	2m 直尺:每 20m 检查 3 处,每处检查竖直和墙长 2 个方向	1

外观鉴定:砌体表面平整,砌缝完好,无开裂现象;勾缝平顺,无脱落现象;泄水孔坡度向外,无堵塞现象;沉降缝整齐垂直,上下贯通。

2. 悬臂式和扶臂式挡土墙

基本要求:混凝土所用的水泥、石、砂、水和外掺剂的规格和质量应符合有关规范的要求,按规定的配合比施工;地基强度必须满足设计要求;不得有露筋和空洞现象;沉降缝、泄水孔的设置位置、质量和数量应符合设计要求。

实测项目:见表 15-16。

悬臂式和扶臂式挡土墙实测项目 表 15-16

项次	检 查 项 目	规定值或允许偏差	检查方法和频率	权值
1	混凝土强度(MPa)	在合格标准内	按《公路工程质量检验评定标准》(JTG F80/1—2004)附录 D	3
2	平面位置(mm)	30	经纬仪:每 20m 检查 3 点	1

续上表

项次	检查项目	规定值或允许偏差	检查方法和频率	权值
3	顶面高程(mm)	±20	水准仪:每20m检查1点	1
4	竖直度或坡度(%)	0.3	吊垂线:每20m检查2点	1
5	断面尺寸(mm)	不小于设计	尺量:每20m检查2个断面,抽查扶臂2个	2
6	底面高程(mm)	±30	水准仪:每20m检查1点	1
7	表面平整度(mm)	5	20m直尺:每20m检查2处,每处检查竖直和墙长2个方向	1

外观鉴定:混凝土施工缝平顺;蜂窝、麻面面积不得超过该面面积的0.5%;深度超过1cm的必须处理;混凝土表面不得出现非受力裂缝。裂缝宽度超过设计规定或设计未规定时超过0.15mm必须处理;泄水孔坡度向外,无堵塞现象,不符合要求时,必须进行处理;沉降缝整齐垂直,上下贯通,不符合要求时应进行处理。

3.锚杆、锚碇板和加筋土挡土墙

基本要求:混凝土所用的水泥、砂、石、水和外掺剂的规格和质量必须符合有关规范的要求,按规定的配合比施工;地基强度应符合设计要求;锚杆、拉杆或筋带的强度质量和规格,必须满足设计和有关规范的要求,根数不得少于设计数量;筋带须理顺,放平拉直,筋带与面板、筋带与筋带连接牢固;混凝土不得出现露筋和空洞现象。

实测项目:基础和肋柱预制分别按桥梁有关规定检查。其他实测项目见表15-17～表15-21。

外观鉴定:预制面板表面平整光洁,线条顺直美观,不得有破损翘曲、掉角、啃边等现象;蜂窝、麻面面积不得超过该面面积的0.5%;深度超过1cm的必须处理;混凝土表面不得出现非受力裂缝。裂缝宽度超过设计规定或设计未规定时超过0.15mm必须进行处理;墙面直顺,线形顺适,板缝均匀,伸缩缝应贯通垂直;露在面板外的锚头应封闭密实、牢固,整齐美观。

筋带实测项目 表15-17

项次	检查项目	规定值或允许偏差	检查方法和频率	权值
1	筋带长度或直径	不小于设计	尺量:每20m检查5根(束)	2
2	筋带与面板连接	符合设计	目测:每20m检查5处	2
3	筋带与筋带连接	符合设计	目测:每20m检查5处	1
4	筋带铺设	符合设计	目测:每20m检查5处	1

锚杆、拉杆实测项目 表15-18

项次	检查项目	规定值或允许偏差	检查方法和频率	权值
1	锚杆、拉杆长度	符合设计要求	尺量:每20m检查5根	2
2	锚杆、拉杆间距(mm)	±20	尺量:每20m检查5根	1
3	锚杆、拉杆与面板连接	符合设计要求	目测:每20m检查5处	2

续上表

项次	检 查 项 目	规定值或允许偏差	检查方法和频率	权值
4	锚杆、拉杆防护	符合设计要求	目测：每 20m 检查 10 处	2
5Δ	锚杆抗拔力	抗拔力平均值≥设计值，最小抗拔力≥0.9 设计值	拔力试验：锚杆数 1%，且不少于 3 根	3

面板预制实测项目 表 15-19

项次	检 查 项 目	规定值或允许偏差	检查方法和频率	权值
1	混凝土强(MPa)	在合格标准内	按《公路工程质量检验评定标准》(JTG F80/1—2004)附录 D	3
2	边长(mm)	±5 或 0.5%边长	尺量：长宽各量 1 次，每批抽查 10%	2
3	两对角线(mm)	10 或 0.7%最大对角线长	尺量：每批抽查 10%	1
4	厚度 (mm)	+5，−3	尺量：检查 2 处，每批抽查 10%	2
5	表面平整(mm)	4 或 0.3%边长	2m 直尺：长、宽方向各测 1 次，每批抽查 10%	1
6	预埋件位(mm)	5	尺量：检查每件，每批抽查 10%	1

面板安装实测项目 表 15-20

项次	检 查 项 目	规定值或允许偏差	检查方法和频率	权值
1	每层面板顶高程(mm)	±10	水准仪：每 20m 抽查 3 组板	1
2	轴线偏位(mm)	10	挂线、尺量：每 20m 量 3 处	2
3	面板竖直度或坡度	+0，−0.5%	吊垂线或坡度板：每 20m 量 3 点	1
4	相邻面板错台	5	尺量：面板交界处检查 3 点	1

注：面板安装以同层相邻 2 板为一组。

锚杆、锚碇板和加筋土挡土墙实测项目 表 15-21

项次	检 查 项 目		规定值或允许偏差	检查方法和频率	权值
1	墙顶和肋柱平面位置(mm)	路堤式	+50，−100	经纬仪：每 20m 检查 3 处	2
		路肩式	±50		
2	墙顶和柱顶高程 (mm)	路堤式	±50	水准仪：每 20m 检查 3 点	2
		路肩式	±30		
3	肋柱间距(mm)		±15	尺量：每柱间	1
4	墙面倾斜度 (mm)		+0.5%H 且不大于+50，−1%H 且不小于−100	吊垂线或坡度板：每 20m 测 2 处	2
5	面板缝宽(mm)		10	尺量：每 20m 至少检查 5 条	1
6	墙面平整度(mm)		15	2m 直尺：每 20m 测 3 处，每处检查竖直和墙长 2 个方向	1

注：1. 平面位置和倾斜度“+”指向外，“−”指向内。

2. H 为墙高。

思 考 题

1. 简述道路排水系统的设施构成。
2. 简述对土沟、浆砌排水沟的基本要求和检查项目有哪些?
3. 简述地下排水管道预制安装的基本要求和检查项目有哪些?
4. 简述检查井、地下盲沟基本要求和检查项目有哪些?
5. 简述道路防护工程的分类与组成。
6. 简述坡面工程防护设施的基本要求和检查项目有哪些?
7. 简述坡面冲刷防护设施的基本要求和检查项目有哪些?
8. 简述挡土墙的分类。
9. 砌体挡土墙和悬、扶臂式挡土墙的基本要求和检查项目有哪些?

第十六章 交通工程设施检测技术

DISHILIUZHANG

第一节 概　述

交通工程设施主要由道路交通标志、标线、防撞栏、视线诱导设施、防眩设施、隔离设施以及监控、通信、收费系统等组成，其作用是向道路使用者提供有关路况的各种信息，传送交通管理者对驾乘人员提出的各种警告、指令、指导及采取的安全措施，诱导车辆安全、高效行驶。交通工程检测的目的是确保交通工程设施、设备的质量合格，以实现交通管理的效果。

交通工程设施检测主要是测试施工过程中所使用的产品质量是否合格，以及产品安装后是否满足设计文件及规范要求。由于其检测内容涉及的行业及部门较多，检测试验中必须以国家技术标准、行业技术标准、设计文件等为依据。

交通工程检测内容涵盖了形成交通工程设施的产品、设备及施工安装，这些产品、设备的生产涉及到各个行业，其质量既要满足行业规范标准的要求，同时又必须适应公路使用效果的需要。交通工程设施、设备检测内容包括交通标志标线检测、诱导设施检测、防撞护栏检测、防眩设施检测、隔离设施检测、监控设施检测、通信设施检测、收费设施和照明设施检测。

(1)交通标志标线检测内容：标志板外观质量、材料标志板性能（色度性能、光学性能、耐候性能耐腐蚀性能、附着性能和耐冲击弯曲性能）、标线外观尺寸和标线材料性能(色度性能、密度黏度细度、耐磨性能、耐候性和光学性能)。

(2)诱导设施检测内容：外观质量、几何尺寸和材料性能(色度性能、光学性能和耐压耐水耐溶剂性能)。

(3)防撞护栏、防眩设施、隔离设施检测内容：外观质量、镀层质量(镀层附着量、镀层均匀性、镀层附着性能)、几何形状与尺寸和材料性能(材料成分分析、材料拉伸试验及弯曲试验)。

(4)监控设施、通信设施、收费设施检测内容：产品外观质量及安装、设备性能参数、接地电阻绝缘性能、传输性能参数(光缆线路测试、光缆接口测试、传输系统测试和音频通路特性测试)。

(5)照明设施检测内容：防腐性能、外观质量和设备及使用性能参数(供电线路及电压、接地电阻及绝缘性能和平均照度色显效果)。

第二节　波形梁护栏质量检测

一、波形梁钢护栏的构造

1. 波形梁护栏的分类

波形梁护栏按其设置位置可分为路侧护栏和中央分隔带护栏 2 类。

波形梁护栏的防撞性能是通过车辆与护栏的摩擦、车辆与地面的摩擦及车辆和护栏本身产生一定量弹、塑性变形(以护栏的变形为主)来吸收碰撞能量,延长碰撞过程的作用时间从而降低加速度,确保人员安全和减少车辆损坏。根据不同的道路条件及设置位置,其防撞性能要求不同。

2. 波形梁护栏的构造

波形梁护栏通常由波形梁板、立柱、端头、紧固件、防阻块等构件组成。波形梁板可分为圆弧形和折线形 2 类,其中圆弧类波形梁板还可分为等截面和变截面 2 类。立柱为钢管立柱。护栏的紧固件包括柱、端头的拼接和连接件。

波形梁板是与失控车辆首先接触的构件,通过波形梁板的传递,把碰撞力分散给多根立柱,再通过立柱把力传给地基土。波形梁主要承受拉力,在碰撞车辆冲击作用下,波纹被展开,吸收碰撞能量。

波形梁护栏可以近似看作弹性地基上点支撑的连续梁。车辆作用于护栏的碰撞力由波形梁、立柱和地基土共同承受,立柱主要承受弯矩,起着重要的支撑作用。立柱用型钢制造,其强度受立柱截面形状和面积的影响。

护栏端头是指护栏开始端或结束端所设置的专门结构,其目的是防止车辆碰撞时端梁刺伤乘客。规范中推荐了 2 种形式:一种为地锚式,另一种为圆头式。地锚式端头通过斜角梁逐渐伸向地面,在端部用混凝土基础锚固;圆头式端头是通过立柱位置逐渐外移,立柱高度不变,采用混凝土基础加索端锚具,其端梁为圆头。

二、波形梁钢护栏的质量检测

1. 基本要求

目前高速公路上波形梁钢护栏作为护拦的重要形式被广泛采用。有关波形梁护栏施工安装质量问题主要有立柱打入深度不够、连接螺栓孔位置偏移、防阻块扭弯、拼接螺栓孔对不上和基层压实度不够等。为此,对波形梁钢护栏的材质和尺寸的要求应符合《公路波形梁钢护栏》(JT/T 281—2007)及《公路三波形梁钢护栏》(JT/T 457—2007)的规定,护栏立柱、波形梁、防阻块及托架的安装应符合设计和施工的要求。

为保证护栏的整体强度,路肩和中央分隔带的土基压实度不应小于设计值,达不到压实度要求的路段不应进行护栏立柱打入施工。石方路段和挡土墙上的护栏立柱的埋深及基础处理应符合设计要求。波形梁钢护栏的端头处理及与桥梁护栏过渡段的处理应满足设计要求。

2. 实测项目

波形梁护栏的实测项目要求见表 16-1。

波形梁板的厚度一直是质量控制的重点,有的承包商利用钢板负公差来获取非法利润,这样做严重损害了工程质量,降低了护栏板的强度,对护栏整体抗冲击能力非常不利。负公差的测点不允许大量出现。焊接钢管立柱壁厚的允许偏差为±0.25 mm，因此，立柱壁厚为4.25 mm的也应视为合格，但这种负公差的立柱不允许大量出现。波形梁的实测项目见表16-1。

波形梁护栏实测项目　　表16-1

项次	检 查 项 目	规定值或允许偏差	检查方法和频率	权值
1Δ	波形梁板基底金属厚度(mm)	±0.16	板厚千分尺：抽检5%	2
2Δ	立柱壁厚(mm)	4.5±0.25	测厚仪、千分尺：抽检5%	2
3Δ	镀(涂)层厚度(μm)	符合设计	测厚仪：抽检10%	2
4	拼接螺旋(45号钢)抗拉强度(MPa)	≥600	抽样做拉力试验：每批3组	1
5	立柱埋入深度	符合设计规定	过程检查，直尺：抽检10%	1
6	立柱外边缘距路肩边线距离(mm)	±20	直尺：抽检10%	1
7	立柱中距(mm)	±50	钢卷尺：抽检10%	1
8Δ	立柱竖直度(mm/m)	±10	垂线、直尺：抽检10%	2
9Δ	横梁中心高度(mm)	±20	直尺：抽检10%	2
10Δ	护栏顺直度(mm/m)	±5	拉线、直尺：抽检10%	2

注：涉及结构安全和使用功能的重要实测项目(在表中以"Δ"标识)，其合格率不得低于90%(属于工厂加工制造的交通工程安全设施及桥梁金属构件不低于95%，机电工程为100%)，且检测值不得超过规定值，否则必须进行返工处理。

钢护栏的防腐处理关系到护栏的使用寿命，热浸镀锌和热浸镀铝是比较成熟的防腐方式。由于涂塑和镀锌(铝)后涂塑新安装护栏的颜色多样、外形美观，是目前逐渐使用的方式，但是其防腐效果还有待进一步的工程检验。无论采取何种防腐方式，都应按照《高速公路交通工程钢构件防腐技术条件》(GB/T 18226—2000)的规定执行。

立柱外边缘距路肩边线距离的检查是为了保证护栏立柱的侧向土压力。

横梁中心高度是指从地面到横梁中心点的距离。

3. 外观鉴定

(1)焊接钢管的焊缝应平整，无焊渣、凸起。构件镀锌层表面应均匀完整、颜色一致，表面具有实用性光滑，不得有流挂、滴瘤或多余结块。镀件表面应无漏镀、露铁、擦痕等缺陷。构件镀铝层表面应连续，不得有明显影响外观质量的熔渣、色泽暗淡及假浸、漏浸等缺陷。构件涂塑层应均匀光滑、连续，无肉眼可分辨的小孔、空间、孔隙、裂缝、脱皮及其他有害缺陷。

(2)直线段护栏不得有明显的凹凸、起伏现象，曲线段护栏应圆滑顺畅，与线形协调一致，中央分隔带开口端头护栏的抛物线形应与设计图相符。

(3)波形梁板搭接方向正确，搭接平顺，垫圈齐备，螺栓紧固。

(4)防阻块、托架、端头的安装应与设计图相符，安装到位，不得有明显变形、扭转、倾斜。

(5)波形梁板和立柱不得现场焊割和钻孔。

(6)立柱及柱帽安装牢固，其顶部应无明显塌边、变形、开裂等缺陷。

第三节　交通标志质量检测

一、基本知识

道路交通标志是用图形符号、颜色和文字向交通参与者传递特定信息，用于管理交通的设施。道路交通标志的形状、图案、尺寸、设置、构造、反光和照明以及制作，必须按《道路交通标志和标线》(GB 5768—2009)规定执行。

交通标志分主标志和辅助标志2大类。主标志包括警告标志、禁令标志、指示标志、指路标志、旅游区标志及道路施工安全标志;辅助标志是附设在主标志下,起辅助说明作用的标志。

1.有关检测的一般规定

(1)样品首先目测,合格后作为正式样品检测品处理。目测不合格者不再检测,直接作为不合格品处理。

(2)被测件损坏时不予检测,也不作为检测样品。

(3)首先测量超差,经对仪器校正确认无误,无环境干扰影响,样品抽样亦符合有关技术规范和法定程序时,一般应进行复测审核。如无技术操作问题且测试结果与首次测量一致,应坚持实事求是的原则予以承认或认定,作好记录。

(4)检测结果离散性太大时,原则上按规定程序校准、复测,经确认不是仪器故障、环境干扰、操作方法或操作误差时,则坚持实事求是的原则如实填报检测报告。

(5)检测过程中发生非人力可避免的意外事故或自然灾害时,当时所测结果及样品一律作废、取缔,待事故灾害处理完毕后重新检测。

2.检测步骤

(1)检查产品的包装、标志、运输、储存、质量证明书。

(2)查阅底板原材料和逆反射材料的质量保证书。

(3)统计产品种类与数量、根据规定进行随机抽样。

(4)现场检测、现场检测完毕,抽取底板原材料试样和各种非现场检测性能的试样。

(5)根据标准规定做各种理化试验。

(6)结果判定。

3.结果判定

(1)当前两步的有关结果符合要求时,方可进行产品质量的判定。

(2)当现场检测的不合格样品数不超过表16-2所列数值,且所有其他非现场检测性能指标完全合格时判定该批产品为合格。

不合格判定数的确定 表16-2

样 本 数	13	15	16	18	20	32	50
不合格判定数	0	0	0	0	0	1	3

(3)由于检测不合格,供货方提出申诉时,若该项目是非现场检测项目,则从同一批产品中再取双倍数量的试样进行复检,复检结果要求所有试样的所有指标完全合格。若复检项目是现场检测项目,则按表16-3规定抽取比初检样品数大的下一级样品数,复检结果要求该项目的所有指标完全合格,否则该批产品质量维持原判。

现场检测项目复检要求 表16-3

被 测 面 积	$S \leqslant 1m^2$	$S > 1m^2$
总测点数	$n=10$	$n=5S$
备注	图案或文字测点数为4;底色测点数为6	n取自然数,图案或文字测点数为$4+n/4$,底色测点数为$6+3n/4$

二、交通标志的检测项目与方法

1. 交通标志产品的质量检测

交通标志的检测项目按标志底板与标志面划分。标志底板的检测项目主要有原材料性能、底板几何形状及尺寸。标志面的检测项目有外观质量、材料性能等。其材料性能包括色度、逆反射性、耐候性能、耐盐雾性能、耐溶剂性能、抗冲击性能、耐弯曲性能及附着性能。

底板的形状和尺寸以及标志面的外观质量、图案或文字尺寸、色晶坐标及逆反射系数可以在现场随机抽样检测。

2. 外观质量检测

(1)标志板平整度:标志板板面应平整、光滑、边缘倒钝;板面不得有翘曲变形,折边、圆弧面应圆滑过渡,不得有凸凹变形,在 $2m^2$ 底板范围内的平整度公差不应该大于 1.0mm。对标志板面平整度的检测方法采用钢直尺和塞尺测量。

(2)标志面裂纹和气泡:对标志面裂纹和气泡的检测,应在白天环境中,用 4 倍放大镜仔细检查,并测量气泡面积,要求其在任何一处面积为 500mm×500mm 的表面上,不存在一个或一个以上总面积大于 $10mm^2$ 气泡。

(3)划痕、损伤、颜色不均匀:对划痕、损伤、颜色不均匀等缺陷的检查,应在照度大于 80lx 的白天环境中,距标志为 2m 处目测。

(4)逆反射性能不均匀性:在夜间黑暗、空旷的环境中,距离标志面 10m 处,以汽车前照灯远光为光源,垂直照射标志面,目测其逆反射性能的不均匀性。

3. 底板形状、几何尺寸、图案文字的检测

依据规定,标志底板形状与尺寸、标志面图案与几何尺寸、标志面字体大小见表 16-4。

交通标志实测项目 表 16-4

项次	检 查 项 目	规定值或允许偏差	检查方法和频率	权值
1	标志板外形尺寸(mm)	±5。当边长尺寸大于 1.2m 时允许偏差为边长的±0.5%;三角形内角应为 60°±5°	钢卷尺、万能角尺、卡尺:检查 100%	1
	标志板厚度(mm)	不小于设计		
2	标志汉字、数字、拉丁字的字体及尺寸(mm)	应符合规定字体,基本字高不小于设计	字体与标准字体对照,字高用钢卷尺:检查 100%	1
3Δ	标志面反光膜等级及逆反射系数($cd \cdot lx^{-1} \cdot m^{-2}$)	反光膜等级符合设计。逆反射系数数值不低于《公路交通标志板》(JT/T 279—2004)规定	反光膜等级用目测初定。便携式测定仪:检查 100%	2
4	标志板下缘至路面净空高度及标志板内缘距路边缘距离(mm)	+100,0	用直尺、水平尺或经纬仪:检查 100%	1
5	立柱竖直度(mm/m)	±3	垂线、直尺:检查 100%	1
6Δ	标志金属构件镀层厚度(μm)	标准柱、横梁≥78,紧固件≥50	测厚仪:检查 100%	2
7	标志基础尺寸(mm)	−50,+100	钢尺、直尺:检查 100%	1
8	基础混凝土强度(MPa)	在合格标准内	基础施工同时做试件每处 1 组(3 件):检查 100%	1

4. 材料性能检测

材料性能检测包括耐候性能、耐高温性、耐低温性能、耐弯曲性能、抗冲击性能、耐盐雾腐蚀性能、反光膜与标志底板的附着性能、耐溶剂性、逆反射系数测定等方面。

三、交通标志施工质量检测

1. 基本要求

(1)交通标志的制作应符合《道路交通标志和标线》(GB 5768—2009)和《公路交通标志板》(JT/T 279—2004)的规定。

(2)交通标志在运输、安装过程中不应损伤标志面及金属构件的镀层。

(3)标志的位置、数量及安装角度应符合设计要求。

(4)大型标志的地基承载力应符合设计要求。大型标志柱、梁的焊接部分应符合钢结构焊接规范的质量要求,无裂缝、未熔合、夹渣等缺陷。

(5)反光膜应尽可能减少拼接;任何标志的字符不允许拼接;当标志板的长度或宽度、圆形标志的直径小于反光膜产品的最大宽度时,底膜不应有拼接缝。当粘贴反光膜不可避免出现接缝时,应按反光膜产品的最大宽度进行拼接。

2. 外观质量检测

标志施工完成后,标志板面应无任何裂缝和划痕;金属构件镀锌面的损坏面积不超过构件表面的 1%;地基承载力应满足设计要求。一般对表 16-4 所列项目进行检测。

标志面反光膜等级及逆反射系数是重点,标志汉字、数字、拉丁字的字体及尺寸,结构构件制作质量及镀锌质量,标志基础也应特别注意。道路交通标志和标线标准中规定的汉字字体,是一种黑体(简体)。

标志板安装平整度是影响标志认读的重要因素,标志平整度差,标志面反射亮度的均匀性就差,标志亮度和颜色不均匀,会严重影响标志文字的视认性。要保证标志板的平整度,首先要保证材质、板厚、加强肋的密度及制作安装质量。

标志面的贴膜质量非常重要,包括反光膜表面是否有皱纹、划痕、裂纹及其他损伤,不能有气泡。标志板在粘贴底膜时,横向不允许有接缝。只有丝网印刷的反光膜拼接时才允许拼接。

标志立柱、横梁及连接件的质量检验,除检验基本尺寸外,主要是检查焊接质量和镀锌质量。

金属件的焊接质量和镀锌质量应仔细检查,不得有裂缝、未熔合、夹渣和未填满弧坑等缺陷。对于镀锌构件,首先应检查镀锌层厚度,然后检查镀层是否均匀,颜色是否一致,不允许锌层发黑、起白粉。不允许有流挂、滴瘤或多余结块。镀件表面应无漏镀、露铁等缺陷。

3. 外观鉴定

(1)标志板安装后应平整,夜间在车灯照射下,标志板底色和字符应清晰明亮,颜色均匀,不应出现明暗不均的现象,不能影响标志的认读。

(2)标志板在粘贴底膜时,横向不宜有拼接;竖向拼接时,上膜须压接下膜,压接宽度不应小于 5mm。当采用平接时,其间隙不应超过 1mm。距标志板边缘 50 mm 之内,不得有接缝。

(3)标志金属构件镀层应均匀、颜色一致,不允许有流挂、滴瘤或多余结块,镀件表面应无漏镀、露铁等缺陷。

第四节　交通标线质量检测

一、基 本 知 识

道路交通标线是由路面标线、箭头、文字、立面标记、突起路标和路边线轮廓标等构成的交通安全设施，它的作用是管制和引导交通，它既可以和标志配合使用，也可单独使用。

高速公路、一级公路、二级公路和城乡快速公路、主干道路，应按国家标准规定设置交通标线，其他道路可根据需要设置。

二、道路标线的工程施工质量检测

道路标线的工程施工质量检测，主要包括外观检测和实测项目检测2个方面。

1.基本要求

路面标线应满足耐久性、柔韧性、施工性的要求，对施工人员无毒性，对环境无污染。

(1)路面标线涂料应符合《路面标线涂料》(JT/T 280—2004)的规定。

(2)路面标线喷涂前应仔细清洁路面，表面干燥，无起灰现象。

(3)路面标线的颜色、形状和设置位置应符合《道路交通标志和标线》(GB 5768—2009)的规定和设计要求。

2.实测项目

(1)标线几何尺寸

主要仪器：①钢卷尺，分辨率：0.5mm；测量范围：0～500mm；精度：≤1mm。②带有量角器的三角尺，分辨率：0.5°；测量范围：0～180°；精度：≤1°。

测量方法：在连续100m路段上，用钢卷尺逐一测量标线宽度、长度、纵向间距，各测3次，求算术平均值。基本检测内容见表16-5。

标线线段长度主要指虚线实线段的控制精度，检查时按线段的不同规格分别进行。

标线宽度则受画线机具的影响。喷嘴的安装角度和高度对标线宽度有很大的影响。推(拉)式画线车的标线宽度由斗槽宽度决定。施工前要调整好喷嘴角度和高度，选择好划线机斗槽的宽度。

标线剥落面积是指到工程验收时，标线剥落面积占检查总面积的百分数。

(2)溶剂型标准层厚度测定

主要仪器：湿膜厚度计。

检测方法：把一块光平的金属片或玻璃片放置在将要画标线的路面上，待划线机在其上面通过并划上标线后，立即将湿膜厚度计垂直地插入画在金属片或玻璃片上的标线湿膜中，稳定地保持5～10s后垂直提出，观测涂料覆盖厚度计齿格的位置，读出相应数值，共测3次，求出算术平均值，符合相应的指标值即可。

(3)热熔型标线涂层厚度测定

主要仪器：游标卡尺。

测量方法：先将厚度已知的光平金属片放在将要画标线的路面上，待划线机在其上面通过并画上标线后，将已覆盖有标线涂层的金属片取出，过5min后，用游标卡尺测量总厚度，用该总厚度减去金属片的厚度即为热熔标线涂层厚度。共测 3 次,求出算术平均值,热熔型标线涂层厚度为 1.5～2.0mm。

路面标线实测项目　　表 16-5

项次	检 查 项 目		规定值或允许偏差	检查方法和频率	权值
1	标线线段长度(mm)	6 000	±50	钢卷尺:抽检 10%	1
		4 000	±40		
		3 000	±30		
		1 000～2 000	±20		
2	标线宽度(mm)	400～450	+15,0	钢尺:抽检 10%	1
		150～200	+8,0		
		100	+5,0		
3Δ	标线厚度(mm)	常温型(0.12～0.2)	−0.03,+0.10	湿膜厚度计:干膜用水平尺、塞尺或用卡尺,抽检:10%	2
		加热型(0.20～0.4)	−0.05,+0.15		
		热熔型(1.0～4.50)	−0.10,+0.50		
4	标线横向偏位(mm)		±30	钢卷尺:抽检 10%	1
5	标线纵向间距(mm)	9 000	±45	钢卷尺:抽检 10%	1
		6 000	±30		
		4 000	±20		
		3 000	±15		
6	标线剥落面积		检查总面积的 0～3%	4 倍放大镜:目测检查	1
7Δ	反光标线逆反射系数($cd \cdot lx^{-1} \cdot m^{-2}$)		白色标线≥150 黄色标线≥100	反光标线逆反射系数测量仪:抽检 10%	2

(4)标线色度性能

主要仪器:0°～45°D_{65}光源的色差计,标准色板。

测量方法:①在 100m 的连续路段上用标有色晶坐标的标准色板与标线涂层进行观察比较,最相近颜色的标准色板的色晶坐标亮度因数就是该处标线涂层的色度量值,测 3 处,求算术平均值。②在施工现场取 3 块涂层样块,用色差计测量色度性能。

(5)反光标线逆反射系数测定

主要仪器:逆反射标线测量仪,分辨率:$1mcd \cdot lx^{-1} \cdot m^{-2}$;不确定度:<15%。

测量方法:在路上任选 100m 测量段内,均匀布置 5 个测量点,用标线逆反射系数测量仪按行车方向平放在标线上,测每个点上的逆反射系数,共 5 次,求算术平均值。

3.外观鉴定

(1)标线施工污染路面应及时清理,每处污染面积不超过 1 000mm^2。

(2)标线线形应流畅,与道路线形相协调,曲线圆滑,不允许出现折线。

(3)反光标线玻璃珠应撒布均匀,附着牢固,反光均匀。

(4)标线表面不应出现网状裂缝、断裂裂缝、起泡现象。

第五节 防眩设施质量检测

一、防眩设施构造

防眩设施是指设置在道路中央分割带上用于消除汽车前照灯夜间眩光影响的道路交通安全设施。通过防眩设施的设置可以减少交通事故，提高行车的安全性。防眩设施的外观、结构形式应注意和道路景观相协调，与道路线形配合顺畅，美观大方。一般在以下地段设置：

(1)夜间交通量较大、大型车混入率较高的路段。

(2)平曲线半径小于一般最小半径路段。

(3)设置竖曲线对驾驶员有严重的眩目影响的路段。

(4)从互通立交、服务区、停车场的匝道或连接道进入主干线时，对向驾驶人员有严重的眩目影响的路段。

(5)无照明的大桥、高架桥上。

(6)长直线路段。

(7)地形起伏变形较大的路段。

防眩设施构造物可分为3类：防眩板、防眩网、植树(间距型、密集型)。目前大多数设置防眩设施的公路以设置防眩板为主。

防眩板既要能有效地遮挡对向车辆前灯的眩光，也应满足横向通视良好，能看到斜前方，并满足对驾驶员心理影响小的要求。有防眩板构造的地方，要求防眩板有一定的遮光角、防眩高度、板宽和间距。在中央分割带上连续设置一定间距、一定高度、一定宽度的防眩板后，并与前照灯主光轴水平夹角(遮光角)的光线照射在防眩板上，它刚好被相临2块板条所阻挡，因此，起到了防眩的目的。防眩板构造上的要求如下。

1)遮光角

防眩设施宜按部分遮光原理进行设计，直线路段防眩设施的遮光角不得低于8°，平(竖)曲线路段防眩设施的遮光角为8°～15°。

2)防眩高度

直线路段防眩设施的高度可按式(16-1)和式(16-2)进行计算，汽车前照灯高度和驾驶员视线高度见表16-6。防眩设施高度计算图示见图16-1。

汽车前照灯高度和驾驶员视线高度 表16-6

车　　种	视线高度 h_2(m)	前灯高度 h_1(m)
大客车	2.2	1.0
卡车	2.0	1.0
小型车	1.30	0.8

$$H = h_1 + (h_2 - h_1)B_1/B \tag{16-1}$$

$$H = h_2 - (h_2 - h_1)B_2/B \tag{16-2}$$

式中：H ——防眩设施高度，m；

h_1——汽车前照灯高度，m；

h_2——驾驶员视线高度，m；

B_1、B_2——分别为行车道上车辆距防眩设施中心线的距离，m；

B——相对行驶车辆相距的横向距离，m，$B=B_1+B_2$。

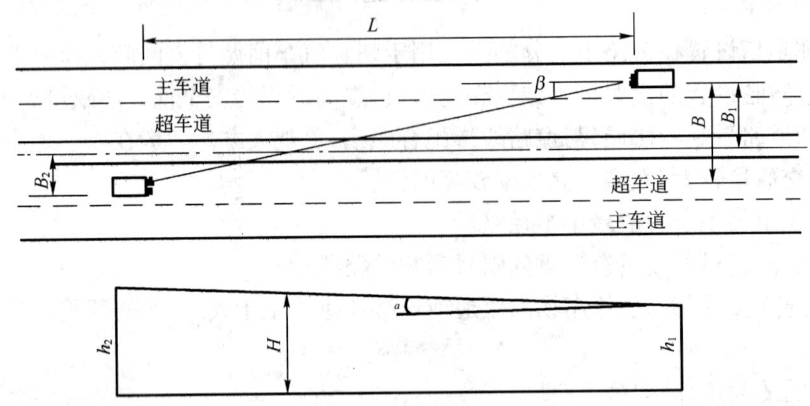

图 16-1　直线路段防眩设施高度计算简图

平曲线路段应按式(16-3)或(16-4)验算防眩设施高度对停车视距的影响。平曲线路段防眩设施高度验算图见图 16-2。

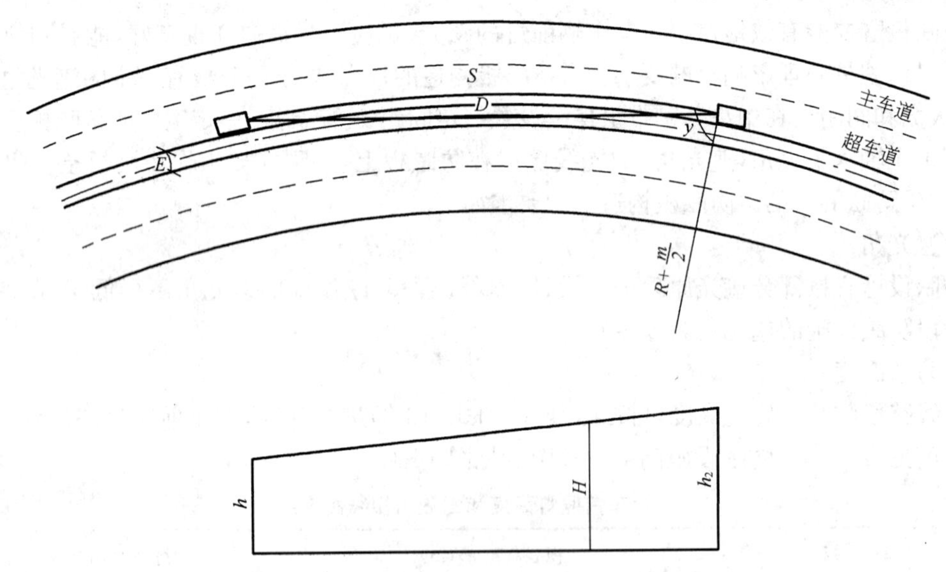

图 16-2　平曲线路段防眩设施高度验算简图

$$H < \frac{D-(R+m/2)\cos\gamma}{D}(h_2-h)+h \tag{16-3}$$

$$D = 2R\sin\frac{S}{2R} \tag{16-4}$$

式中：H——防眩设施高度，m；

D——驾驶员与障碍物通视的直线距离，m；

h_2——驾驶员视线高度，m；

h——障碍物的高度，m；

R——平曲线半径，m；

m——道路中央分割带宽度，m；

S——停车视距，m。

竖曲线路段防眩设施高度应根据前后纵坡情况进行适当调整，以满足遮光要求。

3)防眩板宽度

防眩板宽度按式(16-5)或式(16-6)进行计算。防眩板宽度计算图见图16-3。

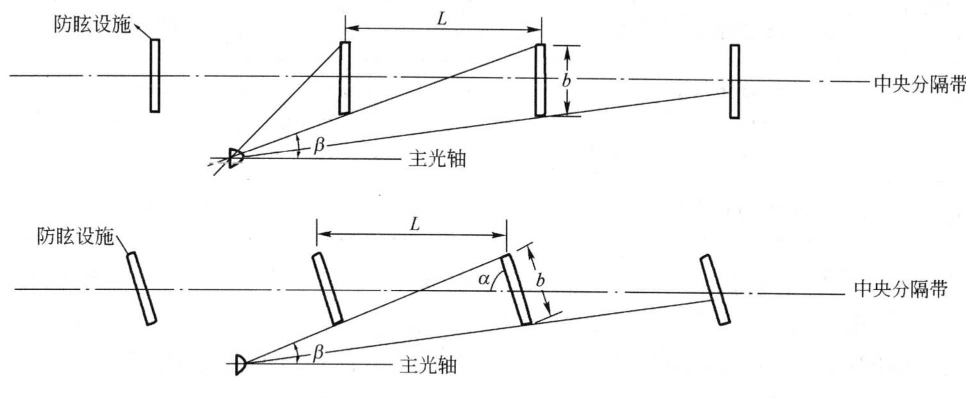

图16-3 防眩板宽度计算简图

当防眩板与设置中线垂直时：

$$b=L\cdot\tan\beta \tag{16-5}$$

当防眩板与设置中线偏转 α 角时：

$$b=\frac{L\cdot\tan\beta}{\sin\alpha+\cos\alpha\cdot\tan\beta} \tag{16-6}$$

式中：b——防眩板的宽度，cm；

β——防眩遮光角，°；

L——防眩板的间距，cm；

α——防眩板的偏转角，°。

4)防眩板的间距

防眩板的间距一般为50cm，这主要是为了与护栏设置间距相吻合，同时也有利于加工制作；另外以此间距计算出的板宽能够很好地与护栏顶部宽度尺寸相吻合。

二、防眩设施的实测项目

1. 基本要求

(1)防眩设施的材质、镀锌量应符合《公路防眩设施技术条件》(JT/T 333—1997)及设计和施工规范的要求。

(2)防眩设施整体应与道路线形相一致，美观大方，结构合理。

(3)防眩设施的几何尺寸及遮光角应符合设计要求。

(4)防眩板的平面弯曲度不得超过板长的0.3%。

(5)防眩设施应安装牢固。

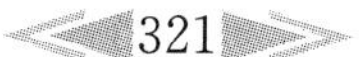

2. 实测项目

防眩设施实测项目见表16-7。

防眩设施实测项目　　表16-7

项　次	检 测 项 目	规定值或允许偏差	检查方法和频率	权　值
1△	安装高度(mm)	±10	钢卷尺:抽检5%	2
2	镀(涂)层厚度(μm)	符合设计	涂层测厚仪:抽检5%	1
3	防眩板宽度(mm)	±5	直尺:抽检5%	1
4	防眩板设置间距(mm)	±10	钢卷尺:抽检10%	1
5	竖直度(mm/m)	±5	垂线、直尺:抽检10%	1
6△	顺直度(mm/m)	±8	拉线、直尺:抽检10%	2

防眩板的宽度与防眩遮光角及防眩板的间距有关,一般由设计确定。一旦防眩板的宽度确定后,应按规定尺寸进行制作,允许偏差为±5 mm。

防眩板的设置间距与防眩板的宽度及设定的遮光角有关。防眩板的间距一般取整数,并需考虑与护栏间距(节长)相配合,允许偏差应在±10mm以内。

防眩板的竖直度用垂线、直尺(或塞尺)测量。竖直度关系到防眩设施的外形美观,严重时还会影响防眩效果。

3. 外观鉴定

(1)防眩板表面不得有气泡、裂纹、疤痕、端面分层等缺陷。

(2)防眩设施色泽均匀。

第六节　其他公路交通工程设施检测

一、混凝土护栏

1. 基本要求

(1)混凝土所用的水泥、砂、石、水及外掺剂的质量和规格必须符合有关规范的要求,按规定的配合比施工。

(2)混凝土护栏预制块件在吊装、运输、安装过程中,不得断裂。

(3)各混凝土护栏块件之间、护栏与基础之间的连接应符合设计要求。

(4)混凝土护栏块件标准段、混凝土护栏起终点及其他开口处的混凝土护栏块件的几何尺寸应符合设计要求。

(5)混凝土护栏的地基强度、埋入深度应符合设计要求。

(6)混凝土护栏块件的损边、掉角长度每处不得超过20 mm,否则应予及时修补。

混凝土护栏用水泥、砂石、水及添加剂的材质应符合《公路桥涵施工技术规范》(JTJ 041—2000)的要求。混凝土的配合比、拌和、运输、浇筑等工序应严加控制,保证混凝土的浇筑质量。预制混凝土护栏嵌锁在基础中或通过传力钢筋与基础连接,也应满足设计要求。混凝土护栏块件的损边、掉角应及时修补。

2. 实测项目

混凝土护栏实测项目见表 16-8。

混凝土护栏实测项目　　表 16-8

项次	检测项目		规定值或允许偏差	检查方法和频率	权值
1Δ	护栏混凝土强度(MPa)		在合格标准内	护栏施工同时制作混凝土标准立方体试件	2
2	地基压实度(%)		符合设计要求	核子密度仪现场检查	1
3	护栏断面尺寸(mm)	高度	±10	直尺、钢卷尺:抽检 10%	1
		顶宽	±5		
		底宽	±5		
4	基础平整度(mm)		10	水平尺:检查 100%	1
5Δ	轴向横向偏位(mm)		±20 或符合设计要求	直尺、钢卷尺:抽检 10%	2
6	基础厚度(mm)		±10%H	过程检查,直尺:检查 100%	1

注:H 为基础的设计厚度。

中央分隔带混凝土护栏嵌锁在基础中或通过传力钢筋与基础连接时,基础的平整度取决于半刚性基层的施工质量。在混凝土护栏安装以前,应用水准仪控制基础顶面高程,以免造成与设计高程的较大误差。中央护栏高度应由左侧路缘带设计高到护栏顶的距离作为控制。路侧混凝土护栏高度应由右侧路缘带设计高至护栏顶的距离作为控制。

3. 外观鉴定

(1)混凝土护栏块件之间的错位不大于 5 mm。

(2)混凝土护栏外观、色泽均匀一致,表面的蜂窝、麻面、裂缝、脱皮等缺陷面积不超过该面面积的 0.5%;深度不得超过 10mm。

(3)护栏线形适顺,直线段不允许有明显的凹凸现象,曲线段护栏应圆滑顺畅,与线形协调一致。中央分隔带开口端头护栏尺寸应与设计图相符。

二、缆 索 护 栏

1. 基本要求

(1)缆索性能、缆索直径、单丝直径、构造(3 股 7 芯)、锚具及其镀锌质量应符合设计与施工规范的要求,缆索抗拉强度、镀锌质量须经抽检,合格后方可使用。

(2)张拉前应标定拉力测定计。

(3)立柱埋深不得小于设计值。采用挖埋法施工,立柱埋入土中时,回填土应分层(每层厚度不超过 100 mm)夯实;立柱埋入混凝土中时,基础混凝土的几何尺寸、强度等应符合设计要求。

(4)立柱壁厚、外径、长度不小于设计要求。

(5)采用打入法施工时,立柱顶部不应出现明显变形、倾斜、扭曲或卷边等现象。

缆索护栏的关键材料——钢丝绳,须按《优质碳素结构钢》(GB 699—1999)规定材质制造，其硫、磷含量各不得超过0.036%，并符合《制绳用钢丝》（YB/T 5343—2006）的规定。护栏用缆索主要参照日本有关标准确定，该种缆索的构造系根据缆索护栏的特殊应用要求决定的。

缆索护栏的立柱采用普通碳素结构钢制造，立柱用电焊钢管，端部结构或弓形或半弓形立柱可采用铸钢制造。

2. 实测项目

缆索护栏实测项目表16-9。

缆索护栏实测项目 表16-9

项次	检查项目	规定值或允许偏差	检查方法和频率	权值
1	缆索直径(mm)	18±0.5	卡尺：抽检10%	1
	单丝直径(mm)	2.86+0.10，−0.02		
2Δ	初张力(kN)	±5%	过程检查，张拉计：抽检10%	2
3	最下一根缆索的高度(mm)	±20	直尺：抽检10%	1
4Δ	立柱壁厚(mm)	±0.10	千分尺：抽检10%	2
5	立柱埋入深度	符合设计要求	过程检查：抽检10%	1
6Δ	立柱竖直度(mm/m)	±10	垂线，直尺：抽检10%	2
7	立柱中距(mm)	±50	直尺：抽检10%	1
8Δ	镀锌层厚度(μm)	立柱 ≥85 索端锚具 ≥50 紧固件 ≥50 镀锌钢丝 ≥33	测厚仪：抽检10%	2
9	混凝土基础尺寸	符合设计规定	过程检查，直尺：检查100%	1
10Δ	混凝土强度	在合格标准内	基础施工同时做试件，每个工作班1组(3件)，检查试件的强度，抽检100%	2

缆索的初张力是保证护栏具有一定刚度和柔性的量度。缆索的初张力采用196kN。

最下一根缆索安装高度，主要考虑与碰撞车辆的作用位置。路侧缆索护栏最下一根缆索高度为430mm、缆索间距为130mm。中央分隔带缆索护栏最下一根缆索高度为440 mm、缆索间距为170mm。

为保证缆索免受腐蚀而采用单丝热浸镀锌的办法，按《镀锌钢绞线》（YB/T 5004—2001）规定处理，锌层重量215g/m^2。经热浸镀锌处理的钢丝表面应有一层均匀的锌层，不应出现裂纹、斑疤和露铁现象。

3. 外观鉴定

(1)金属构件表面不得有气泡、剥落、漏镀及划痕等表面缺陷。

(2)直线段护栏没有明显的凹凸现象，曲线段护栏圆滑顺畅。

(3)索端锚具、托架、索夹螺栓应安装到位、固定牢固；托架编号和组合应与缆索护栏的类别相适应;上、下托架位置正确,中央分隔带缆索护栏的托架应两边对称。

三、突起路标施工质量检测

1.基本要求

(1)突起路标产品应符合《突起路标》(JT/T 390—1999)的规定。

(2)突起路标的布设及颜色应符合《道路交通标志和标线》(GB 5768—2009)的规定或符合设计要求。

(3)突起路标与路面的粘结应牢固、耐久,能经受汽车轮胎的冲击而不会脱落。

(4)突起路标应在路表干燥、清洁,并经测量定位后施工。

突起路标应牢固地粘结于路面上,能经受汽车轮胎的冲击而不会脱落。从实际使用情况看,突起路标脱落率高。为解决突起路标与路面牢固粘结问题,应从突起路标的结构上、黏结剂、施工工艺等方面着手。

2.实测项目

突起路标实测项目见表16-10。

突起路标实测项目 表16-10

项次	检 测 项 目	规定值或允许偏差	检查方法和频率	权值
1	安装角度(°)	±5	角尺:抽检10%	1
2	纵向间距(mm)	±50	钢卷尺:抽检10%	1
3Δ	损坏及脱落个数	<0.5%	检测损坏及脱落个数:抽检30%	2
4Δ	横向偏位(mm)	±50	钢卷尺:抽检10%	2
5	承受压力(kN)	>160	检查测试记录	1
6Δ	光度性能	在规定范围内	检查测试报告	2

突起路标的光度性能用"发光强度系数"来表示。按发光强度系数的大小分为I级和II级。

安装角度主要指反光面的那条边线尽可能与行车方向垂直,允许偏差在±5°以内。

纵向间距指突起路标纵向安装间距的控制精度。突起路标在安装前需精确量距放样,确定位置后,再清理路面、打洞、清渣、吹灰、涂粘结剂、装突起路标、加压、保护(一般需12h以上)。

用任何材料制作的突起路标外壳,如:钢化玻璃、陶瓷、聚脂型树脂化合物、塑钢、铝合金材料等,至少应能经受160kN的压力而不会损坏。

3.外观鉴定

(1)突起路标外观应美观,尺寸符合有关规范要求,表面光滑,不得有尖角、毛刺存在,表面无明显的划伤、裂纹。

(2)突起路标纵向安装应成直线,不得出现折线。曲线段的突起路标应与道路曲线相吻合,线形圆滑、顺畅。

(3)突起路标粘结剂不得造成路面污染。

四、轮廓标施工质量检测

1. 基本要求

(1)轮廓标产品应符合《轮廓标技术条件》(JT/T 388—1999)的规定。

(2)轮廓标的布设应符合设计及施工规范的要求。

(3)柱式轮廓标的基础混凝土强度、基础尺寸应符合设计要求。

(4)柱式轮廓标安装牢固,逆反射材料表面与行车方向垂直,色度性能和光度性能应与设计相符。

2. 实测项目

轮廓标检测项目见表 16-11。

轮廓标检测项目 表 16-11

项次	检 测 项 目	规定值或允许偏差	检查方法和频率	权值
1	柱式轮廓标尺寸(mm)	三角形断面:底边允许偏差为±5,三角形高允许偏差为±5;柱式轮廓标总长允许偏差为±10	钢尺:抽检 10%	1
2	安装角度(°)	0~5	花杆、十字架、卷尺、万能角尺:抽检 10%	1
3	反射器中心高度(mm)	±20	直尺:抽检 10%	1
4Δ	反射器外形尺寸(mm)	±5	卡尺、直尺:抽检 10%	2
5Δ	光度性能	在合格标准内	检查检测报告	2

逆反射系数是平面逆反射表面上发光强度系数与它表面积的商,该技术指标与《公路交通标志板》(JT/T 279—2004)保持一致,也与国际标准 ASTM D4956—2007、BS 8442—2006、AS/NZS 1906—2007 等保持一致。

反射器的光度性能用发光强度系数来衡量,发光强度系数是逆反射在观察方向上的发光强度与投向逆反射体且落在垂直于入射光方向的平面内的光照度的商。这与《突起路标》(JT/T 390—1999)保持一致,而且与国际标准 BS 8442—2006、AS/NZS 1906—2007、ASTM D4280—2008 等保持一致。

3. 外观鉴定

(1)轮廓标不应有明显的划伤、裂纹、损边、掉角的缺陷。表面应平整光滑,无明显凹痕或变形。

(2)轮廓标安装牢固,线形顺畅。

(3)柱式轮廓标的垂直度不超过±8mm/m。

五、隔离栅与防落网设施质量检测

1. 基本要求

(1)隔离栅和防落网用的材料规格及防腐处理应符合《隔离栅技术条件》(JT/T 374—1998)设计和施工规范的规定。

(2)用金属网制作的隔离栅和防落网,安装后要求网面平整,无明显翘曲现象。刺铁丝的中心垂度小于15mm。

(3)防落网应网孔均匀,结构牢固,围封严实。

(4)金属立柱弯曲度超过8mm/m,有明显变形、卷边、划痕等缺陷者,以及混凝土立柱折断者均不得使用。

(5)立柱埋深应符合设计要求。立柱与基础、立柱与网之间的连接应稳固。混凝土基础强度不小于设计要求。

(6)隔离栅起终点应符合端头围封设计的要求。

上跨桥上的防落网应能防止有人向桥下高速行驶车辆抛扔物品,网孔选择得当,网孔均匀,结构牢固,围封严密。

隔离栅的起终点,或遇桥梁、通道需要断开的地方,应针对不同情况做出专门的端头围封,以防人畜在这些围封的地方钻入隔离带内。

2. 实测项目

隔离栅的质量检测包括4个方面:外观质量、镀层质量、几何形状与尺寸和材料性能(基底钢材的抗拉强度、屈服强度及延伸率等)。其具体检测内容及检验方法见表16-12。

隔离栅和防落网实测项目 表16-12

项次	检测项目	规定值或允许偏差	检查方法和频率	权值
1	高度(mm)	±15	钢卷尺:每100根测2根	1
2△	镀(涂)层厚度(μm)	符合设计	测厚仪:抽检5%	2
3△	网面平整度(mm/m)	±2	直尺、塞尺:抽检5%	2
4△	立柱埋深	符合设计	直尺:过程检查,抽检10%	2
5	立柱中距(mm)	±30	钢卷尺:每100根测2根	1
6△	混凝土强度(MPa)	在合格标准内	基础施工同时做试件,每工作班做1组(3件),检查试件强度,抽检10%	2
7	立柱竖直度(mm/m)	±8	直尺、垂线:每100根测2根	1

隔离栅或防落网的网片的防腐层厚度跟钢丝直径或板材厚有关,并应符合《隔离栅技术条件》(JT/T 374—1998)中的规定以及《高速公路交通工程钢构件防腐技术条件》(GB/T 18226—2000)的规定。

网面平整度是衡量铺网质量的一项重要指标。不管是有框架的,还是整网铺设的网片,都有一个绷紧的问题。

立柱的竖直度用垂线、直尺(或塞尺)测量。

3. 外观鉴定

(1)电焊网不得脱焊、虚焊。

(2)镀锌层表面应具有均匀完整的锌层,颜色一致,表面具有实用性光滑,不允许有流挂、滴瘤或多余结块。镀件表面应无漏镀、露铁等缺陷。涂塑层应均匀光滑、连续,无肉眼可分辨的小孔、空间、孔隙、裂缝、脱皮及其他有害缺陷。

(3)混凝土立柱应密实平整,无裂缝、翘曲、蜂窝、麻面等缺陷。

(4)有框架的隔离栅和防落网，网片应与框架焊牢，网片拉紧。整网铺设的隔离栅，端柱与网连接牢固，网面平整绷紧。刺铁丝间距符合设计要求，刺线平直、绷紧。

(5)隔离栅安装位置应符合设计规定。安装线形整体顺畅并与地形相协调。围封严实，安装牢固。

思 考 题

1. 道路工程设施的主要构成有哪些？

2. 波形梁护栏实测项目有哪些？

3. 道路标线的实测项目有哪几项？

4. 一般在何地段设置防眩设施？

5. 混凝土护栏有什么基本要求？

6. 隔离栅的质量检测包括哪几个方面？

参 考 文 献

[1] 中华人民共和国行业标准.公路路基路面现场测试规程(JTG E60—2008).北京:人民交通出版社,2008.

[2] 中华人民共和国行业标准.公路工程沥青及沥青混合料试验规程(JTJ 052—2000).北京:人民交通出版社,2000.

[3] 中华人民共和国行业标准.公路工程水泥及水泥混凝土试验规程(JTG E30—2005).北京:人民交通出版社,2005.

[4] 中华人民共和国行业标准.公路沥青路面施工技术规范(JTG F40—2004).北京:人民交通出版社,2005.

[5] 中华人民共和国行业标准.公路工程技术标准(JTG B01—2003).北京:人民交通出版社,2003.

[6] 中华人民共和国行业标准.公路工程岩石试验规程(JTG E41—2005),北京:人民交通出版社,2005.

[7] 中华人民共和国行业标准.公路工程质量检查评定标准(JTG F80/1—2004).北京:人民交通出版社,2005.

[8] 中华人民共和国行业标准.公路隧道交通工程设计规范(JTG/T D71—2004).北京:人民交通出版社,2004.

[9] 中华人民共和国行业标准.公路钢筋混凝土及预应力混凝土桥涵设计规范(JTG D62—2004).北京:人民交通出版社,2004.

[10] 中华人民共和国行业标准.公路水泥混凝土路面施工技术规范(JTG F30—2003).北京:人民交通出版社,2003.

[11] 中华人民共和国行业标准.公路桥涵设计通用规范(JTG D60—2004).北京:人民交通出版社,2004.

[12] 中华人民共和国行业标准.公路工程集料试验规程(JTG E42—2005).北京:人民交通出版社,2005.

[13] 中华人民共和国行业标准.公路水泥混凝土路面设计规范(JTG D40—2002).北京:人民交通出版社,2002.

[14] 中华人民共和国行业标准.公路路基施工技术规范(JTG F10—2006).北京:人民交通出版社,2006.

[15] 中华人民共和国行业标准.公路土工试验规程(JTG E40—2007).北京:人民交通出版社,2007.

[16] 中华人民共和国国家标准.道路交通标志和标线(GB 5768—1999).北京:人民交通出版社,1999.

[17] 中华人民共和国行业标准.路面标线涂料(JT/T 280—2004).北京:人民交通出版社,2004.

[18] 中华人民共和国行业标准.公路路基设计规范(JTG D30—2004).北京:人民交通出版社,2004.

[19] 夏连学,宁金成.公路与桥梁结构检测.郑州:黄河水利出版社,1999.

[20] 黄晓明,张晓冰,高英.公路工程检测手册.北京:人民交通出版社,2004.

[21] 林艳华.公路工程质量控制与试验检测方法.广州:中山大学出版社,2004.

[22] 朱霞,宋高嵩,张爱勤.公路工程试验检测技术.北京:高等教育出版社,2004.

[23] 张超,郑南翔,王建设.路基路面试验检测技术.北京:人民交通出版社,2004.

[24] 李玉珍,余素萍.公路工程试验仪器使用与维护.北京:人民交通出版社,2004.

[25] 张留俊,王福胜,刘建都.高速公路软土地基处理技术.北京:人民交通出版社,2002.

[26] 何光武,周虎鑫.机场工程特殊土地基处理技术.北京:人民交通出版社,2003.

[27] 刘松玉.公路地基处理.南京:东南大学出版社,2001.

[28] 郭秀芹.公路工程现场测试.北京:人民交通出版社,2005.

[29] 中国工程建设标准化协会公路工程委员会.公路沥青马蹄脂碎石路面技术指南.北京:人民交通出版社,2002.
[30] 杨晓丰,李云峰.路基路面检测技术.北京:人民交通出版社,2006.
[31] 交通部专家委员会.县乡公路水泥混凝土路面设计与施工.北京:人民交通出版社,2003.
[32] 杨文渊,钱绍武.公路工程质检工程手册——路基、路面工程手册.北京:人民交通出版社,2005.
[33] 周绪利,李荣均.公路工程施工质量检查与验收手册.北京:人民交通出版社,2005.
[34] 宋金华,张彩利,张雪华.路基路面工程.北京:人民交通出版社,2006.
[35] 李相然,宋华山,岳同助等.公路工程现场勘察与测量技术.北京:人民交通出版社,2003.
[36] 盛安连.路基路面检测技术.北京:人民交通出版社,1996.
[37] 孔德仁,朱蕴璞,狄长安.工程测试技术.北京:科学出版社,2004.
[38] 邓学钧.路基路面工程.北京:人民交通出版社,2004.
[39] 陈成宗,何发亮.隧道工程地质与声波探测技术.成都:西南交通大学出版社,2005.
[40] 张雨化.道路勘测技术.北京:人民交通出版社,2002.
[41] 刑世建.道路与桥梁工程试验检测技术.重庆:重庆大学出版社,2005.
[42] 周若愚.公路工程现场测试技术.北京:人民交通出版社,2001.
[43] 刘玉卓.公路工程软基处理.北京:人民交通出版社,2002.
[44] 夏才初,潘国荣等.土木工程监测技术.北京:中国建筑工业出版社,2001.
[45] 李宇峙,邵腊庚.路基路面工程检测技术.北京:人民交通出版社,2003.
[46] 徐培华,陈忠达.路基路面试验检测技术.北京:人民交通出版社,2000.
[47] 中交第一公路工程局有限公司.《公路路基施工技术规范》宣贯读本.北京:人民交通出版社,2007.
[48] 陈红.交通工程设施试验检测技术.北京:人民交通出版社,2001.
[49] 交通运输部.2007年公路水路交通行业发展统计公报.中国交通报,2008-4-18(2).
[50] 赵卫平.路基路面检测技术.北京:人民交通出版社,2006.
[51] 胡昌斌.道路与桥梁检测技术.北京:人民交通出版社,2007.
[52] 刘吉士,阎洪河.公路路基施工技术.北京:人民交通出版社,2003.
[53] 李庆民,韦臣.青藏铁路高原多年冻土区路基工程的几种保护措施.路基工程,2005(3):9-12.
[54] 王书斌,杜群乐.公路路基施工要点与质量控制.北京:人民交通出版社,2004.
[55] 中华人民共和国行业标准.公路工程无机结合料稳定材料试验规程(JTJ 057—94).北京:人民交通出版社,1994.
[56] 文德云.路基路面施工技术.北京:人民交通出版社,2006.